艰辛的融资谈判。右一为市委书记张成明，右二为财政部有关领导，右三为市财政局刘德顺局长。

开拓进取的攀枝花市财政局

攀枝花市财政局局长刘德顺

攀枝花市财政局现有职工105人，内设17处2室和财政监督检查局、国库集中支付中心、世行贷款办、后勤服务中心、会计函授校、财政科研所6个事业单位。

自1998年以来，攀枝花市财政局全体干部职工在以刘德顺同志为局长的领导班子的带领下，坚持攀枝花市委、市政府的英明领导和省财政厅的正确指导，以江总书记“三个代表”重要思想为指导，紧紧抓住国家实施西部大开发的历史机遇，以跨越式发展为主题，以经济结构调整为主线，以改革开放和科技进步为动力，以提高人民生活水平为根本出发点，认真实施积极的财政政策，集中精力抓发展；狠抓收入管理工作，确保财政收入任务完成；大力调整财政支出结构，集中财力办大事；积极推进财政改革，强化财政职能；加强财政监督管理的力度，推进财政制度建设；并强化机关组织作风建设，大力推行机构改革和机关公务员竞争上岗等，克服了近几年中因大型建设投资完工对全市经济拉动减弱，国家及省内对攀枝花直接投资进一步减少、亚洲金融危机对全市经济发展的冲击以及内需不旺、全市经济增长乏力等一系列财政建中的困难连续4年实现了物质文明和精神文明的双丰收，推动了全市经济和社会事业的全面发展。1998～2001年，全市财政收入累计实现327,521万元，财政支出累计完成524,215万元，累计上交上级财政84,195万元。财政机关建设也得到进一步增强，仅在近4年中，攀枝花市财政局就历获“省文明单位”、“省级卫生单位”并升格为“省级卫生红旗单位”、“省级职工之家”并升格为“省级模范职工之家”，同时保持了以前所有省市先进荣誉称号。

求实务实的局领导班子（部分成员）

随着财政经济的不断增长，财政用于支持全市各方面协调经济发展的资金也逐年增多。4年来，财政累计投入支农资金48.013万元。用于科技投入累计8,291万元、用于教育投入累计达7,412万元、投入各类重点基础设施建设资金累计达3,458万元，极大的支持了全市农工商的全面发展和社会事业的稳定、协调。目前，城市基础设施得到了进一步改善；农业综合开发和农村经济全面发展，农业产业化已取得新的进展；工业生产稳步增长，经济效益逐步回升；第三产业增长较快，经济结构得到进一步改变；人民生活继续得到提高，全市普遍建立了城市居民最低生活保障线；社会治安较好，人民安居乐业，全市财政干部职工正以崭新的姿态，抓住西部大开发的契机，在新的世纪里再铸辉煌。

领导下基层调研。中为局长刘德顺，右二为副局长李明安，右一为农发办主任郝惠琼。

开拓创新的攀枝花市统计局

党组书记、局长黄玉梅

新一届领导班子

攀枝花市统计局是主管全市统计工作的市政府工作部门，内设7个职能处室，下属市城调队、市普查中心、计算站3个事业单位，现实有在职人员(含队、中心、站)48人。

2001年是新世纪的第一年，也是国家实施“十五”计划的第一年。市统计局在市委、市政府的正确领导下，在省统计局的具体指导下，始终高举邓小平理论伟大旗帜，以江总书记“三个代表”重要思想为指针，坚持解放思想、实事求是的思想路线，发扬求真务实、勇于进取的工作作风，围绕中心、突出重点、努力学习、勤奋工作，圆满地完成了2001年度的统计调查、统计分析、统计执法、统计监督等各项目标任务，发挥了统计的信息、咨询、监督整体功能，为全市国民经济持续、稳定、健康发展作出了贡献。

始终把确保统计数据质量摆在各项工作首位，坚持综合治理，从思想作风建设、方法制度改革、加强执法检查、严格数据评估、强化基础工作等多方面着手，从源头抓起，建立健全统计调查信息网络，实行数据质量层层负责和评估认定制度，确保了主要统计数据的准确真实，确保了统计分析和信息的真实可靠，有效地实施了统计监督的职能。

全市统计工作会议

省统计局局长夏代川（左三）、省普查中心主任王致富（左二）、市委常委、常务副市长黄昌明（左四）为攀枝花市普查中心成立授牌

加强组织，积极协调，圆满完成各项普查工作和专项调查任务。2001年，重点对第五次全国人口普查的数据、资料进行了全面、认真的数据录入、整理汇总和审核工作，对人口普查、户口整顿、人普宣传的先进集体、先进个人进行了总结表彰，完成了人口普查阶段性工作任务。根据国务院和省政府的统一部署，认真做好第二次全国基本单位普查机构、人员、经费、责任、措施“五落实”，圆满完成了全市第二次基本单位普查任务。同时，还认真开展了粮食产量抽样调查、生猪及大牲畜抽样调查、5000家联网直报企业调查、“两纲”监测统计、乡镇信息系统资料汇编等专项调查工作，受到了上级的好评。

积极开发利用统计资料，加强统计分析和信息服务工作，为党政领导决策和管理提供科学依据。及时发布《攀枝花市国民经济和社会发展统计公报》，编辑出版《攀枝花统计年鉴》、《攀枝花乡镇年鉴》，为决策、科研、编史提供依据。按月印发《攀枝花统计月报》，及时为市领导和各部门提供我市经济发展信息。积极撰写统计分析资料，以高质量的、有价值的统计分析报告为党政领导提供决策参考。每年编发《攀枝花统计资料》50余期，编发《城市抽样调查资料》30余期。分析资料反映问题真实、分析问题多领域、深层次、全方位，做到了实事求是、建议可行、提供及时，受到市党政领导的赞赏。

人口普查总结表彰大会

常务副市长黄昌明（左四）及成员单位领导参加宣传活动

常务副市长黄昌明及市有关领导入户检查基本单位普查登记

攀枝花市利用世界银行贷款
安宁河流域农业资源开发项目

攀枝花以其独特的资源优势而闻名于世，加速农业资源的开发利用，是广大农民的迫切愿望，也是脱贫致富、促进农村经济发展的有效途径。利用世行贷款安宁河项目在中央和省有关领导、专家的支持下，于1995年8月提出，1997年6月国务院批准立项，1998年11月，中国政府与世界银行在华盛顿签署了《项目协定》、《信贷协定》和《贷款协定》，1999年7月正式启动实施。

安宁河项目在攀枝花市总投资7.3亿元，其中使用世行贷款4320万美元。项目分为水利、农业、畜牧业和农加工四大类，共八个子项目。项目覆盖全市的五个县、区，63个乡、镇，6.18万公顷土地，涉及37.3万人口。截止2001年底，项目累计完成投资5.6亿元，报回世行贷款2.23亿元。

项目引进了世行先进的管理模式，加强了对外合作与交流。通过提高项目区农业、种植业和养殖业的产量、生产率、销售量和增加值，最终减轻农村的贫困状况，改善生态环境，为攀枝花实现农业产业化奠定了基础。

全省安宁河项目工作会议在攀召开

沟端路真田成行的世行项目区

省市领导视查水利项目

利用世行贷款兴建设施农业示范基地

世界银行项目经理比·拉里先生在晃桥监测

攀枝花市民族宗教委员会

市民委主任：杨文富

攀枝花市是一个多民族散杂居地区，有汉、彝、苗、傈僳等42个民族成分。全市辖东区、西区、仁和区、米易县和盐边县。其中，仁和区、盐边县和米易县经省人民政府批准，于1983年起享受民族县待遇。全市有26个民族乡(镇)，占全市75个乡(镇)的34.7%，还有39个民族村杂居在其它汉族乡中。全市有少数民族人口14万余人，占全市总人口的13.6%，少数民族基数和少数民族人口比例数在全省仅次于三州。民族地区幅员面积3940平方公里，占全市幅员面积的53%。

近年来，在市委、市政府的领导下，全市民族地区广大干部群众和民族工作干部高举邓小平理论伟大旗帜，以江总书记"三个代表"重要思想为指导，紧紧围绕市委、市政府关于民族工作的总体思路，坚持以经济建设为中心，认真抓好发展与稳定两件大事，致力于确保民族地区经济在快速增长的基础上实现跨越式发展，确保社会事业在不断进步的基础上实现全面繁荣，确保民族地区广大群众生活在脱贫致富的基础上实现宽裕型小康，确保社会局势在总体稳定的基础上实现长治久安。民族工作取得了辉煌成就。2001年，全市26个民族乡镇国内生产总值达56653万元，农村经济总收入达76701万元，农民人均纯收入达1996元，乡级财政收入达1000元，粮食总产量达59267吨。全市民族乡镇112个村中，通电的有8个村，占87.5%;通邮的有100个村，占89%;通电话的有24个村，占21%;通公路的有96个村，占86%;通自来水的有88个村，占79%。全市民族地区有学校127个，有教师966人，在校学生达14768人；有广播电视站26个；有卫生院27所，医生105人。通过深入广泛地开展党的民族理论，民族政策宣传教育活动，"汉族离不开少数民族，少数民族离不开汉族，少数民族之间也相互离不开"和各民族要"同呼吸，共命运，心连心"的思想逐步成为全市各族人民的共识和自觉行动。广大民族地区呈现出经济发展，政治稳定，社会事业全面进步，人民群众安居乐业，生活水平及质量不断提高的可喜局面 。

为了明天　分秒必争

走俏国内市场的彝乡葡萄酒

又是一个丰收年

盐边县电力公司

总经理：廖星林

盐边县电力公司是以水电发电兼转供电的地方电力企业，实行自主经营、自我发展、自我约束、自负盈亏。公司在1983年成立以前，是县城一家较小的供电所，仅有2台500千瓦的水能发电机。经过19年的不断努力拓展，尤其是1995年后，公司更是抓住国家重点工程二滩建设移民迁建和西部大开发的契机，以电业为主，合理利用资源优势，向多元化发展，已由单一的管电向建电、用电三位一体方向转换，涉及建筑安装、冶炼、物资贸易等领域，到现在基本形成以电力为龙头的集团化企业。下有附属企业2个：电力开发实业公司专门从事水电设备安装、发电、物资供应等多种经营；天生桥冶炼厂1800千伏安冶炼炉1座，年生产电石5000吨。利用社会力量，建立股份制企业攀枝花永兴电业股份有限责任公司，经营上河坝电站，投资1.7亿元，装机2 × 12000千瓦。目前，公司已具备一定实力，形成比较完善的总网络和规模，固定资产达3.1亿元，全网装机5万千瓦，年发电能力2.5亿千瓦小时，110千伏变电站2座，容量41000千伏安，35千伏变电站3座，容量15000千伏安，全部采用先进的微机控制无人值班系统，电站也将逐步实现微机控制。

全公司有在职员工460人，其中，具有初中级以上技术职称人员116人。

公司实行总经理负责制，公司本部下设生产技术科、用电管理科、电力调度科、电力通讯科、用电监察科、财务科、审计科、行政办公室等8个职能部门，管理全公司的生产经营等各项工作。

党中央、国务院实施农村电网改造，改革农电管理体制，实行城乡同网同价政策颁布后，我公司积极响应，在县、市、省上级有关部门的领导和支持下，立足实际，克服困难，于一九九九年全面铺开。截止二００一年十二月底止，“两改一同价”共投资3876万元，完成110千伏输变电工程容量2 × 12500千伏安，线路长15.3公里，新建400伏线路309公里，配电台区211台容量14.45万千伏安，建调度自动化系统一套，目前，我公司正积极准备投入二期农网改造工程。

在西部大开发浪潮中，我公司全体员工将上下一心，众志成诚，以崭新的面貌再铸新世纪辉煌。

美丽整洁的办公园区

变电站

盐边县林业局

盐边县系四川省的重点林业县之一，森林资源比较丰富。全县幅员面积330419.6公顷，林业用地面积254906.7公顷，占全县总面积的77.15%。全县活立木蓄积14704280立方米，森林覆盖率62.96%(98年二调资料)。县境内植物群落繁多，植物资源约130科、372属、546种，列入国家级保护的野生动物有11种。

盐边县林业局作为县政府开展林业工作的职能部门，肩负着全县131331.3公顷森林面积的管护任务。县林业局机关内设有林业公安分局、办公室、财务科、综合科、法律法规宣传科等五个科室，共有职工53人，下属企事业单位有三个木材检查站，一个苗圃，30个乡（镇）林业站，一个营林队。

全县自1998年9月1日进入天然林保护工程和1999年启动全省首批退耕还林还草试点工程以来，对天保工程的管护采取了“六定”、“两落实”制度。省下达管护任务113994.7公顷；实际完成169104公顷；完成封山育林任务8506公顷；公益林建设1405.4公顷；飞播造林666.7公顷；完成退耕还林任务5533公顷，配套“退一还二”任务2667公顷。

局长：刘正礼

省、市领导检查退耕还林工作

退耕还林工程

求真务实领导班子

茂密的森林

崭新的局办公大楼

筑桥铺路为人民 优质运输创一流

——攀枝花市交通局

炳草岗金沙江大桥

攀枝花市交通局以“三个代表”重要思想为指导，坚持为大工业经济、为城市建设、为农村经济发展服务的“三为”服务方针，以加快交通现代化建设统揽全局，大力推进交通基础设施建设，切实强化交通行业管理，积极创建文明行业。以炳草岗金沙江大桥建成通车、高速公路建设工作全面启动、全市乡乡通公路和成为全省第一批所有公路基本无“三乱”市份等为标志，各项工作整体推进，开创了新世纪交通工作的良好局面 ，为促进国民经济和社会发展作出了重要贡献。

“十五”期间，攀枝花市交通局将以速度求突破，加快交通建设；以质量树形象，打造交通“品牌”；以改革促发展，强化行业管理；以诚信抓创建，提升文明程度。着眼从根本上解决交通瓶颈制约问题，围绕“一个大通道以及两桥、两路、两网”的攀枝花交通“十五”路网建设的总体目标(即新建高速公路大通道、新建渡口桥、陶家渡两座大桥，新建渡金线、机场路两条路，改造完善市区进出口通道路网和县乡路网)，奋力推进新一轮交通大跨越。尽快形成以高速公路为主骨架，联结具有较高标准的进出口通道和城乡路网，以及较完善的水运基础设施为一体的水陆兼备、四通八达、快捷方便的川西南、滇西北交通枢纽。

2001年10月省人大主任谢世杰带领全国人大代表视察已建成的炳清路

省交通厅公路专家对攀昆高速公路的工程预可报告进行实地论证

二滩库区新兴的水上旅游运输

亚行专家对攀西高速公路进行项目贷款的技术援助和实地评估考察

攀枝花市规划局

攀枝花市规划局于二〇〇一年八月成立，是负责全市城乡规划和测绘工作行政管理的市政府工作部门。主要职责是：

一、贯彻执行国家有关城市规划、村镇规划和测绘管理的法律、法规和方针、政策；研究、起草城市规划、村镇规划和测绘管理的规范性文件和技术标准，经批准发布后组织实施。

二、组织编制、调整、修订、报批城市总体规划、市域城镇体系规划、分区规划、详细规划和各类专业规划；组织市级以上风景名胜区、自然保护区、森林公园、历史文化保护区、旅游景区、开发区的总体规划和详细规划的编制工作；负责县(区)人民政府所在地镇以外的其他建制镇总体规划的审查、报批工作。

三、参与全市江河流域规划、区域规划、土地利用总体规划和社会经济发展规划的编制工作；参与拟定国有土地划拨出让和转让方案。

四、负责全市规划管理工作。组织实施城市总体规划、分区规划和详细规划；负责城市规划区内建设项目选址定点、设计方案审查、施工验线和工程竣工规划验收工作；参与建设项目的初步设计审查工作；审查、核发“一书两证”(《建设项目选址意见书》、《建设用地规划许可证》、《建设工程规划许可证》)和《建设工程规划验收合格证》。

五、负责城市规划区内道路、交通、广场、江河湖水系工程及给水、排水、通信、供电、燃气、防灾、园林绿化、环卫设施等市政工程的规划管理工作，参与市内大中型基础设施建设项目的选址工作；负责市域内绿地系统的规划管理工作。

六、负责全市测绘管理工作。负责全市建立相对独立坐标系统的审查和报批工作；负责全市地图和各种专题地图的监制和管理工作。

七、负责全市规划和测绘市场的管理。负责城乡规划设计单位和测绘单位的资格审查、发证、验证工作；监督管理规划方案和建设项目设计方案招投标工作。

八、负责全市城乡规划地理信息系统的建设、管理和开发利用工作。

九、监督、检查市域城市规划和乡镇规划的组织实施工作；负责查处违反《中华人民共和国城市规划法》、《中华人民共和国测绘法》、《村庄和集镇建设管理条例》等法律、法规的行为；负责城市规划、测绘管理的行政复议和行政诉讼工作。

十、负责城市规划、测绘科研成果和档案的开发利用与管理工作。拟定城市规划、村镇规划和测绘工作科技发展规划，并组织实施；组织、指导规划、测绘重大科技项目攻关和成果的推广、应用工作；负责规划、测绘行业的对外经济技术合作与交流工作。

十一、会同有关部门指导城乡规划和测绘行业专业技术职称的考核、评审和日常管理工作。

市规划局行政编制33名，机关后勤事业编制5名。设局长1名，副局长2名，总规划师1名，纪检组长1名，科级领导职数13名。

炳三区规划方案评审会。主席台左起：邓思强、韩宗山、袁启良、张成明、杨洪波、秦宜智、华铁平、王学文、朱爱莉。（摄影：张声福）

韩宗山副市长（右四）和市规划局局长邓思强（右五）、副局长贾德华（右三），听取炳二区规划方案汇报。（摄影：萧云团）

市规划局全体职工（摄影：张声福）

攀枝花市人民政府

招商引资局

市领导在重庆经济协作区第十届市长专员联席会上与外商签约

市招商引资局成立于2001年，是市政府综合管理经济合作、招商引资和口岸工作的办事机构。编制24人。内设5个职能处(室)：办公室、综合处、招商合作处、区域合作处(挂国际合作处牌子）、口岸管理处。

主要履行以下职责：(一)贯彻执行国家、省、市扩大开放的方针政策，会同有关部门研究提出经济合作、招商引资的意见；承办市政府经济合作和招商引资活动的组织、联络和服务工作；参与我市经济合作、招商引资重点项目的推荐、跟踪和服务工作。(二)组织、协调全市区域经济合作工作；承办协作区域的联络、协调工作和我市作为主席方承担的有关工作。(三)贯彻执行国家、省、市有关口岸工作的方针、政策和规定；拟定全市口岸建设规划并组织实施；负责协调市内各口岸的检查、检验和检疫等工作。(四)受市政府委托，代管市政府驻深圳办事处、市政府驻北海办事处，监督管理代管驻外办事处的国有资产。(五)负责审批外地驻攀办事机构并承办有关的联络、服务工作；负责友好城市缔结工作和友好城市互访、合作的日常联络工作。(六)调查研究、收集信息，向市政府提供经济合作、招商引资的决策依据；建立、完善经济合作、招商引资信息网络并提供相关的咨询服务。

李成平副市长、招商局黄德利局长与温州客商共谋发展大计。

李成平副市长与招商局黄德利局长、项目办覃发树主任在第六届西交会上。

四川省攀枝花工商行政管理局

随着我国改革开放的不断深入，在西部大开发热潮中，攀枝花市工商局在党组书记、局长王杰臣的带领下，领导班子团结一致，顺应发展，锐意改革，开拓创新，与时俱进，坚持以“三个代表”的重要思想为指导，以服务经济建设年、整顿和规范年、转变作风年“三年”建设为重点，以机构改革为契机，着力于服务地方经济发展。各项工作都取得了明显成效。

攀枝花市工商局根据市政府和省工商局有关整顿和规范市场经济秩序的部署，克服机改后人员较少的困难，认真组织开展了集贸市场专项整治、成品油市场整治、“金轮行动”、“金叶行动”、“金穗行动”等专项执法行动，以人民群众普遍关心和与人民群众日常生活密切相关的行业为重点，通过上下联动、部门联动、政企联动形成了执法合力，严厉地打击了扰乱市场经济秩序的违法行为，切实维护了广大消费者的合法权益，营造了良好市场环境，促进了我市经济快速、健康发展。

该局在作风建设中，以争创“人民满意红盾卫士”和“人民满意工商所”为载体，通过加强思想政治教育、改善办公条件、推进网络化建设等工作，干部职工牢固树立了公仆意识、服务意识和发展意识，切实转变了工作作风，提高了办事效率，建立了一支高效、廉洁、勤政的干部队伍。一是做到了“四个到位”，即教育动员到位、领导表率到位、思想建设到位和文风、会风转变到位。二是制订了我市工商系统开展“两满意”活动的实施意见 。并在争创“两满意”活动中做到了“四个结合”，即与业务工作相结合，与作风建设相结合，与贯彻落实《公民道德建设纲要》相结合和与加强基层工商所建设相结合。三是克服资金紧张的困难，有计划地实施基本建设工作。通过改善办公条件和建设“网络工商”来树立工商 形象和提高办事效率及服务质量。四是全面推行政务公开。通过政务公开，增强透明度，广泛接受社会监督，推进了行风建设。同时，推行“首办责任制”和“首问责任制”，对办事的群众 “一口清”，做到了热情接待，文明服务。

攀枝花市工商局在机构改革中，准备充分，精心组织，工作细致，通过群众推荐、竞争上岗、党组决策的形式，将一批能力强、素质高的年轻同志安排到领导岗位，真正做到了干部队伍的年轻化、知识化、专业化。同时，以机构改革为契机，加强业务培训和计算机培训，狠抓队伍建设，充分发挥机改迸发的活力和积极性，建立了一支效能、专业、精干的执法队伍，为履行市场监管和行政执法的工商职能打下了良好基础。

局长：王杰臣

政务中心工商窗口的工作人员在紧张、繁忙的工作中。

服务地方经济建设是攀枝花市工商局各项工作的出发点和落脚点。该局把服务地方经济建设与工作有机结合，努力为地方企业办实事、解难题、服务好，创造了良好的经营、发展环境。一是以联手打假维权促进名优企业发展。今年，该局与攀枝花市怡康纯净水有限责任公司等13家名优企业建立了“工商机关与名优企业联手打假维权协作网络”，将攀枝花市荣鑫油漆厂、金江水泥厂、重啤攀枝花分公司等骨干、优势企业确定为重点保护企业，并与之建立了联系制度。同时，深入联系企业和协作网络成员单位宣传《商标法》、《广告法》等工商法律法规，指导企业制定和实施商标、广告战略，促进企业提高法律意识和自我保护意识。二是依法减少审批事项，简化或合并办事程序、环节，改革行政审批制度，积极贯彻落实市政府制定的各项鼓励投资的优惠政策，营造了良好的发展环境。三是建立了注册登记“快速通道”。该局以进入市政务服务中心为契机，紧紧围绕“提高办事效率，简化办事程序，树立良好形象”，强化了各方面的协调配合，建立健全了一套办事机制，群众办事更加畅通。同时，在政务中心实行了局领导值班制度，每天确定一名局级领导“坐镇”市政务服务中心的办事窗口，进行组织协调，督促办事人员为群众提供优质服务，及时受理、解决群众遇到的问题，有效提高了办件效率，缩短了群众的办事时间，深受群众好评。四是积极支持个私经济发展。攀枝花市私协建立重点私企联系制度，为个私协聘请常年法律顾问，加强与市科协合作，免费为私企提供科技信息、技术交流服务，促进了我市个私经济的快速发展。

东区工商局执法人员正在开展“打假治劣”大检查。

3月初，根据市综治委要求，我局在中心广场开展工商法规宣传活动。

攀枝花市中级人民法院

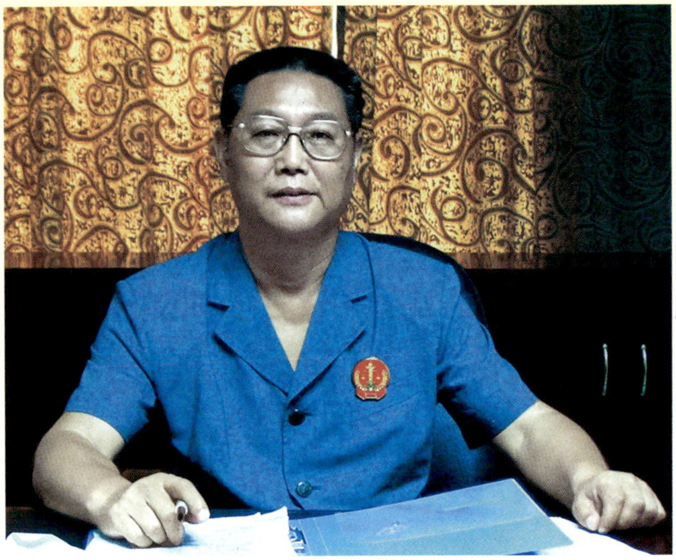

院党组书记、院长卢太平

攀枝花市中级人民法院始建于1966年，现有在编法官、书记员、司法警察及其他人员87人。全院设办公室、政治部、立案庭、刑事审判第一庭、刑事审判第二庭、民事审判第一庭、民事审判第二庭、民事审判第三庭、行政审判庭、审判监督庭、执行局、研究室、国家赔偿委员会办公室、司法警察支队、司法行政装备管理处、监察室等16个职能部门。

攀枝花市中级人民法院的主要职责是：

一、行使国家司法权，依法独立审判刑事、民事、行政诉讼案件，执行生效裁判、仲裁裁决，决定国家赔偿。

二、指导、监督辖区基层法院的审判、执行工作及其它各项工作。

三、负责最高人民法院和省高级人民法院的工作部署在辖区法院的贯彻执行。

四、开展法制宣传、审判研究、司法鉴定工作；提出司法建议，参与社会治安综合治理。

五、协同区县党委管理辖区基层法院领导班子。

六、领导辖区基层法院的监察工作。

近年来，攀枝花市中级人民法院在市委领导、市人大监督下，紧紧围绕“公正与效率”这一主题，抓班子，带队伍；抓制度，严管理；抓审判，保稳定；抓廉政，树形象，审判工作、队伍建设和司法改革等各项工作均取得了新的进展。以审判工作为中心，公正司法，年均受理各类案件近1000件，结案率均在95%以上。以队伍建设为重点，队伍素质不断提高，2001年被最高人民法院评为立案信访工作先进集体。以改革为动力，完成了立案与审判、审判与执行、审判与审判监督的分离，内部监督制约机制基本形成；实行了审判长选任制改革，目前正以“大立案、精审判、强执行”为目标，推进审判流程管理制度改革。

司法公正，国脉所系。在依法治国战略指引下，攀枝花市中级人民法院将不负党和人民的重托，认真履行宪法和法律赋予的审判职能，为改革、发展、稳定和人民群众安居乐业尽职尽责！

大法庭，面积600平方米，设旁听席位300个。

审判办公大楼。2001年8月竣工启用，建筑面积9370平方米，设大、中、小法庭11个，配置了电子监控、证据显示、信息网络等现代化审判设施。

以农民增收为目标　大力发展特色农业

——攀枝花市农业办公室

市长秦宜智与市农办主任张廷云亲切交谈

攀枝花市农业办公室是市委、市政府的农业综合协调部门。1990年独立运作以来，紧紧围绕市委、市政府对农村工作的总体部署和工作重点，加强对全市农村工作的综合协调，加强对全市“菜篮子工程”的目标管理，加强了救灾和农田基建工作，加强农业产业化的发展规划，为农村经济的持续增长和农业“九五”计划的顺利实施作出了应有的贡献。

2001年，我市农业和农村工作在市委、市政府的正确领导下，通过各级政府和各部门的共同努力，以“三个代表”重要思想为指导，以农民增收为中心，以农业产业结构调整为主线，狠抓农业基础设施建设，推进农业产业化发展，积极发展农村二、三产业，农村经济在困难中发展，农业结构在调整中优化，农业产业化在改革中推进，农民收入实现预期增长目标。全市农业总产值达到7 .09亿元，农民人均纯收入达到2524元，比上年增加85元，增长3.5%；乡镇企业总产值达到603574元，比上年增长15.45%，实现农村人口出生数严格控制在规定指标之内。

2002年我市农业和农村工作要认真贯彻落实江总书记“七一”重要讲话和党的十五届六中全会及全省农村工作会议精神，坚定不移地贯彻落实“多予、少取、放活”的指导思想，挑战传统农业，构建现代农业，抓住机遇，迎接挑战，发挥优势，开拓创新，紧紧围绕促进农民增收这一中心任务，加快发展特色农业，推进农业结构调整及推进农业产业化经营，发展无公害农业和绿色食品，加快农业基础设施建设，加大农业生态建设与保护，推进农村经济全面发展。

市长秦宜智参加全市农办主任会议与农办主任们共商农村经济发展。

前进中的攀枝花市水利农机局

安宁河米易县城段堤防建设大大提高抗洪能力

胜利水库万亩支渠工程建设完工推进了全市水利化工程

攀枝花市水利农机局是主管全市水利、水产、水土保持和农业机械行政管理工作的市政府工作部门。内设办公室、水利工程管理处、水政水资源处、规划建设处、农机管理处等7个职能处(室)和两个行政机构(市水土保持办公室、市人民政府防汛抗旱指挥部办公室)，下辖攀枝花市水利水电勘测设计院、农机研究所等12个直属事业单位。

近年来，在市委市政府的高度重视和正确领导下，在省级业务主管部门的指导帮助下，全市水资源的开发、利用和治理都取得了显著的成绩。重点骨干水利工程胜利水库、上河坝电站、晃桥水库相继建成，进一步夯实了水利基础，提高了我市的防灾抗灾能力。针对我市区域性缺水、结构性缺水、工程性缺水、水土流失严重、防灾减灾基础设施薄弱等主要矛盾，局党组认真分析研究我市水利农机事业发展所面临的机遇和挑战，制定了“十五”期间水利农机工作思路：“紧紧抓住中国加入WTO和西部大开发的机遇，充分发动群众，大搞水利建设”。坚持“中、小、微”相结合，“蓄、引、节、提”相结合的工作方针，突出两个重点(病险水库除险加固和重点骨干工程基本建设)，实施三个工程(治水兴村工程、农网改造工程、水土保持生态系统工程)，抓好四项工作(深化水务体制改革、加快渔业发展、加快农机化建设、强化灌区改造)，不断促进产业结构调整，实现水利事业可持续发展”。随着高堰沟水库复建工程开工，安宁河堤防建设逐年实施，大竹河水库、弯滩电站等骨干项目的酝酿 ，病险水库除险加固的力度加大，我市水资源的配置、节约和保护将进一步优化和完善，水利农机事业将再上创佳债，再上新台阶，为实现全市社会经济的新跨越奠定坚实的水利基础。

整治一新的米易县秀水沟水库是全市第一个列入水利部销号名单的除险加固项目

攀枝花市扶贫开发办公室

市扶贫开发办全体职工

攀枝花市扶贫开发办公室是市政府主管扶贫开发、以工代赈和扶贫帮乡(村)的办事机构，是市扶贫开发领导小组的具体工作部门，同时挂市政府以工代赈办公室牌子。主要职责：负责全市扶贫开发、以工代赈、扶贫帮村工作。1、贯彻执行党和国家有关扶贫工作的方针、政策，调研、协调在政策执行中遇到的新情况 、新问题；组织实施国家、省、市扶贫开发计划；负责扶贫资金、物资的管理和扶贫开发项目的立项、审查、申报、审批，检查、督促扶贫项目实施；组织有关部门开展扶贫培训；执行统计法规，组织贫困状况调查和监测；开展扶贫工作调查研究，为市委、市政府决策提出建议。2、贯彻执行国家以工代赈政策；编制以工代赈中长期项目规划和年度计划；负责以工代赈项目的立项、审查、申报、审批，检查、督促项目实施；负责以工代赈情况统计；协调以工代赈工作部门关系。3、贯彻执行市委、市政府扶贫帮村政策措施；综合全市扶贫帮村工作情况；调研、协调扶贫帮村工作中出现的新情况、新问题，为市委、市政府推进扶贫帮村工作提供决策依据；检查考核各帮村单位扶贫帮村工作。内设三个职能处室：办公室、综合处、项目处。

新阶段(2001−2010年)攀枝花市扶贫开发的奋斗目标是：尽快解决剩余贫困人口的温饱问题，进一步改善贫困地区基本生产生活条件，巩固温饱成果，提高贫困人口生活质量和综合素质，加强贫困乡村基础设施建设，改善生态环境，逐步改变贫困地区社会、经济、文化落后状况，为达到小康水平创造条件。用较短的时间尽快解决剩余0.36万贫困人口的温饱问题，初步解决温饱问题的12.23万贫困人口，实现稳定脱贫，部分贫困群众达到小康。

贫困地区通村公路工程

解决温饱问题后的民族地区，支柱产业建设已见端倪

四川移动通信有限责任公司攀枝花分公司

四川移动通信有限责任公司攀枝花分公司，由中国移动（香港）有限公司控股，并在香港和纽约上市。攀枝花分公司现有正式员工91人，劳务工135人，平均年龄25岁；公司实力雄厚：拥有总资产2亿多元。

分公司主要经营移动话音、数据、IP电话和金媒体业务，并具有计算机互联网国际联网单位经营权。除提供基本话音业务外，还提供传真、数据、IP电话、信息点播、手机银行、全球通WAP等多种增值业务，拥有“全球通”、“神州行”、“移动梦网”等著名服务品牌。全市共建有8个营业网点，拥有各类代办代销商300多家，与市工商银行、中国银行、建设银行实现了联网收费，广大移动客户可在全市区内100多个银行营业网点随时交纳话费及时开停机。网络实现了市区、风景旅游点、所有公路干道、铁路沿线100%无缝覆盖，拥有移动客户10多万户，是攀枝花地区最大的GSM移动通信运营公司。

攀枝花移动分公司秉承中国移动通信“沟通从心开始”的服务理念，推行“五心服务”，真正让用户轻轻松松“省心”使用，明明白白“放心”消费，舒舒服服“安心”享受，无忧无虑“称心”如意，时时刻刻“开心”自在。攀枝花移动分公司以“争创世界一流通信企业”为发展战略目标，肩负“创无限通信世界，做信息社会栋梁”的使命，发扬“改革创新、只争朝夕、艰苦创业、团队协作”的企业精神，始终追求客户满意服务，为攀枝花市社会各界提供更加优质的移动通信服务。

年末总人口

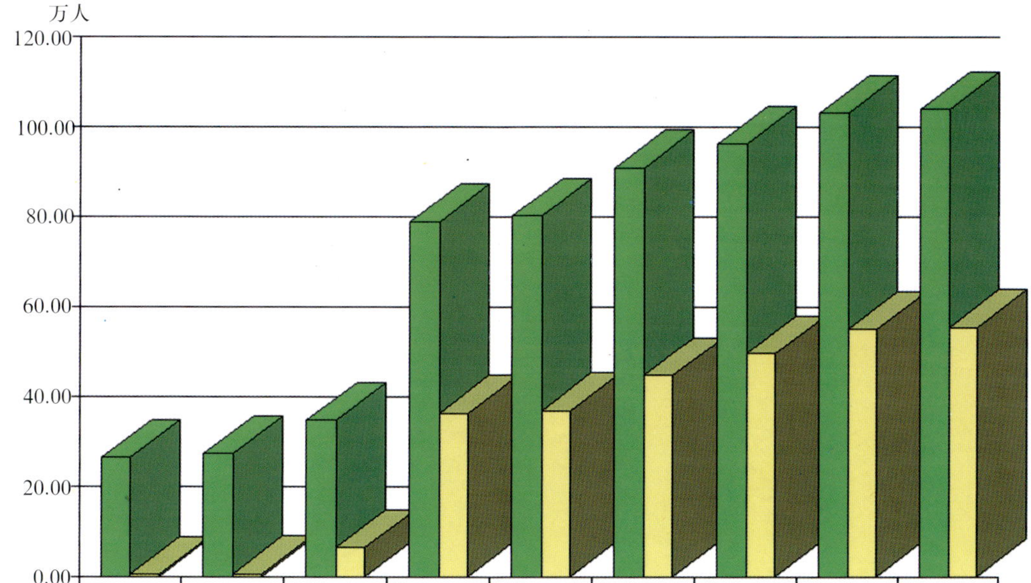

	1949 年	1952 年	1965 年	1978 年	1980 年	1990 年	1995 年	2000 年	2001 年
年末总人口	26.39	27.20	34.76	78.89	80.12	90.85	96.15	103.01	103.91
非农业人口	0.33	0.57	6.41	36.28	36.87	44.81	49.67	54.91	55.45

社会从业人员及构成

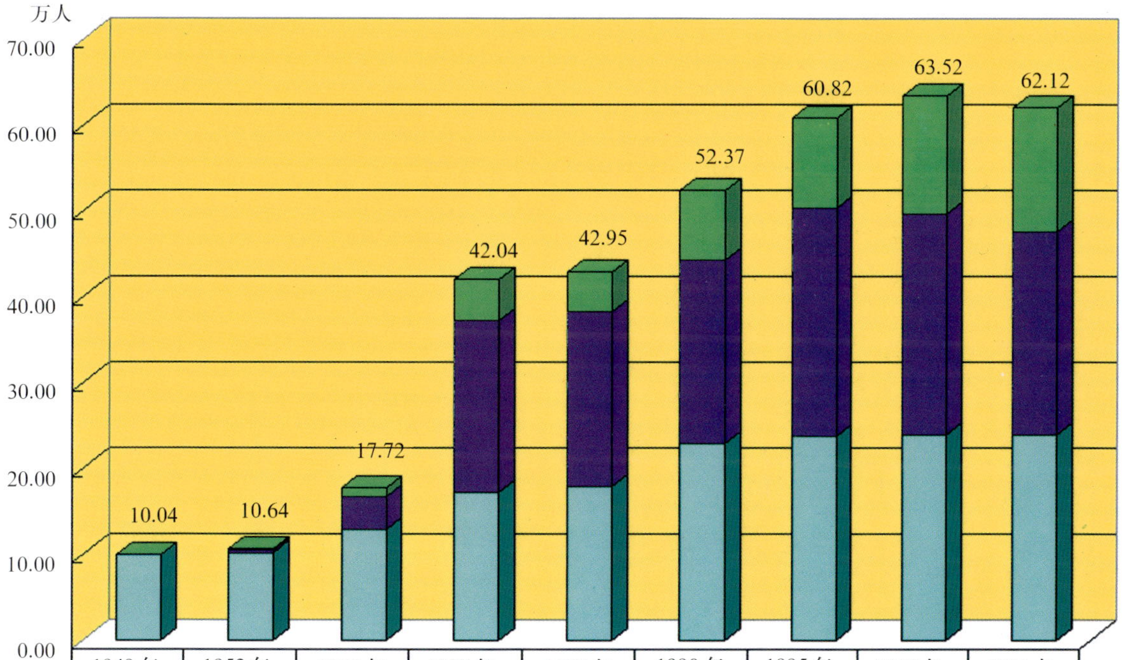

	1949 年	1952 年	1965 年	1978 年	1980 年	1990 年	1995 年	2000 年	2001 年
第三产业	0.03	0.11	0.98	4.87	4.72	8.05	10.42	13.82	14.48
第二产业	0.09	0.28	3.85	20.01	20.23	21.32	26.63	25.79	23.71
第一产业	9.92	10.25	12.89	17.16	18.00	23.00	23.77	23.91	23.93

国内生产总值

	1952 年	1965 年	1978 年	1980 年	1990 年	1995 年	2000 年	2001 年
系列 1	0.20	0.94	6.69	7.53	21.64	80.93	114.52	124.16

国内生产总值指数

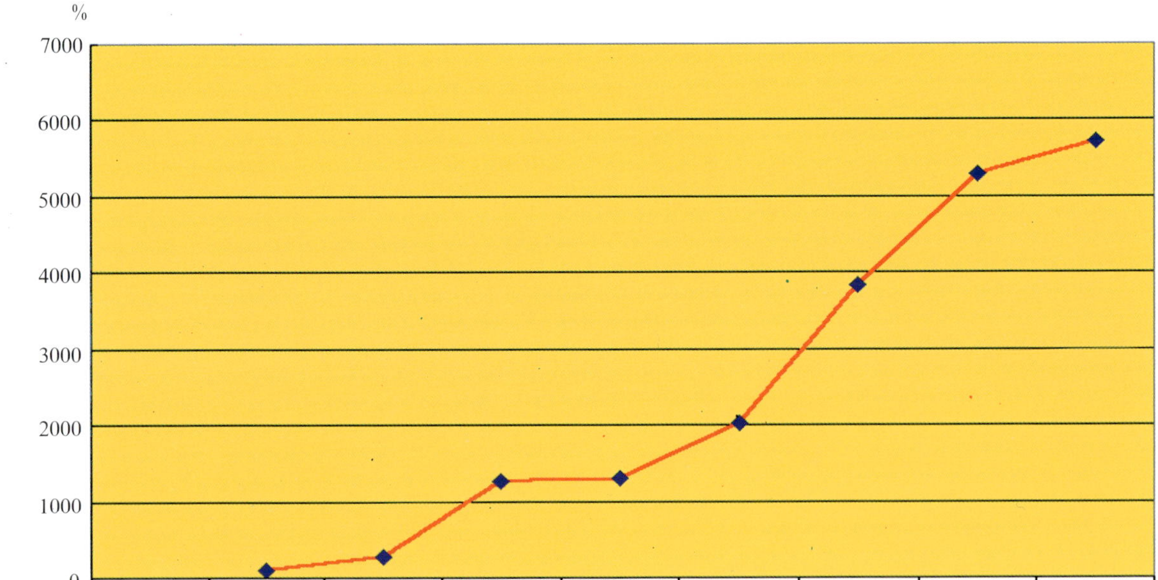

	1949 年	1952 年	1965 年	1978 年	1980 年	1990 年	1995 年	2000 年	2001 年
系列 1		100	275	1254.9	1304.2	2024.6	3839.1	5284.2	5717.5

国内生产总值构成

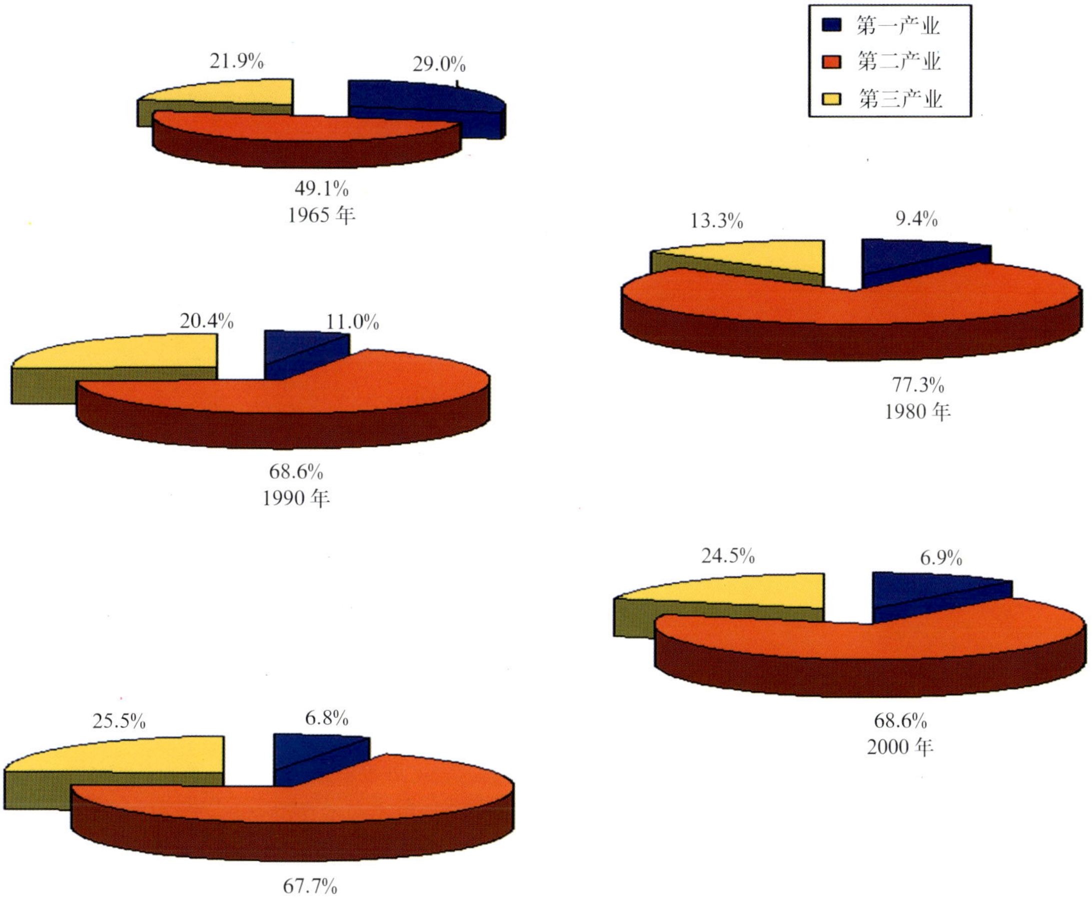

工业总产值（现价）

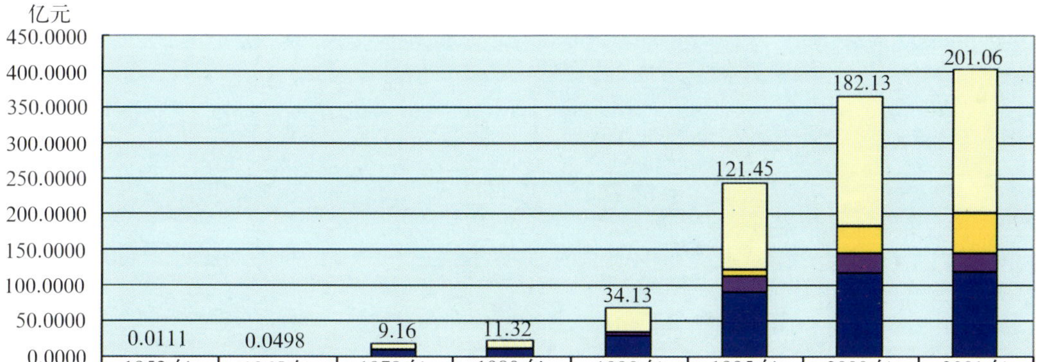

	1952 年	1965 年	1978 年	1980 年	1990 年	1995 年	2000 年	2001 年
全部	0.0111	0.0498	9.16	11.32	34.13	121.45	182.13	201.06
其他	0.0083				0.37	8.61	37.89	55.98
集体	0.0011	0.0069	0.18	0.37	4.66	23.5	26.69	26.54
国有	0.0017	0.0429	8.98	10.95	29.10	89.34	117.55	118.54

全部工业总产值指数

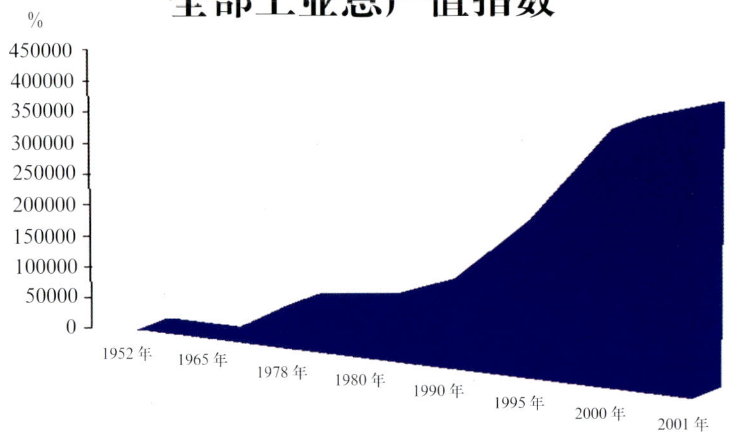

	1952 年	1965 年	1978 年	1980 年	1990 年	1995 年	2000 年	2001 年
■ 系列 1	100	436.8	71529.3	86635	137394.4	252287.1	409171.9	449341.9

农林牧渔业总产值及构成（现价）

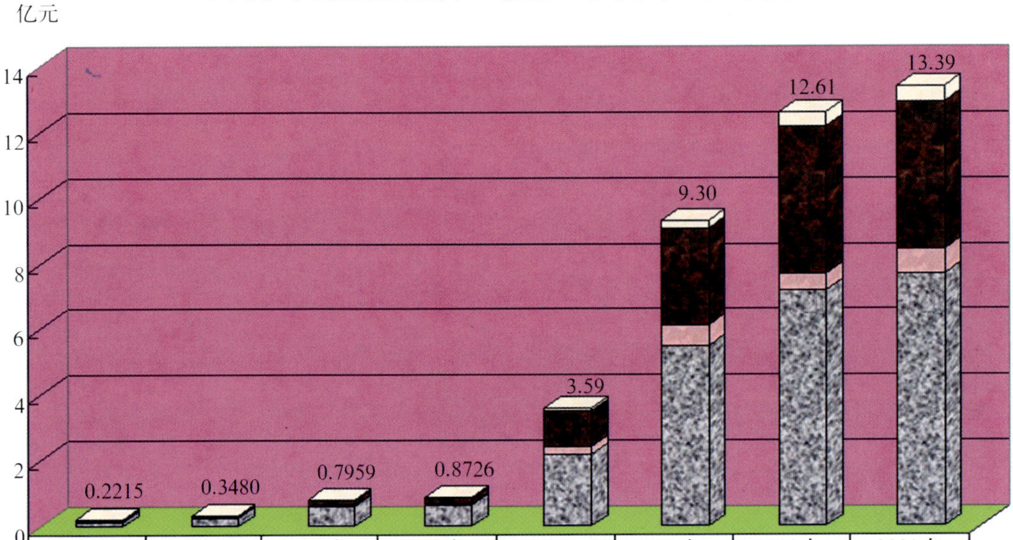

	1952 年	1965 年	1978 年	1980 年	1990 年	1995 年	2000 年	2001 年
□ 渔业	0.0002	0.0003	0.001	0.0033	0.08	0.22	0.42	0.47
■ 牧业	0.0371	0.0545	0.1691	0.1927	1.09	2.98	4.51	4.47
□ 林业	0.0372	0.0389	0.0236	0.0302	0.24	0.61	0.51	0.75
■ 农业	0.147	0.2543	0.6022	0.6464	2.18	5.49	7.17	7.7

农林牧渔业总产值指数

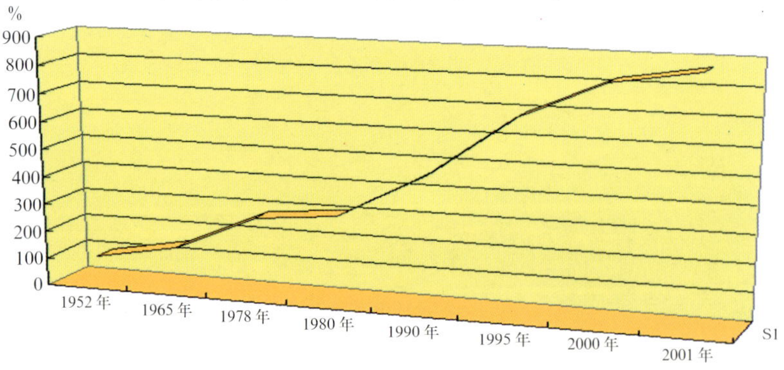

	1952 年	1965 年	1978 年	1980 年	1990 年	1995 年	2000 年	2001 年
■ 系列 1	100	154.3	284.2	310.6	470.8	689.83	823.23	871.64

粮食产量

	1949年	1952年	1965年	1978年	1980年	1990年	1995年	2000年	2001年
系列2	5.02	6.71	9.8	15.67	15.82	17.98	20.35	22.85	22.21

甘蔗产量

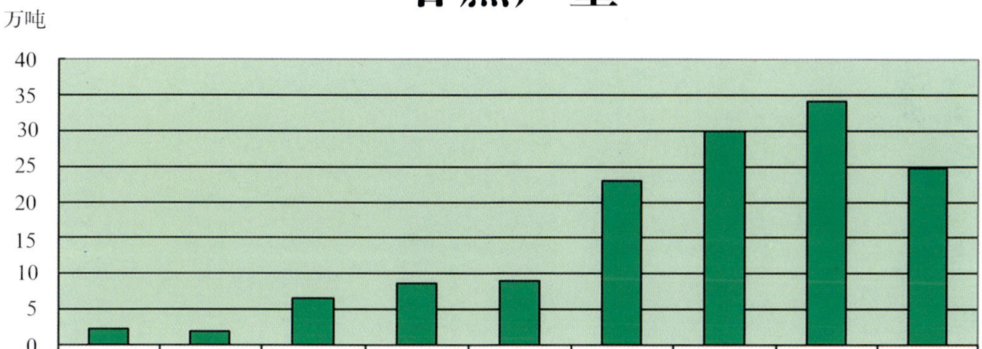

	1949年	1952年	1965年	1978年	1980年	1990年	1995年	2000年	2001年
系列2	2.23	1.84	6.66	8.58	9	23.08	29.89	34.12	24.69

猪牛羊肉产量

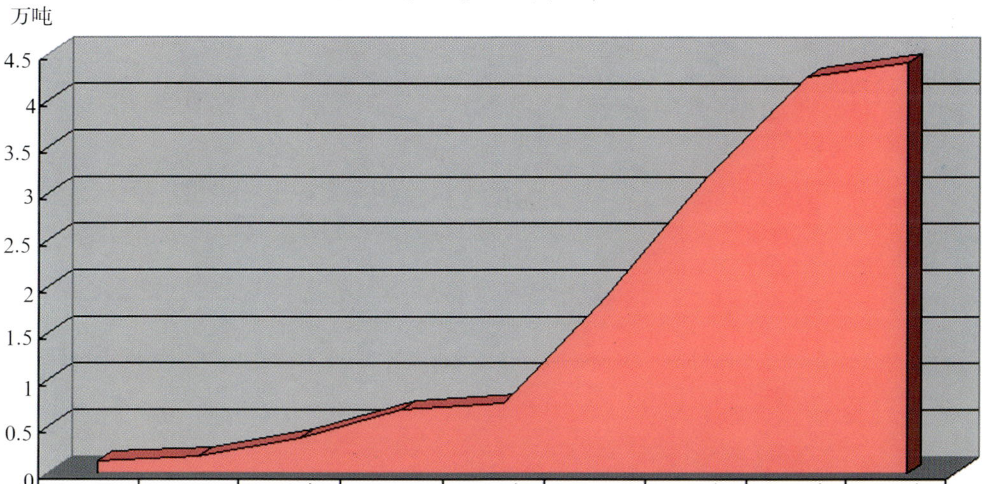

	1949年	1952年	1965年	1978年	1980年	1990年	1995年	2000年	2001年
系列1	0.13	0.18	0.37	0.68	0.75	1.88	3.18	4.24	4.39

财政收支发展趋势

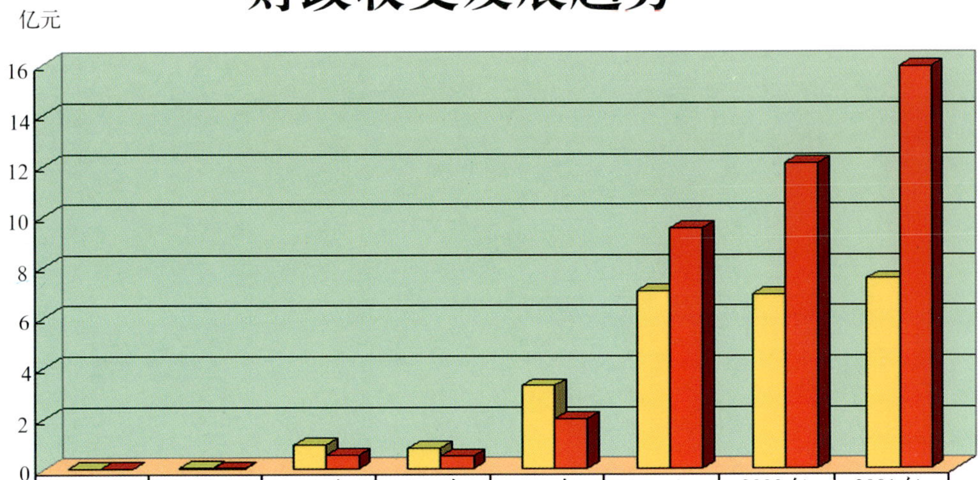

	1952 年	1965 年	1978 年	1980 年	1990 年	1995 年	2000 年	2001 年
收入	0.0104	0.0596	0.97	0.83	3.3	7.04	6.9	7.52
支出	0.0072	0.0341	0.57	0.53	1.99	9.53	12.1	15.88

金融机构存贷款余额

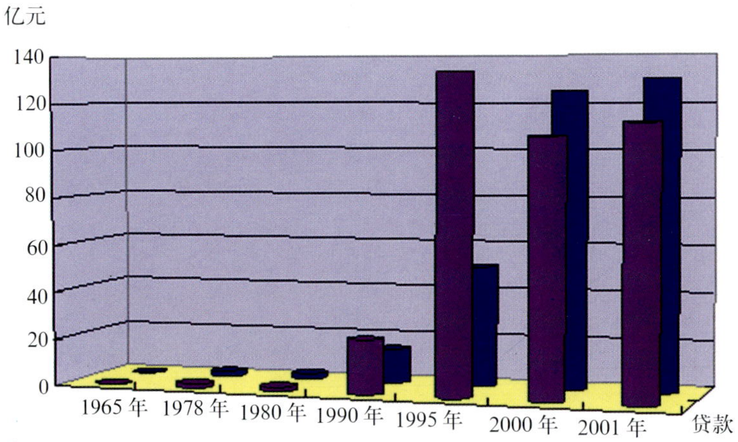

	1965 年	1978 年	1980 年	1990 年	1995 年	2000 年	2001 年
贷款	0.14	1.73	1.75	22.92	132.82	107.01	112.74
存款	0.21	2.09	2.43	14.62	50.69	124.96	130.03

全社会固定资产投资

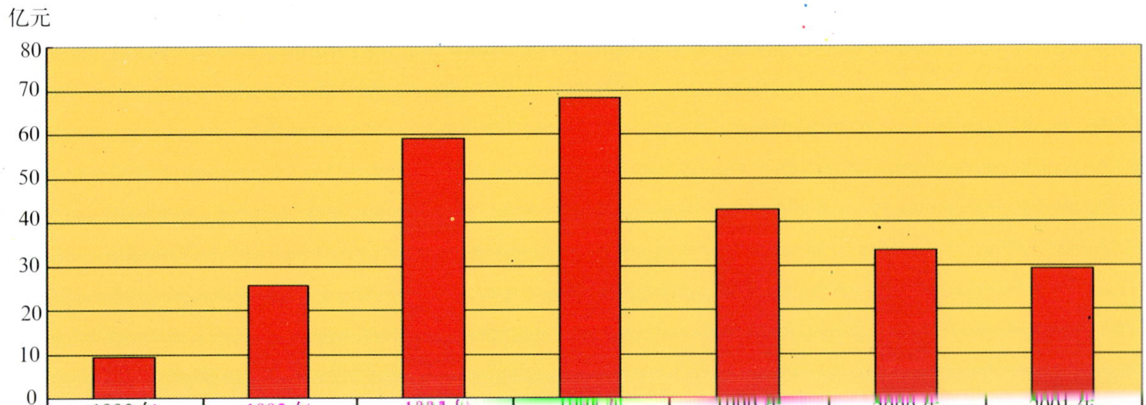

	1990 年	1992 年	1993 年	1998 年	1999 年	2000 年	2001 年
系列 2	9.37	25.74	58.97	68.34	42.78	33.51	29.2

城乡居民储蓄存款余额

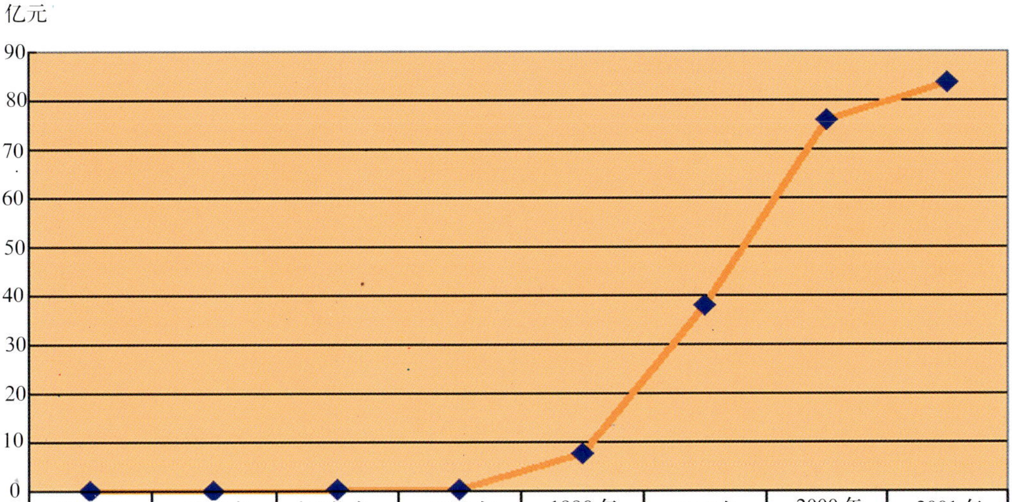

	1952年	1965年	1978年	1980年	1990年	1995年	2000年	2001年
系列1	0.0004	0.025	0.21	0.38	7.71	38	76.14	83.78

社会消费品零售总额

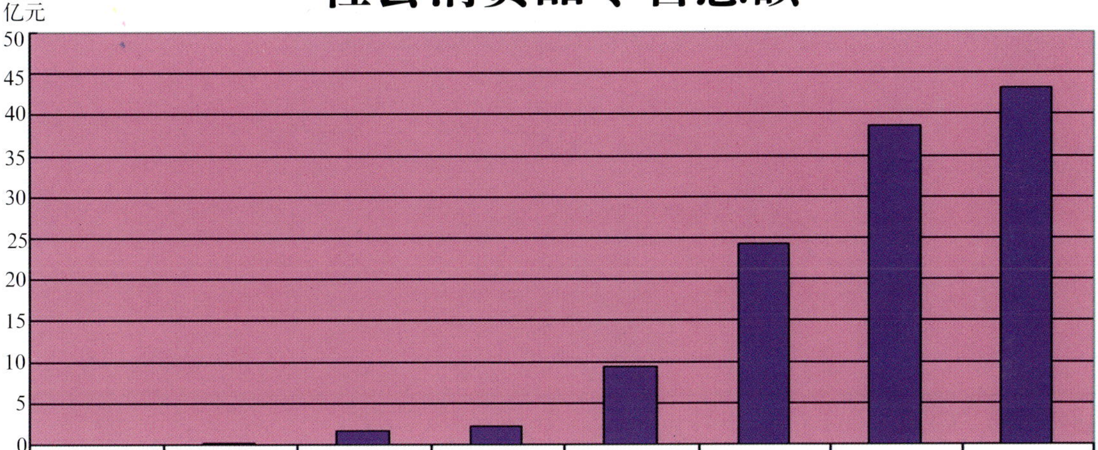

	1952年	1965年	1978年	1980年	1990年	1995年	2000年	2001年
系列1	0.033	0.25	1.66	2.13	9.34	24.2	38.57	43.14

农民人均纯收入

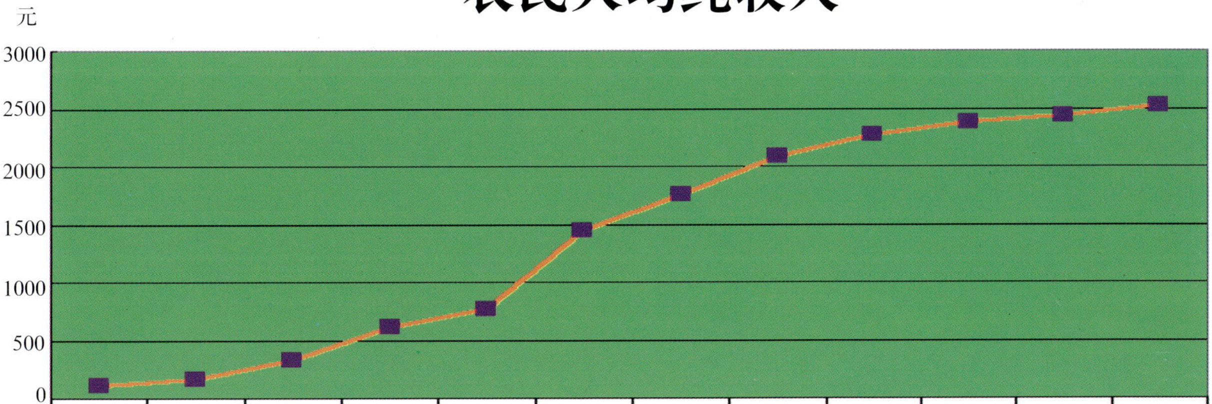

	1978年	1980年	1985年	1990年	1992年	1995年	1996年	1997年	1998年	1999年	2000年	2001年
系列2	113	165	333	619	770	1448	1763	2092	2270	2381	2439	2524

出口创汇

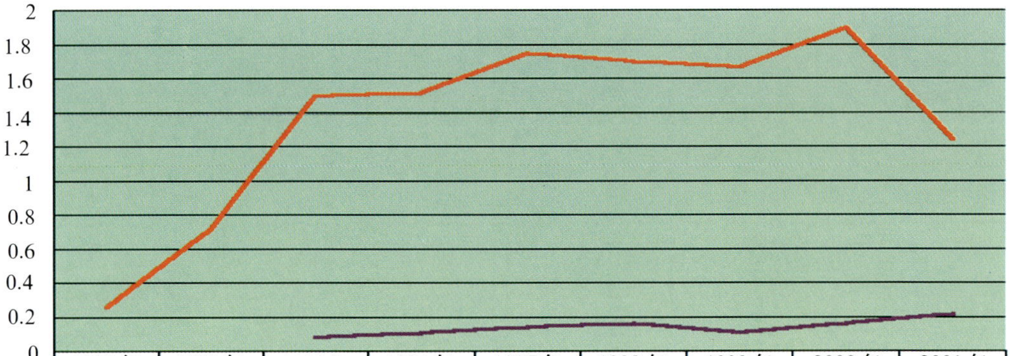

	1990 年	1992 年	1995 年	1996 年	1997 年	1998 年	1999 年	2000 年	2001 年
出口创汇	0.26	0.72	1.50	1.52	1.75	1.70	1.67	1.90	1.24
#地方			0.08	0.11	0.14	0.16	0.11	0.16	0.22

城市居民人均可支配收入及消费支出

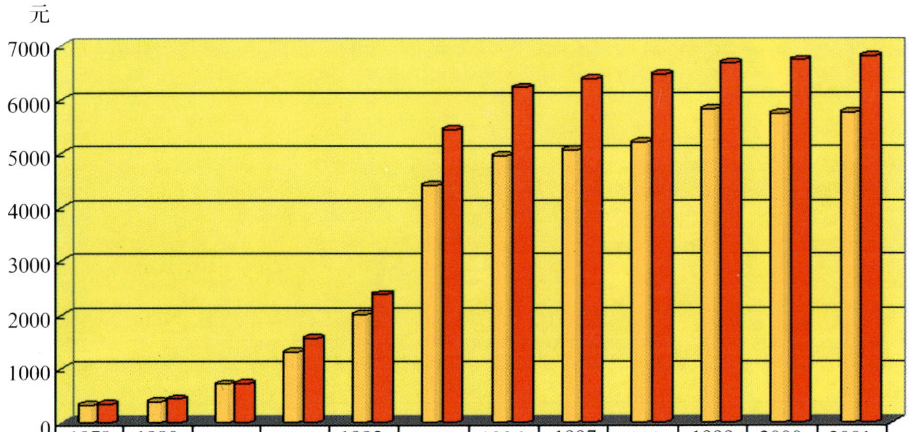

	1978 年	1980 年	1985 年	1990 年	1992 年	1995 年	1996 年	1997 年	1998 年	1999 年	2000 年	2001 年
支出	319	381	712	1312	2005	4404	4956	5059	5206	5821	5738	5758
收入	339	436	716	1568	2376	5443	6223	6385	6465	6676	6732	6804

城市价格指数

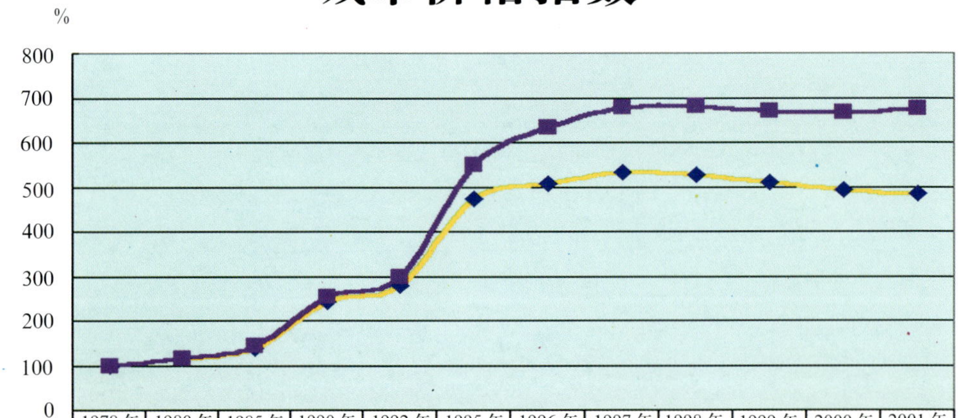

	1978 年	1980 年	1985 年	1990 年	1992 年	1995 年	1996 年	1997 年	1998 年	1999 年	2000 年	2001 年
商品零售	100	114.3	139.4	242.4	278.8	473.3	506.5	531.3	527.0	511.2	494.3	485.9
居民消费	100	115.9	143.3	253.4	300.0	550.1	632.7	678.9	682.3	670.0	667.3	676.6

156

攀 枝 花 统 计 年 鉴
PANZHIHUA STATISTICAL YEARBOOK

2002

（总第 4 期）

攀枝花统计局　编辑

中国统计出版社
China Statistics Press

(京)新登字041号
图书在版编目(CIP)数据
攀枝花统计年鉴.2002/攀枝花统计局.—北京:
中国统计出版社,2002.7
ISBN 7-5037-3858-8

I.攀...II.攀...III社会经济统计—统计资料
—攀枝花市—2002—年鉴 IV.C832.713-54

中国版本图书馆CIP数据核字(2002)第049505号

攀枝花统计年鉴—2002

作　　者 攀枝花市统计局
责任编辑 陈越月
E-mail yearbook@stats.gov.cn
出版发行 中国统计出版社
通信地址 北京市西城区三里河月坛南街75号　中国统计出版社
电　　话 (010)63262295
印　　刷 攀钢集团钢城企业总公司印刷工业公司
经　　销 新华书店
开　　本 787*1092毫米/16开本
字　　数 65.85万字
印　　张 27.5印张
印　　数 1-1000册
版　　别 2002年8月第1版
版　　次 2002年8月第1次印刷
书　　号 ISBN-5037-3858-8/F.1445
定　　价 120元

《攀枝花统计年鉴—2002》编辑委员会

《攀枝花统计年鉴—2002》编辑部

编者说明

一、《攀枝花统计年鉴—2002》是一部反映攀枝花经济和社会发展情况的综合统计资料年刊。本书收录了全市和县、区 2001 年经济和社会各方面大量的统计数据，进一步充实了微观统计信息资料、国家和全省的主要统计数据。

二、《攀枝花统计年鉴—2002》共有三个部分内容，既：(一)特辑。(二)统计资料。分为 1.行政区划、人口、自然状况；2.综合；3.社会发展概况；4.城市概况；5.从业人员和职工工资；6.固定资产投资；7.财政、税收、金融、保险；8.物价指数；9.人民生活；10.农业；11.工交、能源、邮电；12.建筑业；13.贸易业；14.教育、科技、文化；15.卫生、体育、广播电视及其他；16.县区概况；17.排行榜；18.统计分析选编。(三)附录。编辑了一部分全国性资料、攀枝花与国内其他城市横向指标对比资料等。

三、本年鉴资料中所使用的度量衡单位均采用国际统一标准计量单位。公报、政府工作报告、财政报告数据为快报数，其余均为年报数。

四、本年鉴的资料来源大部分来自我局年度统计报表、市城市社会经济调查队抽样调查资料。全省城市统计资料来自四川省统计局；全国性统计资料来自中国统计出版社公开出版的有关资料刊物。

五、统计资料所使用的价值量指标，除已注明的外，均以当年价格计算，国内生产总值及工业总产值等部份指标发展速度按可比价格计算。

六、本年鉴部分数据合计数或相对数由于取舍不同而产生的计算误差均未做机械调整。

七、本年鉴统计表中的符号说明

"…"表示数据不足本表最小单位数；

"空格"表示该项统计指标数据不详或无该项数据；

"#"表示该表下有注解；

"—"表示该栏数据不填。

八、本年鉴部分数据如有与以前年份年鉴数据矛盾的，以本年鉴为准。

城市名片

市　　名：攀枝花市

中共攀枝花市委书记：张成明

攀枝花市人民政府市长：秦宜智

长途区号：0812

城市概况：全市总人口103.91万人，非农业人口55.45万人，辖区总面积7440.4平方公里，辖3区2县，城市建成区面积42平方公里。

城市区位：位于川滇交界的金沙江与雅砻江汇合处，是长江上游第一城。北距成都749公里，南离昆明351公里，周边市地州有西昌、大理、丽江、楚雄。

主要经济指标：2001年国内生产总值124.16亿元，一、二、三次产业结构为6.8、67.7、25.5，地方财政收入7.52亿元，中央地方两级财政收入占GDP的20.1%，全社会固定资产投资29.2亿元，社会消费品零售额43.14亿元，出口创汇1.24亿美元。城镇居民可支配收入6804元、农民人均纯收入2524元。

支柱产业：冶金工业、能源工业、钒钛工业、建材工业、食品工业。

主要特色产品：生铁、钢、成品钢材、钒钛产品、原煤、发电量、水泥、糖、啤酒、中国攀枝花苴却砚、早市蔬菜、亚热带水果。

城市特色：移民城市、资源开发型城市、新兴工业城市。

INTERNET **网址：**http://www.pzh.sc.cei.gov.cn

E-mail **信箱：**scpzh@sc.cei.gov.cn

从统计看 2001 年的攀枝花

攀枝花在全省的地位

年末总人口	103.91 万人	占全省的 1.20%	居第 19 位
国内生产总值	124.16 亿元	占全省的 2.81%	居第 16 位
粮食总产量	22.21 万吨	占全省的 0.73%	居第 19 位
社会消费品零售总额	43.14 亿元	占全省的 2.57%	居第 16 位
固定资产投资总额	29.2 亿元	占全省的 1.86%	居第 16 位
财政收入	7.52 亿元	占全省的 2.77%	居第 7 位

攀枝花的社会经济发展

年末总人口	103.91 万人	比 1990 年增长 14.38%
＃非农业人口	55.45 万人	比 1990 年增长 23.74%
国内生产总值	124.16 亿元	比 1990 年增长 1.83 倍
社会消费品零售总额	43.14 亿元	比 1990 年增长 3.62 倍
固定资产投资总额	29.2 亿元	比 1990 年增长 2.12 倍
地方财政收入	7.52 亿元	比 1990 年增长 5.57 倍
城乡居民储蓄余额	83.78 亿元	比 1990 年增长 9.87 倍
出口创汇	12391 万美元	比 1990 年增长 4.33 倍

主要平均指标

人均国内生产总值	12001 元	比 1990 年增长 1.43 倍
人均地方财政收入	727 元	比 1990 年增长 4.07 倍
农民人均纯收入	2524 元	比 1990 年增长 3.08 倍
城镇居民人均可支配收入	6804 元	比 1990 年增长 3.34 倍
人口密度	140 人/平方公里	比 1990 年增长 14.75%

目　　录

一、特辑

二、统计资料

三、附　　录

一、特　　辑

SPECIAL　COLLECTION

攀枝花市概况

攀枝花市是中国四川省辖市，是中国西南川滇交界处的经济中心，是长江流域经济带重要的能源、原材料基地，是中国西部最大的钢铁基地，是长江上游第一座新兴的工业城市，也是中国唯一以花命名的城市。

历史沿革 1965年2月5日，中共中央、国务院作出《关于成立攀枝花特区人民委员会的批复》。3月20日，攀枝花特区人民委员会正式成立。4月，国务院批复四川省人民委员会的请示，同意攀枝花特区对外改称渡口市，划定区域范围总面积1411. 96平方公里，地跨金沙江两岸。1974年10月，经国务院批准把云南省永仁县的平地、大龙潭公社划归渡口市。

1978年7月，四川省决定将会理县的红格、新九、猛新三个公社和和爱公社的4个生产大队划归渡口市辖。

同年10月，四川省报经国务院批准，将西昌专区的米易县和盐边县划为渡口市辖县，市辖区域面积增至7434.4平方公里。1987年1月，经国务院批准更名为攀枝花市。2002年3月，攀民政\[2002\]19号文核定，行政区域面积为7440.398平方公里。

地理概貌 攀枝花市位于中国西南川滇交界部、金沙江与雅砻江汇合处，东经101°08′－102°15′，北纬26°05′－27°21′。东、北两面与四川省凉山彝族自治州的会理、德昌、盐源三县接壤，西、南两面与云南省的宁蒗、华坪、永仁三县为界。成昆铁路和川云西线国道公路纵贯全境，北距成都749公里，南接昆明351公里，是四川通往华南、东南亚沿边、沿海口岸的最近点，为“南方丝绸之路”上重要的交通枢纽和商贸物资集散地。攀枝花市地处攀西裂谷中南段，具有山高谷深、盆地交错的特点，相对高差3258 .5米。河流属长江水系，境内有大小河流95条，分属于金沙江水系、雅砻江水系。气候属南亚热带－北温带的多种气候类型，年平均气温为 19.7℃－20.5℃，是四川省年平均气温和总热量最高的地区，全年无霜期300天以上。

自然资源 全市有土地总面积74.4万公顷，其中：耕地面积3.17万公顷，林地面积47.44万公顷，草地荒山11.93万公顷，园地1.2万公顷，水域1.57万公顷。山地面积占土地面积的92%。境内水能资源丰沛，过境水量1102.03亿立方米，理论蕴藏量达492.9万千瓦，可开发量达到410.1万千瓦，年发电量可达271.5亿千瓦时。全市已建成地方小水电站225处，装机257台，装机容量5.63万千瓦，1999年建成的二滩水电站装机容量330万千瓦，是本世纪内中国投产的最大水电站。全市矿产资源得天独厚，已发现矿种76种，已探明储量的45种，矿产地490余处，其中大型、特大型矿床15个，中型矿床42个，累计探明钒钛磁铁矿石储量790415万吨，伴生的钛储量70491万吨、钒储量1670万吨，探明的钛资源占世界第一位，钒资源占全国第一位、世界第三位。

旅游资源 攀枝花市旅游资源分为三类：以群山、林海、险峡溶洞共存一地的自然景观。以布局奇巧，风光独特的微雕钢城和世界第3高坝的二滩水电站等城市景观；以民族风情为特色的人文景观。市内主要景点：有被林业部批准的二滩国家级森林公园和国务院批准的国家级苏铁自然保护区。有大黑山省级森林公园和米易望月楼省级文物保护单位。有三国蜀汉丞相诸葛亮率兵南征，渡金沙江的五月渡泸遗址和原始森林景区。还有龙潭溶洞、红格温泉等具有较高观赏价值的景点和鑫岛游乐城、攀枝花公园等现代休闲、娱乐中心。此外，攀枝花市也是外地游客到昆明、丽江、大理、泸沽湖的重要中转站和旅游通道。

行政区划与人口 攀枝花市辖三区、两个县，有75个乡镇，16个街道办事处，122个居民委员会。2001年末人口103.91万人，其中非农业人口55.45万人。城区人口65.10万人，其中非农业人口50.25万人，全市人口密度为140人/平方公里。攀枝花是多民族聚居但以汉族为主的移民城市，截止2000年底第五次全国人口普查，少数民族人口有13.93万人，占总人口的13.41%，其中主要少数民族有：彝族、傈僳族、回族、苗族、纳西族、白族、满族、壮族等42个少数民族。

攀枝花市统计局
关于2001年国民经济和社会发展的统计公报

(2002年3月)

2001年,是"十五"计划的第一年,全市各族人民在市委、市政府的领导下,高举邓小平理论的伟大旗帜,努力实践江总书记"三个代表"的重要思想,紧紧抓住西部大开发的历史机遇,努力克服经济和社会中的各种困难和矛盾,解放思想,团结奋斗,开拓进取,真抓实干,全面实施科教兴攀、大开放和可持续发展战略,经济和社会发展取得了新的成绩。全市经济稳步增长,综合实力日益增强,各项社会事业全面进步。

一、综合

2001年,我市加强城市基础建设,加快中小企业民营化进程,推动经济健康发展,综合经济实力进一步增强。据统计,全市国内生产总值(GDP)完成124.08亿元,按可比价计算,比上年增长8.2%。分产业看:第一产业增加值8.32亿元,增长4.0%;第二产业增加值84.06亿元,增长7.8%;第三产业增加值31.7亿元,增长10.5%。从生产角度看:第一产业对经济增长的贡献率为3.4%,第二产业的贡献率为65.1%,第三产业的贡献率为31.5%。人均国内生产总值达到11 993元,比上年增加809元,居全省第二位。

产业结构不断优化,三次产业增加值占国内生产总值的比重由上年的6.9:68.6:24.5调整为6.7:67.8:25.5,同上年相比,第三产业比重提高1个百分点,第一产业、第二产业比重分别下降0.2和0.8个百分点。

国民经济和社会发展的总体情况是:工业生产快速增长,农业和农村经济稳步发展;消费市场稳中趋活,外贸出口下降;经济增长速度逐季加快,经济运行质量有所提高。固定资产投资降幅减缓,重点建设继续推进,城市面貌有较大改变;市场物价有所回升,财政增收,金融运行平稳,各项社会事业全面发展。

国民经济和社会发展中存在的主要问题是:社会有效需求不足的矛盾尚未根本缓解,经济增长的内在动力与后劲不足;经济增长方式还需进一步转变,经济增长质量还需巩固提高;企业改革中一些深层次的矛盾还未解决,现代企业制度还未完全建立;对经济运行的服务、协调、监测、调控尚存不足。

二、农业

千方百计增加农民收入,大力发展特色农业,努力推动农业产业化进程。加大农业综合开发力度,坚持面向市场调整结构,农业和农村经济保持良好的发展势头。

种植业结构进一步调整,畜牧业持续增长,农林牧渔业生产全面发展。全年共实现农林牧渔业总产值13.39亿元,比上年增长5.88%。全年粮食产量达到22.21万吨,减少2.8%,蔬菜产量36.66万吨,增长12.12%,甘蔗产量24.69万吨,减少27.63%,蚕茧产量0.13万吨,增长17.63%,水果产量3.53万吨,增长17.73%,攀西农业综合开发、世行贷款安宁河流域农业资源开发和农村集镇建设取得新的进展。

养殖业保持良好的发展势头。其中,肉类生产保持稳定,禽蛋奶类快速发展,水产品增势强劲。全年肉类总产量4.73万吨,增长4.33%,禽蛋产量0.18万吨,增长13.67%,牛奶产量0.17万吨,增长27.23%,全市水产养殖面积1249公顷,水产品总量5697吨,比上年增产839吨,增长17.3%。

林业生产得到较好发展。认真贯彻中央"西部开发,生态先行"方针,积极实施天然林保护、退耕还林、市区视野区荒山绿化三大工程。全年完成造林1.87万公顷,其中,退耕还林0.

29万公顷。完成封山育林0.57万公顷。

农业生产条件不断改善,农业机械化程度继续提高。年末农业机械总动力44.20万千瓦,新增 蓄引提水能力134万立方米,新增有效灌溉面积666.7公顷。农村用电量达到8018万千瓦时,增长18.14%。

三、工业和建筑业

工业生产快速增长。2001年,围绕"调整结构、提高效益"的目标,积极推进国有企业改革,把改革、改造、改组、加强管理相结合,鼓励兼并、规范破产、减员增效、一批国有大中型 企业重新焕发生机。攀钢(集团)公司、二滩水电开发公司,川投电冶公司等骨干企业增势 强劲。全市工业生产效益明显提高,主要产品产量稳定增长。

全年完成工业增加值76.05亿元,比上年增长10.2%。国有及年销售收入在500万元以上的非国有工业企业共完成工业总产值168.94亿元,增长8%。其中:中央工业完成134.31亿元,同比增长9.7%;地方工业完成34.63亿元,增长3.8%。国有工业完成112.81亿元,同比增长4.2%;集体工业完成16.93亿元,增长3.6%;股份制工业完成33.71亿元,增长26.8%。分轻重工业看,轻工业总产值3.18亿元,下降3.2%;重工业总产值165.76亿元,增长8.4%。

工业结构有所调整。一批不适应市场变化、污染严重、消耗高的"十五小"企业被关停。冶金 行业总量控制取得积极进展,行业盈利水平显著提高。

产销衔接状况改善。全年国有及规模以上工业产品销售率达到99.3%。

主要工业产品产量如下:

	单位	2001年	比上年±%
铁矿石(原矿量)	万吨	941.12	-5.1
生 铁	万吨	400.94	-1.3
钢	万吨	360.53	-0.6
成品钢材	万吨	265.06	-2.9
钒渣(折合量)	万吨	12.99	-6.6
原 煤	万吨	478.39	-5.4
焦 炭	万吨	247.07	0.1
发电量	亿千瓦时	160.62	38.1
#二滩发电量	亿千瓦时	127.05	51.53
水 泥	万吨	65	12.1
机制糖	万吨	1.40	-52.5
啤 酒	万吨	3.01	-4.3
黄 磷	万吨	4.10	28

工业经济效益有所改善。国有企业及年销售收入在500万元以上的独立核算非国有工业企业 实现产品销售收入158.09亿元,下降4.28%。工业企业亏损面16.9%,比上年下降2.82个百分点 ,亏损企业亏损额增加16.61%,产成品存货减少1.37%。扣除二滩水电站亏损因素,全市工业 实现利润6.02亿元。

工业经济效益综合指数78.6 %,比上年提高11.98个百分点。资金利税率3.1%,比上年上升0. 66个百分点。总资产贡献率6.8%,比上年上升1.63个百分点。流动资金周转次数1.53次,减少0.12次。全员劳动生产率25854元/人,人均增加3649元。

建筑业生产下降。全社会建筑业增加值8.01亿元,比上年下降11.4%。

四、固定资产投资

固定资产投资下降。由于中央大型骨干项目建成投产,固定资产投资总规模缩小,地方投资高于中央投资。全社会固定资产投资总额完成29.19亿元,比上年下降12.25%。按经济类型划分,国有经济完成投资23.07亿元,下降17.99%,集体经济完成投资1.08亿元,其它经济完成 投资3.98亿元,个体经济完成投资1.06亿元;按投资管理渠道分,基本建设完成投资11.21亿元,下降41.38%,更新改造完成投资10.32亿元,增长62.06%,房地产开发投资3.22亿元,增长0.2%,其他投资1.74亿元,下降28.8%,农村固定资产投资2.18亿元,增长20.6%,城镇 工矿区私人建房投资

0.52 亿元，下降 2.6%；按投资隶属关系分，中央投资完成 11.17 亿元，地方投资完成 18.02 亿元，比上年增长 10.5%。中央投资与地方投资占总投资的比重为 38.3：61.7。

基础设施建设成效显著，重点工程进展顺利。2001 年，我市继续加快城市基础设施建设，一批与市民生活息息相关的城市建设、改造项目陆续竣工投入使用：临江路、江南二路改造如期完成；炳草岗大桥、弄清线竣工通车；竹湖园改造完毕并对市民开放；滨江大道部分通车；炳草岗 5 万立方米煤气柜建成并投入运用；攀枝花民用机场、天保工程、城市供水工程、城乡电网改造、垃圾处理厂、市广电中心、二级邮区中心等一批重点工程进展顺利。

房地产市场继续发展。全市房地产开发投资 3.22 亿元，商品房销售创历史最高水平，全市商 品房销售面积 10.02 万平方米，同比增长 74%，个人投资购房成为 2001 年房地产市场的主流，占全部商品房销售面积的 83%，个人商品房销售额增长 1.2 倍。

五、交通运输和邮电通讯业

交通运输和邮电通讯业进一步发展。全年完成交通运输和邮电通讯业增加值 8.43 亿元，比上年增长 10.7 %，占全部国内生产总值的比重为 6.8%，提高 0.4 个百分点。

公路客运量 1986 万人次，客运周转量 50765 万人公里。公路货运量 1652.8 万吨，货运周转量 60014 万吨公里。铁路客运量 138 万人次，比上年下降 7.4%，铁路货运量 1426 万吨，下降 2.7%。

邮电通讯业保持较快增长。全市完成邮电业务总量 3.90 亿元，比上年增长 21.5%，其中：邮政业务总量 0.44 亿元，增长 3.2%，电信业务总量 3.46 亿元，增长 23.3%。全市邮路总长度 825 公里，农村投递线路 1423 公里。年末电话机用户为 18.31 万户，比上年增长 23.9%。其中，城 市电话用户为 17.24 万户，增长 22.5%；农村电话用户 1.07 万户，增长 48.6%。移动电话 19.23 万户，增长 141.3%。互联网用户 0.59 万户，增长 24.1%。

六、贸易外经和市场物价

在国家进一步扩大内需、刺激经济增长的宏观政策影响下，全市城乡消费市场渐趋活跃。全年社会消费品零售总额 43.14 亿元，比上年增长 11.8%。其中：市区零售额 37.3 亿元，增长 11.5%；县的零售额 3.0 亿元，增长 19.3%；县以下的零售额 2.84 亿元，增长 8.8%。

非公有制经济贸易快速发展，占市场份额迅速扩大。个体私营经济消费品零售额 13.4 亿元，占全市消费品零售额的 31%。一批超市、连锁店、专卖店陆续登陆攀枝花。住房、汽车、教育、医疗、旅游、电信等依然是消费热点。

对外开放取得一定成绩。受世界经济增幅减缓，国际贸易萎缩的影响，外贸出口下降幅度较大。全年进出口总额 1.60 亿美元，其中出口 1.24 亿美元，下降 34.7%。外资利用继续保持了一定规模，外商直接投资额 136 万美元，完成对外工程承包营业额 102 万美元。

旅游业有所发展。全年接待国际旅游者 795 人次，增长 11.2%；旅游创汇 48.1 万美元，增长 36.1%。成功举办首届攀枝花国际长江漂流节等活动，国内旅游人数激增。重点旅游景区建设步伐加快，旅游支柱项目正在培育中。

市场物价有所回升，商品供应充足，服务项目增多，消费者选择空间明显增大。城市居民消 费价格总水平比上年上升 1.4%。

市场价格变动情况

类别及名称	（以 2000 年为 100）
城市居民消费价格指数	101.4
其中：食品	97.4
其中：粮食	99.7
肉禽及制品	95.0
医疗保健	96.3
交通和通讯工具	109.1
居 住	105.4

类别及名称	(以2000年为100)
服务项目	109.3
商品零售价格指数	98.3

七、财政金融和保险业

财政金融部门全面实施积极的财政政策、稳健的货币政策,促进全市经济发展。

财政收入状况良好。各级财税部门积极贯彻"加强征管、堵塞漏洞、清缴欠税"的方针政策,取得明显成效。全市地方财政收入7.52亿元,同比增长9.0%,财政支出充分体现"保工资、保 稳定、保运转、保重点"的原则,有力促进全市社会经济事业发展。全年地方财政支出15.88亿元 ,同比增长29.4%。

金融部门继续深化体制改革,金融市场运行平稳,金融秩序保持稳定。年末各类金融机构各 项存款余额达到130.03亿元,比年初增长4.0% ,各项贷款余额112.74亿元,比年初增长4.1% ,全市银行现金净投放2.29亿元,比上年下降3.5%。保险事业加速发展。全年保费收入2.89亿元,增长24.5%,全年赔款支出1.06亿元。证券市场在规范中发展。年末沪深股市开户达7.7 3万户,增长5.5%,全年成交金额42亿元,下降47.5%。

八、科学技术和教育

科学技术事业继续发展。全市认真实施"科教兴攀"和"可持续发展"战略,突出高新技术及其产业和新的农业科技革命行动计划的实施。全市共完成各类科技项目353项,获市级以上 科技成果奖71项,其中省部级奖14项。科技新增经济效益5.8亿元,17项社会科学研究获得 市级以上奖励。科技成果推广、转化加快,科技对经济增长的贡献日益明显。

教育事业稳步发展。攀枝花大学经教育部批准由专科层次升格为本科层次的普通高校,攀钢 职教中心经省政府批准改制升格为高等职业技术学院,全市普通高等学校2所,中等专业学校6所,普通中小学校552所,职业中学校4所,技工学校4所,聋哑学校1所。小学、中学、中专、大学在校学生达14.14万人,毕业学生2.9万人,专任教师0.98万人。

素质教育进一步加强,义务教育、扫盲教育全面推进。全市小学学龄儿童入学率达97.7%,文 盲率由2000年的0.66%降低到0.62%。

成人教育取得一定成绩。年末有成人大中专学校4所。乡镇成人文化技术学校78所。社会力量办学65所,教职工470人,在校学生7667人,毕业、结业2908人。

高等教育招生稳步增长。全市被普通大中专院校录取的新生人数3884人,其中:被普通高校专科以上院校录取的新生人数2089人,增长2.1%,录取率72.4%;被普通中等职业学校录取的新生人数1795人。

九、文化、卫生和体育

文化、卫生、广播、体育事业蓬勃发展。群众文化、专业艺术有了新的提高,文化基础设施 建设进展良好,文化市场、新闻出版规范管理,文化产业有了新的发展,组建了全省市州第 一支交响乐团。

全市有群众艺术馆1个,文化馆5个,剧场影院9个,展览馆1个。攀枝花影城建成投入使用,公共图书馆3个,藏书50.5万册。专业艺术团体5个,表演202场次,观众29.0万人次,电影放 映7300场次,观众150万人次。一批优秀作品入围全国、全省评奖。

广播电视事业健康发展,"村村通"工程得到巩固。全市拥有卫星地面站3130座,增长11. 6%,广播覆盖率92.1%、电视覆盖率93.9%,比上年分别提高0.3个百分点和0.2个百分点。城市 主干线全部实现了光纤化。

卫生事业不断发展。医疗技术、预防保健水平有所提高,城乡医疗卫生条件进一步改善。全市共有卫生机构459个,其中:医院、卫生院108个,卫生防疫站10个,妇幼保健站9个。医 院卫生院卫生技术人员5153人,其中:医生2236人,护师、护士1924人。年末实有病床5694张 ,比上年增加169张。医院门诊总人次为158万人次。全市拥有农村卫生院77所。

体育事业平稳发展。全市广泛开展了群众性体育运动及全民健身活动,竞技体育取得了进一步的发展。全年21支青少年运动队参加全省各类比赛共获得奖牌25枚,其中获得金牌5枚。群众性体育活动和全民健身活动日益活跃。全市各级各类学校继续开展体育"达标"竞赛,达标率97.4%,比上年提高1.4个百分点。

十、就业与社会保障

城镇职工人数减少。城镇在岗职工人数21.41万人,减少5.8%,全市在岗职工工资总额24.89亿元,增长10.2%。在岗职工平均工资11509元,增长18.1%。

年末全市城镇登记失业率为3.9%。共安置城镇失业人员就业0.78万人,实现企业下岗职工再就业0.40万人。

社会保障制度改革继续深入。全市城镇已全部建立起最低生活保障制度,农村最低生活保障线人数0.83万人。离退休人员基本养老金和失业人员失业救济金按时足额发放,共有9.6万人享受困难户社会救济。全市参加养老金社会统筹保险总人数达到28.4万人,增长2.2%。城镇建立起各种社区服务设施427处。

十一、人口与人民生活

2001年,全市居民年末总户数29.81万户,增加0.56万户,年末总人口103.91万人,增加0.90万人,计划生育再见成效,人口出生率12.74‰,比上年降低了1.1个千分点,人口死亡率4.52‰,比上年降低了0.55个千分点,人口自然增长率8.22‰,比上年降低了0.55个千分点。

城乡居民生活水平继续提高。城市居民人均可支配收入6804元,比上年增长1.1%。城市居民人均消费性支出5758元,下降0.39%。农民收入稳步增长。全年农民人均纯收入2524元,增长3.5%。居民消费结构不断优化,食品性消费比重下降。

年末城乡居民储蓄余额83.78亿元,比年初增加7.64亿元,增长10%,其中,城镇居民储蓄增加7.22亿元,农村居民储蓄增加0.42亿元。

城市生活条件有所改善。城市主要交通要道拓宽,绿化面积增加,全市共有公共汽车线路46条,新增公交12路专线1条。

据抽样调查资料,年末城市人均房屋使用面积17.8平方米,农村居民人均住房面积26.4平方米。

十二、环境保护

环境保护和污染治理工作进一步加强。2001年,全市治理工业污染源项目29个,一批重点工业污染源得到了限期治理,全年用于环境治理的投资共计4993万元,城乡环境质量得到改善。工业"三废"排放情况有所好转,其中:工业废水排放总量2655万吨,较去年减少6.7%;化学需氧量排放量2199吨,较去年减少14%;粉末排放量5733吨,较去年减少4.5%;工业固体废物综合利用率25%,较上年提高6个百分点。二氧化硫排放量72534吨,较上年增长0.03%;烟尘排放量12951吨,较上年增长0.09%。

注:(1)公报所列国内生产总值等指标为初步统计数。
(2)国内生产总值、增加值、产值按当年价计算,增长速度按可比价计算。
(3)环境保护方面的指标绝对数按新口径计算,相对数按同口径计算。

政府工作报告

——2002年2月26日在攀枝花市第六届人民代表大会第五次会议上

代市长　秦宜智

各位代表：

我代表市人民政府，向大会报告政府工作，请予审议。

一、2001年的工作情况

2001年，是进入新世纪、实施"十五"计划的起始年。一年来，在中共攀枝花市委的领导下，在市人大及其常委会的法律监督、工作监督和市政协的参政议政、民主监督下，市政府组织动员全市人民，高举邓小平理论伟大旗帜，深入贯彻落实江泽民同志"七一"重要讲话和党的十五届五中、六中全会精神，努力实践"三个代表"重要思想，紧紧抓住西部大开发历史机遇，努力克服经济和社会生活中面临的各种困难和矛盾，基本完成了市六届人大四次会议确定的主要目标和任务，全市国民经济和社会发展呈现出良好发展态势。

（一）经济发展势头良好

据统计，全年完成国内生产总值124.08亿元，比上年增长8.2%，其中一、二、三产业增加值分别增长4%、7.8%和10.5%。农业结构调整初见成效。优质粮、蔬菜、亚热带水果、烤烟、肉类、禽蛋、奶产量持续增长。农民人均纯收入2524元，比上年增加85元。农业产业化基地建设和培育龙头企业工作得到加强。实施世行贷款农业资源开发项目、市区视野区生态环境治理、天然林资源保护和退耕还林还草工程取得新的进展。农村能源建设成效显著。工业生产在结构调整中持续增长，运行质量和效益明显提高。全市规模以上工业企业完成工业总产值168.94亿元，增长8%，全年实现利税总额15.55亿元，增长34.32%。川投攀西生物药业、圣达机焦、西区威力钢等一批企业陆续建成投产，投资84亿元的攀钢三期工程已全面启动。重点建设继续推进。固定资产投资完成29.20亿元。滨江大道、炳草岗大桥、渡口桥北下线、竹湖园改造工程、临江路和江南二路改造工程、炳大水厂主体、炳草岗5万立方米干式气柜、地震台网数字工程、工行大厦等工程已基本竣工；市民用机场，垃圾处理厂二、三期工程，晃桥水库，胜利水库渠系配套，二级邮区中心，德铭商城二期，攀枝花学院三期，市广电中心，城乡电网改造等工程进展顺利；法拉大桥、高堰沟水库复扩建工程、市污水处理厂一期工程等一批项目已开工建设。城市综合服务功能有所增强，城市面貌有了新的改观。城乡市场消费趋旺。全年实现社会消费品零售总额43.14亿元，增长11.8%。旅游业发展势头较好，以着力打造旅游精品为重点，加强了重点旅游景区的建设，成功举办了首届中国攀枝花国际长江漂流节，旅游品牌形象在逐步凸现。财税工作运行质量提高，为全市经济和社会发展提供了强有力的资金保障；财政收入完成7.52亿元，增长9%；财政支出完成15.88亿元，增长29.40%。金融运行平稳。全市金融机构年末各项存款余额130.03亿元，比年初增长4.0%；各项贷款余额112.74亿元，增长4.1%。城乡人民生活有所改善。年内城镇居民人均可支配收入增长1.1%；年末城乡居民储蓄存款余额83.78亿元，比年初增长10%。整顿市场经济秩序初见成效。深入开展了一系列专项整治和规范市场秩序行动，全市共查处各类案件9534件，端掉制假售假窝点341个，查获假冒伪劣商品货值12692万元。

（二）改革开放取得实效

各项改革稳步推进。国有大中型骨干企业及地方重点企业建立现代企业制度取得积极进展。按照《公司法》和建立现代企业制度的要求，中央、省属企业和地方8户重点企业进行了公司制改革。加大了人事、用工、分配三项制度的改革力度。分离企业办社会职能取得阶段性成果。以产权制度改革为突破口，国有中小企业改革取得明显成效。市属107户改制国有企业中已有66户、县区属111户改制国有企业中已有100户国有资本实现了全部退出。民营经济得到较快发展，全市个体工商户已发展到21565户，私营企业发展到2422户。社会保障制度改革步伐加快，基本实现了城市职工基本养老保险全覆盖，市属改制企业和县区属改制企业中的离退休职工已全部移交社保，建立了国有企业下岗职工基本生活保障制度、离退休职工基本养老金保险制度和失业人员失业救济金制度，各种保险待遇实现了按时足额发放，就业和再就业取得新的成绩，城镇登记失业率控制在4%以下；启动实施了城镇职工医疗保险制度改革。稳步推进矿业权改革，成功实施了省第一宗采矿权拍卖。市、县(区)和乡镇机构改革稳步推进，“三定”方案基本完成。

开放力度继续加大。围绕开展“改善对外开放环境年”活动，大力推进行政审批制度改革，清理行政审批事项1198项；建立了市政务服务中心，27个市级部门的317项行政审批事项进入中心服务。攀枝花省级高耗能工业园区已正式挂牌，3.3万吨铁合金厂已建成投产，10万吨电解铝项目已开工建设。招商引资取得重大突破，科威特阿拉伯经济发展基金会为我市民用机场建设提供3087万美元低息贷款项目已启动；全年实际利用外资1616万美元，利用内资6亿元；凤凰二期、温州商城等招商项目进展顺利。完成出口创汇1.24亿美元。年内完成了冬春疗养基地和金沙江漂流基地两个国家级旅游基地的申报工作；成功举办了川滇五市地州首届经济合作会和川滇十地市州首届旅游经济协作会；加强与中科院、同济大学、四川大学、成都理工大学、华南热带农业大学等科研院校的技术合作；与周边地区的经济合作和友好交往进一步加强。

(三)社会事业全面发展

科技教育事业发展步伐加快。攀枝花国家新材料成果转化及产业化基地已获国家批准。建立了攀枝花高新技术产业园区，省级优质特色农业科技示范区建设取得初步成效。高新技术产业和利用高新技术改造提升传统产业取得新的进展。全年共实施重点科技项目38个。其中，世界领先的具有自主知识产权的“氮化钒产业化技术”通过鉴定，产品已投放市场；“煤炭井下气化”试验取得初步成功；纳米二氧化钛等新材料和生物医药工程开发项目取得阶段性进展。全年共有71项科研成果获市级以上奖励。科技新增经济效益约5.8亿元。加强了社会科学研究，全年获得市级以上社会科学奖励17项。教育结构进一步优化，教育改革不断深入，管理体制、办学体制不断完善。“两基”得到巩固，教学质量有了新的提高；攀枝花大学经教育部批准由专科层次升格为本科层次的普通高等院校，攀钢职教中心经省政府批准改制升格为高等职业技术学院；幼儿教育社会化稳步推进，多元化办学格局初步形成。

文化、体育、卫生等各项社会事业全面进步。围绕庆祝建党八十周年开展了一系列丰富多采的文化活动，组建了全省市州第一支交响乐团。良好的文化格局正在形成，人民群众文化生活质量逐步提高。现代京剧《老杨这家子》、广播剧《坚守》获省“五个一工程奖”，“村村通”工程得到巩固，广播、电视综合人口覆盖率分别达92.1%、93.9%。深入实施“全民健身计划纲要”，竞技体育取得新的成绩。医疗保障制度、医疗卫生体制和药品流通体制“三项制度”改革全面启动，“六位一体”城市社区卫生服务网络基本建成，农村初保达标中期目标顺利完成，传染病防治工作得到加强，甲乙类传染病发病率降至历史最低水平；建成四川省放射卫生示范市。劳动、人事、统计、气象、环保、审计、监察、工商、档案、质量技术监督、司法、民政、民族、宗教、人防、防震减灾、药品监督管理、残联、老龄、计划生育、妇女儿童、地方志编写及民兵预备役等工作都取得了新的成绩。

(四)社会政治保持稳定

民主法制建设和道德建设继续得到加强。坚持依法治市与以德治市相结合,努力培养公民法制和道德意识。加强了民主政治建设,自觉接受市人大及其常委会的法律监督、工作监督和市政协的民主监督。注重发挥市科技顾问团的作用。加强政府法制建设,推进行政执法责任制,行政执法水平有所提高。"四五"普法工作全面启动。推行县级政权机关政务公开,继续搞好乡镇政务、村务、厂务公开,基层民主建设取得了新的进展。坚持以德治市,认真贯彻实施《公民道德建设实施纲要》,深入开展各种群众性精神文明创建活动,社会主义精神文明建设得到进一步加强。

加强社会治安综合治理,确保了社会政治大局稳定。认真开展"严打"整治斗争,通过"狂飙"系列行动和专项斗争,破获了一批刑事案件,特别是侦破了一批大案要案,摧毁了一批涉黑涉恶的犯罪团伙,抓获了一批负案在逃的犯罪分子,收缴并销毁了一大批枪支弹药、管制刀具和毒品,开展了对重点区域和地段社会治安集中整治和文化娱乐市场的整顿,"严打"整治斗争取得了阶段性成果。及时妥善处理了各类群体突发事件;深入开展了同"法轮功"邪教组织的斗争。加大了清盲和自发迁居农民安置工作力度,认真办理人民群众来信来访,加强基层民事调解,注意解决了一些群众关注的热点难点问题,全面落实社会治安综合治理各项措施,维护了社会大局稳定。

各位代表,过去的一年,在世界经济增长明显减缓、国内外市场竞争更加激烈、全市固定资产投资降至谷底、企业改革诸多深层次矛盾尚未解决的情况下,全市人民发扬攀枝花精神,战胜和克服了重重困难,为实施西部大开发战略、实现跨越式发展开了一个好头,取得了"十五"计划的良好开端。过去的一年,是我市经济社会全面发展的一年;是"三大战略"全面推进的一年;也是近年来我市发展势头最好的一年。取得这样的成绩,是全市人民团结一致、艰苦奋斗的结果。在此,我代表市人民政府向全市各族人民、驻攀部队、武警官兵、政法干警和关心支持攀枝花建设的各界朋友表示衷心的感谢,并致以崇高的敬意!

回顾总结一年来的政府工作,我们有如下几点体会:一是必须坚持解放思想、实事求是的思想路线,把中央的方针政策和工作部署同攀枝花实际紧密结合起来,创造性地加以贯彻。特别是去年下半年以来,面对严峻的经济形势,市政府明确提出了"工业抓提速、投资抓项目、农业抓增收、机关抓服务"和"保重点、抓关键、攻难点、促亮点"的工作思路,加强分类指导,狠抓工作落实,确保了全年经济增长目标任务的基本完成。二是必须坚持改革、发展、稳定一起抓,在稳定中推进改革和发展,在改革和发展中实现稳定。三是必须坚持城乡一体、协调发展的原则,妥善处理工业与农业、城市和农村的发展关系,使之相互促进、共同发展。四是必须坚持城市发展战略,着力加强城市基础设施建设,不断增强城市综合服务功能,为改革开放、经济建设、社会发展和人民生活营造良好的硬环境。五是必须坚持科教兴攀战略、大开放战略和可持续发展战略,正确处理科技进步与经济发展、对内搞活与对外开放、资源利用与环境保护的关系,不断增强发展的实力和后劲。六是必须坚持"两手抓、两手都要硬"的方针,在加强物质文明建设的同时,切实抓好精神文明建设和民主法制建设,推动社会全面进步。

上述六个必须,是对全市人民在改革、发展实践中所创造的经验的初步概括和总结。在今后的工作中,我们既要坚持和发扬,又要按照与时俱进的要求,不断加以创新和完善,以便把政府工作做得更好、更富有成效。各位代表,在肯定成绩的同时,我们也应清醒地看到,我市经济社会发展中仍然存在着不少问题,主要表现是:我们对全年可能遇到的复杂形势估计不足,对经济运行中的一些问题分析、研究不够及时,GDP 增幅未达年初预期目标,欠计划0.8个百分点。地方企业改革难度较大,进展不快;经济发展的环境尤其是对外开放、招商引资的环境有待进一步优化;政府职能和机关作风转变与发展社会主义市场经济、应对入世挑战和实现跨越式发展的要求仍有较大差距。对存在的上述问题,我们将予以高度重视,并在今后工作中采取有效措施,逐步加以解决。

二、2002年的主要工作

2002年,是我们党和国家历史上具有重大意义的一年,是实施"十五"计划的第二年,也是本届政府任期的最后一年。做好今年的工作,对于全面完成历史赋予本届政府的光荣使命,推进攀枝花跨越式发展,无疑将具有十分重要的意义。今年政府工作的总体要求是:以邓小平理论和党的十五大精神为指导,深入贯彻落实江泽民同志"七一"重要讲话和党的十五届五中、六中全会及中央经济工作会议精神,按照"三个代表"要求,适应新形势,应对新挑战,抵御和克服各种风险和困难,全力保持经济和社会稳定。抓住实施西部大开发战略的历史机遇,加快结构调整步伐、着力培育新的经济增长点,加快基础设施建设、增强城市综合功能,加大改革力度、推进体制创新和机制创新,扩大对内对外开放、提高招商引资实效,努力增加农民收入、提高人民生活水平,整顿和规范市场经济秩序、营造公开公平的市场环境;加强精神文明建设、公民道德建设和民主法制建设,促进社会全面进步。转变职能,改进作风,团结奋斗,扎实工作,以改革发展的优异成绩迎接党的十六大胜利召开。

按照上述要求,全年经济和社会发展的主要预期目标是:全市国内生产总值增长7%,力争8%;固定资产投资完成37亿元,增长26.7%;全市财政收入预算比去年年初预算增长16.6%;社会消费品零售总额增长8%;出口创汇力争与上年持平;农民人均纯收入增加80元;人口自然增长率控制在10‰以内。实现上述目标,我们必须着重抓好以下十个方面的工作:

(一)加快工业结构调整,提高工业整体水平

加大工业结构调整力度。重点抓好"五个一批":一是做大做强一批。通过改革重组、技改创新、引资嫁接等途径,培育和壮大支柱产业、优势企业和名牌产品,全力支持攀钢(集团)公司、二滩水电开发公司、攀煤(集团)公司、川投电冶、钢城企业总公司、金沙水泥公司、米易糖业公司等10户大中型企业加快发展,培育和壮大支柱产业。二是引进扩张一批。充分利用我市的资源优势和优惠政策,加大引资的力度,努力培育新的经济增长点,突出抓好高耗能工业园区、高新技术开发区企业入园工作和园区基础设施建设工作,大力发展高耗能产业和高新技术产业。三是鼓励扶持一批。扶持一批技术起点高、市场前景好的中小型企业,特别抓好葡萄酒、油漆、炭黑、生物制品等企业的发展。四是脱困解难一批。积极争取破产、核呆、债转股、停息挂帐等政策,搞好煤炭、商业、地方工业等亏损企业的扭亏脱困工作。五是调整退出一批。对产品质量低劣、浪费资源、污染严重、不具备安全生产条件的小煤矿、小矿山、小冶炼、改良焦等依法关闭;对产品无市场、长期亏损、扭亏无望的企业依法破产。要切实做好攀煤沿江矿的政策性破产工作。

促进企业技术进步。建立健全企业技术开发中心,形成企业自主开发能力。积极发展高新技术产业,加快用高新技术和先进实用技术改造提升传统产业,全力支持攀钢三期工程、发电公司135MW机组改造等技改项目。要以信息化带动工业化,推进工业经济现代化。要强化企业管理,把传统管理与现代管理有机结合起来,在销售、财务、质量、安全等关键环节和薄弱环节上下功夫,夯实基础管理,推进管理信息化,促进管理创新。

继续深化国有企业改革。以建立现代企业制度为目标,推动企业体制创新、机制创新、科技创新和管理创新。要深化产权制度改革,

完善法人治理结构，加快建立现代企业制度。支持攀钢、十九冶、二滩等国有大企业改革，加速完善现代企业制度，督促攀煤（集团）公司、金沙水泥公司、水务集团公司等地方重点企业按照现代企业制度要求，实现规范运作。地方中小型企业、县区属企业产权制度改革要有实质性进展。多渠道筹集改制成本，加快劣势企业退出步伐。积极争取政策，加快中央在攀企业所办社会职能的分离工作。

努力搞好协调服务工作。协调解决企业在原材料、运输、市场、信息、资金等方面的困难。继续坚持对重点企业的定点联系制度。认真落实中央、省、市的减负政策，坚决制止对企业的乱收费、乱罚款、乱摊派，努力减轻企业负担。

（二）加大投资力度，加强城市规划建设和管理

继续推进基础设施建设。着力抓好交通、城市基础设施、水利、能源等重点工程建设。年内完成宁华路会理至攀枝花段30KM改造、大河路渡口桥至巴斯箐改造、冷冻厂至炳草岗大桥改造、垃圾处理厂三期、污水处理厂炳草岗分厂等工程的建设；加快建设机场、渡金线一级路改造、炳仁线、甸渡路部分路段二级路改造、法拉大桥、高堰沟水库、晃桥水库等重点工程；开工建设机场路、宁华路格福段、国际商务大厦及金江水厂改扩建、大梯道改造、二街坊旧城改造等工程；积极配合省有关部门，为西攀高速公路的开工建设创造良好条件；做好攀昆高速路攀枝花段、渡口大桥替代桥、宁华路新庄至客运中心段、攀密路改建以及大竹河水库等项目的前期准备工作。改革投融资体制，探索多渠道融资途径，采取财政投、银行贷、向外引、向上争、民间融等多元融资机制，保证建设资金足额到位。严格执行基本建设业主负责制、资本金制、招投标制、合同管理制、工程监理制，严把工程质量关，强化资金管理。

切实搞好城市规划设计。确立城市规划设计的全新理念，不断完善城市规划布局。开放规划设计市场，引入市场竞争机制，加快城市规划重点项目的编制，高起点绘制城市发展蓝图。强化规划管理，加大规划执法力度，切实搞好对违法违规建筑物、构筑物的专项整治。

提高城市经营管理水平。建立和完善“两级政府、三级管理、四级网络”的城市管理机制，充分发挥基层政权和居民自治组织管理城市的作用，使城市管理走向规范化、科学化、法制化的轨道。进一步加强城监队伍建设，坚持联合执法、严格执法。抓好市容环境的整治，下决心解决一批市民反映强烈的、影响城市面貌和对外开放形象的“脏乱差”问题，继续加强城市工业污染和生活污染治理，努力改善人居环境，不断提高人民生活质量。牢固树立经营城市理念，运用市场机制，盘活土地资产和城市存量资产，改革城市公共产品经营模式，实现城市资源的优化配置和有序利用，努力提高城市经营水平。

（三）千方百计增加农民收入，切实抓好农村各项工作

认真贯彻中央农村工作会议精神，不断推进传统农业向现代农业的转变，加快农业结构调整，大力发展特色农业，推动农业产业化进程，按照“多予、少取、放活”的要求，确保农民收入稳定增长，促进农村现代化建设。

调整优化农业结构。以发展南亚热带优质特色农业为重点，发挥农业比较优势，合理调整种养比例和粮经作物比重，提高农业经济效益。优化品种结构，大力发展优质蔬菜、水果和其他经济作物；畜牧业要突出发展草食性牲畜，水产业要重点发展二滩特色水产养殖；粮食作物要大力发展专用粮食，向优质化发展。积极开发无公害农产品、绿色食品和特色食品，逐步建立健全我市农产品质量标准和检验检测体系，加快实现农产品无公害化。按照“挑战传统农业、构建现代农业”的要求，发挥优势，突出特色，把基地建设与培育龙头企业结合起来，积极推广订单农业、公司＋基地＋

农户、五专带农户等多种形式,推进农业产业化经营步 伐。

加强农业基础设施建设。继续抓好攀西农业综合开发,认真实施世行贷款安宁河流域农业资 源开发项目,搞好中低产田土改造,提高农业综合生产能力。加强水利基础设施建设,整治 病险水库,确保晃桥水库、胜利水库支渠工程完工。加快治水兴村、节水灌溉、人畜饮水、乡村道路等农村基础设施建设。抓好农村电网改造二期工程,巩固和扩大农村初级电气化县 建设成果。

推进农村各项改革。在稳定完善农村土地承包关系的同时,按照“自愿、有偿、依法、规范 ”的原则,积极稳妥地推进土地使用权合理流转。引导和鼓励种植能手、专业大户、龙头企 业、农业服务组织等发展规模经营,并与农民结成利益共同体,实现双赢。落实政策,加强 指导,搞好农村税费改革。严格农民负担管理,严厉查处违规收费,切实减轻农民负担。

加快农村现代化步伐。本着科学规划、合理布局、规模适度的原则,积极推进农村小城镇和 片区中心镇建设。农村经济发达地区要加快农民新村建设步伐。把小城镇建设与乡镇企业的 发展结合起来,引导乡村工商业向小城镇聚集。继续完善农村科技服务体系、市场服务体系 、信息服务体系,为农民提供科技、市场、信息服务;加强对农民的科学文化知识教育,促 进农民不断更新观念、提高素质,为农业和农村现代化建设奠定坚实基础。注重抓好农村信 息网和农村交通、农村能源建设,不断提高农村现代化水平。

(四)大力发展民营经济,加快发展第三产业

大力推进民营经济发展。民营经济是地方经济发展的重要增长点。我市民营经济所占比重较 小,质量不高。因此,在深化改革和调整结构中,要把重点放在发展民营经济上来,使民营 经济在量上有所发展,质上有所提高。要以“三个有利于”为标准,进一步放宽民营经济投 资经营的领域,鼓励民营企业积极引进科技含量高、市场前景好的高新技术项目,提升产业 层次;鼓励民营企业参与城市基础设施建设,发展现代农业;鼓励民营企业参与国有企业改 革,通过参股、兼并、租赁、收购、控股等形式,扩大民营资本份额。在地方中小企业和县 区属企业产权制度改革中,要通过了断重组,全面实现民营化。要继续落实民营经济发展的 各项政策,在项目审批、土地使用、信息咨询、资金融通、证照办理等方面加大服务支持力 度,查处涉及民营企业的“三乱”问题,为民营企业发展创造公平的市场环境和良好的发展 环境。重视提高民营企业家的政治待遇。加强对民营企业的规范管理,努力提高民营企业的 综合素质。继续办好西区个体私营经济试验区和格里坪示范区,充分发挥试验示范作用。

加快发展第三产业。充分发挥旅游资源优势,实施旅游精品工程,抓紧落实国家级冬春疗养 度假基地建设项目,争取二滩成为国家级工业旅游示范点,努力办好第二届中国攀枝花国际 长江漂流节,塑造攀枝花特有的“阳光之旅”、“工业之旅”、“攀西裂谷探险之旅”三大品牌。深化商贸流通体制和粮食流通体制改革,加强市场体系建设,大力开拓市场,搞活商贸流通。运用现代经营方式和服务技术改造传统服务业;抓好金融、证券、保险、会计、法律、中介咨询、社区服务等现代服务业。拓宽消费领域,鼓励信用消费,积极培育住房、旅游、汽车、通讯、教育、文化、体育、咨询等消费热点,进一步扩大医疗保健等服务性消费 ,拓展社区服务功能。加快信息网络建设,推进电子政务、电子商务的快速发展。

(五)着力改善对外开放环境,努力提高对外开放实效

优化对外开放环境。依据 WTO 原则、规则要求和我国政府的入世承诺,研究、用好、用足中央和省上出台的各项政策措施,并充分利用国家对西部地区引用外资的优惠政策,结合

攀枝花实际，不断修改完善对外开放政策。要在全市范围深入开展“人人都是投资环境”的教育，加强对外来投资企业周边治安和生活环境的整治，切实维护投资者的合法权益，提高投资者的投资积极性。继续整顿和规范市场经济秩序，严厉打击制售假冒伪劣和金融、财税、建筑、流通等领域的违法犯罪活动，加大市场监管力度，强化对社会中介组织的指导和管理，清理整顿“三乱”，规范检查行为，打破地区封锁和部门行业垄断，营造公平竞争、公开、公正的市场环境和良好的对外开放环境。

加大招商引资力度。结合我市资源与产业优势，鼓励和支持外商参与我市支柱产业、农业产业化经营、国有企业改组改造、重点建设项目、高新技术产业和高耗能工业。进一步优化完善项目库，注重发挥中介机构作用；抓好项目的跟踪落实，做到落实一批在手项目，促进一批意向性项目，研究储备一批对投资者有吸引力、可供操作的后续项目。推进招商引资机制创新，积极建立政府主导、企业主体、社会联动的招商引资新机制。落实招商引资责任制，将招商引资工作列入一级目标考核，进一步提高招商引资实效。积极引进国内外优势企业的资金、品牌、技术、人才和管理经验，加强与相关经济协作区、国内友好城市、大专院校、科研院所的经济技术合作与交流，实现互利互惠，共谋发展。积极参加各类招商活动，开拓国内市场，提高我市产品在国内市场的占有率。

大力发展外经外贸。实施“大经贸”战略，抓住西部大开发和中国入世的机遇，推进外经外贸联动发展。进一步调整优化出口商品结构，帮助企业做好出口的促销工作，坚持以质取胜和市场多元化战略，不断拓展外贸出口市场。继续实施“走出去”战略，积极发展对外工程承包和劳务输出。努力挖掘县区外贸出口的潜力，促使县区以本地产品出口为龙头，带动产业结构调整和外向型经济的发展。进一步发挥贸促会、国际商会、海关和检验检疫在对外开放中的积极作用。切实抓好铁路口岸建设，力争年内建成铁路二类口岸。认真抓好外贸人才队伍建设，努力培养和造就一支精通国际经济和法律的人才队伍。

（六）着力抓好财税工作，保持金融平稳运行

深化财税改革，优化财政结构。继续推进财政体制改革，加大政府采购力度，逐步建立国库集中支付体系。坚持依法治税，整顿和规范税收秩序，重视税源培植，加强税收征管，加快税收信息化建设。清理整顿现行收费，堵塞漏洞，确保财政收入稳定增长。充分考虑国家财税体制改革对我市分配格局的影响，争取中央和省财政加大对我市财政转移支付力度，壮大可用财力。认真贯彻落实积极的财政政策，加大支出结构调整力度，规范财政资金供给范围，构建与市场经济相适应的公共财政体系。探索财政支持和调控经济的有效方式，确保科教、农业、基础设施建设和社会稳定等重点支出。全面推进部门预算，加大财政综合预算管理力度，推行财政直接支付工资及专项支出的改革。全面落实收支两条线规定，加强预算外资金管理。

改善金融服务，防范金融风险。充分发挥金融杠杆作用，努力增加信贷资金的有效投入，确保支持基础设施建设、企业技术改造、“三有一不”企业流动资金贷款、亏损企业封闭贷款等政策措施落到实处，加大对我市中小企业、民营企业和农业结构调整的信贷支持；依法维护银行债权，督促企业认真履行信贷合同，坚决制止恶意逃废银行债务的行为，建立良好的银企关系，防范和化解金融风险，在支持经济发展中实现金融机构的稳健经营和健康发展。建立中小企业担保基金和担保补偿基金，充分发挥担保机构杠杆作用，支持中小企业、民营科技企业发展。继续贯彻稳健的货币政策，加强金融监管，整顿和规范金融秩序，降低不良资产，维护良好的社会信用，努力把攀枝花建设成A级金融安全区。继续深化金融改革，支持各金融机构完善内部经营管理机

制，拓宽服务领域，改进金融服务，增强竞争实力。

(七)继续实施科教兴攀战略，全面发展各项社会事业

深入实施科教兴攀战略。深化科技体制改革，提高科技创新能力。加强高新技术产业园区建设，抓住我市被批准为国家新材料成果转化及产业化基地的机遇，努力在新材料、钒钛资源、生物技术、化工等领域的科研及开发取得新进展。抓好优质特色农业科技示范区建设，重点推进早春枇杷、优质晚熟芒果、澳州坚果、柑橘、优质蚕茧以及中药业等的研究、开发和发展。加快生态建设与环境保护的科技进步，加强知识产权保护和管理工作。营造尊重知识、尊重人才的氛围，大力培养和引进人才，加快人力资源开发。建立和完善激励机制，调动科技人员的积极性。重视和发展社会科学，加强对经济和社会发展等重大问题的研究。加快教育事业发展，提高教育整体水平。继续巩固"两基"成果，提高"普九"质量，认真贯彻实施我市民族教育发展十年行动计划，稳步发展农村高中阶段教育，切实抓好国家级示范性普通高中的创建工作，广泛开展各种形式的职业教育和成人教育，进一步调整优化攀枝花学院的专业设置，抓好基础学科建设，为我市经济社会发展培养更多的人才。继续深化教育体制改革，逐步建立完善基础教育地方政府负责、以县为主的管理体制。全面推进素质教育，积极鼓励和支持社会力量办学。

继续推进精神文明建设。加强理想信念教育和攀枝花精神教育，激发全市人民投身西部大开发、加快攀枝花跨越式发展的积极性。认真贯彻《公民道德建设实施纲要》，在全社会形成良好的社会道德风尚。继续开展群众性精神文明创建活动，提高人民群众的科学文化素质，进一步提升城市文明程度。

促进其它社会事业发展。围绕我市文化战略目标，加大文化基础设施建设力度，丰富和繁荣艺术创作，加强文物保护和新闻出版工作。推进医疗保障制度、医疗卫生体制、药品流通体制"三项制度"改革，做好预防保健和农村卫生工作，巩固和扩大城乡初保成果，建立健全卫生监督执法体系。以把中心医院建成三级甲等医院为目标，抓紧做好工作，加快创建进程。巩固广播电视"村村通"成果，进一步扩大市县(区)级广播电视自办节目覆盖面。深入贯彻实施"奥运争光计划"和"全民健身计划"，促进竞技体育和群众体育协调发展。加强计划生育工作。切实做好统计、物价、气象、审计、民政、档案、宗教、人防、侨务、残联、老龄、妇女儿童、保密、质量技术监督、药品监督、防震减灾、地方志编写等项工作。

加强生态环境保护建设。继续实施天然林保护、退耕还林还草、市区视野区绿化造林和沿江绿化工程，切实保护好森林公园和自然保护区。坚持保护与开发并重，严格依法保护和合理开发利用国土、矿产资源。加大环境监管和污染治理力度，巩固工业污染源治理达标成果。加强环境综合整治，突出抓好机动车尾气、运输撒落、改良焦等的治理。坚持经济建设、城乡建设与环境建设同步规划、同步实施、同步发展，所有新建项目都必须符合环保要求，以不断提高城乡居民的生活环境质量。

(八)加强民主法制建设，维护社会政治稳定

加强民主政治建设。进一步完善民主监督的程序和制度，依法接受人大及其常委会的法律监督和工作监督，高度重视人民政协和各民主党派、工商联、无党派人士在政治协商、民主监督、参政议政等方面的作用，充分发挥科技顾问团等决策咨询机构的作用，推进决策科学化、民主化、制度化进程。重视和加强基层政权建设，进一步扩大基层民主。

坚持依法行政。加强执法队伍建设，全面提高执法人员素质和执法水平，落实行政执法责任制，做好行政复议工作，加大行政执法监督检查力度，真正做到公正执法。坚持政务公开，提高政府工作透明度。深入开展"四五"普

法教育和社会公德教育，增强全民法律意识和道 德意识。

全力维护社会稳定。继续实行社会治安综合治理领导责任制、部门责任制和目标责任制，抓 好维护社会稳定各项措施的落实。加强隐蔽战线斗争，严密防范和打击境内外敌对势力、民 族分裂势力、暴力恐怖势力和宗教极端势力的渗透破坏活动，深入开展同“法轮功”邪教组 织的斗争。继续开展“严打”整治斗争，依法严厉打击各种严重刑事犯罪、经济犯罪和严重 影响人民群众安全的多发性犯罪，坚决扫除黄赌毒等社会丑恶现象。切实做好人民内部矛盾 纠纷的排查和调处，加强基层民事调解工作，积极预防和妥善处理各类群体突发事件。处理 好工农城乡关系，促进城乡协调发展。高度重视安全生产工作，牢固树立“安全责任重于泰 山”的思想，认真落实安全工作责任制，采取有效措施，遏制重特大事故发生。进一步落实 好党的民族、宗教政策，促进民族团结。加强国防教育，搞好民兵预备役队伍建设，做好军 队转业干部、复员退伍军人安置和拥军优属工作，增进军政、军民团结。

（九）加大扶贫帮困力度，认真解决群众疾苦

全市各级政府和领导干部，一定要从实践“三个代表”重要思想和推进改革发展稳定全局的 高度，充分认识做好扶贫帮困工作的极端重要性，以高度的政治责任感和扎实的工作作风，真正把这项工作抓紧抓实抓好。一是要抓紧做好对城乡困难群众和弱势群体生产生活情况的 排查摸底和帮扶工作。各级领导干部要切实转变作风，时刻把群众的安危冷暖挂在心上，带 头深入实际，深入基层，尽快对城乡困难群众和弱势群体的生产生活情况进行一次全面细致 的排查，在摸清底数的基础上，千方百计解决他们的燃眉之急，尤其要帮助他们解决好在吃 饭穿衣、生病就医、子女上学、劳动就业等方面存在的实际困难，真正把党和政府的关怀送 到千家万户。二是要下大力气落实“两个确保”、城市“低保”和职工工资发放措施。进一 步健全社会保障制度，切实保证国有企业下岗职工基本生活费、企业离退休人员基本养老金 和失业人员失业救济金按时足额发放。进一步加大城市居民最低生活保障工作力度，把符合 低保条件的城市困难居民全部纳入保障范围，做到应保尽保。贯彻属地化管理原则，落实好 特困职工家庭的最低生活保障待遇。调整优化财政支出结构，统筹安排预算内外财力，确保 行政事业单位职工工资按时足额发放。三是要着力解决民族地区、贫困地区、受灾地区和移 民安置区农民群众的生产生活困难。通过加大财政转移支付力度、切实搞好对二滩库区移民 的后期扶持工作、深入开展对口支农帮乡扶贫等措施，进一步改善民族地区、贫困地区、移 民安置区的生产生活条件；对受灾地区，要采取生产自救、互助互济、政府救助、社会捐助 等多种措施，尽力解决好灾区群众的吃、穿、住等困难，确保不发生饥寒问题。四是要认真 解决好困难劳模和优抚对象的生活问题。各级政府要采取特殊措施，切实解决劳模在工作、生活中遇到的各种困难，认真落实劳模、特别是离退休劳模的各种待遇。坚持不懈地做好优 抚安置工作，提高抚恤补助标准，切实保障义务兵家属优待金和烈属、伤残军人、老复员军 人、因公伤残人员抚恤补助金按时足额发放到位。五是要加大就业、再就业工作力度。千方 百计创造就业岗位，大力加强劳动力市场和就业服务体系建设，落实各项优惠政策，帮助下 岗职工和失业人员实现再就业。

（十）切实转变政府职能，努力改进工作作风

加强政府自身建设，提高公务员队伍素质。一是要认真学习邓小平理论和江泽民同志“三个 代表”重要思想，不断提高公务员队伍的政治理论素养。二是要适应市场经济发展和加入世 贸组织后的新形势的要求，与时俱进，解放思想，更新观念，转变职能，着力消除

体制性障碍，努力提高公务员队伍的创新意识和工作水平。三是要深入开展“做人民满意公务员”活动，加大对公务员的考核和培训力度，提高公务员队伍的整体素质，树立“廉洁、勤政、务实、高效”的政府形象。

推进审批制度改革，提高政务服务水平。适应社会主义市场经济体制和世贸组织规则要求，在继续清理我市地方规范性文件和其它有关政策规定的基础上，进一步推进行政审批制度改革，更好地实现政府宏观管理。办好政务服务中心，探索改进政务服务的新路子和新机制，真正做到简化行政审批程序，减少环节，缩短时限，降低企业和公民的办事成本，切实提高政务服务水平。

坚持廉洁勤政，改进工作作风。认真贯彻党的十五届六中全会精神，进一步密切政府同人民群众的血肉联系，按照“八个坚持、八个反对”的要求，结合开展“转变作风年”和“调查研究年”活动，切实转变观念、转变职能、转变作风，以良好的政风带动民风和社会风气的好转。坚持掌权为公，执政为民，求真务实，真抓实干，努力为群众办好事、办实事；严格执行《廉政准则》和反腐败的各项规定，继续抓好领导干部廉洁自律、查处大案要案、纠正部门和行业不正之风等工作，深入开展行政执法和行政效能监察。树立全局观念，强化政务督办，确保政令畅通。进一步落实工作责任制和责任追究制，切实抓好各项工作落实，在求深度、见实效上狠下功夫。

各位代表！今年我市改革、发展、稳定的任务十分繁重，实现全年工作目标意义重大而深远，任务艰巨而光荣。让我们更加紧密地团结在以江泽民同志为核心的党中央周围，高举邓小平理论伟大旗帜，努力实践“三个代表”重要思想，在中共攀枝花市委的领导下，统一思想，坚定信心，与时俱进，开拓创新，抓住机遇，迎难而上，保持奋发有为的精神状态，发扬求真务实的工作作风，增强责任感、危机感和紧迫感，为实现全年经济和社会发展各项目标而努力奋斗，以优异的成绩迎接党的十六大召开！

关于攀枝花市2001年国民经济和社会发展计划执行情况及2002年计划的报告

—2002年2月26日在攀枝花市第六届人民代表大会第五次会议上

市发展计划委员会主任　张国良

各位代表：

我受市人民政府委托，向攀枝花市六届人民代表大会第五次会议作《关于攀枝花市国民经济与社会发展2001年计划执行情况及2002年计划草案的报告》，请予审议。

一、关于2001年计划执行情况

2001年，全市人民在市委领导下，以邓小平理论为指导，努力学习实践江泽民总书记"三个代表"的重要思想，抓住国家扩大内需和实施西部大开发战略的机遇，真抓实干，勤奋工作，推动了全市国民经济持续快速发展和社会事业的全面进步。

（一）国民经济稳步发展，运行质量大幅度提高。

初步统计，去年全市国内生产总值达到124.08亿元，增长8.2%，其中第一产业增长4%，第二产业增长7.8%，第三产业增长10.5%。工业企业经济效益综合指数、企业赢利、亏损企业减亏额、资产负债率、资本保值增值率、总资产贡献率和全员劳动生产率等效益指标继续改善。地方财政收入达到7.52亿元，增长9%；国税、地税收入合计超过了20亿元大关，达到了23.92亿元，增长28.3%。这是1998年以来我市经济发展的最好水平，是在世界经济明显衰退，全市固定资产投资下降到谷底，企业改革中许多深层次矛盾尚未解决的不利条件下取得的；是通过推动结构调整，提高经济效益取得的；是全市人民艰苦奋斗的结果，成绩来之不易。

（二）经济结构调整取得实质性进展，新的经济增长点逐步形成。

去年我市按照实施西部大开发战略和"十五"计划的要求，以支柱产业多元化为目标，加大了推动经济结构的战略性调整步伐。攀钢三期工程全面启动，冷轧酸洗、连铸、热轧等重大技术改造项目相继开工；高耗能工业园区基础设施按计划推进，10万吨电解铝项目开始建设；高新技术园区一批中小企业陆续投产；攀西生物药业有限责任公司成立，生物制药工程拉开序幕；威力特钢、圣达焦化等项目发挥作用。第三产业超过两位数增长，德铭商城二期、温州商城等市场设施建设，对改善居民的购物环境、消费环境将发挥重要作用。农业开发力度加大，特色农业开始显现，水稻、玉米等优良品种栽种面积增加30%以上，早春蔬菜、优质烟叶、亚热带水果、蚕茧、肉类等农产品都有较快增长。结构调整为我市经济发展注入了活力。

（三）基础设施建设加强，城市形象进一步改观。

由于二滩电站在前年完成所有投资，导致去年全市固定资产投资下降12.3%，但全年仍然完成投资29.2亿元，超过计划预期目标，尤其是技术改造投资达到10.32亿元，增长62.1%。民用机场按计划推进；炳草岗大桥、炳清公路连接线、滨江大道下段、安宁河大桥竣工通车；甸渡路改造、金沙江法拉大桥、渡金线、炳仁线开工建设，交通状况进一步改善。世行贷款安宁河流域农业综合开发、攀西农业综合开发、晃桥水库和天保、退耕还林、生态县区工程建设步伐加快。胜利水库渠系配套、高堰沟水库、农村电网二期改造动工；大竹河水库前期工作加快，农业基础继续加强。

旧城改造和新区拓展全面推进，人民街、临江路、江南二路、竹湖园改扩建竣工；凤凰二期、湖光二期等小区建设顺利；炳二区、炳三区规划正在编制。公用设施建设加快，炳大水厂、格里坪水厂给水工程、炳草岗煤气柜工程完成；二级邮区中心、二滩库区和市垃圾处理厂二、三期工程开工建设；城乡电网改造进展顺利，城市形象进一步改观。

(四)招商引资取得重大突破，对外开放成效突出。

去年以来，通过狠抓工作作风转变，全面推进机构改革，清理行政审批项目，成立政务服务 中心，整顿和规范市场经济秩序，开展严打整治专项斗争，全市投资环境得到很大改善，促 进了招商引资为重点的对外开放事业取得历史性突破。在争取外国政府贷款和国家、省里资 金上取得新的成就，机场建设引进科威特政府贷款协议已经签定，利用国家开发银行贷款已 经通过审查，争取国家和省里的各类专项资金3.4亿多元。招商引资成效显著，引进了浙江 温州国清实业投资公司、临亚集团、国际明珠集团等在攀投资。对外合作进一步加强，牵头倡议成立了川滇五地市州协作区，举办了第一次会议；党政代表团成功出访红河州，考察了中越边贸市场；与各高等院校和科研院所的科技交流不断深化。在国际市场发生不利变化条件下，全年出口仍然达到1.24亿美元，外贸出口总额虽然有所下降，但出口产品和地域增加，出口多元化格局开始显现。

(五)社会事业全面发展，人民生活继续提高。

科教兴攀战略顺利实施，科技对经济增长的贡献率有所提高，我市成为了“国家级新材料科 技成果转化及产业化基地”。基础教育进一步巩固，高等教育上了一个新的台阶，攀枝花学 院顺利实现专升本，攀钢职教中心升格为高等职业技术学校。人口与环境保护达到了预期目 标，可持续发展能力增强。文化、卫生、体育和广播电视有了新的进步。

在经济社会不断发展的基础上，城乡人民生活继续提高。农民人均纯收入增加85元，增长3. 5%；城市居民可支配收入6804元，增长1.1%；城乡居民储蓄余额达到83.78亿元，增长10%；社会消费品零售总额实现43.14亿元，增长11.8%。国有企业下岗职工基本生活费、离退休人 员基本养老金、失业人员的失业保险金保证了按时足额发放；城镇职工基本医疗保险正式启 动；扶贫解困工作进一步加强。

总之，去年全市国民经济保持了抬头回升的势头，经济运行总体情况是好的。但经济发展仍 欠年度预期目标0.8个百分点，究其主要原因：一是在经济发展预期目标的安排上，对形势 变化造成的不利影响估计不足，由于受国际经济衰退的影响，致使外贸出口下降了35%；地 方工业受多方面原因的影响尤其是竞争力不强，上半年生产经营持续下滑，全年增长仅3.8% 。二是2000年经济增长超过预期目标2个百分点，是在制定去年的预期目标中没有考虑到的 ，这相应垫高了基数，部分抵消了去年的新增因素。三是经济发展的环境仍不宽松，投资环 境上还需要不断改善，进一步拉动民间投资增长。同时，企业改革中的许多深层次矛盾、就 业压力大等问题，都需要我们高度重视，认真加以解决。

二、2002年面临的形势

正确认识分析当前面临的形势，因势利导，趋利避害，发挥优势，是作好经济工作的前提。当前，超过世界经济总量70%的美国、日本、欧盟的经济都进入了衰退期，美国经济在去年3月进入衰退后，又受9.11事件的影响，无异雪上加霜，度过衰退期尚需时日；欧盟经济增长 乏力；日本经济连续下滑，去年是负增长。由于三大经济体同时进入衰退，世界市场萎缩，贸易保护主义开始抬头，尤其是日本政府放任货币贬值，对我们对外贸易造成很大压力，我 们面临比1997年亚洲金融危机时还要严峻的国际经济形势。

从新世纪开始，我国进入了加快社会主义现代化建设新阶段，对外开放新阶段，党的作风建 设的新阶段。去年全国经济增长达到7%以上，同时加入世界贸易组织，成功召开亚太经合组织(APEC)第九次领导人非正式会议,北京申奥成功,中国足球冲出亚洲等一系列重大事件,加上国内政局稳定,发展环境很好,促进了我国国际地位进一步提高,增强了消费者和投资者的信心。为此,中央认为:“和平与发展作为时代主题不会改变,世界多极化发展趋势不会改变,我们面临的国际环境仍然是机遇大于挑战”。并确定经济预期增长目标为7%,四川省的预期目标为8%,力争达到9%。

我们正面临难得的发展机遇:一是国家将继续坚持扩大内需的方针,实施积极财政政策,有利于我们争取国家支持,加大基础设施和生态环境建设,加快经济结构的战略性调整;二是国家新出台了《关于西部大开发若干政策措施的实施意见》,对西部地区的支持力度明显加大;三是攀枝花已经成为了“国家级新材料科技成果及产业化基地”,有利于加快“科教兴攀”战略的实施,发展高新技术产业,提高科技对经济增长的贡献率;四是加入世界贸易组织,经济管理体制将加快与国际接轨步伐,有利于我们迎接世界经济结构大调整,接受产业梯度转移。五是攀枝花作为四川省实现跨越式发展的重点地区,将继续得到国家和省里的大力支持。

从今年开始,我市固定资产投资将扭转连续四年大幅下降的走势,进入新的增长期。二滩电站、黄磷厂的生产能力将继续释放,一批新建项目和“两个园区”内陆续投产企业的生产经营将开始发挥作用,农业“两个开发”的成效将逐渐显现。一批基础设施项目的投入使用,城市形象的进一步改善,市内的购物和消费环境发生了很大变化,这些都为经济发展创造了条件。更为重要的是,我们有党中央、国务院和省委、省政府的正确领导;有市委市政府制定的、符合攀枝花实际的《攀枝花市实施西部大开发战略加快发展的意见》,以及市委、市政府制定并经过六届人大四次会议审议通过的《攀枝花市国民经济和社会发展“十五”计划纲要》;有全市人民求发展的强烈愿望和艰苦奋斗的精神。

但是由于经济结构调整需要一个过程,新的经济增长点还没有完全形成。攀钢二期工程的生产能力已经发挥,三期工程才刚刚开始,增长的余地很小。加入世贸组织后,钢铁工业将面临激烈的竞争,价格下降在所难免,经济效益会受到一定影响。农业在总量上比较小,第三产业也难以支撑全市经济的快速发展。同时,国企改革任务艰巨,发展环境有待进一步改善,这些因素的存在,使我市经济发展在今年只能保持一个适度的发展速度。

面对当前的新形势、新任务、新挑战,我们必须加快构筑适应市场经济发展需要的体制、环境和条件;必须加快实施支柱产业多元化战略;必须加大招商引资力度,走开放开发之路;必须加快由新兴工业城市向现代化大城市转变步伐。坚定不移地以经济建设为中心,按照中央确定的“稳定、安全、灵活、多元”的思路来筹划今年的经济工作,迎难而上,有所创新,有所发展,确保经济社会发展目标全面实现。

三、关于经济工作的总体要求和工作重点

今年是本届市委政府任期的最后一年,是实施“十五”计划,为实现跨越式发展打下坚实基础的重要一年,做好今年的经济工作,具有十分重要的意义。2002年经济工作的总体要求是:以邓小平理论和党的十五大精神为指导,进一步贯彻落实江泽民同志“七一”重要讲话、党的十五届五中、六中全会精神和中央经济工作会议精神,按照“三个代表”的要求,抓住机遇,依靠科技,加快结构调整步伐,着力培育新的经济增长点;加强基础设施建设,逐步塑造现代城市形象;深化经济体制改革,推动体制创新和科技创新;加大招商引资力度,扩大对内对外开放,努力增加农民收入,不断提高人民生活水平。切实加强党的作风建设,转变政府职能,增强服务意识,整顿和规范市场经济秩序,努力营造良好的投资环境,为攀枝花经济实现跨越式发展奠定坚实的基础,以优

异成绩迎接党的十六大的召开。

2002年国民经济发展预期目标为7%,力争达到8%。其中第一产业增加值增长4%,第二产业增加值增长6.2%,第三产业增加值增长10%。

地方财政收入比去年年初预算增长16.6%。

固定资产投资增长26.7%。

社会消费品零售总额增长8%。

出口创汇力争与上年持平。

农民人均纯收入增加80元。

城镇登记失业率控制在4.5%以内。

人口自然增长率10‰,年末总人口控制在105.5万人以内。

2002年经济发展预期目标的确定,是从我市经济发展实际出发,充分考虑当前面临的经济发展环境,认真分析经济发展的增减因素,广泛征求各方面意见,反复酝酿讨论后提出的。我市正处在打基础阶段,新的经济增长点还在培育之中,今年新增因素不多,结构调整,企业改革的任务很重,不具备快速增长的条件,预期发展目标不可能定得过高。另外一方面,如果发展速度太低,不利于解决经济社会发展中的各种矛盾,将给今后几年的发展带来更大的压力,形势需要我们制定一个积极稳妥的发展目标。

由于结构调整和培育新的经济增长点的力度加大,并将在"十五"后两年中发挥作用,现在看来完成"十五"发展的预期目标是完全有可能的。

为了保证今年预期发展目标的顺利实现,要切实抓好以下几方面工作:

(一)加快经济结构的战略性调整,努力培育新的经济增长点。

经济结构的战略性调整是一项长期任务,是"十五"期间经济工作的主线,也是坚持扩大内需的方针,提高企业竞争力的重要措施。要继续把推动经济结构的战略性调整,培育新的经济增长点放在经济工作的首位,进一步加快步伐。

加快工业结构调整。加大现有企业技术改造力度,加快企业改革步伐,积极培育新的经济增长点,推动整体经济实力提高。重点要加快攀钢三期工程建设,推动冷轧酸洗、连铸、热轧等重大技术改造项目顺利实施;加快高耗能园区基础设施和10万吨电解铝的建设,争取4万吨离子膜烧碱项目开工;进一步搞好高新技术园区;继续推进川投生物药业、川投黄磷、圣达焦化等企业和县(区)域经济发展。加大对中小企业的支持力度,努力促进新投产项目发挥作用,推动工业经济发展。

大力发展第三产业。大力改善消费环境,扩大居民消费需求。加快德铭商城、温州商城、国际商贸大厦建设,开工建设攀贸中心改建、501电厂、鼎立、商业街二期工程。推进连锁经营、仓储式批发、物流配送、网上销售等现代流通方式;发展房地产业,完成20万平方米商品房建设;继续打造长江漂流、红格温泉冬春疗养基地、苏铁自然遗产等三大旅游品牌,开发二滩国家森林公园,推进旅游业快速发展;积极发展金融、保险等行业,发展和规范会计、咨询、法律等中介服务业,推动机关后勤服务社会化。

积极发展特色农业。以农民增收为中心,加快农业结构调整,推动农业产业化发展。认真落实国家、省、市出台的各项支持农业产业化和龙头企业的政策措施,加强政策引导、信息服务、示范带动,大力发展亚热带水果、早熟蔬菜、畜牧、生物资源开发等特色农业,延长农产品产业链,培育一批无公害食品、绿色食品和有机食品。加强农村电网改造二期工程、晃桥水库建设、胜利水库渠系配套、高堰沟水库扩建等项目建设,作好大竹河水库前期工作,力争今年开工建设工程,夯实农业基础。继续实施世界银行贷款进行安宁河流域农业资源开发和国家的攀西农业综合开发两个项目,增强农业生产能力。推动城镇化战略实施,引导乡镇企业健康发展,形成小城镇特色。

(二)加大投资力度,推进城市现代化建设步伐。

投资是拉动今年经济增长的主要动力，要按照中央和省委经济工作会议精神，把扩大内需的方针政策落到实处，搞好“四个一批”，加大投资力度，推动攀枝花建设取得新的进步。

继续加强以交通为重点的基础设施建设。以建立畅通、安全、便捷的现代化综合运输体系为目标，加快对外大通道、城市主干道、县乡村公路建设。加快攀枝花飞机场的建设，全面完成土石方和场道工程；积极配合省里有关部门，为西攀高速公路开工建设创造良好的条件；抓好正在建设的甸渡路、弄清路、滨江大道、渡金线、炳仁线等在建项目；机场路等一批前期工作已经就绪的项目，争取全面动工建设。抓好攀枝花市南出境公路、格福路项目的前期工作，搞好项目储备。

着力塑造形象，加强城市建设。坚持建管并重，加强城市规划建设管理工作，牢固树立经营城市的理念，把盘活城市资产作为城市建设的着力点，搞好城市环境综合治理，提高城市环境质量，推进城市现代化建设。重点抓好城市电网改造、攀枝花二级邮区中心、格里坪水厂、金江水厂扩建、污水处理厂、垃圾处理场等市政公用设施项目建设；完成竹湖园、竹密路、大河路、冶金线等城市道路和主要城市景观的改造建设，继续实施绿化、美化、亮化、净化工程，使城市形象每年都有新的变化。启动炳三区、炳二区地龙箐、倮果、仁和、大水井广场等新区建设，加快凤凰小区二期、湖光小区二期建设。加快发展城市房地产业，搞好凤凰小区二期、湖光小区、温州商城、德铭商城、国际商贸大厦、二街坊旧城改造等一批项目的开发。

继续搞好投融资体制改革，进一步落实业主负责制、资本金制、招投标制、工程监理制、合同管理制等五项制度。用改革的办法，拓宽投资渠道，按照“国家投、地方筹、对外引、民间融”的思路，多方筹集资金。加强建设工程管理，严把工程质量关，坚决防止和杜绝劣质工程、“豆腐渣”工程；加强工程建设资金的管理和监督，努力降低成本造价，严禁资金挪用，防止和杜绝浪费现象和腐败现象。

(三)以国企改革为中心，推进改革取得新的进展。

加快以国有企业为中心的各项改革，是今年经济工作的一个重点，要以搞活企业为目标，从解决突出问题入手，促进改革取得突破性进展。

大力推进国有企业改革。继续按照中央确定的“产权清晰，权责明确，政企分开、管理科学”的要求，深化国有企业改革，推动企业股份制改造，完善法人治理结构，转换经营机制；进一步深化企业内部人事、劳动和分配制度改革，积极推进岗位工资与效益工资相结合，建立有效的激励和约束机制，调动企业经营者、科技人员和职工等各个方面人员的积极性。加强企业管理，大力推进战略目标管理，实现管理创新，运用现代信息技术，加强以财务管理和成本管理为重点的资金管理，提高经济效益。继续推动国有企业的战略性改组。认真研究企业退出机制，逐步建立产权交易市场，为企业的战略性改组创造条件。通过依法破产，采取资产打捆，整体招标以及改造、重组盘活，促进国有资本逐渐从竞争性行业退出。积极扶持中小企业，形成有利于中小企业成长的良好环境，逐步发展一批专精特新的“小巨人”企业。

继续深化农村改革。积极作好粮食流通体制改革，根据攀枝花是粮食主销区的特点，作好各项工作，建立起比较稳定的粮食来源渠道，保证粮改顺利推进。推动土地的合理流转，按照“自愿、有偿、依法、规范”的原则，加强引导，鼓励土地向种植能手、专业大户、龙头企业流动，提高土地的利用效益。要稳定完善农村土地承包关系，保护农民利益，使土地流转有序进行，维护农村稳定。

进一步整顿和规范市场经济秩序。继续按照中央的统一部署，以营造讲求商业道德、诚实守信、公平竞争的市场氛围为目标，坚决打击商业欺诈、欺行霸市、假冒伪劣等各类违法犯罪活动，进一步整顿和规范市场经济秩序。深入开展打假联合行动,严厉打击制售假冒伪劣商品的违法犯罪行为,打击金融、财税、建筑、流通等领域的违法犯罪活动,规范中介组织行为。巩固关闭"五小"成果,对严重浪费资源、破坏环境的违法开采的小煤窑、小冶炼要坚决关闭,杜绝死灰复燃。加强安全生产管理和监督,保证人民生命财产安全。

(四)强化招商引资,全面实施对外开放战略。

抓住入世和世界产业结构大调整的机遇,以招商引资为重点,全面推进全方位、多层次、宽领域的对外开放战略,努力使我市的对外开放水平上升到一个新的台阶。

积极作好加入世界贸易组织的各项应对工作。开展对世界贸易组织的基本法律原则、我国政府签署的各项协议条款和作出的承诺文件的学习培训,建立一支高素质的对外开放队伍。充分利用过渡期时间,努力增强自身实力,把入世的负面影响降低到最低限度。

大力加强招商引资工作。充分发挥攀枝花的资源优势,加大项目包装力度,加强对外宣传,搞好招商引资,力争引进内外资比去年增长20%。加大营造环境力度,切实落实各项招商引资优惠政策,简化办事程序,提高办事效率,保护投资者的合法权益。注重改进和创新招商引资方式,发挥以企招商、以商招商和中介组织的作用,推动招商引资工作取得实效。

千方百计加强对外贸易。出口创汇要在今年不利情况下力争保持去年水平,必须努力增加出口产品品种,培育出口企业和特色产品。积极支持企业出口工作,及时提供的信息服务,协调好原材料、运输等外部条件;搞好出口退税,按照国家有关规定,及时足额退到出口企业,提高出口企业积极性。

搞好对内开放工作。加强周边地区和经济联系密切地区建立起多层次的友好关系,推进经济技术交流,充分利用市外资源,促进共同发展。

建立和完善对外开放的责任追究和目标考核制度。认真落实省委、省政府制定的《关于损害经济发展软环境行为的责任追究办法》,进一步改善软环境,全面树立"人人都是招商引资软环境"的观念。调整原有目标考核指标体系,增加招商引资的指标,推动全市招商引资新局面的形成。

(五)继续实施科教兴攀战略,促进可持续发展。

科教兴攀和可持续发展,是关系攀枝花未来发展的重大战略问题,要大力推进,抓出实效。

推进科技成果产业化。抓住我市被批准为"国家级新材料科技成果转化及产业化基地"的契机,研究包装一批资源综合利用、农产品加工、生物资源开发项目,努力树立品牌,积极争取国家支持,增强招商引资吸引力。改进科技工作和科研经费安排方法,加强科技交流,进一步推动与科研院所和大专院校的合作,充分利用科研院所、大专院校的智力和技术,提高科学技术对经济增长的贡献率。继续深化科技体制改革,落实科技人员贡献与报酬挂钩、技术入股参与分配的政策,激发科技人员的创新创业精神。高度重视人才,完善用人制度,创造有利于发挥人才潜能和作用的环境。

把教育发展放在优先发展地位,增强教育基础。加强义务教育,突出素质教育,巩固"普九"成果。加快攀枝花学院三期工程建设,扩大教育规模,提高办学质量。完善以区县为主的中小学办学体制,支持民办教育,重视农村中小学建设,保证农村中小学教师工资按时足额发放。

推进可持续发展。实行计划生育基本国策,控制人口过快增长。搞好荒山绿化和小流域的综合整治,实施天保工程、市区视野区造林工程、退耕还林还草工程、生态县(区)建设工程、安宁河整治工程。坚持"一控双达标"和"三同时"政策,加强对工业污染的治理,加快城市生活污水、垃圾处理,不断增强攀枝花的可持续发展能力。

(六)完善社会保障体系,提高人民生活水平。

不断提高人民群众物质文化生活水平,是发展经济的出发点和归宿。要按照“三个代表”要求,大力拓宽就业渠道,加强社会保障体系建设,加大扶贫解困力度,发展卫生文化等社会事业,提高人民生活水平,改善人民生活质量。

大力拓宽就业渠道,增加就业岗位。正确处理深化改革、结构调整、城乡经济协调发展与扩大就业的关系,正确认识发展高新技术产业、提高劳动生产率与发展劳动密集型产业的关系,加大对劳动密集型产业的扶持力度,增加就业岗位。大力发展容纳劳动力多的第三产业,支持个体、私营、外资企业等多种所有制经济发展,扶持中小企业,提高就业水平。加强就业中介服务,强化对下岗失业人员和农村剩余劳动力的劳动技能培训,切实搞好再就业工程。落实增加就业的各项优惠政策,为增加就业创造更加宽松的体制环境和社会环境。

完善社会保障体系。认真作好“两保”工作,确保失业人员基本生活费和离退休人员基本养老保险金按时足额发放。要依法扩大养老保险和城镇职工医疗保险覆盖面,加大保险费清欠收缴力度,积极争取上级转移支付,增强社会保障能力。

加大扶贫解困力度。坚持开发性扶贫和“对口帮”扶贫方式,加强农村扶贫工作,搞好二滩库区移民后期扶持,妥善安置管理好凉山州的自发迁居移民。落实城市最低生活保障制度,对低保对象做到应保尽保。加大特困职工解困力度,大力发展社会事业,提高人民生活质量。加快建设攀枝花广播电视中心和攀枝花影城,完善农村广播电视村村通工程,发展文化事业;抓好中心医院住院部改造,加快发展卫生事业,保障人民身体健康;发展体育事业,提高人民身体素质。

各位代表,在新的一年里,我们要再接再厉,紧密地团结在以江泽民同志为核心的党中央周围,高举邓小平理论伟大旗帜,以“三个代表”重要思想为指导,在中共攀枝花市委的领导下,认真作好今年的经济工作,以优异成绩迎接党的十六大的召开!

附:2002年国民经济和社会发展主要指标表

攀枝花市2002年国民经济和社会发展主要指标

指标名称	单位	2001年		2002年		备注
		实际	增长%	计划	增长%	
一、国内生产总值	亿元	124.08	8.2	132.8	7	
第一产业	亿元	8.32	4.0	8.6	4	
第二产业	亿元	84.06	7.8	89.3	6.2	
建筑业	亿元	8.01	-11.4	10.1	26.1	
第三产业	亿元	31.70	10.5	34.9	10	
二、农业						
农业总产值	亿元	13.41	6.3	14.1	5	
乡镇企业总产值	亿元	60.66	19.9	65.5	8	
农民人均纯收入	元/人	2524	3.5	2604	3.2	
三、工业						
工业增加值	亿元	76.1	10.2	79.2	4	
产品产销率		99.3	-	97		限额以上企业

指标名称	单位	2001年		2002年		备注
		实　际	增长%	计　划	增长%	
全员劳动生产率	元/人	25853.77	–			
四、全社会固定资产投资	亿元	29.2	−12.3	37	26.7	
五、财政						
地方财政收入	亿元	7.52	9.0	7.74	16.6	增幅为同口径比较
地方财政支出	亿元	15.88	29.4	11.9	17.9	同上
六、商贸及物价						
社会消费品零售总额	亿元	43.14	11.8	46.6	8	
出口创汇	亿美元	1.24	−35.0	1.24	–	
居民消费价格指数	%	101.4	–	102	–	
七、人口						
人口自然增长率	‰	8.52	–	10	–	
年末总人口	万人	104.3	1.2	105.5	1.3	
八、城镇登记失业率	%	4	–	4.5	–	

关于攀枝花市2001年财政预算执行情况及2002年财政预算的报告

——2002年2月26日在攀枝花市第六届人民代表大会第五次会议上

市财政局局长　刘德顺

各位代表：

我受市人民政府委托，向大会作《关于攀枝花市2001年财政预算执行情况及2002年财政预算草案的报告》，请予审议。

一、2001年财政预算执行情况

2001年全市财政继续平稳发展。在市委的正确领导下，在市人大及其常委会的法律监督 、工作监督和市政协的民主监督下，各级财政抓住西部大开发机遇，自觉服从和服务于全市 改革、发展、稳定的大局，真抓实干，勤奋工作，全面完成了各项财政工作任务。全市财政预算执行情况良好，增收节支工作扎实有效，服务改革、发展、稳定大局成绩显著，财政改 革稳步推进，财政监管继续加强。

财政预算调整变动情况

市六届人大四次会议批准的2001年市本级财政收入预算为48,510万元，汇总县区人大年 初通过的预算后，全市财政收入预算为66,367万元。在执行中，市六届人大常委会第二十八 次会议通过调增市级收入4,400万元，部分县区调增收入500万元，全市财政收入预算调整为71,267万元，其中：市级财政收入预算调整为52,910万元。

市六届人大四次会议批准的2001年市本级财政支出预算为71,135万元，汇总县区人大年 初通过的支出预算30,101万元（含县区年初动用净结余200万元），全市财政支出预算为101,2 36万元。在执行中，市六届人大常委会第二十八次会议通过调增市级支出4,400万元，动用 市级净结余4,000万元。同时，省批复我市上年结转4,375万元，追加我市各项专款35,531万 元，通过努力争取省结算补助3,969万元，汇总全市超收安排支出3,697万元，县区调增支出2,201万元（含动用净结余1,447万元，调入资金254万元），全市财政支出预算调整为159,4 09万元，其中：市级财政支出预算调整为96,484万元。

财政预算执行情况

据快报显示，2001年全市完成财政收入75,245万元，占调整预算的105.58%，同比增收6 ,212万元，增长9.00%。实现财政支出158,755万元，占调整预算的99.59%，同比增支36,1 07万元，增长29.44%。

市本级完成财政收入54,596万元，占调整预算的103.19%，同比增收3,010万元，增长5 .83%。实现财政支出96,043万元，占调整预算的99.54%，同比增支19,515万元，增长25. 50%。

县区完成财政收入20,649万元，占调整预算的112.49%，同比增收3,202万元，增长18 .35%。实现财政支出62,712万元，占调整预算的99.66%，同比增支16,592万元，增长35 .98%。

全市财政收支试算平衡情况是：当年完成财政收入75,245万元，加：预计税收返还收入30 ,500万元，省结算及其他补助8,900万元，省专项补助35,531万元，上年结转结余4,375万元 ，全市动用历年净结余及调入资金5,901万元（其中市级动用净结余4,000万元）；减：专项 上解1,100万元，全年实现财政支出158,755万元，全市实现了滚动平衡并略有结余的目标。

财政预算执行特点

1、财政收入平稳增长，收入形势继续好转。

2001年全市经济发展势头良好，各级财税部门征收、清欠、稽查等措施得力，全市财政收入基本实现了及时、均衡入库，同比增长9.00%。其中：完成省、市分享税种收入47,541万元，增长12.16%；其他税收性收入14,843万元，增长1.27%；非税收入及基金收入12,861万元，增长7.26%。市、县区级收入均有一定增长，县区级收入增幅高于市级。总体看，全市财政收入秩序进一步改善，征管质量不断提高，顺利实现了收入的应收尽收及稳定增长，圆满完成了全年收入预算。

2、财政支出增长较快，"四保"目标基本实现。

全市财政在刚性增支因素集中的情况下，大力调整、优化支出结构，积极筹措并妥善调度资金，各项支出按计划实现，同比增长29.44%。其中：实现生产建设性支出35,761万元，增长40.36%；各项事业费支出92,906万元，增长26.24%；专项及其他支出26,336万元，增长27.42%；基金支出3,752万元，增长28.98%。确保了工资及离退休费及时、足额发放，较好保证了各项重点支出，大力推进了重点工程建设，基本实现了"四保"目标，推进了全市经济及社会事业的全面发展。

3、财政收支矛盾突出，平衡难度较大。

尽管全市全年收支预算执行情况较好，但是由于全市财政总体仍处于恢复发展阶段，新增财源有限，虽通过努力财政收入实现了一定增长，但与全国、全省相比还有一定差距。同时，由于调资增支及其它重点支出的兑现，全市支出增长迅猛，大大高于财力的增长，全市财政收支矛盾未能有效缓解，部分县区保工资、保机构正常运转困难，全市财政平衡难度较大。

二、全市财政主要工作开展情况

2001年，各级财政积极贯彻中央、省、市经济、财政工作会议精神，认真实践"三个代表"重要思想，抓发展，抓落实，在增收节支、财政改革、财源建设等方面做了大量的工作，取得较好成效。

(一)狠抓财政增收节支管理。

各级财税部门按照"加强征管、堵塞漏洞、清缴欠税、惩治腐败"的方针和组织收入工作"抓早、抓紧、抓实、抓出成效"的要求，克服新增财源不足的困难，落实和完善收入目标责任制，抓好主体税源及重点企业的税收监控管理，严格控制缓征税款，并加大稽查力度，大力清收欠税，确保了财政收入及时、足额入库。继续加强对零散、小额和阶段性收入的征管，尽力作到应收尽收。在征管中依法治税，严肃法纪，开展专项检查，坚决打击各种涉税犯罪行为，维护了良好的税收秩序。对非税收入严格按照"收支两条线"规定，搞好财政专户管理，完善银行代收制，在促进依法行政基础上，加大了执收执罚力度。通过各级财税部门共同努力，圆满完成了收入目标任务并实现了一定超收。

各级财政部门按照"保工资、保稳定、保运转、保重点"的原则和建立公共财政基本框架的要求，大力调整财政支出结构，进一步压缩非生产及一般性竞争领域的投入，切实履行财政基本保障职能，集中财力保工资及离退休费的及时、足额发放，确保了社会稳定。同时，努力保证教育、科技等重点项目支出需要，加大对公、检、法、司等执法部门经费保障力度，安排使用好基础设施、天然林保护、退耕还林、粮食风险基金等各项资金，并千方百计筹措资金，推进攀西农业综合开发及世行贷款安宁河流域农业资源开发项目的实施。继续狠抓落实各项节支措施，对会议费、接待费、出国经费、业务费、维修费、购置费等支出，予以严格审核、有效压缩和加强监督。继续深化单位综合预算管理，促进了预算内外资金的统一安排和科学管理。

(二)落实政策，筹集资金，支持全市经济发展。

各级财政按照市委的统一部署，抓住西部大开发机遇，继续贯彻执行积极的财政政策，认真配合有关部门推进我市实施追赶型、跨越式发展战略。通过调整支出结构，加大了预算安排投资支出，努力争取到国债专项资金14,

959 万元，运用贴息方式，落实了基础设施银行贷款 7,000 万元，获得民用机场科威特阿拉伯经济发展基金会贷款 3,087 万美元，扩大了筹资渠道 和规模，并严格各项资金管理，推进了民用机场、路桥等重点工程建设，支持了高耗能工业 园区、高新技术产业园区、红格旅游度假区等发展。抓好攀西农业综合开发和世行贷款安宁 河流域农业资源开发项目的落实，加快农田水利设施建设，促进了我市农村经济结构的调整 ，增加了农民收入。切实落实好各项支持企业的政策，采取配套、贴息等方式，管好、用好 企业挖潜改造、科技投入等资金，支持企业改革和发展，推动企业技术创新及科技进步，促 进产业结构调整和升级。用好用足退税政策支持攀钢、二滩等大企业发展。安排使用好中央 新增扶贫资金、“两项”资金，加大对民族地区的扶贫扶持力度。大力巩固骨干税源，积极 培育新的经济增长点，有力拉动了全市经济增长。

(三) 加快社会保障体系建设，全力维护社会稳定。

各级财政努力加大财政预算安排和社会筹集资金的力度，规范财务管理和会计核算，加 快社会保障体系建立。认真搞好国有企业下岗职工基本生活保障费、离退休人员“两费”的 发放，积极配合有关部门，做好首批国有企业下岗职工基本生活保障向失业保险并轨试点，并千方百计筹措资金，确保并轨工作的顺利进行，加大了再就业培训力度，进一步完善了我 市城市居民最低生活保障制度。继续规范了社保资金征收、使用和管理，强化了对社保资金 的监督。落实资金、完善配套措施，推进了市级城镇职工医疗保险制度改革的正式启动，保 证了医改的正常运行。

(四) 稳步推进财政改革。

2001 年是财政的改革年，各级财政按照中央、省总体部署，结合实际，加强领导，精心 组织，狠抓落实，稳步推进各项财政改革。广泛收集资料，了解实情，搞好调查摸底，作好 农村税费改革前期准备，为下一步改革的正式实施奠定了基础。市级对教委、科委、社保局 、农牧局、农办等五个部门预算编制方式进行了改革，实行了综合财政预算管理和“零基预 算加项目预算”的部门预算改革试点，从根本上改变了预算内外资金“收支两张皮”及单位 预算执行调整变化大的现象，基本达到了预期效果，为今后全面推行及深化、完善打下了基 础。作好各项基础工作，进一步完善了行政单位及有条件的事业单位职工工资和离退休费财 政直接支付，推行了政府采购资金的直达，拟订了市级“财政集中支付中心”方案，推动了 区级“会计核算服务中心”的建立，全面启动了国库集中收付制度改革。进一步扩大政府采 购范围，继续加强规范化建设，实现了政府采购的扩面增量，全年实施政府采购 726 万元，同 比增长 72.88%，节约率达 13.09%，制定了《攀枝花市市级政府采购管理暂行办法》并已实施。推行乡镇综合财政预算管理，完善县、乡财政体制，进一步深化乡镇财政改革，加强了乡镇财政建设。

(五)加强和深化财政监督。

各级财政切实改变“重分配、轻管理”、“重审批、轻监督”的理财观念，对财政审批 事项进行了认真清理和分类处理，并加强财政法制建设，实行从核定预算、拨付资金到安排 使用的全过程监督。开展了对国债资金、技改环保补助资金、科技投入资金、支农及世行贷 款资金的专项检查，对违规违纪资金及时进行了纠正、处理，进一步强化了专项资金管理。继续完善预算外资金的管理，落实“收支两条线”和帐户管理的规定，全面实行了银行代收 ，有效开展以“治乱减负”为主要内容的预算外资金清理检查，搞好预算内外资金的综合平 衡。进一步完善财政执法责任制，整顿会计工作秩序，做好《会计法》执行情况的检查，加 强建帐监管，搞好会计人员继续教育培训，狠抓会计基础工作规范化，努力提高财会人员素 质。认真调查和清理各种政府性负债，搞好财政周转金的清理、回收，努力降低和化解财政 风险。

(六) 继续搞好国有资产管理。

各级财政紧紧围绕企业改革和建立现代企业制度这个中心,积极探索国有资产的有效实现形式,建立和完善国有资产监管、营运体系,落实国有资产授权经营,确保国有资产的保值增值。继续推动和深化国有企业改革,充分发挥监管职能,建立了国有资产的清产核资、资产评估、产权登记、资产处置和收益清缴工作体系。规范操作,严格审查,努力降低改制成本,促进了国有资本的有效退出和优化重组。广泛开展调查研究,认真查处国有资产流失,完善各项管理制度,维护了国有资产权益。

2001年我市财政预算执行情况良好,但是在预算执行过程中还存在一些问题,必须予以高度重视。一是受各种税收优惠政策及减收政策影响,新的经济增长点还处于培育、发展阶段,全市财政收入增长基础尚不牢固。二是由于经济发展缓慢、后续财源匮乏、刚性支出增加等原因,县、乡两级财政困难没有得到根本缓解,部分县区财政的基本保障问题突出。三是由于财政改革涉及管理方式的变化和诸多利益的调整,进程缓慢,面临不少困难和问题。四是财经秩序混乱现象仍然存在,市级财政调控能力依然较弱等。仍需各级政府和财政通过加快发展、深化改革、强化管理来逐步加以解决。

三、2002年全市财政预算草案

2002年我市经济将继续向好的方向发展,财政也将面临良好的发展机遇,但仍存在诸多困难和挑战。一方面2002年全市GDP计划增长7%,固定资产投资计划增长26.7%,将会使财政有一定的增收,市级财政逐步走出调整期实现恢复性发展。但由于继续执行对二滩电站电力产品增值税、攀钢钒钛产品增值税"先征后返"政策,黄磷厂及高耗能工业园区部分项目投产后形成的税收将享受优惠政策,全市财政仍然缺乏有力的增长点。同时,国家出台的所得税分享政策和有可能出台的资源税调整及出口退税分级负担政策,也将对我市财政收入产生重大影响;另一方面2002年将全面兑现各项调资增支及艰苦边远地区津贴政策,民用机场投入及基本建设贷款贴息资金须予以保证,保稳定需大幅增加社会保障投入,行政事业单位职工住房补贴和解决企业办社会职能的负担等增支因素多,增支额度大。收入增长远远满足不了支出需要的增长,财政收支矛盾仍较为突出。

根据全国、全省财政工作会议关于今年财政预算编制的总体要求和省、市经济工作的总体部署,2002年全市财政预算的指导思想是:以邓小平理论、江泽民同志"七一"重要讲话和"三个代表"重要思想为指导,认真贯彻党的十五届六中全会精神和中央、省、市经济工作会议精神,继续贯彻执行积极的财政政策和实施西部大开发战略,按照"比例适当、集散有度、收支合理、使用得当"的要求,严格征管,挖掘财源,确保财政收入的稳定增长;大力调整和优化财政支出结构,保证重点支出的需要,努力节约支出;稳步推进财政改革,强化财政管理,加快公共财政体系建设;加强预算外资金管理,严格实行"收支两条线"制度;进一步完善社会保障体系,保证社会稳定,以优异成绩迎接党的十六大召开。

2002年财政目标任务是:以经济发展为中心,培植新的财源,着力抓好增收节支、财政监管和财政改革等工作,确保财政收入稳定增长,实现全年收支滚动平衡,为经济和社会事业的发展服务,为社会稳定服务。

财政收入预算安排的原则为:积极、稳妥、可靠。即进一步整顿和规范税收秩序,挖掘财源,做到应收尽收,不虚增收入,努力增收。

财政支出预算安排的原则为:"调、保、压"结合,讲求资金的使用效益,构建公共财政框架,过"紧日子"支持发展,培植财源。即大力调整和优化支出结构,压缩一般性非生产支出,保工资,保稳定,保运转,支持重点建设投入。具体安排序列是:确保工资及离退休费的及时、足额发放及机构的正常运转,加大社会保障及维护社会稳定所需投入,尽力安排农业、科技、教育等法定支出,维持总体投入略有增长,行有余力,再安排其他方面的支出。

2002 年市级财政预算草案

结合 2002 年全市国民经济计划及财政“十五”计划，2002 年市级收入预算安排 57,018万 元，较 2001 年年初预算增加 8,508 万元，增长 17.54%。需要说明的是由于所得税分享政策尚 不明朗，其影响收入程度暂无法测算，待调整政策确定后，再及时向市人大常委会汇报说明 。

按照现行财政体制计算，2002 年在完成预算收入后，市级可用财力为 80,643 万元。同时，为弥补财力不足，需继续通过努力回收企业借款，建议动用市级净结余 1,000 万元。按照以收定支，收支平衡的原则，2002 年市级财政支出预算安排 81,643 万元，较 2001 年年初预算增加 10,508 万元，增长 14.77%。

基于财力制约，在安排的支出中，尚有预算缺口 9,000 万元以上，主要是基本建设、职工住房补贴、行政办公区启动等资金缺口，需多渠道筹措资金、压缩和调整支出结构、努力超收 予以尽力解决。

2002 年全市财政预算草案

汇总县区初步编制的预算，全市 2002 年财政收入预算 77,410 万元，较 2001 年年初预算增长 16 .64%；全市 2002 年财政支出预算 119,361 万元，较 2001 年年初预算增长 17.90%。

四、2002 年全市财政工作安排

2002 年各级财政将认真实践“三个代表”重要思想，坚持与时俱进，开拓创新，深入贯彻落实中央、省、市经济工作会议精神，紧紧围绕“保稳定、促发展、抓改革、强监管” 方针，重点作好以下几个方面工作。

(一)充分发挥财政职能作用，支持和促进国民经济的跨越式发展。

各级财政将进一步解放思想，拓宽思路，扩大视野，继续贯彻执行积极的财政政策，充分发挥财政政策工具的作用，有所为，有所不为，集中财力办大事，支持经济的发展。要统筹预算内外用于生产建设方面的财力，使财政资金由分散投入向相对集中投入、追求规模效益转变。进一步加大招商引资的力度，使财政支持发展由主要依靠市内资金向充分利用外来 资金转变，搞好项目的储备，积极争取国债资金，运用财政贴息、业主负债等方式，努力争取金融部门、国内国外政府借(贷)款、世行贷款、西部债券的资金支持，弥补基建资金缺口，推进民用机场、路桥等城市基础设施建设，同时保证国债资金及各项借(贷)款专款专用，提高资金使用效益。充分利用财政补贴、贴息、建立高风险投资基金等政策工具，使财政支 持经济发展由主要依靠直接投资向充分利用财税政策工具转变，进一步发挥财政资金导向和粘合作用，推进经济结构的战略性调整，支持企业采用高新技术和先进适用技术进行技术改 造，支持攀钢三期、高耗能工业园区、高新技术产业园区等建设，支持农业产业结构调整和农村经济发展，搞好“天保”、退耕还林、扶贫等工作，支持发展民营经济，加快发展第三 产业。总之，要抓住西部大开发的历史机遇，全面推进我市实施大开发、促进大发展战略，大力促进全市经济增长及农民增收。

(二)努力增收节支，强化财政管理，确保完成全年预算任务。

在收入上，认真贯彻落实“加强征管，堵塞漏洞，惩治腐败，清缴欠税”的工作方针，强化依法治税，加大税收征管力度，完善和落实目标责任制，进一步整顿和规范税收秩序，改善税收征管环境，做到应收尽收。加大稽查堵漏力度，杜绝“跑、冒、滴、漏”。加大清 收欠税力度，做到新税不欠，旧欠收回。加强非税收入和基金收入的征缴，继续落实“收支 两条线”管理，完善银行代收制，确保财政收入目标的完成，并力争超收。同时，积极应对 所得税政策的调整，全力维护我市整体利益。

在支出上，加大结构调整力度，优化财政支出。要在预算安排和资金使用上狠下功夫，确保职工工资及离退休费的及时足额发放。增加社会保障投入，搞好国有企业下岗职工基本生活保障向失业保险并轨，建立和完善城市居民最低生活保障制度，继续推进城镇职工医疗保险制度改革，确保社会稳定。进一步加大财政综合预算管理力度，逐步解决财政包揽过宽的问题，减少对一般性竞争领域的直接投入，树立过“紧日子”的思想，切实把各项节支措施落到实处，调剂财力支持重点建设，努力实现收支滚动平衡的目标。

(三)加快财政改革步伐，

全面推进各项财政改革。

各级财政将进一步提高认识，坚定信心，知难而进，推动财政改革向纵深发展。市级和有条件的县区全面推行部门预算改革，实行财政综合预算管理和“零基预算加项目预算”管理，逐步解决项目细化不够、到位率低等问题，从根本上改变预算内外资金“收支两张皮”现象。积极推进“财政集中支付中心”的试点，逐步建立以国库单一账户为基础、资金缴拨以国库集中收付为主要形式的财政国库集中收付制度。加大推行政府采购工作力度，进一步扩大集中性政府采购范围和规模，规范政府采购行为。继续推动乡镇财政改革，切实做好农村税费改革的摸底调查、业务培训、宣传动员、健全机构和拟订配套措施等工作，为我市全面实施农村税费改革作好准备。在加快财政改革步伐的同时，妥善处理推进财政改革与提高保障水平的关系，在确保工资发放、机构正常运转以及社会稳定的前提下积极稳妥地推进改革；切实处理好推进改革与增强服务的关系，规范管理、强化监督。

(四)协调联动，

切实帮助缓解县区财政困难。

市级将继续高度重视，大力帮助缓解县区特别是困难县区面临的财政困难。县区财政要通过自身努力，以发展增实力，以改革强管理，培植财源，调整结构，增收节支，增强自我发展和自我保障的能力。市级将继续多渠道向上级反映县区财政面临的突出问题，努力争取更大支持。进一步完善县、乡财政体制，尽力调剂一定财力，在转移支付和资金调度等方面对县区予以支持，逐步建立以财力性转移支付为主体，以社会保障、教育、农业等专项转移支付为辅助的财政转移支付体系，提高县区的财力水平和公共服务能力，逐步实现全市财政的良性发展。

(五)加强财政监督，

整顿财经秩序。

各级财政将健全制度，完善机制，积极构建事前、事中、事后相结合，涵盖财政资金运动全过程的财政监督体系，当好财政改革和财政管理的“保护神”。积极适应加入 WTO 新形势的需要，清理规范财税政策，优化财税制度环境。切实加强国债、扶贫和社保等专项资金使用、财税重大政策落实等方面的监督检查。大力整顿会计秩序，全面深入贯彻落实《会计法》，搞好财会人员继续教育培训，加强财务会计监管，加强建帐监管，强化会计工作，支持和鼓励财会人员严格执法，坚决打击做假帐行为。加大清理整顿经济鉴证类社会中介机构工作力度，促进其规范发展。继续加强对“收支两条线”规定执行情况的监督管理，加大处罚力度。内抓规范，外强监管，把整顿和规范财经秩序工作进一步引向深入，更好地发挥财政资金使用效益。

(六)加强国有资产管理，

完善国有资产管理体系。

各级财政将按照国有资产“国家所有、分级管理、分工监督、授权经营”的要求，进一步深化国有资产管理、监督、营运体系的建设。继续强化国有资产各项基础管理工作，认真实施国有资本的结构调整和有效退出，努力推动国有企业改革，实现国有资产的保值增值。

(七)强化队伍建设，

推进财政工作。

各级财政将深入贯彻十五届六中全会精神，转变职能，转变作风，进一步改进和加强财政系统作风建设，切实增强责任感，依法行政，依法理财，努力造就一支爱岗敬业、勤政为民、廉洁高效的财政干部队伍，搞好财政各项工作。

各位代表，完成 2002 年财政各项目标任务，意义重大，任务艰巨。我们将在市委领导下，认真贯彻市人大通过的各项决议，抓住机遇，开拓进取，狠抓落实，为圆满完成财政收支各项目标任务而努力奋斗！

二、统计资料

STATISTICAL DATA

1. 行政区划、人口和自然资源

DIVISIONS OF ADMINISTRATIVE AREAS, POPULATION AND NATURAL RESOURCES

1－1 行政区划一览

（2001年）

市辖区县	区、县辖街道办事处		区、县辖镇		区、县辖乡	
名　称	个数	名　称	个数	名　称	个数	名　称
一、东区	9	大渡口　炳草岗 向阳村　弄弄坪 枣子坪　长寿路 瓜子坪　密　地 南　山	1	银江		
二、西区	6	清香坪　玉　泉 陶家渡　摩梭河 河门口　大宝鼎	1	格里坪		
三、仁和区	1	大河中路	8	仁和　同德 大田　布德 平地　前进 福田　金江	6	务本 总发 中坝　啊喇(彝) 太平　大龙潭(彝)
四、米易县			8	攀莲 得石 丙谷 撒莲 挂榜 普威 垭口 团结	20	柳贤　草场　云峰(彝) 新河　头碾　麻陇(彝) 观音　昔街　白马(彝) 横山　黄草　黄龙(彝) 沙坝　坪山　胜利(彝) 宁华　南坝　联合(彝) 坊田　新山(傈僳)
五、盐边县			4	永兴 桐子林 渔门 红格	27	益民　新坪　岩口(彝) 鳡鱼　共和　红宝(苗) 江西　惠民　龙胜(彝) 金河　箐河　高坪(彝) 力马　新久　洼落(彝) 国胜　新民　林海(彝) 强胜　太田　红民(彝) 红坭　岩门(傈僳) 和爱(彝)　花椒箐(彝) 温泉(彝)　择木龙(彝)
合计	16		22		53	

1-2 人口及自然变动情况

年份	总人口（万人）	#非农业人口	#农业人口	#男	#女	自然变动			
						平均人口(人)	出生率‰	死亡率‰	自然增长率‰
1965	34.76	6.41	28.35	19.36	15.40	322600	38.12	12.32	25.80
1966	40.85	11.52	29.33	21.89	18.96	378100	32.99	8.53	24.46
1967	42.35	12.04	30.31	22.80	19.55	416000	33.39	8.12	25.27
1968	45.18	13.59	31.59	24.48	20.70	437700	34.23	8.42	25.81
1969	49.68	16.24	33.44	27.78	21.90	474300	25.52	5.66	19.86
1970	56.05	21.37	34.68	32.20	23.85	528700	32.38	6.74	25.64
1971	60.33	24.60	35.73	35.57	24.76	581900	34.06	6.74	27.32
1972	64.30	27.28	37.02	37.04	27.26	623200	34.03	6.72	27.31
1973	67.57	28.82	38.75	38.82	28.75	659400	31.13	6.54	24.59
1974	71.20	30.66	40.54	41.57	29.63	693900	28.05	6.58	21.47
1975	73.08	31.96	41.12	42.46	30.62	721400	26.09	6.89	19.20
1976	75.56	33.74	41.82	43.74	31.82	743200	21.35	5.76	15.59
1977	78.46	36.04	42.42	44.68	33.78	770100	14.43	4.26	10.17
1978	78.89	36.28	42.61	45.04	33.85	786700	11.90	5.15	6.75
1979	79.81	36.08	43.01	45.29	34.52	793500	12.07	5.77	6.30
1980	80.12	36.87	43.25	45.25	34.87	799661	10.60	4.86	5.74
1981	80.91	37.08	43.83	45.39	35.52	805142	14.07	4.75	9.32
1982	81.35	37.17	44.18	45.40	35.95	811282	13.00	4.96	8.04
1983	81.70	37.57	44.13	45.48	36.22	815263	8.64	5.04	3.60
1984	82.68	38.50	44.18	45.79	36.89	821924	8.99	4.58	4.41
1985	84.91	40.99	43.92	46.64	38.27	837978	11.78	4.76	7.02
1986	84.77	40.19	44.58	46.17	38.60	848413	15.75	5.03	10.72
1987	86.45	41.33	45.12	47.01	39.44	856108	14.13	4.94	9.19
1988	87.88	42.58	45.30	47.66	40.22	871660	12.72	5.03	7.69
1989	89.62	44.08	45.54	48.41	41.21	887504	12.81	5.16	7.65
1990	90.85	44.81	46.04	48.95	41.90	902343	12.71	5.11	7.60
1991	91.72	45.49	46.23	49.30	42.42	912816	11.22	5.15	6.07
1992	92.63	46.69	45.94	49.59	43.04	921720	10.90	5.05	5.85
1993	93.43	47.24	46.19	49.93	43.50	930306	12.57	4.90	7.67
1994	94.10	47.72	46.38	49.85	44.25	937677	13.43	5.13	8.30
1995	96.15	49.67	46.48	50.77	45.38	951261	14.23	5.43	8.80
1996	97.82	51.18	46.64	51.50	46.32	969837	13.82	5.06	8.76
1997	98.93	52.18	46.75	51.89	47.04	983765	13.67	5.00	8.67
1998	100.51	53.48	47.03	52.75	47.76	997227	13.22	5.06	8.16
1999	101.80	54.22	47.58	53.31	48.49	1011535	12.77	5.03	7.74
2000	103.01	54.91	48.10	53.85	49.13	1024046	13.84	5.07	8.77
2001	103.91	55.45	48.46	54.30	49.61	1034610	12.74	4.52	8.22

1-3 人口密度 土地面积

(2001年末)

	单 位	全市	东区	西区	仁和区	米易县	盐边县
一、总户数	户	298092	85768	48842	54919	55320	53 243
#非农业户	户	171212	83117	45016	20546	11825	10 708
二、总人口	人	1039093	303406	157417	190193	198088	189 989
#男	人	542968	161721	83583	98707	100728	98 229
非农业人口	人	554465	294707	146576	61195	28925	23 062
#男	人	298215	157545	78387	33533	15819	12 931
农业人口	人	484628	8699	10841	128998	169163	166 927
#男	人	244753	4176	5196	65174	84909	85 298
三、出生率	‰	12.74	11.44	11.85	12.87	10.60	17.71
死亡率	‰	4.52	3.08	3.81	5.62	5.33	5.48
自然增长率	‰	8.22	8.36	8.04	7.25	5.27	12.23
非农业人口出生率	‰	11.78	11.38	11.79	14.05	10.71	12.32
非农业人口死亡率	‰	3.11	2.98	3.71	2.97	2.66	1.83
非农业人口自然增长率	‰	8.67	8.40	8.08	11.08	8.05	10.49
农业人口出生率	‰	13.83	13.41	12.71	12.31	10.58	18.42
农业人口死亡率	‰	6.13	6.48	5.19	6.87	5.77	5.96
农业人口自然增长率	‰	7.70	6.93	7.52	5.44	4.81	12.46
四、全市总面积	平方公里	7440	167	124	1727	2153	3 269
#耕地面积	公顷	31678	214	437	8278	11598	11151
人口密度	人/平方公里	140	1817	1269	110	92	58

1-4 自然资源

指 标	单 位	2001年
一、土地		
土地面积	平方公里	7440.4
耕地	平方公里	316.78
耕地占土地面积	%	4.26
园地	平方公里	120
园地占土地面积	%	1.61
交通用地	平方公里	44.1
交通用地占土地面积	%	0.59
工矿及城市用地	平方公里	187.1
工矿及城市用地占土地面积	%	2.51
水域	平方公里	157.10
水域占土地面积	%	2.11
二、林木蓄积量		
活立木蓄积量	万立方米	2894.19
#用材林活立木蓄积量	万立方米	391.01
三、气候		
年平均气温	摄氏度	19.7-20.5
年降水量	毫米	1117.5-1319.8
日照总时数	小时	2178.3-2523.5
四、水利资源		
市境内理论水能资源蕴藏量	万千瓦	492.9
可开发量	万千瓦	410.1
五、矿产资源保有量		2000年
铁矿	亿吨	45.55
钒(V_2O_5)	万吨	1179.9
钛(TiO_2)	亿吨	4.94
钪(Sc)	万吨	12.80
铬(Cr_2O_3)	万吨	810.05
镓(Gra)	万吨	11.10
镍(Ni)	万吨	154.42
钴(Co)	万吨	58.67
铜(Cu)	万吨	99.39
煤炭	亿吨	4.96
耐火粘土	万吨	1033
白云岩	万吨	7565
石灰岩	亿吨	2.96
大理石	万立方米	5700
石墨	万吨	1555.21
苴却砚原矿石	万吨	1200
花岗石	万立方米	5498

注:由于地矿局统计口径变化,本年未作矿产资源保有量统计,表中“矿产资源保有量”数据为2000年数。

1-5 气象情况

	炳草岗	仁 和	米 易	盐 边
平均气温℃				
1月	14.1	12.9	12.4	13.4
2月	16.9	15.8	15.2	16.2
3月	21.4	20.1	19.8	20.7
4月	26.2	25.2	24.5	25.5
5月	22.0	22.1	21.8	21.8
6月	24.4	24.6	23.7	23.8
7月	25.7	25.8	25.3	25.0
8月	24.3	24.5	23.7	23.8
9月	22.7	23.0	22.5	21.9
10月	20.3	20.5	20.2	19.8
11月	15.4	15.5	15.1	15.2
12月	12.7	12.1	11.6	12.3
全年平均	20.5	20.2	19.7	20.0
极高	37.8	36.5	35.8	35.8
相对湿度%				
1月	50	58	58	50
2月	45	52	53	43
3月	34	42	42	33
4月	29	34	35	27
5月	66	70	67	64
6月	71	74	76	71
7月	73	74	78	76
8月	76	79	81	77
9月	82	85	86	83
10月	79	81	81	82
11月	77	80	79	76
12月	69	73	75	71
全年	63	67	68	63
降水量 MM				
1月				
2月	0.6	0.4	12.1	0.1
3月			0.8	0.7
4月	0.8			
5月	175.9	212.9	128.0	194.6
6月	183.5	183.1	296.4	228.1
7月	220.8	195.5	218.0	169.2
8月	227.8	276.5	164.5	160.5
9月	189.3	220.6	338.9	259.7
10月	88.1	99.7	125.9	92.1
11月	30.7	30.3	35.2	35.3
12月				
全年	1117.5	1217.2	1319.8	1140.3

1－5续表1

	烟草岗	仁　和	米　易	盐　边
日照H				
1月	249.7	211.9	236.6	253.0
2月	234.0	200.7	214.6	220.0
3月	291.3	271.9	269.2	232.0
4月	302.5	294.0	291.5	259.6
5月	162.9	131.1	157.8	118.7
6月	188.0	169.2	166.4	100.9
7月	240.8	246.3	212.6	190.5
8月	183.0	192.0	136.1	142.8
9月	131.6	127.3	92.3	110.2
10月	176.8	177.8	154.4	155.3
11月	152.4	164.0	147.0	161.3
12月	210.5	246.5	205.6	234.0
全年	2523.5	2432.7	2284.1	2178.3
蒸发量MM				
1月	129.6	129.4	138.8	183.4
2月	166.2	148.7	160.6	218.8
3月	284.4	247.1	275.4	342.9
4月	382.6	325.1	385.4	476.8
5月	183.5	171.2	181.3	237.6
6月	179.7	173.7	157.7	202.5
7月	181.3	188.8	185.1	215.6
8月	149.9	158.9	146.8	184.6
9月	100.6	103.1	97.1	107.9
10月	103.1	114.7	108.2	118.0
11月	76.6	80.2	79.2	86.7
12月	85.5	93.3	88.0	98.0
全年	2023.0	1934.2	2003.6	2472.8

2. 综　　合

GENERAL SURVEY

2－1 国内生产总值

（按当年价格计算） 单位：万元

年份	国内生产总值	第一产业	第二产业	第三产业	人均国内生产总值（元）
1965	9438	2732	4637	2069	292
1966	17009	3066	11273	2670	449
1967	12690	2931	6535	3224	305
1968	10600	2612	4511	3477	242
1969	19210	2634	12683	3893	405
1970	32147	2908	23785	5454	608
1971	37983	3780	28472	5731	652
1972	34975	3614	25032	6329	561
1973	41443	3697	30608	7138	628
1974	40024	3635	29194	7195	577
1975	45518	3934	32841	8743	630
1976	39024	3750	26144	9130	525
1977	49612	4038	35753	9821	644
1978	66910	4624	51095	11191	851
1979	68002	4819	51728	11455	857
1980	75300	7077	58174	10049	942
1981	66785	6602	52631	7552	829
1982	75571	7843	56850	10878	932
1983	84115	7927	64183	12005	1032
1984	97348	10796	73359	13193	1184
1985	117717	11930	88251	17536	1405
1986	134925	12831	100757	21337	1590
1987	158038	15839	116419	25780	1846
1988	193905	18523	140811	34571	2224
1989	223415	21867	163644	37904	2517
1990	216420	23785	148530	44105	2399
1991	292331	25634	208373	58324	3203
1992	348955	28318	249735	70902	3786
1993	565188	35520	435663	94005	6075
1994	719001	47867	529183	141951	7667
1995	809314	63616	557377	188321	8508
1996	894596	69141	608413	217042	9225
1997	985476	75958	659671	249847	10017
1998	1049112	78932	734658	235522	10521
1999	1083057	78206	755147	249704	10707
2000	1145225	78799	785377	281049	11184
2001	1241647	83830	840789	317028	12001

2－2　国内生产总值构成

（按当年价格计算）　　单位：%

年份	国内生产总值	第一产业	第二产业	#工业	第三产业	#运输邮电业	#商业
1965	100	28.95	49.13		21.92		
1966	100	18.02	66.28		15.70		
1967	100	23.10	51.50		25.40		
1968	100	24.64	42.56		32.80		
1969	100	13.71	66.02		20.27		
1970	100	9.05	73.99		16.96		
1971	100	9.95	74.96		15.09		
1972	100	10.33	71.57		18.10		
1973	100	8.92	73.86		17.22		
1974	100	9.08	72.94		17.98		
1975	100	8.64	72.15		19.21		
1976	100	9.61	66.99		23.40		
1977	100	8.14	72.06		19.80		
1978	100	6.91	76.36	84.17	16.73	29.89	31.94
1979	100	7.09	76.09	87.13	16.82	30.72	32.96
1980	100	9.40	77.26	88.67	13.34	30.09	41.25
1981	100	9.89	78.81	87.73	11.30	31.63	36.76
1982	100	10.38	75.23	88.00	14.39	22.60	40.01
1983	100	9.42	76.30	88.00	14.28	21.67	38.13
1984	100	11.09	75.36	89.00	13.55	20.28	32.97
1985	100	10.13	74.97	89.37	14.90	16.56	29.04
1986	100	9.51	74.68	88.70	15.81	18.02	28.70
1987	100	10.02	76.67	87.25	16.31	15.55	26.12
1988	100	9.55	72.62	83.00	17.83	13.79	32.34
1989	100	9.79	73.25	84.27	16.96	18.45	25.44
1990	100	10.99	68.63	83.70	20.38	19.54	25.62
1991	100	8.77	71.28	80.58	19.95	22.74	25.80
1992	100	8.12	71.57	75.71	20.31	19.67	32.15
1993	100	6.28	77.08	80.62	16.64	19.05	34.18
1994	100	6.66	73.60	80.11	19.74	17.44	33.06
1995	100	7.86	68.87	76.24	23.27	20.22	31.40
1996	100	7.73	68.01	72.87	24.26	19.13	31.21
1997	100	7.71	66.94	73.45	25.35	18.92	31.30
1998	100	7.52	70.03	78.78	22.45	24.28	35.17
1999	100	7.22	69.72	86.18	23.06	24.90	34.02
2000	100	6.90	68.60	88.76	24.50	26.17	33.09
2001	100	6.80	67.70	90.47	25.50	26.58	32.72

2－3　国内生产总值指数

（上年＝100）　　单位：%

年份	国内生产总值	第一产业	第二产业	第三产业	人均国内生产总值
1965	100.0	100.0	100.0	100.0	100.0
1966	119.8	110.2	238.8	126.7	151.0
1967	73.5	94.2	57.1	118.9	66.9
1968	83.5	89.1	69.0	107.8	79.3
1969	182.0	101.2	282.5	112.4	167.9
1970	167.5	110.5	187.7	140.3	150.6
1971	123.1	129.8	126.3	104.9	119.8
1972	87.8	95.1	82.7	109.8	85.6
1973	117.5	101.5	121.3	111.9	110.8
1974	96.3	98.3	95.1	100.5	91.6
1975	113.3	107.6	112.1	121.1	108.8
1976	85.4	95.0	79.3	104.0	83.0
1977	136.8	107.7	151.2	107.6	122.6
1978	125.8	114.9	129.8	114.3	132.8
1979	101.3	103.9	101.0	101.6	100.4
1980	102.6	134.8	104.3	86.7	102.7
1981	88.7	94.2	90.5	78.3	87.4
1982	106.8	112.1	102.0	128.0	106.1
1983	108.1	98.1	109.6	107.0	107.5
1984	108.3	127.5	107.0	104.9	124.4
1985	106.9	94.7	112.3	91.0	118.3
1986	105.6	101.9	103.8	117.0	102.3
1987	108.9	108.1	108.1	113.1	107.9
1988	110.3	92.8	110.7	117.1	108.3
1989	106.2	105.5	107.2	102.5	104.3
1990	97.2	105.5	92.0	116.4	95.6
1991	120.4	107.9	121.1	125.0	119.0
1992	109.7	104.0	109.0	115.1	108.6
1993	117.6	107.1	119.8	115.0	116.5
1994	111.9	109.1	113.2	109.0	111.3
1995	109.1	109.9	108.4	111.3	105.8
1996	107.8	109.8	106.7	110.3	105.7
1997	109.4	103.2	109.8	110.3	107.8
1998	105.9	98.8	105.6	109.5	104.5
1999	103.3	101.3	101.7	109.4	101.8
2000	107.0	103.0	106.5	109.7	105.7
2001	108.2	104.0	107.8	110.4	107.1

2-3续表1

单位:%

年份	国内生产总值				人均国内生产总值 1965年=100
	1965年=100	1970年=100	1978年=100	1980年=100	
1965	100.0				100.0
1966	119.8				151.0
1967	88.1				101.0
1968	73.5				80.1
1969	133.8				134.5
1970	224.1	100.0			202.6
1971	275.9	123.1			242.7
1972	242.2	108.1			207.7
1973	284.6	127.0			230.2
1974	274.1	122.3			210.8
1975	310.5	138.6			229.4
1976	265.2	118.3			190.4
1977	362.7	161.9			233.4
1978	456.3	203.6	100.0		309.9
1979	462.3	206.3	101.3		311.2
1980	474.3	211.7	103.9	100.0	319.6
1981	420.7	187.7	92.2	88.7	279.3
1982	449.3	200.5	98.5	94.7	296.3
1983	485.7	216.7	106.4	102.4	318.6
1984	526.0	234.7	115.3	110.9	396.3
1985	562.3	250.9	123.2	118.6	468.8
1986	593.7	265.0	130.1	125.2	479.6
1987	646.6	288.6	141.7	136.3	517.5
1988	713.2	318.3	156.3	150.4	560.4
1989	757.4	338.0	166.0	159.7	584.5
1990	736.2	328.6	161.3	155.2	558.8
1991	886.4	395.6	194.3	186.9	665.0
1992	972.3	434.0	213.1	205.0	722.2
1993	1143.5	510.3	250.6	241.1	841.4
1994	1279.6	571.1	280.4	269.8	936.4
1995	1396.0	623.0	305.9	294.4	990.7
1996	1504.9	671.6	329.8	317.3	1047.2
1997	1646.3	734.8	360.8	347.1	1128.9
1998	1743.5	778.0	382.1	367.6	1179.7
1999	1801.0	803.7	394.7	379.7	1200.9
2000	1927.1	860.0	422.3	406.3	1269.4
2001	2085.1	930.5	456.9	439.6	1359.5

2－4 国民生产总值构成项目

（2001 年） 单位：万元

	国民生产总值	国内生产总值	第一产业	第二产业	第三产业	国（地区）外净要素收入
增加值	1232006	1241647	83830	840789	317028	－9641
其中：劳动者报酬		556009	67315	348357	140337	－
固定资产折旧		275789	1538	218126	56125	－
生产税净额		233616	2517	180851	50248	－
其中：补贴		55256	9972	45284		－
营业盈余		176233	12460	93455	70318	－
按可比价计算						
2001 年	1231728	1241264	81951	846370	312943	－9536
2000 年	1138117	1147644	78799	785377	283468	－9527
2001 年为 2000 年的％	108.2	108.2	104.0	107.8	110.4	100.1

2－5 按支出法计算的国内生产总值

单位：万元

	按当年价格计算		按可比价格计算		2001年为2000年％
	2001 年	2000 年	2001 年	2000 年	
国内生产总值	1241647	1145225	1241264	1147644	108.2
一、最终消费	524257	507468	519796	507468	102.4
居民消费	484275	467343	480432	467343	102.8
农业居民	103754	99172	102931	99172	103.8
非农业居民	380521	368171	377501	368171	102.5
政府消费	39982	40125	39364	40125	98.1
二、资本形成总额	733917	654915	737740	657334	112.2
固定资产形成总额	564745	501757	571183	504176	113.3
存货增加	169172	153158	166557	153158	108.7
三、货物和服务净出口	－16527	－17158	－16272	－17158	94.8
出口	141657	142131	139467	142131	98.1
进口	158184	159289	155739	159289	97.8

2-6 按行业划分的资本形成总额

(按当年价格计算) 单位:万元

	2001年	2000年
固定资产形成总额	564745	501757
第一产业	5916	5296
1.农林牧渔业	5916	5296
第二产业	506366	449491
2.工业	472824	420073
采掘业	17452	14703
制造业	115453	98765
电力、煤气及水的生产和供应业	339919	306605
3.建筑业	33542	29418
第三产业	52463	46970
4.交通运输、仓储及邮电通信业	13004	12329
5.批发和零售贸易、餐饮业	11523	9781
6.金融保险业	11795	9840
7.房地产业	4016	3513
8.其他行业	12125	11507
存货增加	169172	153158
第一产业	132	127
1.农林牧渔业	132	127
第二产业	130844	116215
2.工业	109757	96489
3.建筑业	21087	19726
第三产业	38196	36816
4.交通运输、仓储及邮电通信业	3075	2881
5.批发和零售贸易、餐饮业	32504	31565
6.其他行业	2617	2370

2-7 国民总消费

(按当年价计算)

	单位	2001年	2000年
最终消费	万元	524257	507468
一、居民消费	万元	484275	467343
1.农村居民	万元	103754	99172
自给性消费	万元	35116	32617
商品性消费	万元	48494	47921
文化生活服务性消费	万元	12533	11634
住房及水电消费	万元	7611	7000
其中:住房消费	万元	6025	5634
2.城镇居民	万元	380521	368171
商品性消费	万元	285386	285097
文化生活服务性消费	万元	64918	55920
住房及水电消费	万元	30217	27154
其中:住房消费	万元	19178	16158
二、政府消费	万元	39982	40125

2-8 国民经济主要指标

指 标 名 称	单位	2000 年	2001 年	2001年比2000年±%
1.年末总人口	万人	103.01	103.91	0.87
2.国内生产总值(现价)	亿元	114.52	124.16	8.2
#第三产业增加值	亿元	28.10	31.70	10.4
3.农林牧渔业总产值(90 价)	亿元	6.70	7.09	5.88
主要农产品产量				
粮食	万吨	22.85	22.21	-2.80
甘蔗	万吨	34.12	24.69	-27.63
蔬菜	万吨	32.70	36.66	12.12
水果	万吨	3.00	3.53	17.67
猪牛羊肉	万吨	4.22	4.39	3.54
水产品	吨	4585	5697	24.25
4.全部工业总产值(现价)	亿元	182.13	201.07	10.40
#国有及500万元以上非国有	亿元	156.43	168.73	7.86
主要工业产品产量				
钢	万吨	363	361	-0.60
生铁	万吨	415	409	-1.44
成品钢材	万吨	275	269	-2.18
钒渣(折)	万吨	13.91	12.99	-6.60
焦炭	万吨	297	299	0.70
原煤	万吨	619	640	3.39
发电量	亿千瓦时	116.65	160.62	37.69
水泥	万吨	73	74	1.37
糖	万吨	2.95	1.40	-52.50
饮料酒	万吨	3.61	3.01	-16.62
5.社会消费品零售总额	亿元	38.57	43.14	11.84
6.全社会固定资产投资	亿元	33.51	29.20	-12.88
#基建	亿元	19.13	11.21	-41.40
更 改	亿元	5.08	10.32	103.15
#国有	亿元	26.46	21.85	-17.42
集体	亿元	1.50	1.08	-0.72
7.财政收入	亿元	6.90	7.52	9.00
财政支出	亿元	12.10	15.88	31.27
8.出口创汇	万美元	18977	12391	-34.71
#地方	万美元	1568	2246	43.24
9.城市居民消费价格指数	%	100.5	101.4	上升0.9个百分点
城市商品零售价格指数	%	99.2	98.3	下降0.9个百分点
10.城市居民人均可支配收入	元	6732	6804	1.07
农民人均纯收入	元	2439	2524	3.49
11.人均国内生产总值(当年价)	元	11184	12001	7.30
12.人均财政收入	元	674	727	7.86
13.人均期末储蓄存款余额	元	7392	8098	9.55

2－9　国民经济主要指标及平均发展速度

指标名称	单位	1990年	1992年	1995年	2001年	1991－1995年平均递增%	1996－2001年平均递增%
1.国内生产总值(当年价)	亿元	21.64	34.89	80.93	124.16	13.7	6.9
2.农林牧渔业总产值(90价)	亿元	3.83	4.38	5.61	7.09	7.9	4.0
3.全部工业总产值(90价)	亿元	38.17	47.89	70.14	124.66	12.9	9.7
＃乡及乡(规模)以上工业	亿元	37.77	47.21	66.80	97.96	12.1	
4.全社会消费品零售总额	亿元	9.34	13.10	24.20	43.14	21.0	10.1
5.全社会固定资产投资	亿元	9.37	25.74	58.97	29.20	34.2	－11.1
6.财政收入	亿元	3.30	5.08	7.04	7.52	32.3	1.4
财政支出	亿元	1.99	3.23	9.53	15.88	36.8	5.3
7.出口创汇	万美元	2647	7235	14950	12391	41.4	－3.1
8.城市居民人均可支配收入	元	1568	2376	5443	6804	28.3	3.8
农村居民人均纯收入	元	619	770	1448	2524	18.5	9.7
9.人均国内生产总值	元	2399	3786	8508	12001	12.1	5.9
10.人均财政收入	元	366	551	740	727	30.9	－0.3
11.人均期末储蓄存款余额	元	848	1493	3953	8098	36.1	12.7
12.城市居民消费价格指数	%	102.4	111.4	121.2	101.4	16.8	3.5
城市商品零售价格指数	%	100.9	108.7	119.0	98.3	14.3	0.4

注:“乡及乡以上工业”2001年为全部国有及年销售收入500万元以上非国有工业。

2－10 国民经济主要比例关系

单位：%

	1985年	1990年	1992年	1995年	1997年	2001年
一、国内生产总值中三次产业比例	100	100	100	100	100	100
第一产业	10.1	11.0	8.1	7.8	7.7	6.8
第二产业	75.0	68.6	71.6	68.9	66.9	67.7
第三产业	14.9	20.4	20.3	23.3	25.4	25.5
二、工农业总产值中农轻重工业比例	100	100	100	100	100	100
农业	7.7	7.1	8.4	7.4	7.3	6.2
轻工业	7.2	10.6	7.8	7.2	5.5	4.1
重工业	85.1	82.3	83.8	85.4	87.2	89.7
三、工业总产值中轻重工业比例	100	100	100	100	100	100
轻工业	7.8	10.6	8.6	7.8	6.0	4.4
重工业	92.2	89.4	91.4	92.2	94.0	95.6
四、工业总产值中所有制性质比例	100	100	100	100	100	100
国有	92.5	83.7	82.6	58.8	58.7	52.3
集体	6.3	13.7	15.9	27.1	32.9	18.8
其他	1.2	2.6	1.5	14.1	8.4	28.9
五、工业总产值中中央和地方比例	100	100	100	100	100	100
中央	84.0	73.6	72.1	62.5	55.3	57.5
地方	16.0	26.4	27.9	37.5	44.7	42.5
六、固定资产投资额中结构比例	100	100	100	100	100	100
国有固定资产投资	90.6	94.3	97.7	94.7	96.1	74.8
#第一产业	1.5	0.6	0.7	0.6	0.3	9.1
第二产业	82.9	92.9	93.8	88.1	91.1	48.9
第三产业	15.6	6.5	5.5	11.3	8.6	42.0
七、财政收入占国内生产总值比例	16.2	15.2	14.6	16.6	16.9	20.1
八、农.林.牧.渔业总产值中结构比	100	100	100	100	100	100
农业	68.2	60.8	58.8	54.2	58.6	57.5
林业	6.9	6.6	6.5	10.4	7.4	5.6
牧业	23.8	30.3	32.2	33.3	31.1	33.4
渔业	1.1	2.3	2.5	2.1	2.9	3.5
九、人口比例	100	100	100	100	100	100
#农业人口	51.7	50.7	49.6	48.3	47.3	46.6
非农业人口	48.3	49.3	50.4	51.7	52.7	53.4
十、社会从业人员比例	100	100	100	100	100	100
第一产业	45.1	43.9	44.1	39.1	39.2	38.5
第二产业	41.1	40.7	43.6	43.8	43.5	38.2
第三产业	13.8	15.4	12.3	17.1	17.3	23.3

2－11　攀枝花市的一天

	单　位	1992年	1997年	2001年
一、生产				
国内生产总值(现价)	万　元	956	2700	3449
财政收入	万　元	139	273	206
工农业总产值(90价)	万　元	1432	2226	3609
#工业总产值	万　元	1312	2135	3415
钢	吨	6581	8082	9890
生铁	万　吨	0.78	0.98	1.12
成品钢材	吨	2726	5644	7370
钒渣(折)	吨	177	261	356
焦炭	吨	6089	7644	8192
发电量	万千瓦小时	700	892	4401
原煤	万吨	1.58	1.92	1.75
水泥	吨	1752	2904	2027
糖	吨	81	69	38
饮料酒	吨	65	98	82
二、消费				
社会消费品零售总额	万元	359	880	1182
城市居民人均消费支出	元	5.48	13.86	15.77
市区非农业居民人均消费量				
粮食	克	340	286	352
食用植物油	克	24	23	28
猪肉	克	82	85	89
牛羊肉	克	9	7	6
家禽	克	13	22	32
鲜蛋	克	25	32	29
鱼	克	17	18	23
食糖	克	5	5	6
卷烟	支	3	2	4
鲜瓜果	克	115	144	151
鲜菜	克	488	410	430
三、人口				
出生	人	28	37	36
死亡	人	13	13	13

2－12　工、农业总产值

单位:万元

	年份	工业总产值	轻工业	重工业	农林牧渔业总产值	农业	林业	牧业	渔业
按1957年不变价	1965	498	267	231	3724	2721	417	583	3
	1966	2507	476	2031	4225	2984	399	839	3
	1967	4161	417	3744	4078	2854	388	833	3
	1968	2821	384	2437	3676	2812	79	782	3
	1969	6136	445	5691	3749	2863	75	808	3
	1970	12678	707	11971	4175	3169	79	924	3
	1971	20904	735	20169	5610	4506	81	1 020	3
按1970年不变价	1971	22594	902	21692	5610	4506	81	1 020	3
	1972	28529	1812	26717	5266	4291	93	879	3
	1973	44554	2387	42167	5496	4306	70	1 117	3
	1974	45974	3020	42954	5396	4169	98	1 125	4
	1975	55714	3012	52702	5816	4599	105	1 107	5
	1976	45825	3219	42606	5584	4354	74	1 149	7
	1977	64415	4088	60327	6016	4600	204	1 208	4
	1978	87981	5467	82514	6857	5372	201	1 281	3
	1979	99533	5243	94290	7013	5380	199	1 428	6
	1980	106561	5995	100566	7494	5766	258	1 460	10
	1981	95397	6235	89162	7051	5339	193	1 507	12
按1980年不变价	1981	111762	6477	105285	9339	6838	374	2 105	22
	1982	117993	6920	111073	10215	7181	622	2 379	33
	1983	127662	7852	119810	10671	7660	474	2 497	40
	1984	140343	9153	131190	12772	9412	568	2 743	49
	1985	146873	11692	135181	12219	8486	757	2 917	59
	1986	156413	13933	142480	12332	8295	878	3 065	94
	1987	167632	13968	153664	13263	8629	1 039	3 466	129
	1988	177810	19308	158502	13268	8262	1 042	3 804	160
	1989	190620	20972	169648	14028	8751	991	4 104	182
	1990	197848	22609	175239	15043	9310	907	4 629	197
按1990年不变价	1990	381663	35917	345746	38280	22977	3 233	11 556	514
	1991	436666	37524	399142	41442	24904	3 977	11 966	595
	1992	478923	40791	438132	43811	25234	3 956	13 995	626
	1993	542271	44835	497436	46307	25932	4 367	15 124	884
	1994	622151	38190	583961	50830	28366	4 639	16 842	983
	1995	701358	54784	646574	59220	32048	7 196	18 810	1 166
	1996	725412	60776	664636	62353	33644	7 148	20 160	1 401
	1997	812545	55445	757100	63878	34778	6 157	21 232	1 711
	1998	864668	54650	810018	63435	34718	5 025	22 088	1 604
	1999	966183	100881	865302	64496	36454	3 709	22 594	1 739
	2000	1135148	69639	1069509	66991	37708	4 027	23 095	2 161
	2001	1246590	72451	1174139	70932	39112	5 662	23 581	2 577

2－13 主要经济指标历史资料

年份	年末总人口（万人）	国内生产总值(现价)（万元）	#第一产业（万元）	第二产业（万元）	第三产业（万元）	人均国内生产总值(现价)（元）
1952	27.20	2038	1702	66	270	75
1957	29.55	2973	2126	190	657	101
1962	27.05	3082	1964	179	939	111
1965	34.76	9438	2732	4637	2069	292
1970	56.05	32147	2908	23785	5454	608
1975	73.08	45518	3934	32841	8743	630
1978	78.89	66910	4624	51095	11191	851
1980	80.12	75300	7077	58174	10049	942
1985	84.91	117717	11930	88251	17536	1405
1990	90.85	216420	23785	148530	44105	2399
1991	91.72	292331	25634	208373	58324	3203
1992	92.63	348955	28318	249735	70902	3786
1993	93.43	565188	35520	435663	94005	6075
1994	94.10	719001	47867	529183	141951	7667
1995	96.15	809314	63616	557377	188321	8508
1996	97.82	894596	69141	608413	217042	9225
1997	98.93	985476	75958	659671	249847	10017
1998	100.51	1049112	78932	734658	235522	10521
1999	101.80	1083057	78206	755147	249704	10707
2000	103.01	1145225	78799	785377	281049	11184
2001	103.91	1241647	83830	840789	317028	12001

2－13 续表 1

年份	国内生产总值指数 1952＝100	#第一产业（%）	第二产业（%）	第三产业（%）	从业人员（万人）	第一产业（万人）	第二产业（万人）	第三产业（万人）
1952	100.0	100.0	100.0	100.0	10.64	10.25	0.28	0.11
1957	130.4	126.5	182.9	161.0	13.11	12.11	0.75	0.25
1962	129.6	122.5	191.5	193.6	11.61	10.48	0.82	0.31
1965	275.0	145.2	5215.2	305.9	17.72	12.89	3.85	0.98
1970	616.2	150.2	26018.0	783.3	31.84	16.20	13.62	2.02
1975	853.8	199.0	35142.3	1228.7	37.39	17.14	17.47	2.78
1978	1254.9	234.0	54692.7	1374.9	42.04	17.16	20.01	4.87
1980	1304.2	327.7	57614.9	1211.1	42.95	18.00	20.23	4.72
1985	1546.3	409.9	70041.9	1239.8	45.31	20.43	18.61	6.27
1990	2024.6	466.4	85804.7	2292.2	52.37	23.00	21.32	8.05
1991	2437.6	503.2	103909.5	2865.3	55.20	24.87	23.07	7.26
1992	2674.1	523.3	113261.4	3297.8	56.51	24.93	24.62	6.96
1993	3144.7	560.5	135687.1	3792.5	56.84	24.98	24.83	7.03
1994	3518.9	611.5	153597.8	4133.8	57.69	22.33	26.80	8.56
1995	3839.1	672.0	166500.1	4601.0	60.82	23.77	26.63	10.42
1996	4138.5	737.9	177655.6	5074.9	61.58	23.76	26.84	10.98
1997	4527.6	761.5	195065.8	5597.6	62.40	23.60	26.84	11.96
1998	4794.7	752.4	205989.5	6129.3	62.52	23.61	26.75	12.16
1999	4938.5	762.2	209491.3	6705.5	63.20	23.62	26.94	12.64
2000	5284.2	785.1	223108.3	7355.9	63.52	23.91	25.79	13.82
2001	5717.5	816.5	240510.7	8120.9	62.12	23.93	23.71	14.48

2－13续表2

年份	职工人数（万人）	职工工资总额（万元）	财政收入（万元）	财政支出（万元）	固定资产投资总额（万元）	国有经济（万元）	集体经济（万元）	其他投资（万元）
1952	0.10	27	104	72	18	18	0	0
1957	0.44	114	197	137	69	69	0	0
1962	0.93	453	347	241	14	14	0	0
1965	5.76	2076	596	341	12666	12666	0	0
1970	17.01	9749	1974	2485	52213	52213	0	0
1975	22.19	13806	6377	3604	20121	20121	0	0
1978	25.21	17202	9721	5706	24617	24671	0	0
1980	25.17	22292	8347	5291	12211	12211	0	0
1985	24.68	33156	19067	9141	35420	32085	2 666	669
1990	28.45	75592	32964	19903	93725	88338	3 778	1 609
1991	30.07	87988	42414	23987	175830	171085	2 356	2 389
1992	31.16	99901	50787	32319	257415	251919	3 208	2 288
1993	30.54	135907	94449	49848	362686	333207	24 872	4 607
1994	31.00	184304	60100	71278	449472	409135	22 478	17 859
1995	31.61	213425	70425	95286	589667	558456	17 246	13 965
1996	31.73	235762	89472	112682	725853	701789	11 233	12 831
1997	29.62	233630	99555	128993	801441	770313	16 266	14 862
1998	29.35	235709	99953	129519	683446	634642	10 753	38 051
1999	29.70	237022	86572	116982	427818	384650	9 284	33 884
2000	28.19	258154	69033	120998	335123	264629	15 007	55 487
2001	25.75	277144	75245	158830	291966	218474	10 820	62 672

2－13续表3

年份	城乡居民储蓄存款余额（万元）	城镇居民（万元）	农村居民（万元）	居民人均消费水平（元/人）	农村居民消费水平（元/人）	城镇居民消费水平（元/人）
1952	4	4	0	43	41	94
1957	46	22	24	51	49	118
1962	56	39	17	71	64	155
1965	250	214	36	98	81	219
1970	681	609	72	146	91	245
1975	1407	1278	129	186	98	302
1978	2094	1930	164	223	102	343
1980	3804	3668	136	257	105	365
1985	17457	15231	2226	536	334	747
1990	77082	69170	7912	959	585	1345
1991	102610	91963	10647	1164	557	1785
1992	138317	123676	14641	1335	545	2124
1993	167952	150662	17290	1679	811	2939
1994	248232	224604	23628	2581	1114	4038
1995	380045	344019	36026	3191	1448	4852
1996	495954	448775	47179	3655	1755	5409
1997	547247	496682	50565	4323	2083	6348
1998	645246	590490	54756	4338	2052	6367
1999	717650	659395	58255	4541	2021	6755
2000	761403	703972	57431	4564	2073	6747
2001	837844	776210	61634	4681	2149	6896

2-13 续表 4

年份	全部工业总产值（现价）（万元）	国有工业（万元）	集体工业（万元）	其他工业（万元）
1952	111	17	11	83
1957	317	251	49	17
1962	335	279	56	0
1965	498	429	69	0
1970	12678	12550	128	0
1975	55714	54742	972	0
1978	91582	89820	1762	0
1980	113157	109498	3659	0
1985	165047	153312	10778	957
1990	341295	291045	46595	3655
1991	449952	388794	56045	5113
1992	536697	445996	83794	6907
1993	1045771	863900	152900	28971
1994	1256051	1005432	204300	46319
1995	1214500	893381	234976	86143
1996	1261826	874426	305440	81960
1997	1372315	936310	312884	123121
1998	1507902	954186	358889	194827
1999	1618059	996083	240849	381127
2000	1821308	1175514	266847	378947
2001	2010661	1185399	265437	559825

2-13续表5

年份	全部工业总产值指数 1952=100	#国有工业（%）	#集体工业（%）	农林牧渔业总产值（现价）（万元）	#农业（万元）	#林业（万元）	#牧业（万元
1952	100.0	100.0	100.0	2215	1470	372	371
1957	277.5	1435.3	418.1	2793	1960	377	454
1962	293.9	1595.2	477.8	2609	1816	368	423
1965	436.8	2452.8	588.7	3480	2543	389	545
1970	11121.1	71755.3	1092.2	3819	2899	72	845
1975	45295.9	289947.0	6864.4	5231	4137	95	995
1978	71529.3	457033.9	11956.2	7959	6022	236	1 691
1980	86635.0	546160.0	24336.2	8726	6464	302	1 927
1985	101995.1	615879.2	60519.8	16581	11305	1 154	3 940
1990	137394.4	756194.8	178375.6	35880	21820	2 366	10 856
1991	157194.8	863181.2	206340.7	38820	23968	2 611	11 302
1992	172274.5	908198.3	282958.8	43576	25601	2 847	14 024
1993	195061.5	932522.4	427141.3	53963	31216	3 203	17 910
1994	223795.3	1007950.4	560622.9	69391	44270	3 874	19 422
1995	252287.1	1046180.9	666440.5	93002	54907	6 052	29 793
1996	260939.6	984952.9	908012.6	105858	61261	7 947	33 728
1997	292282.4	1095081.5	933533.6	121973	71454	9 017	37 944
1998	311031.7	1157126.5	878246.2	125407	72396	6 654	43 206
1999	348267.3	1221866.8	998446.4	126425	74175	4 890	43 860
2000	409171.9	1438838.7	829718.2	126116	71724	5 109	45 057
2001	449341.9	1495056.3	866770.5	133893	76953	7 537	44 716

2-13续表6

年份	农林牧渔业总产值指数(%)1952年=100	#农业(%)	#林业(%)	#牧业(%)	耕地面积(万公顷)	粮食产量(万吨)	油料产量(万吨)	猪牛羊肉产量(万吨)
1952	100.00	100.00	100.00	100.00	3.15	6.71	0.04	0.18
1957	125.00	132.10	100.50	121.30	3.39	8.95	0.13	0.26
1962	115.70	121.30	97.30	112.10	3.15	8.23	0.06	0.24
1965	154.30	169.90	103.00	144.30	3.37	9.80	0.13	0.37
1970	173.00	197.80	19.50	228.70	3.25	11.69	0.08	0.44
1975	241.00	287.10	25.90	274.00	3.22	13.36	0.09	0.54
1978	284.20	335.30	49.60	317.10	3.17	15.67	0.11	0.68
1980	310.60	359.90	63.70	361.40	3.16	15.82	0.07	0.75
1985	382.40	413.50	96.40	517.20	3.13	16.14	0.09	1.23
1990	470.80	453.70	115.50	820.70	3.11	17.98	0.06	1.88
1991	509.69	491.75	142.08	849.82	3.11	18.40	0.06	2.01
1992	538.80	498.30	141.40	994.00	3.11	18.22	0.07	2.33
1993	569.50	512.10	156.10	1074.10	3.10	18.04	0.05	2.46
1994	625.10	560.20	165.80	1196.20	3.11	19.04	0.07	2.75
1995	689.83	632.90	257.20	1335.90	3.13	20.35	0.08	3.18
1996	743.36	664.40	255.50	1431.80	3.12	21.51	0.08	3.43
1997	784.57	688.20	220.10	1507.50	3.16	22.01	0.07	3.72
1998	780.31	688.60	179.60	1562.40	3.18	21.59	0.07	3.99
1999	792.56	723.03	132.56	1598.59	3.16	22.69	0.07	4.11
2000	823.23	747.90	143.93	1633.63	3.18	22.85	0.09	4.24
2001	871.64	775.72	202.37	1667.94	3.17	22.21	0.10	4.39

2－13续表7

年份	生猪年末年数（万头）	羊年末只数（万只）	大牲畜年末头数（万只）	社会消费品零售总额（万元）	国有经济（万元）	集体经济（万元）	私营经济（万元）	其他经济（万元）
1952	7.60	10.25	5.79	329	257	0	0	72
1957	9.41	12.98	6.58	820	655	134	0	31
1962	8.33	13.52	7.31	1158	869	168	0	121
1965	13.82	23.95	7.10	2546	2326	160	0	60
1970	16.83	31.88	8.70	9996	8852	1039	0	105
1975	22.48	36.79	10.20	13977	12096	1716	0	165
1978	27.17	39.12	10.86	16586	13797	2552	0	237
1980	28.08	39.55	11.08	21310	19008	1821	0	481
1985	36.29	37.23	12.84	38420	18486	14990	0	4 944
1990	45.15	36.02	15.29	93437	38241	29415	0	25 781
1991	45.77	31.87	15.50	107755	45985	30761	0	31 009
1992	45.52	29.67	15.74	130963	57282	32532	0	41 149
1993	45.53	29.27	15.66	160886	72886	32804	0	55 196
1994	47.33	30.29	15.87	199365	85586	41020	0	72 759
1995	50.88	31.86	16.45	242025	94540	53752	500	93 233
1996	51.16	32.78	16.44	278400	110585	59685	531	107 599
1997	51.72	33.68	16.87	321093	118435	57081	1 450	144 127
1998	52.91	34.14	16.94	345702	71118	77891	23 485	173 208
1999	53.50	33.84	16.38	357070	59257	52367	30 690	214 756
2000	52.54	33.96	16.24	385708	56810	50783	39 556	238 559
2001	52.08	32.93	15.49	431369	40454	29173	69 663	292 079

3. 社会发展概况

GENERAL SURVEY OF SOCIAL DEVELOPMENT

3－1 社会发展概况

指　　标	单 位	1999年实有数	2000年实有数	2001年实有数
一、环境				
1.人均耕地面积	平方米	316.2	310.4	306.4
2.市镇人均公共绿地面积	平方米	3.4	3.4	2.7
3.工业废水排放达标率	%	78.8	90.6	93.1
4.工业固体废物综合利用率	%	17.11	19.16	25.18
5.环保经费投资	万元			4993
二、人口				
1.年末总人口	万人	101.8	103.0	103.9
2.年平均人口	万人	101.2	102.4	103.4
3.农业人口	万人	47.6	48.1	48.5
4.非农业人口	万人	54.2	54.9	55.4
5.出生率	‰	12.77	13.84	12.7
6.死亡率	‰	5.03	5.07	4.5
7.离婚人数	万人	0.5	0.4	0.3
8.平均预期寿命	岁	74.2	74.2	74.2
9.文盲率	%	15.3	7.87	9.9
10.总和生育率	个	1.4	1.4	1.3
三、经济基础				
1.国内生产总值	亿元	108.3	114.5	124.2
2.居民消费水平	元	4541	4564	4684
3.社会消费品零售总额	亿元	35.7	38.6	43.1
4.全社会固定资产投资额	亿元	42.8	33.5	29.2
5.地方财政收入	亿元	8.7	6.9	7.5
6.百元资金利税率	元	0.14	2.68	3.6
7.社会劳动生产率	元/人	17230	18071	20000
8.第三产业增加值	亿元	25.0	28.1	31.7
四、居民生活				
1.城镇居民人均可支配收入	元	6676	6732	6804
2.农民家庭人均纯收入	元	2381	2439	2524
3.居民储蓄存款余额	亿元	71.8	76.1	83.8
4.市镇住宅人均使用面积	平方米	11.2	12.1	13
5.农村饮用自来水人口比重	%	11.4	10.6	13.2
6.城镇居民人均消费支出	元	5821	5738	5758
7.农村居民人均消费支出	元	1746	1868	1929

3－1续表1

指　　标	单位	1999年实有数	2000年实有数	2001年实有数
五、劳动就业				
1.劳动力资源总数	万人	77.4	78.5	78.5
2.从业人员数	万人	63.2	63.5	62.1
3.农村从业人员数	万人	29.0	29.2	27.5
4.第三产业从业人员数	万人	12.6	13.8	14.5
5.全部职工人数	万人	29.7	28.2	25.8
6.女职工人数	万人	10.8	8.3	7.9
7.农村非农业从业人员数	万人	3.4	3.0	3.8
8.城镇从业人员数	万人	34.2	34.4	35.1
9.城镇失业人员数	万人	1.0	1.2	1.3
10.年末企业实有下岗职工人数	万人	1.2	0.5	0.1
11.城镇安置失业人员就业人数	万人	0.8	0.9	0.8
12.企业下岗职工再就业人数	人次	0.8	0.9	0.4
13.职工工伤伤亡人次数	人次	30	118	166
14.专业技术人员数	万人	5.5	5.6	6.0
15.离休、退休、退职人员数	万人	7.9	9.0	9.8
六、社会保障				
1.民政经费	万元	1843	2133	2752
2.职工福利费用	万元	28775	31365	15454
3.离休、退休、退职人员福利保险费	万元	60610	75466	74119
4.社会救济对象人数	万人	10.0	7.8	9.7
5.各种社会福利院床位数	张	1548	961	1012
6.享受救济困难户频次	人次	47003	16014	58825
7.福利企业职工人数	人	949	428	320
8.福利企业残疾职工人数	人	416	226	146
9.城镇社区服务设施数	个	1326	193	427
10.基本养老保险的参保职工人数	万人	20	115	26.6
11.基本医疗保险的参保人数	万人	0	0	6.0
12.城镇居民最低生活保障网络覆盖面	%	100	100	100
13.农村社会保障网络覆盖面	%	21.79	21.79	100
七、卫生保健				
1.卫生经费	万元	10255	9873	13053
2.医生数	人	3033	3703	3587
3.医院床位数	张	5070	5176	5694
4.婴儿死亡率	‰	32.2	31.5	25.12
5.急性传染发病率	十万分之一	868.37	628.90	412.47
6.孕产妇死亡率	‰	81.2	82.0	78.0

3－1续表2

指　　　标	单　位	1999年实有数	2000年实有数	2001年实有数
八、教育科技				
1.教育经费总支出	万　元	11743	12875	15530
2.科技活动经费	万　元	153515	12597	12784
3.学龄儿童入学数	%	99.5	99.7	97.7
4.小学生辍学人数	万　人	0.4	0.0	0.2
5.初中学生辍学人数	万　人	0.2	0.0	0.1
6.小学教师学历合格数	%	96.4	96.9	97.6
7.高中阶段中等职业技术教育学生数	万　人	1.1	0.9	0.6
8.高中阶段中等学校学生数	万　人	1.9	1.7	1.7
9.普通初中、小学学生数	万　人	11.6	12.9	12.0
10.普通初中、小学女学生数	万　人	5.5	5.7	5.6
11.从事科技活动人数	万　人	1.0	1.0	0.7
12.企业研究与发展经费支出	万　元	5025.5	6104.6	7055
13.企业产品销售额	万　元	1307768	1452230	1521008
14.新产品销售率	%	9.74	4.67	8.3
九、文化体育				
1.文化体育经费	万　元	3379	2860	1423
2.艺术表演场所数	个	7	7	6
3.体育场地数	个	615	615	615
4.公共图书馆藏书	万　册	48.3	49.1	49
5.报纸发行数量	万　份	2461.1	2447.4	2398.7
6.广播人口覆盖率	%	90.4	91.80	92.1
7.电视人口覆盖率	%	92.1	93.70	93.9
8.艺术演出观众人次	万人次	21.9	30.5	29.4
十、社会治安				
1.公检法支出占地方财政支出的比重	%	7.58	7.75	7.0
2.人民警察数	人	1454	1498	2151
3.律师数	人	138	115	105
4.交通事故起数	起	914	4852	4786
5.火灾损失额	万　元	106	100	148
6.刑事案件立案数	件	2997	5392	5393
7.刑事案件破案数	件	2299	2326	2529
8.治安案件查处数	件	3754	4327	5964
9.青少年案犯占全部案犯比重	%	7.1	7.6	9

注:2001 年人民警察数包括收编企业警察数。

4. 城市概况

GENERAL SURVEY OF CITY

4－1 城市基本情况

指标名称	单位	全　市 (包括市辖县)	市　辖　区 (不包括市辖县)
一、人口、劳动力及土地面积			
年末总人口	(万人)	103.91	65.1
其中:非农业人口	(万人)	55.45	50.25
年平均人口	(万人)	103.46	64.98
暂住人口(一个月以上)	(万人)	3.64	3.19
年出生人口	(人)	13181	7768
年死亡人口	(人)	4674	2596
年末总户数	(万户)	29.31	18.95
年末单位从业人员数	(万人)	21.89	20.2
第一产业(农、林、牧、渔业)	(万人)	0.18	0.07
第二产业	(万人)	16.45	15.93
(1)采掘业	(万人)	3.2	3
(2)制造业	(万人)	10.58	10.35
(3)电力、煤气及水的生产和供应业	(万人)	0.57	0.5
(4)建筑业	(万人)	2.1	2.08
第三产业	(万人)	5.26	4.2
(1)地质勘查业、水利管理业	(万人)	0.09	0.07
(2)交通运输、仓储及邮电通信业	(万人)	0.78	0.76
(3)批发和零售贸易、餐饮业	(万人)	0.65	0.55
(4)金融、保险业	(万人)	0.47	0.47
(5)房地产业	(万人)	0.03	0.03
(6)社会服务业	(万人)	0.47	0.43
(7)卫生、体育和社会福利业	(万人)	0.46	0.34
(8)教育、文化艺术和广播电影电视业	(万人)	1.07	0.65
(9)科学研究和综合技术服务业	(万人)	0.05	0.05
(10)国家机关、政党机关和社会团体	(万人)	1.18	0.84
(11)其他行业	(万人)	0.01	0.01
城镇个体从业人员	(人)	32514	28618
年末城镇登记失业人员数	(人)	20921	13353
行政区域土地面积	(平方公里)	7440	2010
其中:建成区面积	(平方公里)		42
居住用地面积	(平方公里)		12
公共设施用地面积	(平方公里)		3
工业用地面积	(平方公里)		17
二、综合经济			
(一)国内生产总值(当年价格)	(万元)	1241647	981905
第一产业增加值	(万元)	83830	26851
第二产业增加值	(万元)	840789	703179
其中:工业增加值	(万元)	670666	633027
第三产业增加值	(万元)	317028	251850

4-1续表1

指标名称	单位	全　　市 (包括市辖县)	市　辖　区 (不包括市辖县)
国内生产总值(2000年价格)	(万元)	1241264	982901
(二)财政、金融、保险			
中央财政预算内收入	(万元)	173914	160743
地方财政预算内收入	(万元)	75245	68661
地方财政预算内支出	(万元)	158830	128764
其中:科学事业费支出	(万元)	1081	1037
教育事业费支出	(万元)	15530	10091
年末金融机构存款余额	(万元)	1300334	1145066
其中:城乡居民储蓄年末余额	(万元)	837844	724258
年末金融机构各项贷款余额	(万元)	1127396	937216
承保额	(万元)	3520650	3362868
保　费	(万元)	28853	26585
已决赔款	(万元)	10555	9905
三、农业			
年末实有耕地面积	(千公顷)	32	
蔬菜产量	(吨)	366614	
水果产量	(吨)	35271	
肉类总产量	(吨)	47108	
奶类产量	(吨)	1729	
水产品产量	(吨)	5697	
四、工业			
国有及500万元以上非国有工业企业主要经济指标			
工业企业数	(个)	71	52
内资企业	(个)	69	51
港、澳、台商投资企业	(个)	1	
外商投资企业	(个)	1	1
工业总产值(当年价)	(万元)	1687319	1396851
内资企业	(万元)	1654982	1394449
港、澳、台商投资企业	(万元)	29935	
外商投资企业	(万元)	2402	2402
从业人员年平均人数	(万人)	16.25	15.67
流动资产年平均余额	(万元)	1065396	908755
固定资产净值年平均余额	(万元)	3974857	1402079
产品销售收入	(万元)	1600037	1308673
其中:产品销售税金及附加	(万元)	21475	14308
本年应交增值税	(万元)	145122	100126

4－1续表2

项目	单位	全　　市 (包括市辖县)	市　辖　区 (不包括市辖县)
利润总额	(万元)	13601	46816
500万元以下非国有			
工业企业主要经济指标：			
(限额以下)工业企业数	(个)	3081	1362
(限额以下)工业总产值(当年价)	(万元)	323341	272917
五、交通运输、邮电通信、能源电力			
铁路客运量	(万人)	138	
铁路货运量	(万吨)	1426	
境内铁路里程	(公里)	181	
民用汽车拥有量	(辆)	30297	
其中：私人汽车拥有量	(辆)	16988	
公路客运量	(万人)	1985.5	
公路货运量	(万吨)	1653	
境内公路里程(等级公路)	(公里)	1054	
水运客运量	(万人)	30.7	
水运货运量	(万吨)	12	
民用航空货邮运量	(吨)		
民用航空客运量	(人)		
年末邮电局(所)数	(处)	66	36
邮政业务总量	(万元)	4419	3781
电信业务总量	(万元)	34602	31201
本地电话用户数	(万户)	18.31	15.95
年末移动电话用户数	(户)	192331	187132
国际互联网用户数	(户)	5904	5648
能源消费量	(万吨)	592	504
全年用电量	(万千瓦时)	291914	278311
其中：工业用电	(万千瓦时)	262146	259988
城乡居民生活用电	(万千瓦时)	15762	12348
六、贸易、外经、旅游			
批发零售贸易业商品销售总额	(万元)	170233	154870
社会消费品零售额	(万元)	431369	372969
限额以上批发零售贸易企业数	(个)	40	35
其中零售业：按经营方式分组			
(按经营方式分组)1.连锁商店	(个)	3	3
(按经营方式分组)2.非连锁商店	(个)	18	11
按零售业态分组			
(按零售业态分组)1.百货商店	(个)	7	6
(按零售业态分组)2.超级市场	(个)	3	3

4－1续表3

指标名称	单位	全　市 (包括市辖县)	市　辖　区 (不包括市辖县)
限额以上餐饮企业数	(个)	3	3
外国和港澳台地区在华直接投资：			
当年新签项目(合同)个数	(个)	3	3
当年合同外资金额	(万美元)	136	136
当年实际使用外资金额	(万美元)	1616	436
已投产(营业)企业数	(个)	9	8
从业人员数	(人)	1248	535
国际旅游者人数	(人)	795	
其中：外国人	(人)	746	
港、澳、台同胞	(人)	49	
国际旅游收入	(万美元)	48	
进口额	(万美元)	3544	
出口额	(万美元)	12391	
七、固定资产投资			
固定资产投资完成额	(万元)	291966	254041
其中：住宅	(万元)	20814	18088
其中：房地产开发投资完成额	(万元)	32226	32226
其中：住宅	(万元)	16362	16362
全年新增固定资产	(万元)	189797	174010
本年施工住宅面积	(万平方米)	66.01	57.44
本年竣工住宅面积	(万平方米)	46.96	38.69
商品房屋销售面积	(万平方米)	10.02	10.02
其中：销售给个人	(万平方米)	8.36	8.36
商品房屋空置面积	(万平方米)	1.44	1.44
商品房屋销售额	(万元)	19226	19226
其中：销售给个人	(万元)	16207	16207
八、教育、科技、文化、卫生			
(学校数)高等学校	(所)	2	2
(学校数)中等专业学校	(所)	6	6
(学校数)普通中学	(所)	88	60
(学校数)小　学	(所)	464	205
(专任教师数)高等学校	(人)	690	690
(专任教师数)中等专业学校	(人)	229	229
(专任教师数)普通中学	(人)	3727	2654
(专任教师数)小　学	(人)	4534	2521
(在校学生数)高等学校	(人)	3322	3322

4－1续表4

指标名称	单位	全　市 (包括市辖县)	市　辖　区 (不包括市辖县)
(在校学生数)中等专业学校	(人)	4446	4446
(在校学生数)普通中学	(万人)	4.92	3.44
(在校学生数)小　学	(万人)	8.18	4.34
成人高等教育学校在校学生数	(人)	2344	2344
各类专业技术人员数	(万人)	5.44	4.92
其中:中级技术职称以上人员数	(万人)	1.98	1.89
从事科技活动人员数	(人)	6938	6938
剧场、影剧院数	(个)	11	9
公共图书馆图书藏量	(千册、件)	490	388
医院、卫生院数	(个)	108	41
医院、卫生院床位数	(张)	5694	4777
医生数	(人)	3587	2945
九、人民生活			
住宅建筑面积	(万平方米)		912
住宅使用面积	(万平方米)		687
居住人口(与使用面积口径一致)	(万人)		50.25
在岗职工平均人数	(万人)	21.63	19.95
在岗职工工资总额	(万元)	248945	231657
居民人均可支配收入	(元)		6804
居民人均消费支出	(元)		5758
其中:(1)食品	(元)		2449
(2)衣着用品	(元)		491
(3)家庭设备、用品及服务	(元)		432
(4)医疗保健	(元)		410
(5)交通和通讯	(元)		504
(6)娱乐、教育、文化服务	(元)		622
(7)居住	(元)		555
每百户拥有空调机	(台)		15.5
每百户拥有电冰箱	(台)		98.5
每百户拥有家用电脑	(台)		9.5
每百户拥有电话机数	(台)		80.5
居民消费价格指数(上年为100)	(0)		101.4
职工保险福利费用总额	(万元)	15454	14962
年末离休、退休、退职人员数	(万人)	9.83	9.45
离休、退休、退职人员保险福利费用总额	(万元)	74118	71071
基本养老保险参保职工	(人)	266332	253367
基本医疗保险参保人数	(人)	59721	59721
失业保险参保人数	(人)	213000	206851
社会福利院数	(个)	36	18
社会福利院床位数	(张)	1002	529

4－1续表5

项目	单位	全市（包括市辖县）	市辖区（不包括市辖县）
社区服务设施数	（个）	427	427
居民最低生活保障人数	（人）	12938	8373
十、社会治安			
交通事故件数	（件）	4786	4513
交通事故死亡人数	（人）	104	77
刑事案件立案数	（件）	5393	4488
犯罪人数	（人）	1171	889
十一、市政公用事业			
年末实有铺装道路面积	（万平方米）		426
排水管道总长度	（公里）		332
供水综合生产能力(包括自备水源)	（万吨/日）		51
全年供水总量	（万吨）		10369
生活用水量	（万吨）		4700
用水人口	（万人）		54.1
其中：非农业用水人口	（万人）		50.25
煤气(人工、天然气)供气总量	（万立方米）		117745
其中：家庭用量	（万立方米）		4152
用煤气人口	（人）		301000
液化石油气供气总量	（吨）		3035
其中：家庭用量	（吨）		2993
用液化气人口	（人）		91000
年末实有公共汽(电)车营运车辆数	（辆）		594
全年公共汽(电)车客运总量	（万人次）		7666
年末实有出租汽车数	（辆）		2053
园林绿地面积	（公顷）		1587
其中：公共绿地面积	（公顷）		177
建成区绿化覆盖面积	（公顷）		1712
环境污染治理投资额	（万元）		4993
工业废水排放总量	（万吨）		2503
工业废水处理排放达标量	（万吨）		2324
工业废水处理量	（万吨）		27554
工业废水处理回用量	（万吨）		25831
工业废水排放达标量	（万吨）		2150
工业二氧化硫去除量	（吨）		320
工业二氧化硫排放量	（吨）		72534
环境噪声达标面积	（平方公里）		
生活垃圾粪便清运量	（万吨）		20
生活垃圾粪便无害化处理量	（万吨）		18
城市人口(2000年人口普查,下同)	（万人）	59	54
0－14岁人口	（万人）	22	12
15－64岁人口	（万人）	81	54
65岁及以上人口	（万人）	6	3
大学专科及以上人口	（人）	55452	49682

4－2 城市设施水平

	单位	2001年	2000年
城市人口密度	人/平方公里	325	323
人均拥有城市			
维护建设资金	元	297	286.5
住宅：人均使用面积	平方米	12.7	12.1
人均居住面积	平方米	9.07	8.6
用水：人均日生活用量	升	255.8	238.4
用水普及率	%	78.96	92.1
每万人拥有交通车辆	标台	8.59	13.3
用气普及率	%	60.06	76.8
市政工程：			
人均拥有道路面积	平方米	5.93	6.0
排水管道密度	公里/平方公里	7.9	7.8
路网密度	公里/平方公里	0.19	
园林绿化：			
人均公共绿地面积	平方米	2.72	3.4
建成区绿化覆盖率	%	40.76	40.1
建成区绿地率	%	37.79	
垃圾粪便无害化处理率	%	29.2	37.2
水冲厕所比率	%	97.78	

4－3 城市维护建设资金收支

单位：万元

	2001年	2000年
一、收入合计	19313	14354
两项城市维护资金	7207	6556
城市维护建设税	5768	5245
公共事业附加费	1439	1311
地方财政拨款	3174	853
其他	651	1630
二、支出合计	17784	14447
固定资产投资支出	9504	13760
维护支出	7643	7167
偿还贷款	560	300
缴纳税费	27	32
其它支出	50	

4－4 城市规模和建设用地

(2001 年)

指标	单位	本市
1.城市人口	万人	65.1
#非农业人口	万人	50.25
2.城市面积	平方公里	2018
3.建成区面积	平方公里	42
4.城市用地面积	平方公里	42
#居住用地	平方公里	11.8
公共设施用地	平方公里	3.2
工业用地	平方公里	17.0
仓储用地	平方公里	1.3
对外交通用地	平方公里	4.4
道路广场用地	平方公里	1.7
市政公用设施用地	平方公里	1.3
绿地	平方公里	1.2
特殊用地	平方公里	0.1

4－5 公用事业

(2001 年)

指标	单位	全社会	其中	
			系统内	系统外
一、供水				
综合生产能力	万立方米/日	46.2	17.1	29.1
供水总量	万立方米	10396	3539	6857
#生产用量	万立方米	5169	1032	4137
生活用量	万立方米	3465	1746	1719
用水人口	万人	51.4	26.2	25.2
二、公共交通				
营运车辆	辆	594	395	199
标准营运车数	标台	559	408	151
营运线路长度	公里	315	315	
客运总量	万人次	7666	6773	893
三、出租汽车	辆	2053	19	2034
四、城市燃气				
供气总量:煤气	万立方米	117745	1815	115930
液化石油气	万立方米	3035		3035
用气人口	万人	39.1	14.3	24.8

4－6　市政设施、园林绿化

（2001年）

指标	单位	全社会	其中	
			系统内	系统外
道路长度	公里	380	25	355
道路面积	万平方米	386.1	32.8	353.3
人行道面积	万平方米	84	16	68
桥梁数	座	68	6	62
路灯盏数	盏	10446	7439	3007
排水管道长度	公里	332	36	296
污水排放量	万平方米	7300	2500	4800
防洪堤长度	公里	4		4
绿化覆盖面积	公顷	1712	265	1447
＃建成区面积	公顷	1712	265	1447
园林绿地面积	公顷	1587	233	1354
公共绿地面积	公顷	176.9	137.9	39
公园个数	个	7	5	2
公园面积	公顷	133.5	131.8	1.7
游人量	万人次	114	88	26

4－7 城建系统内公用事业、企业情况

指标	单位	2001 年	2000 年
一、自来水			
1.水厂个数	个	5	4
2.生产能力	万立方米/日	17.1	16.1
3.供水管道长度	公里	161	144
4.供水总量	万立方米	3539	3519
#生产用量	万立方米	1032	1098
生活用量	万立方米	1746	1752
5.用水人口	万人	26.2	24.8
6.工业总产值	万元	5099	4955
7.利润总额	万元	120	82
8.年末职工人数	人	547	551
二、公共交通			
1.营运车辆	辆	395	397
2.标准营运车数	标台	408	428
3.营运线路网长度	公里	315	315
4.行驶里程	万车公里		1730
5 客运总量	万人次	6773	7665
6.利润总额	万元	－254	－205
7.年末职工人数	人	1840	1922
三、煤气、天然气			
1.储气能力	万立方米	5	5
2.煤气管道长度	公里	156	139
3.供气总量	万立方米	1815	2460

4－7续表1

指标	单位	2001年	2000 年
#家庭用量	万立方米	1663	1781
4.用气户数	户	41535	39492
#家庭户	户	41378	39333
5.年末职工 人数	人	206	222
四、市政设施			
1.道路长度	公里	25	24
2.道路面积	万平方米	32.8	16
3.人行道面积	万平方米	16	15
4.排水管道长度	公里	36	35
5.污水排放量	万立方米	2500	2463
6.路灯盏数	盏	7439	4276
7.年末职工人数	人	186	143
五、园林绿化			
1.绿化覆盖面积	公顷	265	266
2.园林绿地面积	公顷	233	232
3.公共绿地面积	公顷	137.9	137
4.公园面积	公顷	131.8	131
六、环境卫生			
1.实际清扫面积	万平方米	192	106
2.生活垃圾清运量	万吨	13	10
3.公共厕所	座	26	27
4.环卫机械总数	台	36	33

4－8 ”三废”排放处理情况

指标	单位	2001年	2000年
一、废水排放量	万吨	6263.48	6391.81
#工业废水	万吨	2655.48	2844.81
#工业废水排放达标量	万吨	2472.83	2576.37
工业废水中:镉	吨		
六价铬	吨	0.01	0.07
铅	吨		
砷	吨	0.02	
挥发酚	吨	1.97	1.30
氰化物	吨	0.19	0.39
石油类	吨	17.12	14.78
化学需氧量	吨	2199.05	2559.53
悬浮物	吨		2387.92
硫化物	吨		0.23
二、工业废气排放量	亿标立方米	806.65	799.5
#生产过程排放量	亿标立方米	519.93	487.8
三、工业烟尘排放量	万吨	1.3	1.23
工业粉尘去除量	万吨	52.06	54.6
四、工业固体废物产生量	万吨	1328.73	1392.81
工业固体废物处置量	万吨	6.47	5.02
工业固体废物综合利用量	万吨	342.68	266.87
#冶练废渣	万吨	94.13	64.51
粉煤灰	万吨	14.51	16.50
炉渣	万吨	23.39	13.86
煤矸石	万吨	73.25	804.22
尾矿	万吨	33.74	289.96
其他	万吨	60.1	625.91
五、工业锅炉	台/蒸吨	112/3918	94/3452.5
#烟尘排放达标	台	108	87
六、工业炉窑	座	199	210
#烟尘排放达标	座	198	192

5. 从业人员和职工工资

EMPLOYMENT AND WAGES

5－1 历年从业人员

单位:万人

年 份	从业人员合计	第一产业	第二产业	第三产业	#职工人数	国有	集体	其他
1965	17.72	12.89	3.85	0.98	5.76	4.97	0.79	
1966	22.92	13.57	8.01	1.34	10.38	9.52	0.86	
1967	23.98	14.15	8.44	1.39	10.95	10.01	0.94	
1968	26.17	14.83	9.87	1.47	12.50	11.48	1.02	
1969	28.66	15.63	11.29	1.74	14.26	13.15	1.11	
1970	31.84	16.20	13.62	2.02	17.01	15.81	1.20	
1971	33.61	16.04	15.17	2.40	18.97	17.66	1.31	
1972	34.82	16.39	15.88	2.55	19.99	18.56	1.43	
1973	35.58	16.64	16.34	2.60	20.66	19.11	1.55	
1974	36.39	17.14	16.55	2.70	21.04	19.43	1.61	
1975	37.39	17.14	17.47	2.78	22.19	20.44	1.75	
1976	39.83	17.21	19.01	3.61	23.26	21.40	1.86	
1977	40.38	17.17	19.40	3.81	23.78	21.88	1.90	
1978	42.04	17.16	20.01	4.87	25.21	23.03	2.18	
1979	42.39	17.28	20.01	5.10	25.37	22.55	2.82	
1980	42.95	18.00	20.23	4.72	25.17	22.48	2.69	
1981	41.34	18.73	17.89	4.72	22.77	20.48	2.29	
1982	42.48	19.24	18.07	5.17	23.37	20.88	2.49	
1983	43.63	20.02	18.01	5.60	23.55	20.93	2.62	
1984	43.62	19.98	18.06	5.58	23.63	20.97	2.66	
1985	45.31	20.43	18.61	6.27	24.68	21.61	3.07	
1986	46.64	21.27	18.93	6.44	25.24	21.99	3.25	
1987	48.13	21.70	19.65	6.78	26.22	22.65	3.57	
1988	49.22	22.02	20.07	7.13	26.84	23.10	3.74	
1989	50.65	22.53	20.85	7.27	27.75	23.77	3.98	
1990	52.37	23.00	21.32	8.05	28.45	24.25	4.20	
1991	55.20	24.87	23.07	7.26	30.07	25.16	4.91	
1992	56.51	24.93	24.62	6.96	31.16	25.38	5.78	
1993	56.84	24.98	24.83	7.03	30.54	25.11	5.31	0.12
1994	57.69	22.33	26.80	8.56	31.00	23.53	6.69	0.78
1995	60.82	23.77	26.63	10.42	31.61	24.74	6.10	0.77
1996	61.58	23.76	26.84	10.98	31.73	24.78	6.24	0.71
1997	62.40	23.60	26.84	11.96	29.62	22.94	5.74	0.94
1998	62.52	23.61	26.75	12.16	29.35	22.93	5.03	1.39
1999	63.20	23.62	26.94	12.64	29.70	23.67	4.69	1.34
2000	63.52	23.91	25.79	13.82	28.19	22.74	4.13	1.31
2001	62.12	23.93	23.71	14.48	25.75	20.74	3.75	1.26

5-2 历年工资总额及平均工资

年 份	工资总额（万元）			
	合 计	国 有	集 体	其 他
1965	2075.50	1809.85	265.65	
1966	4675.51	4363.63	311.88	
1967	6112.35	5775.41	336.94	
1968	6733.73	6373.01	360.72	
1969	7873.16	7434.26	438.90	
1970	9749.26	9200.24	549.02	
1971	11156.88	10591.86	565.02	
1972	12337.39	11723.14	614.25	
1973	12617.01	11971.73	645.28	
1974	13266.54	12512.39	764.15	
1975	13806.20	12996.44	809.76	
1976	14456.46	13622.05	834.41	
1977	14964.44	14110.08	854.36	
1978	17202.31	16379.81	822.50	
1979	19314.14	18169.62	1144.52	
1980	22291.75	21055.21	1236.54	
1981	22985.40	21808.50	1176.90	
1982	22264.00	20850.80	1413.20	
1983	23437.50	21834.70	1602.80	
1984	29213.40	27296.30	1917.10	
1985	33155.67	30622.72	2492.95	
1986	40975.40	38124.40	2851.20	
1987	45971.60	42324.50	3647.10	
1988	58057.10	53268.30	4770.80	
1989	67273.40	61452.80	5820.60	
1990	75591.50	68833.50	6758.00	
1991	87987.80	78534.00	9444.80	
1992	99900.70	87971.10	11929.60	
1993	135907.4	117534.00	17637.70	669.70
1994	184304.0	151638.20	27858.90	4806.90
1995	213425.2	178066.00	30486.50	4872.70
1996	235761.7	197909.00	32925.70	4927.00
1997	233630.3	191981.40	35257.10	6391.80
1998	235708.8	192938.60	33862.90	8907.30
1999	237022.3	201127.40	26411.10	9483.80
2000	258154.2	220919.70	27573.30	9601.20
2001	277143.5	239806.00	27728.50	9609.00

5－2续表1

年 份	平均工资（元）			
	合 计	国 有	集 体	其 他
1965	361	364	344	
1966	578	602	371	
1967	572	591	366	
1968	573	593	361	
1969	587	604	399	
1970	621	635	457	
1971	620	633	452	
1972	634	647	455	
1973	621	636	436	
1974	637	649	493	
1975	640	651	500	
1976	636	651	462	
1977	635	652	449	
1978	700	723	403	
1979	772	807	458	
1980	888	940	459	
1981	960	1007	517	
1982	970	1015	588	
1983	1004	1049	636	
1984	1257	1322	738	
1985	1374	1450	835	
1986	1663	1772	911	
1987	1807	1920	1075	
1988	2216	2360	1317	
1989	2490	2643	1547	
1990	2738	2934	1630	
1991	3007	3203	1994	
1992	3269	4787	3443	
1993	4558	4667	3328	5492
1994	6015	6524	4168	6704
1995	6955	7405	5191	6384
1996	7610	8145	5483	7276
1997	7736	8241	5846	7302
1998	8036	8395	6763	6642
1999	7923	8416	5711	6815
2000	8991	9497	6679	7293
2001	10563	11267	7369	8072

5－3 单位从业人员

(2001年) 单位:个、人

	单位数(个)	单位从业人员年末人数	单位从业人员年平均人数	#在岗职工	离开本单位仍保留劳动关系的职工平均数
总计	1738	216202	218346	216308	46066
其中:国有控股	315	145073	147772	146367	41765
Ⅰ、国有经济单位合计	1140	170776	173707	172267	40573
一、按隶属关系分组					
1.中央	141	98182	100279	99344	27692
2.省、自治区、直辖市	16	21573	21934	21934	5788
3.地区	329	31852	32297	32044	6712
4.县及县以下	653	19114	19134	18882	371
5.其他	1	55	63	63	10
二、按企业、事业、机关分组					
1.企业	247	137008	140129	139107	40289
(1)中央	131	97570	99648	98713	27692
(2)省、自治区、直辖市	3	20561	20983	20983	5672
(3)地区	70	16014	16645	16590	6651
(4)县及县以下	42	2808	2790	2758	264
(5)其他	1	55	63	63	10
2.事业	432	22000	21779	21482	236
(1)省、自治区、直辖市	7	384	387	387	116
(2)地区	145	11606	11361	11171	45
(3)县及县以下	280	10010	10031	9924	75
3.机关	461	11768	11799	11678	48
(1)中央	10	612	631	631	
(2)省、自治区、直辖市	6	628	564	564	
(3)地区	114	4232	4291	4283	16
(4)县及县以下	331	6296	6313	6200	32
三、按国民经济行业分组					
(一)农、林、牧、渔业	36	1678	1628	1579	139
1.农业	1	47	48	48	
2.林业	18	991	945	916	106
3.畜牧业	2	77	78	78	9
4.农、林、牧、渔服务业	15	563	557	537	24
(二)采掘业	4	22200	22650	22650	5779
1.煤炭采选业	2	21533	21923	21923	5735
2.非金属矿采选业	1	56	56	56	
3.木材及竹材采运业	1	611	671	671	44

5－3续表1　　(2001年)　　单位:个、人

	单位数(个)	单位从业人员年末人数	单位从业人员年平均人数	#在岗职工	离开本单位仍保留劳动关系的职工平均数
(三)制造业	25	78341	80110	80097	23273
1.食品加工业	4	71	76	70	154
2.饮料制造业	1	11	11	11	
3.纺织业	1	150	154	154	9
4.木材加工及竹、藤、棕、草制品业	1	136	127	127	10
5.印刷业、记录媒介的复制	1	209	211	211	49
6.橡胶制品业	1	291	310	310	112
7.非金属矿物制品业	1	128	128	128	
8.黑色金属冶炼及压延加工业	2	76830	78571	78571	21399
9.普通机械制造业	12	210	217	213	1357
10.交通运输设备制造业	1	305	305	302	183
(四)电力、煤气及水的生产和供应业	6	4444	4425	4425	740
1.电力、蒸汽、热水的生产和供应业	3	3684	3653	3653	676
2.煤气生产和供应业	1	212	222	222	
3.自来水的生产和供应业	2	548	550	550	64
(五)建筑业	12	17848	18684	18612	7579
1.土木工程建筑业	11	16753	17555	17483	7234
2.线路、管道和设备安装业	1	1095	1129	1129	345
(六)地质勘查业、水利管理业	9	828	883	862	118
1.地质勘查业	2	570	623	623	116
2.水利管理业	7	258	260	239	2
(七)交通运输、仓储及邮电通信业	24	6838	6855	6630	2011
1.铁路运输业	2	2378	2351	2351	280
2.公路运输业	3	1400	1432	1432	1557
3.交通运输辅助业	8	1542	1555	1554	3
4.其他交通运输业	4	77	75	75	
5.邮电通信业	7	1441	1442	1218	171
(八)批发和零售贸易、餐饮业	67	2570	2560	2557	692
1.食品、饮料、烟草和家庭用品批发业	22	929	860	857	95
2.能源、材料和机械电子设备批发业	8	513	534	534	239
3.其他批发业	4	37	37	37	
4.零售业	24	698	735	735	119
5.餐饮业	9	393	394	394	239
(九)金融、保险业	113	3804	3845	3165	100
1.金融业	94	3127	3205	2981	98

5-3续表2 (2001年) 单位:个、人

	单位数(个)	单位从业人员年末人数	单位从业人员年平均人数	#在岗职工	离开本单位仍保留劳动关系的职工平均数
2.保险业	19	677	640	184	2
(十)房地产业	9	317	315	315	
1.房地产开发与经营业	3	110	109	109	
2.房地产管理业	5	204	203	203	
3.房地产代理与经纪业	1	3	3	3	
(十一)社会服务业	49	4534	4481	4461	36
1.公共设施服务业	30	3405	3439	3435	31
2.居民服务业	5	298	214	201	2
3.旅馆业	4	680	676	675	3
4.信息、咨询服务业	6	64	64	62	
5.其他社会服务业	4	87	88	88	
(十二)卫生、体育和社会福利业	86	4339	4230	4050	10
1.卫生	55	3949	3841	3665	7
2.体育	6	90	90	90	
3.社会福利保障业	25	300	299	295	3
(十三)教育、文化艺术及广播电影电视业	203	10695	10669	10614	47
1.教育	162	9313	9283	9242	17
其中:(1)普通高等教育	1	669	663	663	
(2)普通中学	45	3120	3087	3081	12
(3)小学校	87	4310	4322	4287	5
2.文化艺术业	32	999	1003	989	28
3.广播电影电视业	9	383	383	383	2
(十四)科学研究和综合技术服务业	27	464	465	464	
1.科学研究业	2	112	116	116	
(1)自然科学研究	2	112	116	116	
2.综合技术服务业	25	352	349	348	
(1)气象	6	93	92	92	
(2)地震	1	2	2	2	
(3)技术监督	4	79	78	77	
(4)环境保护	2	70	68	68	
(5)技术推广和科技交流服务业	4	27	27	27	
(6)工程设计业	3	55	56	56	
(7)其他综合技术服务业	5	26	26	26	
(十五)国家机关、政党机关和社会团体	461	11768	11799	11678	48
其中:国家机关	371	10837	10848	10730	42
政党机关	58	736	759	756	4
(十六)其他行业	9	108	108	108	1
其中:企业管理机构	5	54	53	53	1

5－3续表3　　(2001年)　　单位:个、人

	单位数(个)	单位从业人员年末人数	单位从业人员年平均人数	#在岗职工	离开本单位仍保留劳动关系的职工平均数
Ⅱ、城镇集体经济单位合计	487	34397	34047	33815	3815
一、按企业、事业、机关分组					
1.企业	401	33846	33492	33260	3815
2.事业	86	551	555	555	
二、按国民经济行业分组					
(一)农、林、牧、渔业	28	85	85	85	
农、林、牧、渔服务业	28	85	85	85	
(二)采掘业	26	9230	9045	9014	129
1.煤炭采选业	22	9155	8971	8940	129
2.黑色金属矿采选业	3	50	50	50	
3.非金属矿采选业	1	25	24	24	
(三)制造业	143	18262	18363	18333	3123
1.食品制造业	5	17	17	15	
2.饮料制造业	4	25	25	25	
3.服装及其他纤维制品制造业	3	139	147	146	9
4.木材加工及竹、藤、棕、草制品业	4	84	84	83	2
5.家具制造业	3	91	91	91	
6.造纸及纸制品业	1	34	34	32	17
7.印刷业、记录媒介的复制	7	155	157	156	117
8.文教体育用品制造业	1	4	4	4	
9.石油加工及炼焦业	1	79	79	79	
10.化学原料及化学制品制造业	11	624	631	624	6
11.橡胶制品业	3	46	46	46	
12.塑料制品业	4	42	42	41	29
13.非金属矿物制品业	15	414	401	393	7
14.黑色金属冶炼及压延加工业	38	676	655	653	
15.金属制品业	19	15200	15314	15314	2919
16.普通机械制造业	9	302	308	303	17
17.交通运输设备制造业	12	257	255	255	
18.电气机械及器材制造业	3	73	73	73	
(四)电力、煤气及水的生产和供应业	1	49	48	47	
1.电力、蒸汽、热水的生产和供应业	1	49	48	47	
(五)建筑业	22	2314	2096	2062	220
1.土木工程建筑业	13	1803	1582	1567	220

5-3续表4　　(2001年)　　单位:个、人

	单位数(个)	单位从业人员年末人数	单位从业人员年平均人数	#在岗职工	离开本单位仍保留劳动关系的职工平均数
2.线路、管道和设备安装业	6	346	349	330	
3.建筑物的装修装饰业	3	165	165	165	
(六)交通运输、仓储及邮电通信业	17	899	846	769	2
1.公路运输业	3	478	428	417	
2.交通运输辅助业	14	421	418	352	2
(七)批发和零售贸易、餐饮业	129	2442	2447	2394	340
1.食品、饮料、烟草和家庭用品批发业	21	375	403	398	61
2.能源、材料和机械电子设备批发业	14	72	72	70	
3.其他批发业	11	146	161	161	36
4.零售业	74	1710	1672	1626	243
5.餐饮业	9	139	139	139	
(八)金融、保险业	57	527	527	527	
1.金融业	57	527	527	527	
(九)社会服务业	7	177	174	168	1
1.公共设施服务业	1	54	54	54	
2.居民服务业	1	23	23	23	
3.旅馆业	4	86	86	83	1
4.信息、咨询服务业	1	14	11	8	
(十)卫生、体育和社会福利业	55	371	375	375	
1.卫生	55	371	375	375	
(十一)其他行业	2	41	41	41	
其中:企业管理机构	2	41	41	41	
Ⅲ、其他各种经济类型单位合计	111	11029	10592	10226	1678
一、按登记注册类型分组					
(一)内资	108	10599	10206	9850	1678
1.股份合作	8	1121	1121	1121	42
2.联营	1	28	28	28	9
集体联营	1	28	28	28	9
3.有限责任公司	23	1428	1527	1318	110
4.股份有限公司	76	8022	7530	7383	1517
(二)港、澳、台商投资	2	336	302	302	
(三)外商投资	1	94	84	74	
二、按企业、事业分组					
1.企业	111	11029	10592	10226	1678
三、按国民经济行业分组					

5－3续表5　　(2001年)　　单位:个、人

	单位数(个)	单位从业人员年末人数	单位从业人员年平均人数	#在岗职工	离开本单位仍保留劳动关系的职工平均数
(一)农、林、牧、渔业	1	5	5	5	
林业	1	5	5	5	
(二)采掘业	8	358	358	358	2
1.煤炭采选业	1	32	32	32	
2.黑色金属矿采选业	7	326	326	326	2
(三)制造业	27	7336	6818	6565	1434
1.食品加工业	2	1807	1348	1348	50
2.食品制造业	2	41	41	41	3
3.饮料制造业	1	606	655	455	51
4.印刷业、记录媒介的复制	1	17	20	20	
5.化学原料及化学制品制造业	4	534	484	477	6
6.医药制造业	1	173	173	173	62
7.非金属矿物制品业	5	3357	3417	3417	1206
8.黑色金属冶炼及压延加工业	3	400	298	298	11
9.金属制品业	3	125	119	117	7
10.普通机械制造业	1	100	100	69	31
11.专用设备制造业	1	38	35	35	7
12.电气机械及器材制造业	1	38	38	35	
13.仪器仪表及文化、办公用机械制造	2	100	90	80	
(四)电力、煤气及水的生产和供应业	8	1212	1208	1206	19
1.电力、蒸汽、热水的生产和供应业	7	1185	1181	1179	7
2.自来水的生产和供应业	1	27	27	27	12
(五)建筑业	6	208	214	214	12
1.土木工程建筑业	4	167	173	173	12
2.建筑物的装修装饰业	2	41	41	41	
(六)交通运输、仓储及邮电通信业	3	70	70	70	33
1.公路运输业	1	26	26	26	24
2.交通运输辅助业	1	28	28	28	9
3.邮电通信业	1	16	16	16	
(七)批发和零售贸易、餐饮业	39	1469	1546	1531	178
1.食品、饮料、烟草和家庭用品批发业	6	432	442	442	47
2.能源、材料和机械电子设备批发业	7	194	248	248	
3.其他批发业	2	15	15	15	
4.零售业	24	828	841	826	131
(八)金融、保险业	16	304	306	211	
1.金融业	15	273	275	180	
2.保险业	1	31	31	31	
(九)房地产业	1	20	20	20	
1.房地产管理业	1	20	20	20	
(十)社会服务业	2	47	47	46	
1.旅馆业	1	17	17	17	
2.旅游业	1	30	30	29	

5－4　单位从业人员劳动报酬

(2001 年)　　单位:千元

	单位从业人员劳动报酬	#在岗职工工资总额	离开本单位仍保留劳动关系职工的生活费
总　计	2504828	2489447	281988
其中:国有控股	1830459	1818063	260978
Ⅰ、国有经济单位合计	2156511	2143201	254859
一、按隶属关系分组			
1.中央	1459886	1449148	224946
2.省、自治区、直辖市	187148	187148	13755
3.地区	306511	305155	14436
4.县及县以下	202459	201243	1714
5.其他	507	507	8
二、按企业、事业、机关分组			
1.企业	1759247	1748075	253631
(1)中央	1448872	1438134	224946
(2)省、自治区、直辖市	175236	175236	13560
(3)地区	112472	112184	13987
(4)县及县以下	22160	22014	1130
(5)其他	507	507	8
2.事业	268151	266535	817
(1)省、自治区、直辖市	3434	3434	195
(2)地区	152467	151436	307
(3)县及县以下	112250	111665	315
3.机关	129113	128591	411
(1)中央	11014	11014	
(2)省、自治区、直辖市	8478	8478	
(3)地区	41572	41535	142
(4)县及县以下	68049	67564	269
三、按国民经济行业分组			
(一)农、林、牧、渔业	16173	15876	834
1.农业	455	455	
2.林业	8582	8453	697
3.畜牧业	732	732	55
4.农、林、牧、渔服务业	6404	6236	82
(二)采掘业	187965	187965	13425
1.煤炭采选业	182537	182537	13414
2.非金属矿采选业	228	228	
3.木材及竹材采运业	5200	5200	11

5－4续表1 (2001年) 单位:千元

	单位从业人员劳动报酬	#在岗职工工资总额	离开本单位仍保留劳动关系职工的生活费
(三)制造业	1185831	1185800	197728
1.食品加工业	379	379	359
2.饮料制造业	40	40	
3.纺织业	730	730	42
4.木材加工及竹、藤、棕、草制品业	1358	1358	91
5.印刷业、记录媒介的复制	1991	1991	97
6.橡胶制品业	1620	1620	283
7.非金属矿物制品业	1018	1018	
8.黑色金属冶炼及压延加工业	1176051	1176051	196632
9.普通机械制造业	1015	998	86
10.交通运输设备制造业	1629	1615	138
(四)电力、煤气及水的生产和供应业	80810	80810	8224
1.电力、蒸汽、热水的生产和供应业	69913	69913	7716
2.煤气生产和供应业	2770	2770	
3.自来水的生产和供应业	8127	8127	508
(五)建筑业	135065	134533	22495
1.土木工程建筑业	127693	127161	21574
2.线路、管道和设备安装业	7372	7372	921
(六)地质勘查业、水利管理业	10842	10676	196
1.地质勘查业	8315	8315	195
2.水利管理业	2527	2361	1
(七)交通运输、仓储及邮电通信业	83660	80687	7066
1.铁路运输业	32407	32407	2762
2.公路运输业	8931	8931	2711
3.交通运输辅助业	14990	14982	11
4.其他交通运输业	1176	1176	
5.邮电通信业	26156	23191	1582
(八)批发和零售贸易、餐饮业	21500	21467	2291
1.食品、饮料、烟草和家庭用品批发业	9249	9217	436
2.能源、材料和机械电子设备批发业	3841	3841	1147
3.其他批发业	372	372	
4.零售业	5398	5398	308
5.餐饮业	2640	2639	400
(九)金融、保险业	60319	52841	1649
1.金融业	51531	49927	1623
2.保险业	8788	2914	26

5－4续表2　　(2001年)　　单位:千元

	单位从业人员劳动报酬	#在岗职工工资总额	离开本单位仍保留劳动关系职工的生活费
(十)房地产业	4397	4397	
1.房地产开发与经营业	1258	1258	
2.房地产管理业	3101	3101	
3.房地产代理与经纪业	38	38	
(十一)社会服务业	39407	39329	128
1.公共设施服务业	29472	29448	128
2.居民服务业	2021	1982	
3.旅馆业	6490	6486	
4.信息、咨询服务业	805	794	
5.其他社会服务业	619	619	
(十二)卫生、体育和社会福利业	67157	66216	11
1.卫生	61460	60540	
2.体育	1347	1347	
3.社会福利保障业	4350	4329	11
(十三)教育、文化艺术及广播电影电视业	126735	126490	399
1.教育	108849	108694	110
其中:(1)普通高等教育	7624	7624	
(2)普通中学	38327	38296	110
(3)小学校	47937	47815	
2.文化艺术业	13259	13169	289
3.广播电影电视业	4627	4627	
(十四)科学研究和综合技术服务业	6324	6310	
1.科学研究业	1106	1106	
(1)自然科学研究	1106	1106	
2.综合技术服务业	5218	5204	
(1)气象	1369	1369	
(2)地震	31	31	
(3)技术监督	1135	1121	
(4)环境保护	1270	1270	
(5)技术推广和科技交流服务业	318	318	
(6)工程设计业	725	725	
(7)其他综合技术服务业	370	370	
(十五)国家机关、政党机关和社会团体	129113	128591	411
其中:国家机关	116556	116050	363
政党机关	9769	9753	38
(十六)其他行业	1213	1213	2
其中:企业管理机构	524	524	2

5-4续表3　　(2001年)　　单位:千元

	单位从业人员劳动报酬	#在岗职工工资总额	离开本单位仍保留劳动关系职工的生活费
Ⅱ、城镇集体经济单位合计	258879	257839	19446
一、按企业、事业、机关分组			
1.企业	253603	252563	19442
2.事业	5276	5276	4
二、按国民经济行业分组			
(一)农、林、牧、渔业	173	173	
1.农、林、牧、渔服务业	173	173	
(二)采掘业	38979	38866	24
1.煤炭采选业	38707	38594	24
2.黑色金属矿采选业	147	147	
3.非金属矿采选业	125	125	
(三)制造业	165938	165621	17279
1.食品制造业	152	142	
2.饮料制造业	175	175	
3.服装及其他纤维制品制造业	905	900	19
4.木材加工及竹、藤、棕、草制品业	366	360	
5.家具制造业	815	815	
6.造纸及纸制品业	282	263	
7.印刷业、记录媒介的复制	783	774	6
8.文教体育用品制造业	29	29	
9.石油加工及炼焦业	582	582	
10.化学原料及化学制品制造业	4766	4694	12
11.橡胶制品业	246	246	
12.塑料制品业	184	178	5
13.非金属矿物制品业	2903	2761	
14.黑色金属冶炼及压延加工业	3453	3441	
15.金属制品业	146846	146846	17201
16.普通机械制造业	1773	1737	36
17.交通运输设备制造业	1371	1371	
18.电气机械及器材制造业	307	307	
(四)电力、煤气及水的生产和供应业	563	559	
1.电力、蒸汽、热水的生产和供应业	563	559	
(五)建筑业	19439	19232	1013
1.土木工程建筑业	13177	13136	1013
2.线路、管道和设备安装业	4793	4627	
3.建筑物的装修装饰业	1469	1469	

5－4续表4　(2001年)　单位:千元

	单位从业人员劳动报酬	#在岗职工工资总额	离开本单位仍保留劳动关系职工的生活费
(六)交通运输、仓储及邮电通信业	5955	5866	4
1.公路运输业	4511	4432	
2.交通运输辅助业	1444	1434	4
(七)批发和零售贸易、餐饮业	16442	16179	1115
1.食品、饮料、烟草和家庭用品批发业	2180	2154	30
2.能源、材料和机械电子设备批发业	580	569	
3.其他批发业	892	892	4
4.零售业	11737	11511	1081
5.餐饮业	1053	1053	
(八)金融、保险业	5416	5416	
1.金融业	5416	5416	
(九)社会服务业	1114	1067	7
1.公共设施服务业	243	243	
2.居民服务业	125	125	
3.旅馆业	576	555	7
4.信息、咨询服务业	170	144	
(十)卫生、体育和社会福利业	4395	4395	4
1.卫生	4395	4395	4
(十一)其他行业	465	465	
其中:企业管理机构	465	465	
Ⅲ、其他各种经济类型单位合计	89438	88407	7683
一、按登记注册类型分组			
(一)内资	84181	83254	7683
1.股份合作	10798	10798	72
2.联营	264	264	84
集体联营	264	264	84
3.有限责任公司	18072	17929	216
4.股份有限公司	55047	54263	7311
(二)港、澳、台商投资	3628	3628	
(三)外商投资	1629	1525	
二、按企业、事业分组			
1.企业	89438	88407	7683
三、按国民经济行业分组			
(一)农、林、牧、渔业	23	23	
1.林业	23	23	
(二)采掘业	1314	1314	
1.煤炭采选业	217	217	
2.黑色金属矿采选业	1097	1097	

5－4续表5　　(2001年)　　单位:千元

	单位从业人员劳动报酬	#在岗职工工资总额	离开本单位仍保留劳动关系职工的生活费
(三)制造业	54606	54332	7046
1.食品加工业	10408	10408	109
2.食品制造业	270	270	
3.饮料制造业	6292	6292	129
4.印刷业、记录媒介的复制	83	83	
5.化学原料及化学制品制造业	5684	5594	24
6.医药制造业	1300	1300	100
7.非金属矿物制品业	24010	24010	6605
8.黑色金属冶炼及压延加工业	2881	2881	
9.金属制品业	778	772	15
10.普通机械制造业	627	582	45
11.专用设备制造业	308	308	19
12.电气机械及器材制造业	276	247	
13.仪器仪表及文化、办公用机械制造业	1689	1585	
(四)电力、煤气及水的生产和供应业	14691	14638	41
1.电力、蒸汽、热水的生产和供应业	14272	14219	41
2.自来水的生产和供应业	419	419	
(五)建筑业	1070	1070	30
1.土木工程建筑业	793	793	30
2.建筑物的装修装饰业	277	277	
(六)交通运输、仓储及邮电通信业	743	743	87
1.公路运输业	365	365	3
2.交通运输辅助业	264	264	84
3.邮电通信业	114	114	
(七)批发和零售贸易、餐饮业	12465	12392	479
1.食品、饮料、烟草和家庭用品批发业	4011	4011	250
2.能源、材料和机械电子设备批发业	3002	3002	
3.其他批发业	83	83	
4.零售业	5369	5296	229
(八)金融、保险业	4243	3617	
1.金融业	3848	3222	
2.保险业	395	395	
(九)房地产业	73	73	
1.房地产管理业	73	73	
(十)社会服务业	210	205	
1.旅馆业	86	86	
1.旅游业	124	119	

5－5 职工人数及构成

(2001 年)　　单位:人

	在岗职工	#专业技术人员		按用工期限分		离开单位仍保留劳动关系的职工	#内部退养职工
			#女性	长期职工	临时职工		
总　　计	214104	55145	21713	206666	7438	43370	27 784
其中:国有控股	143622	37081	13902	141798	1824	39538	25 066
Ⅰ、国有经济单位合计	169224	49208	19586	167257	1967	38123	24 354
一、按隶属关系分组							
1.中央	97171	27398	10344	96653	518	25904	20 997
2.省、自治区、直辖市	21573	4371	1646	21573		5464	1 159
3.地区	31538	9372	4067	30542	996	6400	2 050
4.县及县以下	18887	8054	3527	18447	440	345	146
5.其他	55	13	2	42	13	10	2
二、按企业、事业、机关分组							
1.企业	135901	35879	13456	135199	702	37849	24 212
(1)中央	96559	27398	10344	96102	457	25904	20 997
(2)省、自治区、直辖市	20561	4175	1581	20561		5345	1 103
(3)地区	15931	3771	1337	15711	220	6342	2 014
(4)县及县以下	2795	522	192	2783	12	248	96
(5)其他	55	13	2	42	13	10	2
2.事业	21666	13074	6060	20603	1063	232	106
(1)省、自治区、直辖市	384	196	65	384		119	56
(2)地区	11380	5579	2722	10616	764	43	22
(3)县及县以下	9902	7299	3273	9603	299	70	28
3.机关	11657	255	70	11455	202	42	36
(1)中央	612			551	61		
(2)省、自治区、直辖市	628			628			
(3)地区	4227	22	8	4215	12	15	14
(4)县及县以下	6190	233	62	6061	129	27	22
三、按国民经济行业分组							
(一)农、林、牧、渔业	1647	509	143	1533	114	136	68
1.农业	47	4	2	47			
2.林业	981	229	63	891	90	93	54
3.畜牧业	77	7	2	56	21	9	7
4.农、林、牧、渔服务业	542	269	76	539	3	34	7
(二)采掘业	22200	4351	1632	22200		5444	1 050
1.煤炭采选业	21533	4247	1588	21533		5408	1 047
2.非金属矿采选业	56	5	1	56			
3.木材及竹材采运业	611	99	43	611		36	3

5－5续表1　　(2001年)　　单位:人

	在岗职工					离开单位仍保留劳动关系的职工	#内部退养职工
		#专业技术人员	#女性	按用工期限分			
				长期职工	临时职工		
(三)制造业	78334	20696	7825	78324	10	21910	19 898
1.食品加工业	71	18	5	71		154	15
2.饮料制造业	11	5	3	11			
3.纺织业	150	42	12	150		9	9
4.木材加工及竹、藤、棕、草制品业	136	16	4	136		9	9
5.印刷业、记录媒介的复制	209	11	4	199	10	48	19
6.橡胶制品业	291	61	16	291		114	25
7.非金属矿物制品业	128	35	19	128			
8.黑色金属冶炼及压延加工业	76830	20374	7728	76830		20076	19 706
9.普通机械制造业	206	58	12	206		1317	59
10.交通运输设备制造业	302	76	22	302		183	56
(四)电力、煤气及水的生产和供应业	4444	1108	370	4436	8	734	734
1.电力、蒸汽、热水的生产和供应业	3684	943	294	3682	2	673	673
2.煤气生产和供应业	212	44	25	206	6		
3.自来水的生产和供应业	548	121	51	548		61	61
(五)建筑业	17702	6194	2068	17591	111	6998	1 241
1.土木工程建筑业	16607	5879	1961	16496	111	6646	1 113
2.线路、管道和设备安装业	1095	315	107	1095		352	128
(六)地质勘查业、水利管理业	808	421	137	806	2	121	56
1.地质勘查业	570	355	118	570		119	56
2.水利管理业	238	66	19	236	2	2	
(七)交通运输、仓储及邮电通信业	6613	953	424	6535	78	1878	717
1.铁路运输业	2378	95	24	2378		270	255
2.公路运输业	1400	280	190	1400		1421	308
3.交通运输辅助业	1541	233	83	1528	13		
4.其他交通运输业	77	38	12	77			
5.邮电通信业	1217	307	115	1152	65	187	154
(八)批发和零售贸易、餐饮业	2567	704	271	2173	394	634	354
1.食品、饮料、烟草和家庭用品批发业	926	280	94	537	389	94	51
2.能源、材料和机械电子设备批发业	513	162	66	513		219	168
3.其他批发业	37	20	5	37			
4.零售业	698	179	73	698		82	42
5.餐饮业	393	63	33	388	5	239	93
(九)金融、保险业	3088	1810	851	3053	35	141	140
1.金融业	2905	1662	800	2870	35	139	138
2.保险业	183	148	51	183		2	2

5-5续表2　　　　　　　　(2001年)　　　　　　　　单位:人

	在岗职工	#专业技术人员	#女性	按用工期限分		离开单位仍保留劳动关系的职工	#内部退养职工
				长期职工	临时职工		
(十)房地产业	317	198	93	314	3		
1.房地产开发与经营业	110	69	28	109	1		
2.房地产管理业	204	128	64	203	1		
3.房地产代理与经纪业	3	1	1	2	1		
(十一)社会服务业	4514	688	341	4179	335	32	24
1.公共设施服务业	3401	571	276	3262	139	26	24
2.居民服务业	285	31	27	183	102		
3.旅馆业	679	53	28	590	89	6	
4.信息、咨询服务业	62	33	10	60	2		
5.其他社会服务业	87			84	3		
(十二)卫生、体育和社会福利业	4111	2480	1554	3726	385	10	1
1.卫生	3725	2373	1511	3340	385	7	
2.体育	90	45	14	90			
3.社会福利保障业	296	62	29	296		3	1
(十三)教育、文化艺术及广播电影电视业	10651	8477	3674	10361	290	42	34
1.教育	9269	7770	3387	9044	225	12	12
其中:(1)普通高等教育	669	451	180	576	93		
(2)普通中学	3113	2618	1088	3071	42	12	12
(3)小学校	4274	3833	1725	4234	40		
2.文化艺术业	999	509	225	997	2	28	22
3.广播电影电视业	383	198	62	320	63	2	
(十四)科学研究和综合技术服务业	463	350	125	463			
1.科学研究业	112	69	26	112			
(1)自然科学研究	112	69	26	112			
2.综合技术服务业	351	281	99	351			
(1)气象	93	85	34	93			
(2)地震	2			2			
(3)技术监督	78	54	15	78			
(4)环境保护	70	58	26	70			
(5)技术推广和科技交流服务业	27	17	7	27			
(6)工程设计业	55	45	11	55			
(7)其他综合技术服务业	26	22	5	26			
(十五)国家机关、政党机关和社会团体	11657	255	70	11455	202	42	36
其中:国家机关	10726	250	69	10542	184	37	31
政党机关	736	5	1	718	18	4	4
(十六)其他行业	108	14	8	108		1	1
其中:企业管理机构	54	12	6	54		1	1

5－5续表3　　(2001年)　　单位:人

	在岗职工	#专业技术人员	#女性	按用工期限分 长期职工	临时职工	离开单位仍保留劳动关系的职工	#内部退养职工
Ⅱ、城镇集体经济单位合计	34178	4345	1604	29954	4224	3359	2 511
一、按企业、事业、机关分组							
1.企业	33627	3950	1441	29424	4203	3357	2 511
2.事业	551	395	163	530	21	2	
二、按国民经济行业分组							
(一)农、林、牧、渔业	85	85	12	85			
1.农、林、牧、渔服务业	85	85	12	85			
(二)采掘业	9204	439	202	6666	2538	6	6
1.煤炭采选业	9129	437	202	6593	2536	6	6
2.黑色金属矿采选业	50			50			
3.非金属矿采选业	25	2		23	2		
(三)制造业	18239	2464	840	17755	484	2819	2 214
1.食品制造业	15	6	1	14	1		
2.饮料制造业	25	3	1	25			
3.服装及其他纤维制品制造业	138	11	7	138		9	
4.木材加工及竹、藤、棕、草制品业	83	33	3	66	17	2	
5.家具制造业	91	36	2	91			
6.造纸及纸制品业	32	4	2	16	16	18	
7.印刷业、记录媒介的复制	154	36	16	154		116	29
8.文教体育用品制造业	4	1		4			
9.石油加工及炼焦业	79	1	1	79			
10.化学原料及化学制品制造业	616	129	29	409	207	6	6
11.橡胶制品业	46	5	1	45	1		
12.塑料制品业	41	6	4	39	2	29	1
13.非金属矿物制品业	414	35	6	302	112	7	
14.黑色金属冶炼及压延加工业	674	39	9	614	60		
15.金属制品业	15200	2027	741	15149	51	2615	2 164
16.普通机械制造业	297	46	13	295	2	17	14
17.交通运输设备制造业	257	41	4	242	15		
18.电气机械及器材制造业	73	5		73			
(四)电力、煤气及水的生产和供应业	48	23	10	47	1		
1.电力、蒸汽、热水的生产和供应业	48	23	10	47	1		
(五)建筑业	2282	421	131	1495	787	204	132
1.土木工程建筑业	1790	312	87	1005	785	204	132
2.线路、管道和设备安装业	327	91	37	325	2		
3.建筑物的装修装饰业	165	18	7	165			

5－5续表4　　(2001年)　　单位:人

	在岗职工	#专业技术人员	#女性	按用工期限分 长期职工	临时职工	离开单位仍保留劳动关系的职工	#内部退养职工
(六)交通运输、仓储及邮电通信业	820	4	3	696	124	2	2
1.公路运输业	466			382	84		
2.交通运输辅助业	354	4	3	314	40	2	2
(七)批发和零售贸易、餐饮业	2390	311	136	2224	166	325	156
1.食品、饮料、烟草和家庭用品批发业	371	75	39	330	41	61	5
2.能源、材料和机械电子设备批发业	70	5	2	57	13		
3.其他批发业	146	53	22	146		36	
4.零售业	1664	161	73	1552	112	228	151
5.餐饮业	139	17		139			
(八)金融、保险业	527	267	113	454	73		
1.金融业	527	267	113	454	73		
(九)社会服务业	171	21	6	141	30	1	1
1.公共设施服务业	54			54			
2.居民服务业	23	7	3	13	10		
3.旅馆业	83	7	3	68	15	1	1
4.信息、咨询服务业	11	7		6	5		
(十)卫生、体育和社会福利业	371	306	150	352	19	2	
1.卫生	371	306	150	352	19	2	
(十一)其他行业	41	4	1	39	2		
其中:企业管理机构	41	4	1	39	2		
Ⅲ、其他各种经济类型单位合计	10702	1592	523	9455	1247	1888	919
一、按登记注册类型分组							
(一)内资	10281	1541	518	9044	1237	1888	919
1.股份合作	1121	190	39	1121		42	16
2.联营	28			28		9	5
集体联营	28			28		9	5
3.有限责任公司	1256	316	131	1120	136	154	62
4.股份有限公司	7876	1035	348	6775	1101	1683	836
(二)港、澳、台商投资	336	43	4	336			
(三)外商投资	85	8	1	75	10		
二、按企业、事业分组							
1.企业	10702	1592	523	9455	1247	1888	919
三、按国民经济行业分组							
(一)农、林、牧、渔业	5			5			
1.林业	5			5			
(二)采掘业	358	66	12	348	10		
1.煤炭采选业	32	2		32			
2.黑色金属矿采选业	326	64	12	316	10		

5-5续表5　　(2001年)　　单位:人

	在岗职工	#专业技术人员	#女性	按用工期限分 长期职工	临时职工	离开单位仍保留劳动关系的职工	#内部退养职工
(三)制造业	7122	863	285	6098	1024	1494	765
1.食品加工业	1807	233	79	928	879	52	12
2.食品制造业	41	12	6	41		2	
3.饮料制造业	443	69	30	343	100	90	49
4.印刷业、记录媒介的复制	17	2		17			
5.化学原料及化学制品制造业	527	115	23	502	25	10	6
6.医药制造业	173	25	9	173		62	38
7.非金属矿物制品业	3357	299	108	3355	2	1222	656
8.黑色金属冶炼及压延加工业	400	60	18	400		11	
9.金属制品业	124	13	3	122	2	7	4
10.普通机械制造业	69	6	2	69		31	
11.专用设备制造业	38	6	2	35	3	7	
12.电气机械及器材制造业	35	12	3	35			
13.仪器仪表及文化、办公用机械制造业	91	11	2	78	13		
(四)电力、煤气及水的生产和供应业	1210	216	62	1201	9	20	6
1.电力、蒸汽、热水的生产和供应业	1183	211	59	1175	8	8	6
2.自来水的生产和供应业	27	5	3	26	1	12	
(五)建筑业	208	38	10	145	63	12	9
1.土木工程建筑业	167	21	9	122	45	12	9
2.建筑物的装修装饰业	41	17	1	23	18		
(七)交通运输、仓储及邮电通信业	70	15	3	70		34	6
1.公路运输业	26	2	2	26		25	1
2.交通运输辅助业	28			28		9	5
3.邮电通信业	16	13	1	16			
(八)批发和零售贸易、餐饮业	1454	365	143	1313	141	328	133
1.食品、饮料、烟草和家庭用品批发业	432	102	48	423	9	47	47
2.能源、材料和机械电子设备批发业	194	87	33	194			
3.其他批发业	15	2	1	15			
4.零售业	813	174	61	681	132	281	86
(九)金融、保险业	209	24	8	209			
1.金融业	178	24	8	178			
2.保险业	31			31			
(十)房地产业	20	5		20			
1.房地产管理业	20	5		20			
(十一)社会服务业	46			46			
1.旅馆业	17			17			
2.旅游业	29			29			

5－6 职工工资总额及构成

(2001 年)　　单位:千元

	在岗职工工资总额	离开单位仍保留劳动关系职工的生活费	#内部退养职工
总　计	2489447	281988	248459
其中:国有控股	1818063	260978	230915
Ⅰ、国有经济单位合计	2143201	254859	226559
一、按隶属关系分组			
1.中央	1449148	224946	210882
2.省、自治区、直辖市	187148	13755	3094
3.地区	305155	14436	11156
4.县及县以下	201243	1714	1419
5.其他	507	8	8
二、按企业、事业、机关分组			
1.企业	1748075	253631	225488
(1)中央	1438134	224946	210882
(2)省、自治区、直辖市	175236	13560	2899
(3)地区	112184	13987	10762
(4)县及县以下	22014	1130	937
(5)其他	507	8	8
2.事业	266535	817	705
(1)省、自治区、直辖市	3434	195	195
(2)地区	151436	307	262
(3)县及县以下	111665	315	248
3.机关	128591	411	366
(1)中央	11014		
(2)省、自治区、直辖市	8478		
(3)地区	41535	142	132
(4)县及县以下	67564	269	234
三、按国民经济行业分组			
(一)农、林、牧、渔业	15876	834	749
1.农业	455		
2.林业	8453	697	624
3.畜牧业	732	55	55
4.农、林、牧、渔服务业	6236	82	70
(二)采掘业	187965	13425	2587
1.煤炭采选业	182537	13414	2576
2.非金属矿采选业	228		
3.木材及竹材采运业	5200	11	11

5-6续表1　　(2001年)　　单位:千元

	在岗职工工资总额	离开单位仍保留劳动关系职工的生活费	#内部退养职工
(三)制造业	1185800	197728	197098
1.食品加工业	379	359	35
2.饮料制造业	40		
3.纺织业	730	42	42
4.木材加工及竹、藤、棕、草制品业	1358	91	91
5.印刷业、记录媒介的复制	1991	97	97
6.橡胶制品业	1620	283	85
7.非金属矿物制品业	1018		
8.黑色金属冶炼及压延加工业	1176051	196632	196632
9.普通机械制造业	998	86	26
10.交通运输设备制造业	1615	138	90
(四)电力、煤气及水的生产和供应业	80810	8224	8224
1.电力、蒸汽、热水的生产和供应业	69913	7716	7716
2.煤气生产和供应业	2770		
3.自来水的生产和供应业	8127	508	508
(五)建筑业	134533	22495	7052
1.土木工程建筑业	127161	21574	6131
2.线路、管道和设备安装业	7372	921	921
(六)地质勘查业、水利管理业	10676	196	195
1.地质勘查业	8315	195	195
2.水利管理业	2361	1	
(七)交通运输、仓储及邮电通信业	80687	7066	6345
1.铁路运输业	32407	2762	2740
2.公路运输业	8931	2711	2064
3.交通运输辅助业	14982	11	
4.其他交通运输业	1176		
5.邮电通信业	23191	1582	1541
(八)批发和零售贸易、餐饮业	21467	2291	1802
1.食品、饮料、烟草和家庭用品批发业	9217	436	413
2.能源、材料和机械电子设备批发业	3841	1147	1147
3.其他批发业	372		
4.零售业	5398	308	206
5.餐饮业	2639	400	36
(九)金融、保险业	52841	1649	1628
1.金融业	49927	1623	1602
2.保险业	2914	26	26

5-6续表2　　(2001年)　　单位:千元

	在岗职工工资总额	离开单位仍保留劳动关系职工的生活费	#内部退养职工
(十)房地产业	4397		
1.房地产开发与经营业	1258		
2.房地产管理业	3101		
3.房地产代理与经纪业	38		
(十一)社会服务业	39329	128	128
1.公共设施服务业	29448	128	128
2.居民服务业	1982		
3.旅馆业	6486		
4.信息、咨询服务业	794		
5.其他社会服务业	619		
(十二)卫生、体育和社会福利业	66216	11	11
1.卫生	60540		
2.体育	1347		
3.社会福利保障业	4329	11	11
(十三)教育、文化艺术及广播电影电视业	126490	399	372
1.教育	108694	110	110
其中:(1)普通高等教育	7624		
(2)普通中学	38296	110	110
(3)小学校	47815		
2.文化艺术业	13169	289	262
3.广播电影电视业	4627		
(十四)科学研究和综合技术服务业	6310		
1.科学研究业	1106		
(1)自然科学研究	1106		
2.综合技术服务业	5204		
(1)气象	1369		
(2)地震	31		
(3)技术监督	1121		
(4)环境保护	1270		
(5)技术推广和科技交流服务业	318		
(6)工程设计业	725		
(7)其他综合技术服务业	370		
(十五)国家机关、政党机关和社会团体	128591	411	366
其中:国家机关	116050	363	318
政党机关	9753	38	38
(十六)其他行业	1213	2	2
其中:企业管理机构	524	2	2

5-6续表3　　(2001年)　　单位:千元

	在岗职工工资总额	离开单位仍保留劳动关系职工的生活费	#内部退养职工
Ⅱ、城镇集体经济单位合计	257839	19446	16226
一、按企业、事业、机关分组			
1.企业	252563	19442	16226
2.事业	5276	4	
二、按国民经济行业分组			
(一)农、林、牧、渔业	173		
1.农、林、牧、渔服务业	173		
(二)采掘业	38866	24	24
1.煤炭采选业	38594	24	24
2.黑色金属矿采选业	147		
3.非金属矿采选业	125		
(三)制造业	165621	17279	14503
1.食品制造业	142		
2.饮料制造业	175		
3.服装及其他纤维制品制造业	900	19	
4.木材加工及竹、藤、棕、草制品业	360		
5.家具制造业	815		
6.造纸及纸制品业	263		
7.印刷业、记录媒介的复制	774	6	6
8.文教体育用品制造业	29		
9.石油加工及炼焦业	582		
10.化学原料及化学制品制造业	4694	12	12
11.橡胶制品业	246		
12.塑料制品业	178	5	1
13.非金属矿物制品业	2761		
14.黑色金属冶炼及压延加工业	3441		
15.金属制品业	146846	17201	14448
16.普通机械制造业	1737	36	36
17.交通运输设备制造业	1371		
18.电气机械及器材制造业	307		
(四)电力、煤气及水的生产和供应业	559		
1.电力、蒸汽、热水的生产和供应业	559		
(五)建筑业	19232	1013	792
1.土木工程建筑业	13136	1013	792
2.线路、管道和设备安装业	4627		
3.建筑物的装修装饰业	1469		

5－6续表4 (2001年) 单位:千元

	在岗职工工资总额	离开单位仍保留劳动关系职工的生活费	#内部退养职工
(七)交通运输、仓储及邮电通信业	5866	4	4
1.公路运输业	4432		
2.交通运输辅助业	1434	4	4
(八)批发和零售贸易、餐饮业	16179	1115	896
1.食品、饮料、烟草和家庭用品批发业	2154	30	18
2.能源、材料和机械电子设备批发业	569		
3.其他批发业	892	4	
4.零售业	11511	1081	878
5.餐饮业	1053		
(九)金融、保险业	5416		
1.金融业	5416		
(十一)社会服务业	1067	7	7
1.公共设施服务业	243		
2.居民服务业	125		
3.旅馆业	555	7	7
4.信息、咨询服务业	144		
(十二)卫生、体育和社会福利业	4395	4	
1.卫生	4395	4	
(十六)其他行业	465		
其中:企业管理机构	465		
Ⅲ、其他各种经济类型单位合计	88407	7683	5674
一、按登记注册类型分组			
(一)内资	83254	7683	5674
1.股份合作	10798	72	72
2.联营	264	84	84
集体联营	264	84	84
3.有限责任公司	17929	216	77
4.股份有限公司	54263	7311	5441
(二)港、澳、台商投资	3628		
(三)外商投资	1525		
二、按企业、事业分组			
1.企业	88407	7683	5674
三、按国民经济行业分组			
(一)农、林、牧、渔业	23		
2.林业	23		
(二)采掘业	1314		
1.煤炭采选业	217		
2.黑色金属矿采选业	1097		

5-6续表5　(2001年)　单位:千元

	在岗职工工资总额	离开单位仍保留劳动关系职工的生活费	#内部退养职工
(三)制造业	54332	7046	5062
1.食品加工业	10408	109	109
2.食品制造业	270		
3.饮料制造业	6292	129	9
4.印刷业、记录媒介的复制	83		
5.化学原料及化学制品制造业	5594	24	24
6.医药制造业	1300	100	100
7.非金属矿物制品业	24010	6605	4805
8.黑色金属冶炼及压延加工业	2881		
9.金属制品业	772	15	15
10.普通机械制造业	582	45	
11.专用设备制造业	308	19	
12.电气机械及器材制造业	247		
13.仪器仪表及文化、办公用机械制造业	1585		
(四)电力、煤气及水的生产和供应业	14638	41	41
1.电力、蒸汽、热水的生产和供应业	14219	41	41
2.自来水的生产和供应业	419		
(五)建筑业	1070	30	20
1.土木工程建筑业	793	30	20
2.建筑物的装修装饰业	277		
(七)交通运输、仓储及邮电通信业	743	87	87
1.公路运输业	365	3	3
2.交通运输辅助业	264	84	84
3.邮电通信业	114		
(八)批发和零售贸易、餐饮业	12392	479	464
1.食品、饮料、烟草和家庭用品批发业	4011	250	250
2.能源、材料和机械电子设备批发业	3002		
3.其他批发业	83		
4.零售业	5296	229	214
(九)金融、保险业	3617		
1.金融业	3222		
2.保险业	395		
(十)房地产业	73		
1.房地产管理业	73		
(十一)社会服务业	205		
1.旅馆业	86		
2.旅游业	119		

5-7 职工平均工资

（2001年）　　单位：元

	职工平均工资	在岗职工平均工资	离开本单位仍保留劳动关系职工的平均生活费
总　计	10563	11509	6121
其中：国有控股	11051	12421	6249
Ⅰ、国有经济单位合计	11267	12441	6281
一、按隶属关系分组			
1.中央	13178	14587	8123
2.省、自治区、直辖市	7247	8532	2376
3.地区	8246	9523	2151
4.县及县以下	10542	10658	4620
5.其他	7055	8048	800
二、按企业、事业、机关分组			
1.企业	11158	12566	6295
(1)中央	13157	14569	8123
(2)省、自治区、直辖市	7083	8351	2391
(3)地区	5429	6762	2103
(4)县及县以下	7659	7982	4280
(5)其他	7055	8048	800
2.事业	12310	12407	3462
(1)中央			
(2)省、自治区、直辖市	7215	8873	1681
(3)地区	13529	13556	6822
(4)县及县以下	11199	11252	4200
(5)其他			
3.机关	11001	11011	8563
(1)中央	17455	17455	
(2)省、自治区、直辖市	15032	15032	
(3)地区	9695	9698	8875
(4)县及县以下	10885	10897	8406
(5)其他			
三、按国民经济行业分组			
(一)农、林、牧、渔业	9726	10054	6000
1.农业	9479	9479	
2.林业	8953	9228	6575
3.畜牧业	9046	9385	6111
4.渔业			
5.农、林、牧、渔服务业	11262	11613	3417
(二)采掘业	7084	8299	2323
1.煤炭采选业	7085	8326	2339
2.非金属矿采选业	4071	4071	
3.木材及竹材采运业	7288	7750	250

5－7续表1　　(2001年)　　单位:元

	职工平均工资	在岗职工平均工资	离开本单位仍保留劳动关系职工的平均生活费
(三)制造业	13384	14805	8496
1.食品加工业	3295	5414	2331
2.饮料制造业	3636	3636	
3.纺织业	4736	4740	4667
4.木材加工及竹、藤、棕、草制品业	10577	10693	9100
5.印刷业、记录媒介的复制	8031	9436	1980
6.橡胶制品业	4509	5226	2527
7.非金属矿物制品业	7953	7953	
8.黑色金属冶炼及压延加工业	13731	14968	9189
9.普通机械制造业	690	4685	63
10.交通运输设备制造业	3614	5348	754
(四)电力、煤气及水的生产和供应业	17238	18262	11114
1.电力、蒸汽、热水的生产和供应业	17932	19139	11414
2.煤气生产和供应业	12477	12477	
3.自来水的生产和供应业	14064	14776	7938
(五)建筑业	5995	7228	2968
1.土木工程建筑业	6018	7273	2982
2.线路、管道和设备安装业	5626	6530	2670
3.建筑物的装修装饰业			
(六)地质勘查业、水利管理业	11094	12385	1661
1.地质勘查业	11516	13347	1681
2.水利管理业	9801	9879	500
(七)交通运输、仓储及邮电通信业	10155	12170	3514
1.铁路运输业	13367	13784	9864
2.公路运输业	3895	6237	1741
3.交通运输辅助业	9629	9641	3667
4.其他交通运输业	15680	15680	
5.仓储业			
6.邮电通信业	17835	19040	9251
(八)批发和零售贸易、餐饮业	7312	8395	3311
1.食品、饮料、烟草和家庭用品批发业	10140	10755	4589
2.能源、材料和机械电子设备批发业	6453	7193	4799
3.其他批发业	10054	10054	
4.零售业	6681	7344	2588
5.商业经纪与代理业			
6.餐饮业	4801	6698	1674
(九)金融、保险业	16689	16695	16490
1.金融业	16742	16748	16561
2.保险业	15806	15837	13000

5-7续表2　　(2001年)　　单位:元

	职工平均工资	在岗职工平均工资	离开本单位仍保留劳动关系职工的平均生活费
(十)房地产业	13959	13959	
1.房地产开发与经营业	11541	11541	
2.房地产管理业	15276	15276	
3.房地产代理与经纪业	12667	12667	
(十一)社会服务业	8774	8816	3556
1.公共设施服务业	8533	8573	4129
2.居民服务业	9764	9861	
3.旅馆业	9566	9609	
4.信息、咨询服务业	12806	12806	
5.其他社会服务业	7034	7034	
(十二)卫生、体育和社会福利业	16312	16350	1100
1.卫生	16487	16518	
2.体育	14967	14967	
3.社会福利保障业	14564	14675	3667
(十三)教育、文化艺术及广播电影电视业	11902	11917	8489
1.教育	11751	11761	6471
其中:(1)普通高等教育	11499	11499	
(2)普通中学	12417	12430	9167
(3)小学校	11140	11153	
2.文化艺术业	13233	13315	10321
3.广播电影电视业	12018	12081	
(十四)科学研究和综合技术服务业	13599	13599	
1.科学研究业	9534	9534	
(1)自然科学研究	9534	9534	
2.综合技术服务业	14954	14954	
(1)气象	14880	14880	
(2)地震	15500	15500	
(3)测绘			
(4)技术监督	14558	14558	
(5)海洋环境			
(6)环境保护	18676	18676	
(7)技术推广和科技交流服务业	11778	11778	
(8)工程设计业	12946	12946	
(9)其他综合技术服务业	14231	14231	
(十五)国家机关、政党机关和社会团体	11001	11011	8563
其中:国家机关	10807	10815	8643
政党机关	12883	12901	9500
(十六)其他行业	11147	11231	2000
其中:企业管理机构	9741	9887	2000
Ⅱ、城镇集体经济单位合计	7369	7625	5097

5－7续表3　　(2001年)　　单位:元

	职工平均工资	在岗职工平均工资	离开本单位仍保留劳动关系职工的平均生活费
一、按企业、事业、机关分组			
1.企业	7337	7594	5096
2.事业	9514	9506	
3.机关			
二、按国民经济行业分组			
(一)农、林、牧、渔业	2035	2035	
5.农、林、牧、渔服务业	2035	2035	
(二)采掘业	4254	4312	186
1.煤炭采选业	4258	4317	186
3.黑色金属矿采选业	2940	2940	
5.非金属矿采选业	5208	5208	
(三)制造业	8524	9034	5533
1.食品加工业			
2.食品制造业	9467	9467	
3.饮料制造业	7000	7000	
4.服装及其他纤维制品制造业	5929	6164	2111
5.木材加工及竹、藤、棕、草制品业	4235	4337	
6.家具制造业	8956	8956	
7.造纸及纸制品业	5367	8219	
8.印刷业、记录媒介的复制	2857	4962	51
9.文教体育用品制造业	7250	7250	
10.石油加工及炼焦业	7367	7367	
11.化学原料及化学制品制造业	7470	7522	2000
12.橡胶制品业	5348	5348	
13.塑料制品业	2614	4341	172
14.非金属矿物制品业	6903	7025	
15.黑色金属冶炼及压延加工业	5270	5270	
16.有色金属冶炼及压延加工业			
17.金属制品业	8997	9589	5893
18.普通机械制造业	5541	5733	2118
19.交通运输设备制造业	5376	5376	
20.电气机械及器材制造业	4205	4205	
(四)电力、煤气及水的生产和供应业	11894	11894	
1.电力、蒸汽、热水的生产和供应业	11894	11894	
(五)建筑业	8872	9327	4605
1.土木工程建筑业	7918	8383	4605
2.线路、管道和设备安装业	14021	14021	
3.建筑物的装修装饰业	8903	8903	

5-7续表4 (2001年) 单位:元

	职工平均工资	在岗职工平均工资	离开本单位仍保留劳动关系职工的平均生活费
(七)交通运输、仓储及邮电通信业	7613	7628	2000
1.铁路运输业			
2.公路运输业	10628	10628	
3.交通运输辅助业	4062	4074	2000
(八)批发和零售贸易、餐饮业	6326	6758	3279
1.食品、饮料、烟草和家庭用品批发业	4758	5412	492
2.能源、材料和机械电子设备批发业	8129	8129	
3.其他批发业	4548	5540	111
4.零售业	6737	7079	4449
5.餐饮业	7576	7576	
(九)金融、保险业	10277	10277	
1.金融业	10277	10277	
2.保险业			
(十)房地产业			
1.房地产开发与经营业			
2.房地产管理业			
3.房地产代理与经纪业			
(十一)社会服务业	6355	6351	7000
1.公共设施服务业	4500	4500	
2.居民服务业	5435	5435	
3.旅馆业	6690	6687	7000
4.信息、咨询服务业	18000	18000	
(十二)卫生、体育和社会福利业	11731	11720	
1.卫生	11731	11720	
(十六)其他行业	11341	11341	
其中:企业管理机构	11341	11341	
Ⅲ、其他各种经济类型单位合计	8072	8645	4579
一、按登记注册类型分组			
(一)内资	7888	8452	4579
1.股份合作	9347	9632	1714
2.联营	9405	9429	9333
其中:国有联营			
集体联营	9405	9429	9333
3.有限责任公司	12707	13603	1964
其中:国有独资			
4.股份有限公司	6918	7350	4819
5.其他			
(二)港、澳、台商投资	12013	12013	
(三)外商投资	20608	20608	
二、按企业、事业分组			
1.企业	8072	8645	4579
2.事业			
三、按国民经济行业分组			
(一)农、林、牧、渔业	4600	4600	
1.林业	4600	4600	
(二)采掘业	3650	3670	
1.煤炭采选业	6781	6781	
2.石油和天然气开采业			
3.黑色金属矿采选业	3345	3365	

5－7续表5 (2001年) 单位:元

	职工平均工资	在岗职工平均工资	离开本单位仍保留劳动关系职工的平均生活费
(三)制造业	7673	8276	4914
1.食品加工业	7523	7721	2180
2.食品制造业	6136	6585	
3.饮料制造业	12690	13829	2529
4.印刷业、记录媒介的复制	4150	4150	
5.化学原料及化学制品制造业	11631	11727	4000
6.医药制造业	5957	7514	1613
7.非金属矿物制品业	6622	7027	5477
8.黑色金属冶炼及压延加工业	9324	9668	
9.金属制品业	6347	6598	2143
10.普通机械制造业	6270	8435	1452
11.专用设备制造业	7786	8800	2714
12.电气机械及器材制造业	7057	7057	
13.仪器仪表及文化、办公用机械制造业	19813	19813	
(四)电力、煤气及水的生产和供应业	11983	12138	2158
1.电力、蒸汽、热水的生产和供应业	12024	12060	5857
2.自来水的生产和供应业	10744	15519	
(五)建筑业	4867	5000	2500
1.土木工程建筑业	4449	4584	2500
2.建筑物的装修装饰业	6756	6756	
(七)交通运输、仓储及邮电通信业	8058	10614	2636
1.公路运输业	7360	14038	125
2.交通运输辅助业	9405	9429	9333
3.邮电通信业	7125	7125	
(八)批发和零售贸易、餐饮业	7531	8094	2691
1.食品、饮料、烟草和家庭用品批发业	8714	9075	5319
2.能源、材料和机械电子设备批发业	12105	12105	
3.其他批发业	5533	5533	
4.零售业	5773	6412	1748
(九)金融、保险业	17142	17142	
1.金融业	17900	17900	
2.保险业	12742	12742	
(十)房地产业	3650	3650	
1.房地产开发与经营业			
2.房地产管理业	3650	3650	
3.房地产代理与经纪业			
(十一)社会服务业	4457	4457	
1.旅馆业	5059	5059	
2.旅游业	4103	4103	

5-8单位从业人员变动情况

(2001年)　　单位:人

	本年增加人数							
	合计	从农村招收	从城镇招收	录用的复员转业军人	录用的大、中专、技工学校毕业生	调入	由外省、自治区、直辖市调入	其他
总　　计	7305	1588	870	310	1471	1343	17	1 723
一、国有经济单位	4605	497	513	293	1375	1084	17	843
按企业、事业、机关分组								
1.企业	2643	414	320	182	859	206	8	662
(1)中央	2205	373	305	159	701	143	8	524
(2)省、自治区、直辖市	157			17	84	4		52
(3)地区	139	19	10	6	36	48		20
(4)县及县以下	142	22	5		38	11		66
2.事业	1305	82	175	59	443	394	8	152
(2)省、自治区、直辖市	9				8	1		
(3)地区	776		111	17	284	267	8	97
(4)县及县以下	520	82	64	42	151	126		55
3.机关	657	1	18	52	73	484	1	29
(1)中央	5		3	2				
(2)省、自治区、直辖市	119			4		115		
(3)地区	176			14	23	135	1	4
(4)县及县以下	357	1	15	32	50	234		25
二、城镇集体经济单位	1491	226	97	7	51	254		856
其中:企业	1480	225	95	7	47	254		852
三、其他各种经济类型单位	1209	865	260	10	45	5		24

5－8 续表 1　　　　（2001 年）　　　　单位：人

	本年减少人数							
	合计	离休退休退职	开除除名辞退	终止解除合同	离开本单位仍保留劳动关系的职工	调出	调到外省、自治区、直辖市	其他
总　　计	18918	5790	1032	3957	3220	4352	88	567
一、国有经济单位	16709	5256	922	3069	2877	4139	86	446
按企业、事业、机关分组								
1.企业	14734	4225	900	2862	2849	3586	73	312
(1)中央	9155	1282	702	1365	2296	3318	67	192
(2)省、自治区、直辖市	1475	1213	73	80		48		61
(3)地区	3814	1600	99	1313	540	210	6	52
(4)县及县以下	290	130	26	104	13	10		7
2.事业	1432	852	16	178	27	264	9	95
(2)省、自治区、直辖市	8	5		1		2	1	
(3)地区	1001	638	13	131	25	139	8	55
(4)县及县以下	423	209	3	46	2	123		40
3.机关	543	179	6	29	1	289	4	39
(1)中央	41	21		17		2		1
(2)省、自治区、直辖市	5	1						4
(3)地区	142	89	1	1	1	42	1	8
(4)县及县以下	355	68	5	11		245	3	26
二、城镇集体经济单位	1316	369	20	652	88	157	2	30
其中：企业	1303	366	19	649	88	151	2	30
三、其他各种经济类型单位	893	165	90	236	255	56		91

6. 固定资产投资

INVESTMENT IN FIXED ASSETS

6-1 历年全社会固定资产投资

单位:万元

年份	固定资产投资总额	国有经济单位	#基本建设	#更新改造	集体经济单位	#农村	其他经济单位	个体经济	#农村
1965	12666	12666	12666						
1966	29027	29027	29027						
1967	13377	13377	13377						
1968	9304	9304	9304						
1969	28273	28273	28273						
1970	52213	52213	52213						
1971	52575	52575	52575						
1972	34871	34871	34871						
1973	29758	29758	29758						
1974	23729	23729	23729						
1975	20121	20121	20121						
1976	14089	14089	14089						
1977	16791	16791	16791						
1978	24176	24176	24176						
1979	17530	17530	17530						
1980	12211	12211	12211						
1981	8640	8640	8640						
1982	19655	18969	10588	8381	294	150		392	392
1983	25003	24358	11102	13256	226	186		419	419
1984	26680	24838	11629	13209	1323	1026		519	519
1985	35420	32085	15738	16347	2666	1102		669	669
1986	44811	40102	20956	14616	3276	1194		1433	795
1987	73163	67177	47624	13942	4009	706		1977	1947
1988	100837	96930	72823	19027	2570	524		1337	1270
1989	109111	105097	72797	22066	2412	724		1602	1514
1990	93725	88338	63147	18120	3778	931		1609	1568
1991	175830	171085	142940	19989	2356	1207		2389	2301
1992	257415	251919	215187	24964	3208	1873		2288	2200
1993	362686	333207	278005	33335	24872	8444	95	4512	4441
1994	449472	409135	330362	47976	22478	14372	12138	5721	5117
1995	589667	558456	476153	55478	17246	8889	3162	10803	9703
1996	725853	701789	642618	36621	11233	5337	4799	8032	6416
1997	801441	770313	699091	55143	16266	8092	6469	8393	7467
1998	683446	634642	575446	57768	10753	4941	28926	9125	6861
1999	427818	384650	319364	37459	9284	6910	22371	11513	7774
2000	335123	264629	185016	50765	15007	9641	39986	15501	8479
2001	291966	218474	108010	96421	10820	7799	46826	15846	8626
合计	6028473	5595544	4697947	654883	164077	84048	164772	104080	78478

6－1 续表 1

单位：万元

年份	全社会固定资产投资资金来源					国有经济单位固定资产投资				
	国家预算内资金	国内贷款	利用外资	自筹资金	其他资金	第一产业	第二产业	#工业	第三产业	#运输邮电业
1965	12625			41		248	8805	6208	3613	3037
1966	28896			131		387	25579	16502	3061	2405
1967	13305			72		277	10998	9095	2102	1656
1968	9272			32		57	8211	6486	1036	675
1969	28245			28		77	25215	22162	2981	1876
1970	51477			736		222	49326	46595	2665	1345
1971	51059			1516		209	50128	48435	2238	520
1972	32915			1956		244	32564	30222	2063	455
1973	27941			1817		203	27033	25130	2522	615
1974	22883			846		218	21160	18005	2351	187
1975	18224			1897		370	17549	15297	2202	70
1976	13507			582		484	12021	10576	1584	129
1977	15930			861		529	14139	11646	2123	54
1978	22909			1708		694	21204	18248	2719	173
1979	15223			2307		477	13550	10832	3503	401
1980	6474			5628	109	253	8494	8130	3464	232
1981	1470			7026	144	81	5683	5530	2876	71
1982	10445	24		9186		152	14163	13323	4654	267
1983	17824	62		7054	63	192	20259	19326	3907	367
1984	18426	652		7602		215	20916	20099	3707	416
1985	18832	963		15625		466	26590	24415	5029	366
1986	15041	6032		23266	472	184	34986	33548	4932	905
1987	2767	11613	15000	33804	9979	488	61311	60565	5378	147
1988	3369	24309	29000	43128	1031	353	90589	89857	5988	1132
1989	4937	28400	21193	52788	1793	174	98332	97950	6591	1065
1990	9762	30442	6726	35431	11364	522	82062	81292	5754	323
1991	6686	93344	28650	30691	16459	705	160837	160008	9543	711
1992	13965	117264	36000	87386	2800	1723	236250	233975	13946	2528
1993	13576	143362	61942	136975	3779	1830	280564	276214	50813	16927
1994	12571	214647	60319	99757	44921	2633	360378	354237	46124	8943
1995	31930	244626	97200	115353	62695	3449	491837	488710	63170	9676
1996	24704	373521	104121	102004	117385	3050	639797	637603	58942	9963
1997	41122	366358	171747	100022	102401	2154	701467	697552	66692	17254
1998	10419	251799	126285	70856	138931	1168	551883	545330	81591	43493
1999	8239	157895	33359	90880	94138	3220	305395	304292	76035	27583
2000	10676	38976	21570	132485	90829	663	170923	167700	93043	38641
2001	19728	38111	14863	177204	25433	19984	106726	105769	91764	45180
合计	667374	2142400	827975	1398681	724726	48355	4806924	4720864	740706	239788

6－2 固定资产投资

(2001 年)

指标名称	总计	#地方	基本建设	#地方
一.个数(个)				
本年施工项目个数	276	189	114	103
#本年新开工	200	133	63	60
本年投产项目个数	201	129	66	58
二.投资额和新增固定资产(万元)				
计划总投资	3627617	450641	3276388	365092
实际需要的总投资	3612903	455291	3261622	369690
自开始建设至本年底累计完成投资	3290271	241451	3059137	174378
自开始建设至本年底累计新增固定资产	3017927	63522	2907249	31371
本年底未完工程累计投资	256428	162013	139260	130379
本年计划投资	314619	139927	129673	107495
本年完成投资	232691	122619	112090	92578
#住宅	20814	6987	20623	6796
按构成分:				
1.建筑工程	138162	78920	87312	69557
2.安装工程	6633	5116	1844	1844
3.设备工器具购置	59620	17433	2686	2510
#购置旧设备	45	45	44	44
4.其他费用	28276	21150	20248	18667
#旧建筑物购置费	2	2	2	2
土地购置费	108	108	108	108
更新改造设备、工器具购置中用于更新的设备	4237	4237		
更新改造本年完成投资用途				
增产	10304	10304		
节约能源	2535	2535		
其他节约				
增加品种	1664	137		
提高产品质量	28675	118		
三废治理	1203	1203		
其他	58805	6117		
本年新增固定资产	155815	50955	54275	27942

6-2续表1 (2001年)

指 标 名 称	总 计	#地方	基 本 建 设	#地方
三、房屋建筑面积(平方米)				
本年施工房屋面积	536682	330466	529632	323416
# 住宅	318372	153314	314522	149464
本年竣工房屋面积	358321	193605	351271	186555
# 住宅	253969	92511	250119	88661
本年竣工房屋价值(万元)	33186	16583	32406	15803
# 住宅	22782	6479	22591	6288
四、投资资金(财务)来源(万元)				
(一)本年资金来源合计	221803	111706	102627	83090
1.上年末结余资金	3728	3709	2463	2444
2.本年资金来源小计	218075	107997	100164	80646
(1)国家预算内资金	17675	17675	16176	16176
(2)国内贷款	32953	21003	17474	15689
(3)债券				
(4)利用外资	14863	14863	14863	14863
#外商直接投资	193	193	193	193
对外借款	14670	14670	14670	14670
#统借统还	13608	13608	13608	13608
(5)自筹资金	145239	47261	45030	27447
①中央各部门自筹	368		368	
②省自筹	1330	830	1330	830
③地(市)自筹	17597	17597	16063	16063
④县自筹	3263	3263	2292	2292
⑤企事业单位自有资金	122681	25571	24977	8262
#发行股票				
(6)其他资金来源	7345	7195	6621	6471
#集资	4080	3930	3751	3601
(二)本年各项应付款合计	22463	19940	19169	16646
#工程款	20554	18071	18464	15981
设备、器材款	716	676	284	244
五.补充资料(万元)				
1、实收资本合计	2100	2100		

6－2续表2　　(2001年)

指标名称	更新改造	#地方	其他投资	#地方
一.个数(个)				
本年施工项目个数	144	69	18	17
#本年新开工	124	60	13	13
本年投产项目个数	123	59	12	12
二.投资额和新增固定资产(万元)				
计划总投资	287529	54152	63700	31397
实际需要的总投资	287605	54228	63676	31373
累计完成投资	185891	50248	45243	16825
累计新增固定资产	74725	24616	35953	7535
本年底未完工程累计投资	107878	22344	9290	9290
本年计划投资	163351	22510	21595	9922
本年完成投资	103186	20414	17415	9627
#住宅				
按构成分:				
1.建筑工程	46023	6714	4827	2649
2.安装工程	4024	2753	765	519
3.设备工器具购置	46173	9075	10761	5848
#购置旧设备	1	1		
4.其他费用	6966	1872	1062	611
#旧建筑物购置费				
土地购置费				
更新改造设备、工器具购置中				
用于更新的设备	4237	4237		
更新改造本年完成投资用途				
增产	10304	10304		
节约能源	2535	2535		
其他节约				
增加品种	1664	137		
提高产品质量	28675	118		
三废治理	1203	1203		
其他	58805	6117		
本年新增固定资产	65587	15478	35953	7535

6-2续表3 (2001年)

指标名称	更新改造	#地方	其他投资	#地方
三、房屋建筑面积(平方米)				
本年施工房屋面积			7050	7050
# 住宅			3850	3850
本年竣工房屋面积			7050	7050
# 住宅			3850	3850
本年竣工房屋价值(万元)			780	780
# 住宅			191	191
四、投资资金(财务)来源(万元)				
(一)、本年资金来源合计	102677	19905	16499	8711
1.上年末结余资金	1265	1265		
2.本年资金来源小计	101412	18640	16499	8711
(1)国家预算内资金	989	989	510	510
(2)国内贷款	14869	4704	610	610
(3)债券				
(4)利用外资				
#外商直接投资				
对外借款				
#统借统还				
(5)自筹资金	85144	12537	15065	7277
①中央各部门自筹				
②省自筹				
③地(市) 自筹	934	934	600	600
④县自筹	801	801	170	170
⑤企事业单位自有资金	83409	10802	14295	6507
#发行股票				
(6) 其他资金来源	410	410	314	314
#集资				
(二)、本年各项应付款合计	2165	2165	1129	1129
#工程款	1323	1323	767	767
设备、器材款	140	140	292	292

6－3　固定资产投资完成情况

（2001 年）　　单位：万元

指标名称	总计	基本建设	更新改造	其他投资
总　　计	232691	112090	103186	17415
（一）按登记注册类型分				
内资	228502	111886	99201	17415
国有	218239	107775	96421	14043
集体	2051			2051
国有独资公司	235	235		
其他有限责任公司	6268	3625	2643	
股份有限公司	368	171	137	60
私营个体	1261			1261
其他	80	80		
港澳台商投资	3985		3985	
合资经营	3985		3985	
（二）按隶属关系分				
1．中央	110072	19512	82772	7788
2．地方	122619	92578	20414	9627
（1）省（自治区、直辖市）	17489	2800	10354	4335
（2）地区（州、盟、省辖市）	69874	63261	5373	1240
（3）县（旗、县级市）	31071	25032	4687	1352
（4）其他	4185	1485		2700
（三）按建设性质分				
1.新建	70116	68293		1823
2.扩建	28457	17362	10732	363
3.改建	110326	8206	92454	9666
4.单纯建造生活设施	18384	18229		155
5.恢复	680			680
6.单纯购置	4728			4728
（四）按项目规模分				
1.基建大中型	26650	26650		
2.基建小型	85440	85440		
3.更改限上项目	40349		40349	
4.其他	80252		62837	17415
（五）按建设阶段分				
1.本年正式施工	152439	112090	40349	

6-3续表1 (2001年) 单位:万元

指标名称	总计	基本建设	更新改造	其他投资
按国民经济行业门类分	232691	112090	103186	17415
(一)农、林、牧、渔业	20284	19129	855	300
#农业	17459	16304	855	300
林业	2825	2825		
(二)采掘业	10748	204	1856	8688
#煤炭采选业	2756		1856	900
黑色金属矿采选业	7788			7788
(三)制造业	87033	5806	78402	2825
#饮料制造业	1673		1673	
食品加工业	137		137	
食品制造业	771			771
医药制造业	1560	1560		
普通机械制造业	260	200		60
化学原料及化学制品制造业	4155	170	3985	
金属制品业	171	171		
非金属矿物制品业	400			400
黑色金属冶炼及压延加工业	77251	3205	72607	1439
交通运输设备制造业	500	500		
其他制造业	155			155
(四)电力、煤气及水的生产和供应业	21328	3495	17671	162
#电力、蒸汽、热水的生产和供应业	16804	2668	14136	
自来水的生产和供应业	4524	827	3535	162
(五)建筑业	957	957		
#土木工程建筑业	957	957		
(六)地质勘查业、水利管理业	6714	5844		870
#水利管理业	6714	5844		870

6-3续表2　　(2001年)　　单位:万元

指标名称	总计	基本建设	更新改造	其他投资
(七)交通运输、仓储及邮电通信业	45180	36425	4402	4353
#公路运输业	16613	15695		918
航空运输业	20130	20130		
邮电通信业	8437	600	4402	3435
(八)批发和零售贸易、餐饮业	257	200		57
#零售业	257	200		57
(九)金融、保险业	3800	3800		
# 金融业	3800	3800		
(十)房地产业	12843	12843		
# 房地产管理业	12843	12843		
(十一)社会服务业	8969	8969		
#公共设施服务业	8572	8572		
居民服务业	97	97		
旅馆业	300	300		
(十二)卫生、体育和社会福利业	4898	4898		
#卫生	4578	4578		
社会福利保障业	320	320		
(十三)教育、文化艺术及广播电影电视业	4782	4622		160
#教育	4659	4499		160
文化艺术业	80	80		
广播电影电视业	43	43		
(十四)国家机关、政党机关和社会团体	4698	4698		
# 国家机关	4618	4618		
社会团体	80	80		
(十六)其他行业	200	200		

6－4 房地产开发投资

指标名称	总计	国有	集体	其他经济
企业(单位)个数(个)	31	10	1	20
#亏损企业个数	19	4	1	14
投资完成情况(万元)				
计划总投资	136199	42450	970	92779
实际需要的总投资	144144	50260	970	92914
累计完成投资	73213	39902	970	32341
累计新增固定资产	42646	36655	970	5021
未完工程累计投资	30567	3247		27320
本年计划投资	47232	15302	970	30960
本年完成投资	32226	10897	970	20359
#商品房建设投资额	18469	5927	844	11698
土地开发投资额	537	307		230
按构成分：				
1.建筑工程	24087	9507	661	13919
2.安装工程	800	216		584
3.设备工器具购置	702	327		375
4.其他费用	6637	847	309	5481
#土地购置费	4859	75	126	4658
按工程用途分：				
1.住宅	16362	6358	880	9124
#经济适用房	5943	2686		3257
2.办公楼	3345	500	77	2768
3.商业营业用房	6779	3233		3546
4.其他	5740	806	13	4921
本年新增固定资产	35950	30034	970	4946
土地开发情况(平方米)				
本年完成开发土地面积	35623	23753		11870
正在开发的土地面积	34223	22353		11870
待开发土地面积	20838	13340		7498
本年购置土地面积	95051	2343	2092	90616
资金来源情况(万元)				
一、本年资金来源合计	31323	7189	577	23557
1、上年末结余资金	541	341		200
2、本年资金来源小计	30782	6848	577	23357
(1)国家预算内资金	500	500		
(2)国内贷款	1945			1945
(3)自筹资金	11489	900		10589
#自有资金	11209	900		10309
(4)其他资金来源	16848	5448	577	10823
#集资	1021	600		421
定金及预收款	14926	4337	227	10362

6-4续表1　　　　(2001年)　　　　单位:万元

指标名称	总计	国有	集体	其他经济
二、本年各项应付款合计	5980	3914	393	1673
#工程款	5949	3914	393	1642
其他指标				
竣工房屋住宅套数合计(套)	2378	1742	54	582
#安居工程套数	1690	1302		388
拆迁还建竣工房屋面积(平方米)	420		420	
统建代建竣工房屋面积(平方米)	80062	44937		35125
年平均从业人员数(人)	5252	2034	91	3127
年末从业人员数(人)	4608	1380	91	3137
全年从业人员劳动报酬(万元)	4636	1636	109	2891
空置面积中:	13929	5529	6400	2000
#空置一年以下(平方米)				
空置一年以上(含一年)	6040	6040		
开发经营情况(万元)				
一、实收资本合计	31873	7892	56	23925
#国家资本	9382	7892		1490
二、年末资产负债情况				
资产总计	104320	57669	857	45794
固定资产累计折旧	1982	841	14	1127
#本年折旧	326	136	2	188
负债总计	67755	50177	770	16808
所有者权益合计	36565	7492	87	28986
三、损益情况				
1、经营收入总计	33247	23862	371	9014
(1)土地转让收入	2127	2127		
(2)商品房屋销售收入	18634	14135	315	4184
#销售给个人	15601	13011	315	2275
商品住宅销售收入	11193	8979	315	1899
#销售给个人	10069	7855	315	1899
(3)房屋出租收入	1453	1297	56	100
(4)其他收入	11033	6303		4730
2、(1)经营成本	49549	38530	336	10683
(2)销售费用	288	109		179
(3)经营税金及附加	1331	861	3	467
(4)其他业务利润	8	-18	1	25
(5)管理费用及财务费用	2755	1539	44	1172
(6)投资收益及营业外收入	69	38		31
(7)营业外支出	217	113		104
3、利润总额	-20816	-17270	-11	-3535

6－4续表2 (2001年) 单位:万元

指标名称	资质等级			
	二级	三级	四级	五级
企业(单位)个数(个)	1	10	14	6
＃亏损企业个数	1	5	8	5
投资完成情况				
计划总投资	400	91836	33578	10385
实际需要的总投资	424	99580	33755	10385
累计完成投资	424	52611	17133	3045
累计新增固定资产	424	30931	8910	2381
未完工程累计投资		21680	8223	664
本年计划投资	260	23471	15396	8105
本年完成投资	260	16432	12489	3045
＃商品房建设投资额	260	8453	8118	1638
土地开发投资额		158	70	309
按构成分:				
1.建筑工程	260	11629	9812	2386
2.安装工程		260	529	11
3.设备工器具购置		477	225	
4.其他费用		4066	1923	648
＃土地购置费		3388	1338	133
按工程用途分:				
1.住宅	150	7996	6230	1986
＃经济适用房		4330	1613	
2.办公楼		270	3075	
3.商业营业用房	110	4262	1657	750
4.其他		3904	1527	309
本年新增固定资产	424	24310	8835	2381
土地开发情况(平方米)				
本年完成开发土地面积		7466	3647	24510
正在开发的土地面积		7466	3647	23110
待开发土地面积			7498	13340
本年购置土地面积		67043	23508	4500
资金来源情况(万元)				
一、本年资金来源合计	260	18788	10782	1493
1、上年末结余资金		441	100	
2、本年资金来源小计	260	18347	10682	1493
(1)国家预算内资金			500	
(2)国内贷款		1570	375	
(3)自筹资金	260	7488	3241	500
＃自有资金	260	7208	3241	500
(3)其他资金来源		9289	6566	993
＃集资			228	793
定金及预收款		9289	5437	200

6-4续表3 (2001年) 单位:万元

指标名称	资质等级			
	二级	三级	四级	五级
二、本年各项应付款合计		1039	2853	2088
#工程款		1008	2853	2088
设备、器材款		31		
其他指标				
竣工房屋住宅套数合计(套)	28	1428	734	188
#安居工程套数		1346	344	
拆迁还建竣工房屋面积(平方米)			420	
统建代建竣工房屋面积(平方米)	260	33700	44677	1425
公益性建筑竣工面积(平方米)				
年平均从业人员数(人)	180	2419	1889	764
年末从业人员数(人)	184	1904	1747	773
全年从业人员劳动报酬(万元)	235	2328	1755	318
空置面积中:				
#空置一年以下		2000	6491	5438
空置一年以上(含一年)		3640	2400	
开发经营情况(万元)				
一、实收资本合计	303	14155	14702	2713
#国家资本	303	7163	1079	837
二、年末资产负债情况				
资产总计	6531	72804	18883	6102
固定资产累计折旧	72	376	1081	453
#本年折旧	5	151	76	94
负债总计	6555	42389	14454	4357
所有者权益合计	-24	30415	4429	1745
三、损益情况				
1、经营收入总计	6032	20845	5932	438
(1)土地转让收入		2127		
(2)商品房屋销售收入	485	14790	3359	
#销售给个人	485	13677	1439	
商品住宅销售收入	485	9258	1450	
#销售给个人	485	8145	1439	
(3)房屋出租收入	252	111	888	202
(4)其他收入	5295	3817	1685	236
2、(1)经营成本	5523	38539	5307	180
(2)销售费用		153	135	
(3)经营税金及附加	113	848	358	12
(4)其他业务利润	-6	52	8	-46
(5)管理费用及财务费用	471	952	865	467
(6)投资收益及营业外收入	14	16	2	37
(7)营业外支出	6	99	28	84
3、利润总额	-73	-19678	-751	-314

6－4续表4　　(2001年)　　单位:万元

指标名称	隶属关系			
	中央	地区	县	其他
企业(单位)个数(个)	2	12	3	14
＃亏损企业个数		6	1	12
投资完成情况				
计划总投资	4829	43903	950	86517
实际需要的总投资	12410	44267	950	86517
累计完成投资	12410	31480	950	28373
累计新增固定资产	10091	29923	950	1682
未完工程累计投资	2319	1557		26691
本年计划投资	4684	15250	950	26348
本年完成投资	4684	10066	950	16526
＃商品房建设投资额	1462	4774	855	11378
土地开发投资额	25	295	20	197
按构成分:				
1.建筑工程	3882	9037	670	10498
2.安装工程	20	55	185	540
3.设备工器具购置	327			375
4.其他费用	455	974	95	5113
＃土地购置费				
按工程用途分:				
1.住宅	3029	6889	855	5589
＃经济适用房	3029	2059	855	
2.办公楼		577		2768
3.商业营业用房	1487	1963		3329
4.其他	168	637	95	4840
本年新增固定资产	10091	23302	950	1607
土地开发情况(平方米)				
本年完成开发土地面积	1400	20676	2343	11204
正在开发的土地面积	1400	19276	2343	11204
待开发土地面积		13340		7498
本年购置土地面积		2758	2343	89950
资金来源情况(万元)				
一、本年资金来源合计	4769	6159	770	19625
1、上年末结余资金	341			200
2、本年资金来源小计	4428	6159	770	19425
(1)国家预算内资金		500		
(2)国内贷款				1945
(3)自筹资金	451	1157		9881
＃自有资金	451	1157		9601
(4)其他资金来源	3977	4502	770	7599
＃集资		1003		18
定金及预收款	3977	2638		7541

6－4续表5 (2001年) 单位:万元

指标名称	隶属关系			
	中央	地区	县	其他
二、本年各项应付款合计	121	4006	180	1673
#工程款	121	4006	180	1642
其他指标				
竣工房屋住宅套数合计(套)	388	1644	168	178
#安居工程套数	388	1134	168	
拆迁还建竣工房屋面积(平方米)		420		
统建代建竣工房屋面积(平方米)	33700	30104	16258	
年平均从业人员数(人)	349	1968	304	2631
年末从业人员数(人)	389	1320	324	2575
全年从业人员劳动报酬(万元)	382	1549	251	2454
空置面积中:				
#空置一年以下(平方米)		11929		2000
空置一年以上(含一年)	3640	2400		
开发经营情况(万元)				
一、实收资本合计	1613	8094	2010	20156
#国家资本	1563	5809	2010	
二、年末资产负债情况				
资产总计	7634	56570	2715	37401
固定资产累计折旧	128	1456	139	259
#本年折旧	16	135	18	157
负债总计	4037	50438	1017	12263
所有者权益合计	3597	6132	1698	25138
三、损益情况(万元)				
1、经营收入总计	11996	15414	898	4939
(1)土地转让收入		2127		
(2)商品房屋销售收入	8589	6459		3586
#销售给个人	8589	5335		1677
商品住宅销售收入	3433	6083		1677
#销售给个人	3433	4959		1677
(3)房屋出租收入	111	1236	43	63
(4)其他收入	3296	5592	855	1290
2、(1)经营成本	9398	32501	672	6978
(2)销售费用	51	58		179
(3)经营税金及附加	541	396	42	352
(4)其他业务利润	52	－51		7
(5)管理费用及财务费用	266	1367	178	944
(6)投资收益及营业外收入		54		15
(7)营业外支出	2	114		101
3、利润总额	1790	－19019	6	－3593

6－5 房地产开发建筑面积

(2001年) 单位:平方米

	施工面积	新开工	竣工面积	竣工房屋价值(万元)
房屋建筑面积合计	559153	189901	280776	27926
按用途分:				
1.住宅	341675	106644	215604	20343
#安居工程	149868	27557	141277	11463
2.办公楼	43024	14700	5050	777
3.商业营业用房	169634	63737	60002	6793
4.其它	4820	4820	120	13

6－6 房地产开发销售面积

(2001年) 单位:平方米

	实际销售	预售	空置	出租	实际销售额(万元)
房屋面积合计	100321	62546	19969	36048	19226
#个人	83638	10923		2903	16207
1.住宅	81657	30923	18849	2686	11905
#安居工程	33530				4792
个人	73271	10923			10804
2.办公楼	5150	13176		11477	706
3.商业营业用房	13514	18447	1000	21885	6615
4.其他			120		

6－7　农村非农户固定资产投资

(2001 年)　　单位:万元

	计　划 总投资	本年新增 固定资产
总　计	18235	8936
一、按注册登记类型分		
国有	1652	827
集体	8167	7099
股份合作	711	705
联营	60	60
有限责任公司	7600	200
私营	8	8
其他	37	37
二、按国民经济行业分		
1．农、林、牧、渔业	1904	1086
2．采掘业	370	370
3．制造业	12310	4910
4．电力煤气及水的生产和供应业	49	49
5．建筑业	30	30
6．地质勘查业、水利管理业	556	100
7．交通运输、仓储及邮电通信业	752	667
8．社会服务业	22	22
9．卫生、体育和社会福利业	143	113
10．教育、文化艺术及广播电影电视业	10	10
11．国家机关、政党机关和社会团体	808	501
12．批发和零售贸易餐饮业	1108	988
13．其他行业	173	90

6－7续表1　　(2001年)　　单位:万元

	本年完成投资					
	合计	#住宅	建筑工程	安装工程	设备购置	其他
总计	13222	1008	7000	1305	3017	1900
一、按注册登记类型分						
国有	1307	422	999	66	81	161
集体	7799	178	4788	606	1338	1067
股份合作	711	400	570	21	110	10
联营	60				60	
有限责任公司	3300		610	610	1419	661
私营	8	8	8			
其他	37		25	2	9	1
二、按国民经济行业分						
1. 农、林、牧、渔业	1586	108	1129	100	105	252
2. 采掘业	370		90		280	
3. 制造业	8010		3140	1110	2299	1461
4. 电力煤气及水的生产和供应业	49			13	36	
5. 建筑业	30				15	15
6. 地质勘查业、水利管理业	506		445	21	30	10
7. 交通运输、仓储及邮电通信业	684		572		1	111
8. 社会服务业	22		22			
9. 卫生、体育和社会福利业	113	18	88	5	5	15
10. 教育、文化艺术及广播电影电视业	10				10	
11. 国家机关、政党机关和社会团体	681	320	624		36	21
12. 批发零售和餐饮业	988	488	788		200	
13. 其他行业	173	74	102	56		15

6-7续表2　　(2001年)　　单位:万元

	本年固定资产投资资金来源						
	小计	国家资金	国内贷款	引进外资	自筹资金	群众集资	其他资金
总　计	9641	2616	641	120	4592	919	753
一、按建设性质分							
(1) 新　建	6567	1304	310	120	3633	669	531
(2) 扩　建	1718	584	331		684	96	23
(3) 改　建	949	517			237	106	89
(4) 其　他	407	211			38	48	110
二、按国民经济行业分							
1. 农、林、牧、渔业	2314	1607	10		255	251	191
2. 采掘业	170				150		20
(1) 煤炭采选业	20						20
(2) 非金属矿采选业	150				150		
3. 制造业	3422	125	123		3055	1	118
(1) 石油加工及炼焦业	3000				3000		
(2) 专用设备制造业	141		123		18		
(3) 交通运输制造业	281	125			37	1	118
4. 电力煤气及水的生产和供应业	413	335				2	76
(1) 电力、蒸汽、热水生产和供应业	413	335				2	76
5. 建筑业	135			120	15		
6. 地质勘査业、水利管理业	1851	395	308		214	663	271
7. 交通运输、仓储及邮电通信业	30				30		
8. 社会服务业	967		200		747		20
9. 卫生、体育和社会福利业	45	24			10		11
10. 教育、文化艺术及广播电影电视业	97	55			31	2	9
11. 国家机关、政党机关和社会团体	197	75			85		37

6－7续表3　　(2001年)　　单位:万元

	房屋建筑面积(平方米)			
	施工面积	# 住宅	竣工面积	# 住宅
总　　计	21299	4010	19736	4010
一、按建设性质分				
(1) 新　建	17317	2930	15754	2930
(2) 扩　建	1190	100	1190	100
(3) 改　建	2792	980	2792	980
(4) 其　他				
二、按国民经济行业分				
1. 农、林、牧、渔业	1600	800	1600	800
2. 采掘业				
(1) 煤炭采选业				
(2) 非金属矿采选业				
3. 制造业	11700	1700	11700	1700
(1) 石油加工及炼焦业	11700	1700	11700	1700
(2) 专用设备制造业				
(3) 交通运输制造业				
4. 电力煤气及水的生产和供应业				
(1) 电力、蒸汽、热水生产和供应业				
5. 建筑业	2170		607	
6. 地质勘查业、水利管理业	850	300	850	300
7. 交通运输、仓储及邮电通信业				
8. 社会服务业				
9. 卫生、体育和社会福利业	895	180	895	180
10. 教育、文化艺术及广播电影电视业	1944	100	1944	100
11. 国家机关、政党机关和社会团体	2140	930	2140	930

6－8 城镇和工矿区私人建房情况

	城镇工矿区个数（个）	本年竣工房屋建筑面积（平方米）		本年竣工房屋价值（万元）		建房户数（户）
		合计	#住宅	合计	#住宅	
总计	9	110845	69079	5201	3044	370
# 农业户建房		19199	17046	778	650	135
1、县城	4	91380	54280	4463	2516	239
# 农业户建房		11399	9246	565	437	31
2、镇	4	15165	10499	636	426	71
# 农业户建房		3500	3500	111	111	44
3、工矿区	1	4300	4300	102	102	60
# 农业户建房		4300	4300	102	102	60

6－9 农村农户投资情况

（2001年）

	合计	东区	西区	仁和	米易	盐边
私人建房投资户数(户)	2057	46	66	380	790	775
私人建房面积(平方米)						
合计	177441	3150	7018	42311	80212	44750
#住宅	135982	2950	6197	33327	60158	33350
私人建房投资(万元)						
合计	5020	126	296	1904	1799	895
#住宅	3828	118	214	1481	1348	667
私人建房造价(元/平方米)						
合计	283	400	422	450	224	200
#住宅	282	400	345	444	224	200
建造和购置房屋以外的						
生产性固定资产投资(万元)	3606	40	39	600	2596	331
农村私人投资合计(万元)	8626	166	335	2504	4395	1226

6－10　固定资产新增生产能力和效益

(2001 年)

能　力　名　称 (或效益名称)	单位	总　计	基本建设	更新改造	其他投资
原煤开采	万吨/年	165.00		165.00	
变电设备能力	万千伏安	3		3	
方便主食品	吨/年	4000			4000
城市自来水供水能力	万吨/日	1	1		
城市自来水管道长度	公里	5			5
小学校:学生席位	个	540	540		
建筑面积	平方米	902	902		
医院病床	张	255	255		
宾馆.招待所客房数	间	18	18		

6－11　基本建设投资效果分析

(2001 年)

	子项	母项	百分比(%)
一、固定资产	新增固定资产(万元)	投资完成额(万元)	交付使用率
全市	54275	112090	48.42
♯中央	26333	19512	134.96
地方	27942	92578	30.18
二、未完工程	年末未完工程累计完成投资(万元)	投资完成额(万元)	占用率
全市	139260	112090	124.24
♯中央	8881	19512	45.52
地方	130379	92578	140.83
三、房屋面积	竣工面积(平方米)	施工面积(平方米)	竣工率
全市	351271	529632	66.32
♯中央	164716	206216	79.88
地方	186555	323416	57.68

7. 财政、税收、金融、保险

LOCAL GOVERNMENT FINANCE, TAX, BANKING AND INSURANCE

7－1 财政、信贷、现金收支及居民储蓄

单位：万元

年份	财政收支		银行信贷		现金收支			城乡居民储蓄余额
	收入	支出	存款	贷款	现金收入	现金支出	投放	
1965	596	341	2067	1422	2923	3715	792	85
1966	784	1219	4252	4837	6344	7971	1 627	207
1967	981	982	5363	6607	9045	11438	2 393	270
1968	629	870	6684	7121	8197	11470	3 273	436
1969	1189	2819	10161	8047	9450	13631	4 181	422
1970	1974	2485	14692	7913	11128	14498	3 370	455
1971	3350	2794	13442	14334	12706	16259	3 553	613
1972	3497	4896	12748	16226	14136	17922	3 786	759
1973	4512	3429	13443	18028	14682	18161	3 479	802
1974	5250	3760	14749	14516	15070	18465	3 395	944
1975	6377	3604	18716	17070	15442	18317	2 875	1 046
1976	5298	4072	18271	15365	15590	18759	3 169	1 170
1977	7061	3684	20519	16417	16772	19065	2 293	1 329
1978	9721	5706	20850	17250	18778	21583	2 805	1 930
1979	8458	5886	19283	18936	22120	25514	3 394	4 296
1980	8347	5291	24295	17456	27038	31382	4 344	3 787
1981	8557	5532	31230	19282	29465	34424	4 959	5 505
1982	10610	5218	34383	17068	30930	34905	3 975	7 027
1983	12748	6553	35615	19829	35383	40395	5 012	9 255
1984	13851	8194	56176	34938	45564	53973	8 409	13 522
1985	19067	9141	50703	40278	62625	71238	8 613	17 457
1986	23894	12872	70112	64972	71542	82442	10 900	24 908
1987	26042	15114	94019	97597	91613	105327	13 714	33 365
1988	30970	16139	103009	106684	146652	169500	22 848	43 274
1989	36092	19562	117700	143207	153953	179409	25 456	57 532
1990	32964	19903	146159	229191	176210	209199	32 989	77 082
1991	42414	23987	201786	402476	213548	259804	46 256	102 610
1992	50787	32319	265705	539338	313199	383777	70 578	138 317
1993	94449	49848	304571	742746	539645	647052	107 407	167 952
1994	60100	71278	363345	999211	749191	899424	150 233	248 232
1995	70425	95286	506880	1328170	880789	1027286	146 497	380 045
1996	89472	112682	674158	1760780	1144347	1293419	149 072	495 954
1997	99555	128993	743175	2145184	1356252	1529957	173 705	547 247
1998	99953	129519	1049382	1169470	1557596	1667662	110 065	645 246
1999	86572	116982	1115807	1222668	1880785	2011922	131 137	717 650
2000	69033	120998	1249610	1070124	1776906	1880263	103 357	761 403
2001	75245	158830	1300334	1127396	2449464	2571697	122 232	837 844

注：因税制改革，增值税上划比例不同，出现财政收入起伏。1998 年以前银行信贷额为国家银行数，1998 年起为全市金融机构数，二滩贷款单列，不包括在贷款总额中。

7－2　财政收入情况

(2001 年)　　单位:万元

	合　计	市　级	东　区	西　区	仁和区	米易县	盐边县
财政收入合计	75245	54597	6469	2966	4629	4046	2 538
1.基金收入	3232	2629	10	24	65	406	98
2.一般预算收入	72013	51968	6459	2942	4564	3640	2 440
# 增值税	16333	12572	1524	709	636	568	324
营业税	9515	4086	2418	565	1261	754	431
个得税	3860	2095	805	247	299	272	142
资源税	8412	8054	44	73	89	46	106
房产税	6834	6187	329	74	87	123	34
印花税	457	327	78	18	19	6	9
城镇土地使用税	1843	1771	18	4	14	32	4
土地增值税	119	119					
契税	287	229			7	34	17
城镇维护建设税	8947	8348			319	168	112
车船使用税	149	61	28	6	33	11	10
屠宰税	161		28	31	40	29	33
筵席税							
农业税	641		3	2	143	319	174
农业特产税	565		2		72	183	308
牧业税							
耕地占用税	28			8		20	
企业所得税	4234	597	951	997	1099	306	284
外商和外国企业所得税							
国有资产经营收益	399	102			84	163	50
国企计划亏损补贴	－2103	－2063					－40

7－3　财政支出情况

（2001 年）　　单位：万元

	合　计	市　级	东　区	西　区	仁和区	米易县	盐边县
财政决算支出	158830	76042	8344	6477	17784	15108	15 075
＃基金支出	3764	2752	27	20	519	329	117
一般预算支出	155066	93290	8317	6457	17265	14779	14 958
一、生产性支出	35943	23046	1986	1718	4512	2808	1 873
1.基本建设支出	23530	18943	927	1264	1270	734	392
2.企业挖潜改造资金	5202	2828	772	131	675	458	338
3.简易建筑费							
4.科技三项费用	1102	847	15	45	65	105	25
5.流动资金							
6.支援农村生产支出	2564	393	180	158	762	670	401
7.农业综合开发支出	3545	35	92	120	1740	841	717
二、专项及其他支出	25853	17544	1046	757	2347	1432	2 727
1.城市维护费	7847	6793	306	270	191	134	153
2.政策性补贴支出	3293	1468			721	217	887
3.支援不发达地区支出	1593	321			406	266	600
5.海域开发和场地使用费	10	10					
6.专项支出	5712	4858	69	104	281	185	215
7.其他支出	7398	4094	671	383	748	630	872
三、各项事业费支出	932701	52700	5285	3982	10406	10539	10 358
1.农林水利部门事业费	6968	1433	62	128	1308	1702	2 335
2.工交部门事业费	312	153	40	4	25	64	26
3.流通部门事业费	390	193		13	34	83	67
4.文体广播事业费	3443	2361	82	96	342	270	292
5.教育事业费	15530	5243	841	894	3113	3021	2 418
6.科学事业费	1081	1019			18	32	12
7.卫生经费	13053	9830	348	184	931	809	951
8.税务财政审计等事业费	5178	3837	153	200	277	335	376
9.抚恤和社会福利事业费	2620	593	453	392	450	390	342
10.行政事业单位离退休经费	12748	7620	606	373	1459	1519	1 171
11.社会保障补助支出	5429	4798	270	109	115	56	81
12.国防支出	162		49	31	57	13	12
13.行政管理费	14789	6588	1924	1206	1906	1552	1 613
14.外交外事支出	161	161					
15.武警部队支出	575	533	4		13	11	14
16.公检法司支出	10831	8338	453	352	358	682	648

7－4　金融机构信贷收支情况

（2001年）　　单位：万元

资产项目	期末余额	比年初增减
资金运用总计	1171285	－147537
一、各项贷款	1127396	44273
1.短期贷款	706557	117914
(1)工业贷款	438862	136162
(2)商业贷款	94231	15561
#农副产品贷款	25834	－2544
(3)建筑业贷款	24886	－7142
(4)农业贷款	51300	14349
(5)乡镇企业贷款	27802	438
(6)三资企业贷款	4753	761
(7)私营及个体贷款	670	－881
(8)其它短期贷款	64053	－41334
2.中期流动资金贷款	87010	－92256
3.中长期贷款	252478	15768
(1)基本建设贷款	141455	－28693
(2)技术改造贷款	52852	21607
(3)其它中长期贷款	58171	22854
4.信托贷款		
5.融资租赁		
6.委托贷款	53502	－9592
7.票据融资	27092	12093
8.各项垫款	757	346
二、有价证券及投资	15193	－136160
三、应收及预付款	14131	－52254
四、委托投资	2365	－450
五、金银占款		
六、外汇占款		
七、库存现金	12200	－2712
八、财政借款		
资金来源总计	1171285	－147537
一、各项存款	1300334	50541
1.企业存款	322444	－23660
①活期存款	272173	－22910
②定期存款	50271	－750
2.机关团体存款	38557	3844
3.财政存款	4773	－1682
4.储蓄存款	837844	76444
①活期储蓄	233732	38171
②定期储蓄	604112	38273
5.农业存款	22660	23
6.信托存款		
7.委托存款	47697	－1954
8.其它存款	26358	－2474
二、金融债券	9	－4
三、应付及暂收款	10089	－7258
四、流通中货币		
五、各项准备	5706	1267
#贷款呆帐准备金	5431	1086
六、所有者权益	41962	5147
#实收资本	44605	3195
当年结益	－149	－99
六、其它	－186815	－197230

7－5 国家银行现金收支情况

(2001 年) 单位:万元

收入项目	本年累计数	支出项目	本年累计数
一、商品销售收入	209988	一、工资性支出	274738
二、服务业收入	121525	1.国家工资及奖金支出	196256
三、税款收入	9122	2.国家对个人其他支出	39849
四、城乡个体经营收入	20011	3.部队存款支出	3240
五、储蓄存款收入	1412460	4.其他单位工资性支出	35393
六、其它金融机构收入	39518	二、农副产品采购支出	14798
七、居民归还贷款收入	2677	三、工矿及其它产品采购支出	12551
八、汇兑收入	46867	四、行政企事业管理费支出	153308
九、有价证券收入	3262	五、城乡个体经营支出	49437
十、其他收入	62105	六、储蓄存款支出	1397142
＃兑换外币收入	274	七、其他金融机构支出	15307
		八、居民提取贷款支出	2582
		九、汇兑支出	11295
		十、有价证券支出	4285
		十一、其他支出	78453
		＃兑换外币支出	171
		投放(＋)回笼(－)	86361
收入合计	1927534	支出合计	2013895

7－6　保险业务情况

（2001年）　　单位：万元

类　别	承保金额	保费收入	赔款支出
总　计	3520650	28853	10555
一、财产险	2404907	13457	7213
1. 中保财产险	1873375	10717	5966
＃企业财产险	1163936	3461	2906
货运险	337080	1221	240
机动车及第三者责任险	138159	3652	2744
2. 太保财产险	439432	2007	963
＃企业财产险	73673	142	214
货运险	12400	354	140
机动车险	57767	1028	430
3. 平安财产险	92100	733	284
二、人身险	1115743	15396	334
1. 中保人身险	376054	9077	294
＃寿险业务	22760	8221	239
意外险业务	84226	351	150
健康险业务	269068	505	40
2. 太保人身险	624453	2972	245
＃ 寿险业务	127299	2577	90
意外险业务	257569	194	104
健康险业务	239585	201	51
3. 平安人身险	115236	3347	152

8. 物价指数

PRICE INDICES

8-1 历年物价指数

年 份	上 年=100		以1978年=100	
	城市商品零售价格指数	城市居民消费价格指数	城市商品零售价格指数	城市居民消费价格指数
1978			100.0	100.0
1979	105.5	105.8	105.5	105.8
1980	108.3	109.5	114.3	115.9
1981	101.9	102.8	116.4	119.1
1982	102.4	102.2	119.2	121.7
1983	100.7	101.2	120.1	123.2
1984	103.8	104.9	124.6	129.2
1985	111.9	110.9	139.4	143.3
1986	106.9	106.6	149.1	152.8
1987	109.0	109.1	162.5	166.7
1988	122.8	121.9	199.5	203.2
1989	120.4	121.8	240.2	247.4
1990	100.9	102.4	242.4	253.4
1991	105.8	106.3	256.5	269.3
1992	108.7	111.4	278.8	300.0
1993	119.9	122.0	334.2	366.1
1994	119.0	124.0	397.8	453.9
1995	119.0	121.2	473.3	550.1
1996	107.0	115.0	506.5	632.7
1997	104.9	107.3	531.3	678.9
1998	99.2	100.5	527.0	682.3
1999	97.0	98.2	511.2	670.0
2000	96.7	99.6	494.3	667.3
2001	98.3	101.4	485.9	676.6

8－2 居民消费价格指数

（以上年为100）

类　别	指　数	类　别	指　数
居民消费价格总指数	101.4	四、家庭设备用品及维修服务	99.8
非食品价格指数	103.8	1.耐用消费品	99.7
服务项目价格指数	109.3	(1)家具	99.1
扣除鲜菜鲜果总指数	101.7	(2)家庭设备	100.0
消费品价格指数	99.0	2.室内装饰品	100.0
一、食品	97.4	3.床上用品	100.0
1.粮食	99.7	4.家庭日用杂品	100.0
2.淀粉及薯类	90.8	5.家庭服务及加工维修服务	100.0
3.干豆类及豆制品	98.0	五、医疗保健和个人用品	97.2
4.油脂	88.0	1.医疗保健	96.3
5.肉禽及其制品	95.0	(1)医疗器具及用品	100.0
(1)食用畜肉及副产品	96.3	(2)中药材及中成药	98.5
(2)禽	90.9	(3)西药	93.5
(3)肉禽加工制品	94.2	(4)保健器具及用品	100.4
6.蛋	100.1	(5)医疗保健服务	100.0
7.水产品	93.7	2.个人用品及服务	99.9
(1)鱼	90.4	(1)化妆美容用品	101.1
(2)其它水产品	99.5	(2)卫生用品	100.0
8.菜	99.6	(3)个人饰品	97.3
鲜菜	99.8	(4)个人服务	100.0
9.调味品	100.0	六、交通和通讯	109.1
10.糖	100.6	1.交通	102.9
11.茶及饮料	95.2	(1)交通工具	99.1
(1)茶　叶	100.3	(2)车用燃料及零配件	99.7
(1)饮　料	93.0	(3)车辆使用及维修	100.0
12.干鲜瓜果	94.3	(4)市区公共交通	105.1
鲜果	93.9	(5)城市间交通	102.0
13.糕点饼干面包	102.7	2.通信	113.6
14.奶及奶制品	98.2	(1)通信工具	94.7
15.在外用膳食品	101.0	(2)通信服务	120.0
16.其它食品及食品加工服务	99.0	七、娱乐教育文化用品及服务	109.8
二、烟酒及用品	96.0	1.文娱用耐用消费品及服务	96.8
1.烟草	95.5	2.教育	121.1
2.酒	95.8	(1)教材及参考书	110.6
3.吸烟饮酒用品	100.6	(2)学杂托幼费	122.1
三、衣着	100.0	3.文化娱乐用品	100.0
1.服装	100.0	(1)文化娱乐	100.0
(1)男式服装	100.0	(2)书报杂志	100.0
(2)女式服装	100.0	(3)文娱费	100.0
(3)儿童服装	100.0	4.旅游及外出	99.6
2.衣着材料	100.0	八、居住	105.4
3.鞋袜帽	100.0	1.建房及装修材料	100.0
(1)鞋	100.0	2.租房	100.0
(2)袜子	100.0	3.自有住房	100.0
(3)帽子	100.0	4.水、电、燃料	119.0
4.衣着加工服务	100.0		

8－3　城市商品零售价格指数

（以上年价格为100）

类　别	指　数	类　别	指　数
商品零售价格总指数	98.3	2.鞋	100.0
一、食品类	97.8	3.其他衣着	100.0
1.粮食	95.6	四、纺织品类	100.1
(1)细粮	97.0	1.棉布	100.0
(2)粗粮	83.0	2.棉花化纤混纺布	100.0
2.油脂类	85.8	3.化纤布	100.0
3.肉禽蛋	96.8	4.呢绒	100.0
4.水产品	92.6	5.绸缎	100.0
5.鲜菜	102.9	6.其他纺织品	100.3
6.干菜	102.9	五、中、西药品类	95.3
7.鲜果	96.6	1.中药	98.3
8.干果	95.9	2.西药	92.5
9.其他食品类	97.2	3.医疗用品	100.0
(1)调味品	97.6	六化妆品类	100.0
(2)食糖	114.5	七、书报、杂志类	110.4
(3)糖果	94.0	八、文化体育用品类	100.0
(4)糕点	93.0	1.文化用品	100.0
(5)奶及奶制品	96.8	2.体育用品	100.0
(6)罐头	94.9	九、日用品类	100.0
10.饮食业	105.6	1.一般日用品	100.0
(1)主食	99.8	2.家具类	100.0
(2)炒菜	108.2	3.日用杂品	100.0
(3)地方小吃	98.2	十、家用电器类	95.4
二、饮料、烟酒等	94.7	十一、首饰类	90.1
1.饮料	101.9	十二、燃料类	101.4
2.烟酒	92.6	十三、建筑装璜材料	100.0
三、服装、鞋帽类	100.0	十四、机电产品类	98.4
1.服装	100.0		

8－4 城市农贸市场农产品成交价格指数

(以上年价格为 100)

类　别	指　数
农产品成交价格指数	94.7
1.粮食	95.8
(1)细粮	98.8
(2)粗粮	88.7
2.油脂类	87.5
3.肉禽蛋	95.4
4.水产品	91.2
5.鲜菜	98.1
6.干菜	98.1
7.鲜果	94.3
8.干果	96.1

8－5 攀枝花市工业品价格指数

(以上年价格为 100)

项　目	指　数
工业品出厂价格指数	100.3
按轻重工业分	
1.轻工业	99.9
以农产品为原料	100.0
以非农产品为原料	98.9
2.重工业	100.5
采掘工业	100.6
原料工业	100.6
加工工业	99.9
按类别分	
1.生产资料	100.0
采掘工业	100.6
原料工业	100.6
加工工业	98.2
2.生活资料	101.8
食　品	99.1
衣　着	105.9
一般日用品	106.4
耐用消费品	93.4

8－6 固定资产投资价格指数

(以上年价格为 100)

项　目	指　数
总计	97.3
一、按构成分	
建筑安装工程	101.6
设备、工器具购置	80.4
其它费用	100.0

9. 人民生活

PEOPLE'S LIVELIHOOD

9－1 居民生活

（2001年）

年份	城市居民家庭平均每人每年(元)				农村居民家庭平均每人每年(元)					
	全部收入	可支配收入	生活消费支出	#食品	总收入	总支出	生活消费支出	#食品	纯收入	可支配收入
1978	348	339	319	197	158	132	106	81	113	
1979	430	414	354	216	178	165	120	89	138	
1980	452	436	381	230	201	178	140	98	165	
1981	477	457	409	241	227	199	152	103	184	
1982	500	477	428	259	256	221	160	109	196	
1983	526	502	440	262	289	263	169	114	207	
1984	654	643	527	304	388	340	212	139	274	
1985	725	718	712	356	480	461	300	205	333	
1986	889	880	745	430	481	439	301	199	341	
1987	973	964	876	490	554	523	345	237	384	
1988	1221	1210	1091	596	682	675	453	313	459	
1989	1365	1343	1200	701	829	815	518	342	550	
1990	1581	1568	1312	738	945	856	533	350	619	
1991	1908	1897	1621	910	1039	970	622	376	688	
1992	2392	2376	2005	1089	1163	1076	680	425	770	
1993	3118	3106	2493	1361	1258	1186	735	463	826	
1994	4547	4523	3628	1904	1914	1816	1 018	674	1 122	
1995	5481	5443	4404	2358	2456	2339	1 295	792	1 448	
1996	6274	6223	4956	2503	2871	2787	1 625	1 050	1 763	
1997	6431	6385	5059	2472	3178	3004	1 894	1 234	2 092	
1998	6520	6465	5206	2512	3384	2981	1 844	1 113	2 270	
1999	6734	6676	5821	2452	3442	2798	1 746	1 098	2 381	2 311
2000	6791	6732	5738	2418	3665	3106	1 868	992	2 439	2 375
2001	6863	6804	5758	2449	4013	3576	1 929	1 036	2 524	2 440

9－2 城市住户基本情况

(2001 年)

	单位	总平均	最低收入户	#困难户	低收入户	中等偏下户
调查户数	户	200	20	10	20	40
按月平均家庭人口数	人	589.79	58.5	32	67.5	118.18
(一)有收入者人数	人	404.94	32.58	13	40.5	75.18
1.就业人口数	人	284.5	22.75	11	27.67	48.42
(1)国有经济单位职工人数	人	224.67	16.67	9	15	38.84
(2)城镇集体经济单位职工人数	人	30.74	0.83		5.83	4
(3)其它各种经济单位职工人数	人	5.92			3.5	0.08
(4)个体经营者人数	人	3.75			1	2
(5)个体被雇者人数	人	14.09	5	2	2.34	2
(6)离退休再就业者人数	人	3.58				0.58
(7)其它就业者人数	人	1.75	0.25			0.92
2.离退休者人数	人	117.19	8	2	12.83	25.34
3.其它有收入者人数	人	3.25	1.83			1.42
(二)无收入者人数	人	184.85	25.92	19	27	43
附:平均每一就业者负担人数	人	2.07	2.57	2.91	2.44	2.44
(包括就业者本人)	人					
就业面	%	48.24	38.89	34.38	40.99	40.97
期末家庭人口数	人	589	59	32	68	118
附:非家庭人口用饭人数	人	15.58	0.5	0.42	3.42	2.41

9-2续表1　　　　　　(2001年)

	单位	中等收入户	中等偏上户	高收入户	最高收入户
调查户数	户	40	40	20	20
按月平均家庭人口数	人	124.6	116.5	56	48.51
(一)有收入者人数	人	88.76	84.17	43	40.75
1.就业人口数	人	59.34	66.91	32.33	27.08
(1)国有经济单位职工人数	人	42.84	54.91	29.33	27.08
(2)城镇集体经济单位职工人数	人	8.08	9	3	
(3)其它各种经济单位职工人数	人	1.34	1		
(4)个体经营者人数	人	0.75			
(5)个体被雇者人数	人	3.75	1		
(6)离退休再就业者人数	人	2	1		
(7)其它就业者人数	人	0.58			
2.离退休者人数	人	29.42	17.26	10.67	13.67
3.其它有收入者人数	人				
(二)无收入者人数	人	35.84	32.33	13	7.76
附:平均每一就业者负担人数	人	2.1	1.74	1.73	1.79
(包括就业者本人)	人				
就业面	%	47.62	57.43	57.73	55.82
期末家庭人口数	人	123	117	56	48
附:非家庭人口用饭人数	人	0.25	3.75	2	3.25

9-3 城市住户家庭平均每人现金收支情况

(2001 年)

	总平均	最低收入户	#困难户	低收入户	中等偏下户
一、期初手存现金	202.56	69.65	55.16	100.45	140.9
二、可支配收入	6803.55	2496.91	2147.54	3366.74	4796.93
三、现金收入	8862.43	3133.79	2554.01	3917.5	6156.21
(一)实际收入	6862.52	2560.2	2198.23	3413.2	4839.9
1.国有经济单位职工收入	4237.32	1369.78	1243.26	1393.68	2557.39
(1)工资性收入	3876.97	1318.27	1173.32	1333.77	2444.96
(2)非工资性收入	360.35	51.51	69.94	59.91	112.43
2.城镇集体单位职工收入	249.91	26		198.04	127.82
(1)工资性收入	243.63	26		196.82	121.99
(2)非工资性收入	6.28			1.22	5.83
3.其它类型单位职工收入	52.28			225.98	
4.个体经营者的净收益	33.24			74.07	58.39
5.个体被雇者收入	64.47	209.44	173.5	107.84	31.73
6.离退休再就业者收入	22.15				4.74
7.其它就业者收入	5	3.42			21.17
8.其它劳动收入	104.44	96.51	160.81	55.5	96.74
9.财产收入	252.48	138.68	122.56	169.05	190.32
(1)利息	34.34	7.3		9.72	0.88
(2)红利	0.97			1.92	
(3)其它财产租金收入	217.17	131.38	122.56	157.41	189.44
10.转移收入	1836.33	669.87	413.72	1189.04	1750.73
(1)离退休金	1542.32	467.43	280.32	1018.26	1548.47
(2)价格补贴					
(3)赡养收入	88.35	16.41	9.38	37.04	44.76
(4)赠送收入	91.05	65.3	40.62	28.89	75.48
(5)亲友搭伙费	52.78	15.38	18.75	65.18	32.15
(6)记帐补贴	48.48	55.38	36.25	36.43	42.24
(7)出售财物收入	4.29	5.97	8.09	3.24	1.71
(8)其它	9.06	44	20.31		5.92
11.家庭副业生产收入	4.9	46.5	84.38		0.87
(二)借贷收入	1999.91	573.59	355.78	504.3	1316.31
1.提取储蓄存款	1451.77	376.07	175	404.07	918.51
2.提取储金会款					
3.借入款	317	96.58	146.88	26.67	23.7
4.收回借出款	164.45	100.51	33.12	72.67	341.85
5.收回储蓄性保险本金	2.54				12.66
6.兑售有价证券	3.93				19.59
7.购置房屋从银行贷款	50.87				
8.其它借贷收入	9.35	0.43	0.78	0.89	

9－3续表1　　(2001年)

	中等收入户	中等偏上户	高收入户	最高收入户
一、期初手存现金	232.71	234.03	274.93	418.5
二、可支配收入	6483.07	8184.53	10233.07	15215.39
三、现金收入	7176.51	11810.91	14888.68	19537.14
(一)实际收入	6554.36	8233.36	10294.39	15315.61
1.国有经济单位职工收入	3194.93	5866.78	7556.33	10677.57
(1)工资性收入	3050.87	5503.24	6719.72	8924.59
(2)非工资性收入	144.06	363.54	836.61	1752.98
2.城镇集体单位职工收入	350.84	411.18	460.41	
(1)工资性收入	344.89	394.54	455.89	
(2)非工资性收入	5.95	16.64	4.52	
3.其它类型单位职工收入	73.67	54.92		
4.个体经营者的净收益	61.83			
5.个体被雇者收入	70.56	51.08		
6.离退休再就业者收入	63.4	39.51		
7.其它就业者收入	2.01			
8.其它劳动收入	154.23	130.1	34.11	92.56
9.财产收入	286.24	237.19	246.87	613.68
(1)利息	36.17	17.58	0.82	257.03
(2)红利	3.53			
(3)其它财产租金收入	246.54	219.61	246.05	356.65
10.转移收入	2296.65	1442.02	1996.67	3931.8
(1)离退休金	1896.9	1211.67	1711.84	3240.44
(2)价格补贴				
(3)赡养收入	208.27	49.87	17.86	218.51
(4)赠送收入	111.16	95.62	19.64	266.34
(5)亲友搭伙费	6.42	37.77	167.32	153.78
(6)记帐补贴	63.42	43.02	44.47	51.54
(7)出售财物收入	8.17	2.35	7.33	1.19
(8)其它	2.31	1.72	28.21	
11.家庭副业生产收入		0.58		
(二)借贷收入	622.15	3577.55	4594.29	4221.53
1.提取储蓄存款	510.19	1948.95	3874.64	3933.46
2.提取储金会款				
3.借入款	3.61	1169.66	714.29	
4.收回借出款	108.35	191.67	5.36	199.55
5.收回储蓄性保险本金				
6.兑售有价证券				
7.购置房屋从银行贷款		257.51		
8.其它借贷收入		9.76		88.52

9－3续表2　　　　　　(2001年)

	总平均	最低收入户	#困难户	低收入户	中等偏下户
四、现金支出	8738.44	3022.64	2415.35	3779.01	5946.78
(一)实际支出	6682.46	2674.94	2295.05	3364.84	5187.14
1、消费性支出	5757.71	2544.79	2204.24	3129.98	4775.34
(1)食品支出	2448.73	1390.88	1257.58	1719.37	2249.43
(2)衣着支出	491.31	134.21	125.13	220.1	310.75
(3)设备用品及服务	432.1	110.36	122.53	82.98	209.96
(4)医疗保健	410.19	187.23	101.3	189.79	778.29
(5)交通与通讯	504.49	133.42	74.88	134.82	210.64
(6)娱乐文教服务	622.08	218.68	192.51	360.26	476.84
(7)居住	555.17	340.08	303.97	381.46	428.47
(8)杂项商品及服务	293.64	29.93	26.34	41.2	110.96
2、非消费性支出	922.18	122.26	76.37	225.24	411.25
(1)贷款利息	0.17			0.41	0.85
(2)个人所得税	7.93			0.97	0.18
(3)其它各种税金	5.96	0.51			2.65
(4)非储蓄性保险	0.69				
(5)赡养支出	284.22	50.77	28.75	59.41	206.3
(6)赠送支出	335.09	60.51	46.87	162.09	193.23
(7)购建房支出	275.06			0.4	
(8)其它非消费性支出	13.06	10.47	0.75	1.96	8.04
3、家庭副业生产支出	2.57	7.89	14.44	9.62	0.55
(二)借贷支出	2055.98	347.68	120.3	414.17	759.64
1、存入储蓄款	1333.92	204.7	31.25	302.77	447.06
2、存入储金会款	1.69	1.71			
3、归还借款	122.86	32.48	46.87	1.7	17.77
4、借出款	36.5	18.8		4.44	14.38
5、储蓄性保险支出	303.36	61.44	31.17	89.06	121.09
6、购买有价证券	152.6				
7、预购					
8、归还购房贷款	4.29				
9、其它借贷支出	100.76	28.55	11.01	16.2	159.34
五、期末手存现金	326.55	180.82	193.82	238.94	350.33

9-3续表3　　(2001年)

	中等收入户	中等偏上户	高收入户	最高收入户
四、现金支出	7110.33	11711.21	14808.37	19368.69
(一)实际支出	5548.17	8839.12	11988.65	11383.09
1、消费性支出	4909.21	7365.71	9455.96	9730.35
(1)食品支出	2381.71	2822.67	3520.29	3261.98
(2)衣着支出	404.08	664.75	977.01	986
(3)设备用品及服务	254.82	683.11	1149.17	871.85
(4)医疗保健	383.56	357.61	379.21	319.38
(5)交通与通讯	496.9	969.19	568.86	1011.43
(6)娱乐文教服务	293.97	757.99	1382.91	1464.79
(7)居住	490.17	743.37	769.98	831.91
(8)杂项商品及服务	204	367.02	708.53	983.01
2、非消费性支出	638.42	1471.15	2532.61	1652.74
(1)贷款利息				
(2)个人所得税	7.33	3.55	16.78	48.68
(3)其它各种税金	2.57	9.76	7.56	25.33
(4)非储蓄性保险	3.08			0.48
(5)赡养支出	270.63	355.62	453.75	736.14
(6)赠送支出	341.65	442.33	479.99	810.85
(7)购建房支出		643.78	1557.14	
(8)其它非消费性支出	13.16	16.11	17.39	31.26
3、家庭副业生产支出	0.54	2.26	0.08	
(二)借贷支出	1562.16	2872.09	2819.72	7985.6
1、存入储蓄款	1137.76	2027.99	1435.36	5010.96
2、存入储金会款		3.73	1.78	7.5
3、归还借款	4.01	215.65	714.29	56.11
4、借出款	38.36	33.48	66.96	123.69
5、储蓄性保险支出	334.46	476.67	430.33	694.7
6、购买有价证券				1855.29
7、预购				
8、归还购房贷款		21.74		
9、其它借贷支出	47.57	92.83	171	237.35
五、期末手存现金	298.89	333.73	355.24	586.95

9－4 城市住户家庭平均每人全年消费主要食品

(2001年)

	单位	总平均	最低收入户	#困难户	低收入户	中等偏下户	中等收入户	中等偏上户	高收入户	最高收入户
粮食	公斤	110.08	112.43	109.84	113.49	114.3	95.11	114.26	118.77	110.57
	元	328.04	261.58	250.59	274.26	329.69	292.78	354.23	414.57	406.74
食用植物油	公斤	10.3	9.87	8.5	9.72	10.93	10.15	9.19	11.03	10.2
	元	75.04	68.77	62.04	62.6	79.33	73.97	68.15	89.92	79.77
猪肉	公斤	32.53	25.54	25.54	35.36	36.5	28.67	34.72	27.85	30.48
	元	296.43	214.84	212.57	296.5	331.6	263.68	328.1	268	296.36
牛、羊肉	公斤	2.15	1.05	1.09	1.73	1.87	1.99	2.81	2.87	2.66
	元	20.53	9.21	8.92	16.59	17.66	19.51	26.74	29.57	23.69
家禽	公斤	11.73	4.72	4.11	6.5	9.21	12.24	14.21	20.87	16.72
	元	161.06	59.04	45.09	84.99	120.02	162.46	207.32	299.66	234.59
鲜蛋	公斤	10.71	7.23	5.99	8.01	9.08	11.41	11.71	13.88	14.11
	元	67.02	42.75	34.95	48.84	55.26	71.57	73.44	88.49	95.68
鱼	公斤	8.33	4.53	4.05	4.86	8.2	9.07	9.22	11.14	10.32
	元	76.54	36.4	32.52	40.81	71.1	88.04	88.53	103.91	94.07
鲜菜	公斤	157.23	121.58	117.71	121.89	164.04	148.57	167.94	179.47	185.7
	元	290.14	187.06	166.29	204.88	290.29	286.75	325.97	367.88	344.27
食糖	公斤	2.25	1.42	1.39	2.61	2.19	2.09	2.79	2.1	1.74
	元	11.05	6.2	6.14	12.65	10.81	10.18	14.24	10.19	8.87
糖果	公斤	0.8	0.45	0.36	0.58	0.72	0.88	0.91	0.94	1.04
	元	19.58	8.11	5.39	10.21	16.27	21.76	22.23	28.43	33.31
卷烟	公斤	68.37	49.9	38.77	67.81	85	55.16	53.7	102.12	74.7
	元	270.58	129.92	93.35	133.73	290.21	225.98	282.6	514.7	418.4
白酒	公斤	4.98	4.55	4.38	6.07	5.54	4.09	4.86	3.99	5.22
	元	74.9	28.88	31	48.47	63.07	64.41	120.2	80.34	109.44
啤酒	公斤	14.35	7.6	8.82	6.59	11.75	23.12	14.31	15.65	13.01
	元	41.94	19.56	22.01	18.01	31.57	66.7	44.6	51.12	41.17
茶叶	公斤	0.64	0.57	0.42	0.48	0.79	0.61	0.55	1.03	0.38
	元	25.39	14.83	13.53	17.66	27.19	24.86	24.33	44.56	25.73
鲜瓜果及制品	公斤	55.25	24.75	20.64	42.68	49.54	56.25	61.3	84.09	72.99
	元	157.64	56.06	45.02	101.65	125.49	166.9	185.53	270.35	226.54
坚果及果仁	公斤	3.04	2.09	2.27	2.05	3.97	2.98	2.66	2.98	3.98
	元	17.8	10.22	10.71	10.47	22.44	17.7	16.83	19.76	24.61
糕点	公斤	2.79	1.39	1.06	2.06	2.08	3.22	3.21	4.61	2.91
	元	40.22	15.59	12.79	22.16	26.62	49.7	49.83	70.06	47.7
鲜奶	公斤	5.52	1.23	1.65	0.52	2.44	6.01	4.06	20.15	13.48
	元	26.41	5.45	7.44	2.51	11.02	30.29	19.51	94.04	64.81

9－5 城市住户家庭平均每人全年购买非食品

(2001年)

项 目	单位	总平均	最低收入户	#困难户	低收入户	中等偏下户	中等收入户	中等偏上户	高收入户	最高收入户
男士服装	件	2.12	1.03	1.13	1.48	2.48	2.03	2.11	2.46	3.36
	元	120.24	27.9	32.78	77.07	83.3	100.39	141.59	258.68	221.53
女士服装	件	3.46	1.11	0.97	1.59	2.79	2.94	5.04	6.05	5.11
	元	195.72	37.08	24.06	62.54	107.77	139.43	294.24	443.13	408.94
童装	件	1.24	0.75	0.78	0.79	1.05	1.26	1.46	1.63	1.92
	元	30.96	13.67	13.77	12.62	22.21	30.68	38.82	49.88	58.67
棉布	米	0.11	0.01	0.01	0.21	0.12	0.16	0.06	0.04	0.16
	元	1.08	0.05	0.09	1.44	1.35	1.68	0.64	0.36	1.5
棉花化纤	米	0.03				0.03	0.01	0.01	0.08	0.13
混纺布	元	0.29				0.25	0.06	0.2	0.61	1.61
化纤布	米	0.44	0.19	0.01	0.25	0.6	0.33	0.4	0.18	1.29
	元	5.51	2.88	0.07	2.8	7.02	2.94	4.26	2.73	21.61
呢绒	米	0.002								0.03
	元	0.07								0.82
绸缎	米	0.01				0.02				0.12
	元	0.46				0.23				5.01
毛线	米	0.16	0.15	0.06	0.07	0.1	0.22	0.25	0.09	0.2
	元	11.23	6.34	3.03	3.92	6.27	13.83	20	7.93	15.41
皮鞋	双	0.79	0.48	0.59	0.59	0.62	0.72	1.01	0.96	1.24
	元	68.24	20.09	22.78	29.39	40.5	60.12	98.38	116.68	140.55
旅游鞋	双	0.02	0.02			0.03	0.02	0.02	0.07	
	元	1.86	2.22			3.65	1.31	0.53	5.59	
布鞋	双	0.06	0.09	0.09	0.06	0.02	0.11	0.04	0.04	0.1
	元	0.65	0.7	0.5	0.49	0.24	1.19	0.29	0.36	1.65
凉鞋	双	0.46	0.24	0.44	0.37	0.4	0.43	0.57	0.61	0.64
	元	21.86	3.71	6.78	9.33	15.68	16.02	29.21	45.71	46.03
拖鞋	双	0.79	0.91	1.19	0.49	0.55	0.86	0.82	1.14	0.99
	元	5.61	4.08	4.97	3.47	3.92	6.71	4.92	8.45	10.16
其他鞋	双	0.54	0.53	0.5	0.62	0.6	0.43	0.54	0.52	0.54
	元	12.94	7.03	6.63	11.53	10.87	12.61	14.98	17	18.35
肥皂	块	6.52	5.78	2.94	8.21	6.11	8.68	4.67	7.96	3.3
	元	5.32	5.33	3.08	6.2	4.36	7.07	4.03	6.58	3.56
洗衣粉	公斤	1.5	1.29	0.91	1.35	1.29	1.88	1.62	1.86	0.75
	元	11.9	9.79	7.7	10.64	10.3	14.3	12.8	16.29	6.72
煤炭	公斤	98.02	263.98	235.84	241.88	137.98	54.05	22.32	4.77	2.8
	元	15.54	39.68	33.21	39.07	22.81	7.94	3.83	0.71	0.76

9－6 城市住户家庭平均每百户年末耐用消费品拥有量

(2001 年)

名称	单位	数量	名称	单位	数量	名称	单位	数量
组合家具	套	110	洗衣机	台	85	微波炉	台	9
沙发床	个	92.5	影碟机	台	52.5	电炊具	个	54.5
沙发	个	211	录放象机	台	21.5	家用电脑	台	9.5
家用汽车	辆	1	组合音响	套	21	健身器材	件	3
摩托车	辆	3.5	录音机	台	46	淋浴热水器	台	70
自行车	辆	10	照相机	架	53	抽排油烟机	台	69.5
缝纫机	台	43	钢琴	架	1	吸尘器	台	8
彩色电视机	台	114.5	其它中高档乐器	件	6	移动电话	部	41.5
电冰箱	台	98.5	空调	台	15.5	普通电话	部	80.5
冰柜	台	2	电风扇	台	143			

9－7 农民人平种植、饲养情况

(2001 年)

	单位	全市	仁和	米易	盐边
一、粮食总产量	公斤	552	534	666	466
其中:1.小麦	公斤	75	55	54	111
2.水稻	公斤	305	333	424	176
3.玉米	公斤	123	118	131	121
4.大豆	公斤	8	10	9	5
5.薯类	公斤	35	14	42	48
二、油料总产量	公斤	5	4	2	9
三、糖料总产量	公斤	347	10	1024	41
四、蔬菜总产量	公斤	784	1186	846	381
五、水果总产量	公斤	61	47	109	30
六、出售肉猪及猪肉数量	公斤	52	40	42	72
七、出售菜牛及肉数量	公斤	2	3	2	2
八、出售菜羊用羊肉数量	公斤	0.97	1.53	0.95	0.50
九、出售家禽数量	公斤	2	4	2	1

9-8　农村住户基本情况

(2001 年)

	单位	全市	仁和	米易	盐边
调查基点	个	30	10	10	10
调查户数	户	300	100	100	100
家庭常住人口	人	1220	384	392	444
其中:整半劳动力	个	817	253	274	290
劳动力文化程度	人				
1.不识字或识字很少	人	120	13	42	65
2.小学人数	人	265	91	71	103
3.初中人数	人	365	127	136	102
4.高中人数	人	44	15	15	14
5.中专人数	人	18	7	6	5
6.大专及以上人数	人	5		4	1
期末生产性固定资产原值	万元	243	110	68	66
经营耕地面积	亩	1174	362	400	412
经营山地面积	亩	183	34	85	64
经营水面面积	亩	31	14	12	4
年内新建(购)住房面积	平方米	670	280	80	310
年内新建(购)住房价值	万元	18	8	3	7
年末住房面积	平方米	32156	9954	12447	9755
其中:砖木结构面积	平方米	2603	990	30	1583
年末住房价值	万元	460	143	195	123

9－9 农村主要农产品人均出售情况

(2001年)

	单位	全市	仁和	米易	盐边
一、出售粮食	公斤	63	48	104	40
1.小麦	公斤	5	6	6	4
2.稻谷	公斤	40	30	76	16
3.玉米	公斤	8	6	15	4
4.豆类	公斤	3	6	2	0.4
5.薯类	公斤	6		3	13
二、出售油料	公斤	1.04	1.44	0.03	1.60
三、售糖料	公斤	256	10	743	41
四、出售烟叶	公斤	0.71		1.33	0.79
五、出售蔬菜	公斤	462	933	405	104
六、出售水果	公斤	35	31	62	14
七、出售牧业产品					
1.出售肉猪	头	0.55	0.52	0.41	0.68
2.出售肉牛	头	0.02	0.02	0.02	0.01
3.出售菜羊	头	0.04	0.09	0.03	0.02
4.出售家禽	只	0.93	1.82	0.58	0.48
5.出售猪肉	公斤	1.85	0.95	2.13	2.38
6.出售牛肉	公斤	0.06		0.19	
7.出售羊肉	公斤				
8.出售蛋类	公斤	0.75	0.78	0.28	1.12
八、出售蚕茧	公斤	4	2		9
九、出售水产品	公斤	18	2	46	9

9－10　农村全年粮食人平收支情况

(2001 年)

	单位	全市	仁和	米易	盐边
一、年初粮食结存	公斤	292	443	344	418
二、年内粮食收入	公斤	657	606	881	503
1．家庭经营生产的	公斤	552	534	666	466
2．购入	公斤	91	72	175	34
3．借入	公斤	0.97	0.31		2.40
4．收回借出粮	公斤				
5．其他粮食收入	公斤	13		40	1
三、年内粮食支出	公斤	609	461	788	579
1．主食用粮	公斤	318	215	313	411
2．其他生活用粮	公斤	5		5	10
3．售出	公斤	63	48	104	40
4．种子	公斤	7	3	8	10
5．饲料	公斤	213	194	352	106
6．借出	公斤	0.3	0.3		0.6
7．归还借粮	公斤	0.3			0.9
8．其他粮食支出	公斤	2		5	1
四、年末粮食结存	公斤	507	574	93	459
#口粮	公斤	351	232	495	327
饲料	公斤	78	140		94
种子	公斤	1	3		
补充资料：					
生产加工用粮	公斤	104		131	169
食品加工用粮	公斤	39		73	43
饲料加工用粮	公斤	62		58	119

9－11　农村人平总收入和纯收入

(2001年)

	单位	全市	仁和	米易	盐边
一、全年总收入	元	4013	4823	4389	2982
(一)工资性收入	元	340	681	247	267
1.在非企业组织中劳动得到的收入	元	101	187	82	43
2.在本地企业中劳动得到的收入	元	61	127	42	21
其中:在本地乡镇企业劳动的得到收入	元	39	102	12	6
(1)在第一产业劳动得到的收入	元	11	5	17	10
(2)在第二产业劳动得到的收入	元	34	86	13	7
(3)在第三产业劳动得到的收入	元	16	36	12	3
3.常住人口外出从业得到的收入	元	95	127	30	124
4.其他	元	135	240	93	80
(二) 家庭经营收入	元	3326	3673	3780	2625
1.农业收入	元	1631	1507	2091	1331
其中:种植业收入	元	1531	1478	2060	1108
2.林业收入	元	38	13	49	50
3.牧业收入	元	826	850	707	910
4.渔业收入	元	141	19	308	100
5.工业收入	元	194	277	307	22
6.建筑业收入	元	0.86	0.13		2.25
7.交通运输和邮电业收入	元	278	668	147	55
8.批发零售贸易餐饮业收入	元	142	314	113	19
9.社会服务业收入	元	21	14	36	15
10.其他家庭经营收入	元	53	10	19	120
(二)转移性收入	元	166	186	241	82
(三)财产性收入	元	131	283	122	8
二、全年人均纯收入	元	2524	2912	2637	2088
三、可支配收入	元	2440	2781	2557	2041
全年总支出	元	3576	4489	3813	2576
一、家庭经营费用支出	元	1224	1530	1501	714
1.农业生产支出	元	303	258	347	302
#种植业生产支出	元	301	255	347	300
2.林业生产支出	元	28	48	21	17
3.牧业生产支出	元	419	446	482	341
4.渔业生产支出	元	100	3	304	3
5.工业生产支出	元	132	176	236	0.18
6.建筑业生产支出	元	3			9
7.交通运输邮电业生产支出	元	172	479	45	18
8.批发零售贸易餐饮业支出	元	58	114	56	13
9.社会服务业支出	元	1		2	
10.其他家庭经营支出	元	8	5	6	11
二、购置生产用固定资产支出	元	188	429	98	59
三、生产性固定资产折旧	元	133	190	115	100
四、税费支出	元	67	109	54	43
五、生活消费支出	元	1929	2149	1995	1681
六、财产性支出	元	14	12	25	7
七、转移性支出	元	153	260	141	72

9－12 农村人平现金收支情况

(2001 年)

	单位	全市	仁和	米易	盐边
一、期内现金收入合计	元	2567	3729	2759	1392
(一)工资性收入	元	391	681	247	267
1.在非企业中的劳动报酬	元	101	187	82	43
2.在本地企业中的劳动报酬	元	61	127	42	21
3.常住人口外出的劳动报酬	元	95	127	30	124
(二)家庭经营收入	元	1898	2579	2207	1036
1.出售产品的收入	元	1341	1524	1774	800
(1)出售农业产品的收入	元	612	796	915	185
其中:种植业	元	605	783	909	183
(2)出售林产品的收入	元	15	9	19	17
(3)出售牧业产品的收入	元	433	461	322	507
(4)出售渔业产品的收入	元	129	12	77	8
(5)出售工业产品的收入	元	147	246	215	
(6)出售其他产品的收入	元	5	1		14
2.工业加工收入	元	47	31	92	22
3.建筑业收入	元	1			1
4.交通运输业收入	元	278	668	147	55
5.批发零售贸易餐饮业收入	元	142	314	113	19
6.社会服务业收入	元	21	14	36	15
7.其他家庭经营收入	元	48	10	19	106
(三)财产性收入	元	131	283	122	8
(四)转移性收入	元	147	186	184	80
二、期内现金支出合计	元	2637	3716	2738	1615
(一)生产费用支出	元	1212	1713	1282	717
1.家庭经营费用支出	元	1024	1284	1184	657
(1)农业生产支出	元	296	258	342	289
其中:种植业支出	元	295	255	342	287
(2)林业生产支出	元	28	48	21	17
(3)牧业生产支出	元	226	200	171	297
(4)渔业生产支出	元	100	3	304	3
(5)工业生产支出	元	132	176	236	
(6)建筑业生产支出	元	3			9
(7)交通运输业支出	元	172	479	45	18
(8)批发零集中餐饮业支出	元	58	114	56	13
(9)社会服务业支出	元	1		2	
(10)其他经营支出	元	8	5	6	11
2.购置生产用固定资产支出	元	188	429	98	59
#大中型铁木农具	元	5	1	4	10
(二)税费支出	元	67	109	53	43
(三)生活消费支出	元	1193	1622	1244	779
(四)转移性支出	元	150	260	134	70
(五)财产性支出	元	14	12	25	7
三、期末手存现金	元	656	1451	265	313
四、期末存款余额	元	353	536	434	122
五、期末债务余额	元	925	963	1408	467

9－13 农村主要商品人平购买情况

(2001年)

	单位	全市	仁和	米易	盐边
一、购买食品	元	310	452	284	210
其中:1.粮食	公斤	8	1	15	7
金额	元	8	2	15	8
2.动植物油	公斤	1	2	2	1
金额	元	7	14	12	8
3.蔬菜	公斤	15	24	12	10
金额	元	15	23	14	9
4.猪肉	公斤	8	12	8	5
金额	元	66	99	64	38
5.牛肉	公斤	0.55	1.19	0.34	0.18
金额	元	6.80	15.67	3.78	1.79
6.羊肉	公斤	0.41	0.65	0.19	0.40
金额	元	4.20	7.34	1.92	3.50
7.家禽	公斤	0.92	1.37	0.85	0.58
金额	元	11	17	11	7
8.鲜蛋	公斤	0.90	1.33	0.93	0.52
金额	元	6	10	6	4
9.谈水鱼类	公斤	1.21	1.16	0.79	1.61
金额	元	9	9	6	13
10.食糖	公斤	1	1	1	1
金额	元	3	4	2	3
11.卷烟	盒	24	34	23	17
金额	金额	52	78	48	33
12.酒	公斤	8	11	6	7
金额	元	30	47	22	23
13.水果	公斤	8	12	7	5
金额	元	13	17	11	9
二、衣着和床上用	元	71	86	68	60
三、购文化体育用	元	38	37	66	14
1.购电视机	元	22	16	43	6
2.购收录机	元	0.26	0.39	0.33	0.10
3.录像机	元	0.57			1.58
4.购影碟机	元	6	18	10	
四、购买建筑材料	元	142	261	97	78
五、购买燃料	元	16	19	25	5
六、购买日用品	元	103	134	109	71
七、购药品及医疗用品	元	33	58	19	23
八、购买生产资料	元	867	1211	1015	439
1.化肥	公斤	149	174	164	113
金额	元	129	116	171	103
2.农药	元	32	33	41	22

9－14　农村人平生活消费现金和耐用品拥有量情况

(2001年)

	单位	全市	仁和	米易	盐边
农村住户生活消费现金支出					
(一)食品现金支出	元	397	612	348	256
1.主食	元	25	43	24	12
2.副食	元	171	241	160	121
3.其他食品	元	114	168	100	78
4.在外饮食	元	76	150	56	30
5.食品加工	元	11	9	9	16
(二)衣着	元	64	77	61	54
1.服装及材料	元	38	52	32	31
2.鞋袜帽类	元	22	23	24	19
3.衣着加工及修理	元	0.31	0.14	0.42	0.37
(三)居住	元	221	357	190	130
1.住房	元	170	297	129	95
2.电费	元	31	33	34	28
3.燃料	元	14	19	25	5
(四)家庭设备用品及服务	元	76	104	71	57
其中:1.耐用消费品	元	26	37	30	12
2.床上用品	元	7	7	7	7
3.家庭日用杂品	元	39	53	32	34
4.设备用品加工修理费	元	2	3		3
(五)医疗保健	元	128	168	119	103
(六)交通和通讯	元	96	137	113	46
(七)文化娱乐用品及服务	元	175	146	272	114
(八)其它商品和服务	元	36	21	69	19
每百户耐用品拥有量					
1.大型家具	件	129	177	146	64
2.洗衣机	台	38	37	45	32
3.电风扇	台	44	62	47	24
4.电冰箱	台	10	17	11	2
4.热水器	台	10	12	10	10
5.自行车	辆	18	18	14	23
6.摩托车	辆	14	10	19	12
7.汽车	台	0.3	1		
8.电活机	部	14	20	19	2
9.移动电话	部	5	9	6	
10.寻呼机	台	3	6	2	
11.彩色电视机	台	65	79	67	50
12.黑白电视机	台	35	24	38	43
13.录放像机	台	3	6	2	1
14.影碟机	台	16	21	22	4
15.组合音响	台	7	11	8	1
16.收录机	台	21	30	18	15
17.照相机	架	3	2		8
18.家用计算机	台	0.3		1	

9－15 农村住户人均食品消费情况

(2001 年)

	单位	全市	仁和	米易	盐边
一、粮食	公斤	322	214	316	419
其中:1.小麦	公斤	26	7	10	57
2.稻谷	公斤	225	207	257	212
3.玉米	公斤	51	0.07	33	111
4.薯类	公斤	7	0.02	8	12
二、豆类及豆制品	公斤	2.80	1.19	3.65	3.44
三、蔬菜及菜制品	公斤	142	177	138	114
四、动植物油	公斤	5	2	6	6
五、肉禽及其制品	公斤	34	46	31	25
其中:1.猪肉	公斤	29	38	27	22
2.牛肉	公斤	0.58	1.19	0.35	0.25
3.羊肉	公斤	0.72	0.80	0.47	0.88
4.家禽	公斤	3	5	3	2
5.肉禽制品	公斤	0.34	0.67	0.29	0.09
六、蛋类及蛋制品	公斤	3	4	2	2
七、奶及奶制品	公斤	0.16	0.09	0.23	0.16
八、水产品	公斤	2.62	1.67	1.76	4.20
九、食糖	公斤	0.79	0.86	0.58	0.91
十、酒和饮料	公斤	10	12	7	11
十一、水果及制品	公斤	19	26	18	14

10. 农　业

AGRICULTURE

10－1 攀枝花市主要农业产品产量

年 份	粮 食（吨）	甘 蔗（吨）	蔬 菜（吨）	水 果（吨）	水产品（吨）	猪 肉（吨）	牛羊肉（吨）	禽蛋（吨）	生猪年末存栏头数（头）	大牲畜年末存栏头数（头）
1965	98025	66645	10438	682	13	3250	401	76	138 238	71 036
1966	118010	60723	11905	628	20	3663	445	40	151 485	73 066
1967	116385	51136	16713	701	13	3588	490	38	149 952	76 884
1968	101490	48448	22273	645	14	3213	521	39	144 148	80 430
1969	106960	45654	31198	696	11	3192	517	41	151 770	81 480
1970	116860	47294	37440	1207	21	3890	518	116	168 264	86 980
1971	133580	58501	40704	1212	19	4208	551	126	201 361	89 519
1972	123465	55229	42531	1154	42	5175	584	126	232 346	92 868
1973	127050	59877	39264	1495	54	5177	631	127	236 672	97 562
1974	113885	57190	46361	1205	66	5117	580	139	232 155	101 083
1975	133605	69016	48302	1925	71	4795	652	139	224 772	101 998
1976	123080	72093	68637	1561	98	5031	615	156	234 406	104 413
1977	127995	79160	76312	2424	70	5081	683	169	251 293	104 916
1978	156655	85843	80133	2402	57	6021	735	160	271 682	108 582
1979	146390	88972	71511	1943	114	6082	760	212	285 730	107 102
1980	158230	90045	69075	2834	151	6800	710	158	280 767	110 826
1981	162700	88895	83535	2498	200	7535	695	277	280 666	111 258
1982	170565	107434	98370	2837	291	8025	705	292	309 132	111 421
1983	158045	130464	99420	3053	302	8710	675	344	324 123	113 078
1984	179565	179186	119130	4600	340	9445	735	455	335 595	120 312
1985	161385	203782	115070	3500	445	11210	1 095	442	362 949	128 352
1986	151333	168443	137095	4235	652	11724	1 156	367	378 299	135 662
1987	159362	187272	148225	8322	835	13196	1 329	561	381 794	140 971
1988	146456	197484	153860	7422	1013	14266	1 625	590	409 811	144 320
1989	158075	210180	155578	9796	1155	15507	1 292	746	433 985	147 818
1990	179845	230784	173598	9395	1244	17201	1 588	468	451 481	152 861
1991	184038	272416	195926	10558	1349	18481	1 647	572	457 682	154 968
1992	182229	311350	196688	11637	1475	21491	1 759	568	455 230	157 440
1993	180383	255237	210825	14577	1626	22786	1 853	651	455 318	156 555
1994	190419	284091	235271	15164	2217	25268	2 240	927	473 268	158 680
1995	203498	298882	269130	18623	2733	28536	3 313	1 014	508 825	164 461
1996	215059	306958	304093	22335	3130	31684	2 569	1 163	511 581	164 424
1997	220096	292709	322507	25058	3733	34475	2 680	1 221	517 192	168 678
1998	215945	275708	329630	27573	3676	37113	2 774	1 218	529 109	169 372
1999	226917	282077	352014	28779	4067	37877	3 211	1 411	534 960	163 797
2000	228463	341239	326990	29960	4858	38824	3 598	1 617	525 350	162 350
2001	222060	246944	366614	35271	5697	39625	4 301	1 838	520 755	154 881

10－2　农村基本情况及生产条件

(2001 年)

	单位	全市	东区	西区	仁和区	米易县	盐边县
一、农村组织情况							
(一)乡、镇政府	个	75	1	1	14	28	31
＃镇政府	个	22	1	1	8	8	4
(二) 村民委员会	个	409	9	10	86	132	172
(三)村民小组	个	2653	32	57	766	936	862
二、农村社会基础设施							
(一)自来水受益村数	个	279	9	10	63	115	82
(二)通汽车村数	个	373	9	10	86	124	144
(三)通电话村数	个	206	9	7	51	77	62
(四)通电村数	个						
三、农村人口、劳动力资源及分布							
(一)乡村户数	户	138282	8136	3843	3567	48429	42 195
(二)乡村人口	人	505745	21904	11027	132928	176650	163 236
(三)乡村从业人员数合计	人	274519	5242	7132	78931	89686	93 528
男	人	140790	2506	3458	40162	46321	48 343
女	人	133729	2736	3674	38769	43365	45 185
1.农业从业人员数	人	236432	3846	4698	64467	80962	82 459
2.工业从业人员数	人	9104	340	844	4888	1196	1 836
3.建筑业从业人员数	人	2376	98	233	933	261	851
4.交通运输和邮电通讯从业人员数	人	7246	490	473	2755	1945	1 583
5.批发零售贸易业餐饮业从业人员数	员	5579	216	384	1747	1276	1 956
6.其他从业人员	人	13782	252	500	4141	4046	4 843

10－2续表1　　　　　　　　　　(2001年)

	单位	全市	东区	西区	仁和区	米易县	盐边县
四、耕地情况							
(一)年初实有耕地面积	公顷	31781	209	437	8383	11656	11 096
(二)年内新增加耕地面积	公顷	244	10			110	124
＃新开荒地面积	公顷	139	10			90	39
(三)年内减少耕地面积	公顷	347	5		105	168	69
＃国家基建占地	公顷	31			11	18	2
乡村集体占地	公顷	45			35	3	7
(四)年末实有耕地面积	公顷	31678	214	437	8278	11598	11 151
＃水　　田	公顷	15542	136	171	4670	6889	3 676
旱　　地	公顷	16136	78	266	3608	4709	7 475
五、农村主要能源及物资消耗							
乡村办电站数	个	123				72	16
装机容量	千瓦	11425				7629	3 759
发电量	万千瓦	3288				2296	992
农村用电量	万千瓦	8018	1329	144	2248	2046	2 147
农用化肥施用量(折纯量)							
氮　肥	吨	13026	77	140	3845	6041	2 923
磷　肥	吨	1788	14	12	547	955	260
钾　肥	吨	832	5	9	209	455	154
复合肥	吨	7055	34	14	1113	3741	2 153
农用塑料薄膜使用量	吨	730	10	5	174	432	109
＃地膜使用量	吨	622	10	5	157	352	98
地膜覆盖面积	公顷	6970	90	76	1783	3858	1 163
农用柴油	吨	4544		9	1558	2383	594
农药使用量	吨	457	6	7	146	158	140
附报:乡村劳动力中转移							
出省的劳动力	人	1577		357	449	372	399

10－3　农业主要产品生产情况

(2001 年)

	单位	全　市	东区	西区	仁和区	米易县	盐边县
农作物总播种面积	公顷	55110	546	872	16566	19209	17 917
一、粮食作物合计面积	公顷	39905	246	661	12149	11873	14 976
单产	公斤	5565	6467	4943	5716	6619	4 618
总产	吨	222060	1591	3267	69445	78593	69 164
(一)小春粮食合计面积	公顷	13605	51	260	4909	3494	4 891
单产	公斤	2986	2647	2400	2581	4092	2 637
总产	吨	40628	435	624	12670	14299	12 900
＃小麦面积	公顷	7510	1	67	1979	2042	3 421
单产	公斤	3293	4000	3448	3375	3785	2 949
总产	吨	24730	4	231	6680	7728	10 087
豌豆面积	公顷	3352	17	133	1627	629	946
单产	公斤	1295	1765	1624	943	1940	1 415
总产	吨	4340	30	216	1535	1220	1 339
胡豆面积	公顷	976	3	19	466	150	338
单产	公斤	1655	2333	1474	1311	2027	1 967
总产	吨	1615	7	28	611	304	665
(二)大春粮食合计面积	公顷	26300	195	401	7240	8379	10 085
单产	公斤	6899	7467	6591	7842	7673	5 579
总产	吨	181432	1456	2643	56775	64294	56 264
＃稻谷面积	公顷	13518	110	126	3945	5831	3 506
单产	公斤	8880	9800	12802	9773	8585	8 196
总产	吨	120042	1078	1613	38555	50062	28 734
薯类面积	公顷	2967	20	66	569	556	1 756
单产	公斤	3345	4450	2621	3824	4473	2 847
总产	吨	9925	89	173	2176	2487	5 000
玉米面积	公顷	9198	94	198	2573	2477	3 856
单产	公斤	5775	3979	4192	5964	6437	5 348
总产	吨	53115	374	830	15345	15944	20 622
豆类面积	公顷	4710	21	157	2274	849	1 409
单产	公斤	1660	2190	1592	1291	2366	1 830
总产	吨	7819	46	250	2935	2009	2 579

10－3续表1 （2001年）

	单位	全　市	东区	西区	仁和区	米易县	盐边县
二、经济作物合计面积	公顷	4565	11	22	504	3100	928
总产	吨	249470	16	32	5065	242441	1 916
＃油料面积	公顷	884	11	21	294	110	448
单产	公斤	1140	1455	1429	1221	1673	935
总产	吨	1008	16	30	359	184	419
＃花生面积	公顷	631	11	21	254	110	235
单产	公斤	1147	1455	1429	1224	1673	779
总产	吨	724	16	30	311	184	183
油菜籽面积	公顷	215			36		179
单产	公斤	1051			1222		1 017
总产	吨	226			44		182
甘蔗面积	公顷	2539		1	57	2437	44
单产	公斤	97260		2000	81105	99034	22 091
总产	吨	246944		2	4623	241347	972
烟叶面积	公顷	1032			67	532	433
单产	公斤	1423			1239	1620	1 210
总产	吨	1469			83	862	524
＃烤烟面积	公顷	1009			66	531	412
单产	公斤	1431			1242	1620	1 218
总产	吨	1444			82	860	502
三、其它农作物面积	公顷	10640	289	189	3913	4236	2 013
＃蔬菜面积	公顷	8512	257	159	3195	3321	1 629
总产	吨	366614	8000	10554	145110	139686	63 976

10－4　茶叶、水果生产情况

(2001 年)

	单位	全市	东区	西区	仁和区	米易县	盐边县
一、茶　　叶	吨	7					7
二、水　　果	吨	35271	262	980	14507	12179	7 343
＃香蕉	吨	4495	21	97	1881	1030	1 466
苹果	吨	317			208	14	95
柑桔	吨	4415	18	51	383	960	3 003
梨	吨	7742		180	2441	4028	1 093
葡萄	吨	2241	12	64	1821	310	34
柿子	吨	2120	1	12	1243	740	124
三、茶园面积	公顷	290			3	87	200
＃当年采摘面积	公顷	64			1		63
四、果园面积	公顷	9008	277	113	4090	2770	1 758
＃香蕉园	公顷	410	3	11	263	97	36
苹果园	公顷	133		5	20	86	22
柑桔园	公顷	1091	2	14	126	209	742
梨　园	公顷	1193		16	267	579	331
葡萄园	公顷	936	2	2	905	25	2

10－5　畜牧业主要产品产量

(2001 年)

	单位	全市	东区	西区	仁和区	米易县	盐边县
一、当年出栏情况							
1.肉用牛	头	14431	138	310	4868	4616	4 499
2.肉猪	头	527671	21700	28280	172046	150331	155 314
3.肉用羊	只	134822	1978	3163	48794	40085	40 802
4.家禽	只	1917723	211053	420360	598703	387217	300 390
二、产品产量							
1.牛肉	吨	1587	14	31	497	475	570
2.猪肉	吨	39625	1567	2262	13191	11329	11 276
3.羊肉	吨	2714	30	79	973	803	829
4.禽肉	吨	3175	274	631	972	842	456
5.牛奶	吨	1729			1345	384	
6.禽蛋	吨	1838	21	125	702	700	290
7.蜂蜜	吨	188		69	24	45	50
8.蚕茧	吨	1288			118	399	771

10－6　牲畜年末存栏情况

（2001 年）

	单位	全市	东区	西区	仁和区	米易县	盐边县
一、年末大牲畜数	头	154881	1856	3053	51202	43166	55 604
＃劳役畜	头	63323	810	1078	22804	15889	22 742
1.牛	头	129541	1668	2561	40706	40501	44 105
能繁殖母牛	头	48281	492	253	15407	15774	16 355
仔牛	头	19021	255	410	5929	5232	7 195
在牛合计中:黄牛	头	56667	553	1108	15853	15679	23 474
水牛	头	69805	1115	1453	24391	23020	19 826
2.马	匹	9574	29	59	2476	1556	5 454
3.驴	头	10019	82	357	5819	713	3 048
4.骡	匹	5747	77	76	2201	396	2 997
二、年末生猪存栏数	头	520755	13587	21360	163145	151819	170 844
＃能繁殖母猪	头	35914	280	1100	11776	7916	14 842
仔猪	头	153838	1361	5560	54183	37906	54 828
三、年末羊存栏只数	只	329260	2118	5231	80176	93612	148 123
＃山羊	只	289110	2118	5231	79819	87779	114 163

10－7　农村非农业行业总产值

（2001 年）　　单位:万元

	全市	东区	西区	仁和区	米易县	盐边县
一、农村工业产值	325825	53964	13229	166489	56386	35757
1.乡办工业产值	214940	47703	6944	102560	47006	10727
2.村办工业产值	23739	6261	6285	8650	780	1763
3.村以下办工业产值	87146			55279	8600	23267
二、农村建筑业产值	31150	807	1804	14255	3056	11228
1.建安工业产值	26320	807	1804	14075	2836	6798
①新建房屋产值	16996	807	530	9082	2226	4351
②农田水利工程产值	3178		70	567	480	2061
2.其他基本建设产值	4830			180	220	4439
三、农村运输业产值	84130	2953	11123	43125	14803	12126
1.乡办运输业	3595			2560	200	835
2.村办运输业	11545		11123	325		97
3.村以下办运输业	68990	2953		40240	14603	11194
四、农村批发零售贸易饮食业产值	143278	45754	24019	48943	13872	10690
1.批零贸易业产值	87328	24734	22335	28315	4977	6967
2.餐饮业产值	55950	21020	1684	20628	8895	3723

10－8　农林牧渔业总产值

(2001 年)　　单位:万元

指　　标	全市	东区	西区	仁和区	米易县	盐边县
农林牧渔业总产值(90 价)	70932	1442	2510	21645	26953	18382
(现价)	133893	2894	4788	36061	53555	36959
1. 农业总产值　(90 价)	39112	452	727	12167	17654	8112
(现价)	76953	877	1549	19805	37186	17536
①种植业总产值(90 价)	36159	381	682	11640	15516	7940
(现价)	73277	802	1519	18988	34823	17145
②其他农业产值(90 价)	2953	71	45	527	2138	172
(现价)	3676	75	30	817	2363	391
2. 林业总产值　(90 价)	5662	146	267	1098	1683	2468
(现价)	7537	276	279	1446	2048	3488
3. 牧业总产值　(90 价)	23581	766	1299	7639	6857	7020
(现价)	44716	1588	2515	13590	13001	14022
4. 渔业总产值　(90 价)	2577	78	217	741	759	782
(现价)	4687	153	445	1220	1320	1549

10－9　农林牧渔业增加值

(2001 年)　　单位:万元

	全市	东区	西区	仁和区	米易县	盐边县
农林牧渔业增加值	83830	1631	2761	22459	36541	20438
一、农业增加值	56168	647	1003	14390	28261	11867
(一)种植业	52917	617	997	13860	25958	11485
(二)其他农业	3251	30	6	530	2303	382
二、林业增加值	5044	195	212	1090	1638	1909
三、牧业增加值	19894	698	1258	6352	5718	5868
四、渔业增加值	2724	91	288	627	924	794

10－10 水利、水产情况

(2001年)

	单位	全市	东区	西区	仁和区	米易县	盐边县
一、水利情况							
1.水利工程数量	处	5958	29	33	1552	2150	2 194
2.提供水量能力	万立方米	56192	417	710	10834	32322	11 909
3.有效灌溉面积	万亩	36.27	0.42	0.52	11.54	15.32	8.47
4.保证灌溉面积	万亩	27.12	0.33	0.26	8.32	11.02	7.21
5.旱涝保收面积	万亩	25.35	0.33	0.26	7.57	10.35	6.84
6.实际灌溉面积	万亩	29.16	0.26	0.50	9.41	11.20	7.79
7.年实际供水量	万立方米	43469	349	565	7821	27810	6 924
8.农业用水量	万立方米	21792	345	512	6905	10781	3 249
二、水电情况							
1.发电装机拥有量	处	231			65	34	132
	台	272			65	58	149
	千瓦	61337			751	20345	40 241
2.发电量	万千瓦时	15359				8014	7 345
三、水产情况							
1.渔业养殖面积	公顷	1249	23	69	649	365	143
2.鱼苗	万尾	27700		1190	1800	14000	
3.养殖产量	吨	5542	176	478	1686	1539	1 663
4.水产品总产量	吨	5197	176	483	1705	1554	1 780

10-11 林业生产情况

(2001年)

	单位	全市	东区	西区	仁和区	米易县	盐边县	其他
一、营林情况								
1.当年造林面积	公顷	21779	433	940	1953	1647	6 967	9 839
按造林方式分								
当年人造林	公顷	12059	433	940	1953	1647	6 967	119
当年飞播林	公顷	9720						9 720
按林种用途分								
用材林	公顷	407					200	207
经济林	公顷	3620	284	178				3 158
防护林	公顷	17752	149	762	1953	1647	6 767	6 474
薪炭林	公顷							
2.迹地更新面积	公顷							
#人工更新	公顷							
3.封山育林面积	公顷	95570	200	133	7861	8858	8 617	69 901
#本年新封	公顷	5740	200	133	333	533	413	4 128
4.零星(四旁)植树	万株	253		50		175	21	7
5.林木种子采集量	吨	7			4	1		2
6.育苗面积	公顷	57		8	4	13	5	11
#本年新育	公顷	35		8	4	7	5	10
7.幼林抚育作业面积	公顷	5518			2005			3 513
8.成林抚育面积	公顷	1177						1 177
9.扶育改造出材量	立方米							
二、林产品产量								
1.油桐籽	吨	51			3	48		
2.松脂	吨	267			103	164		
3.核桃	吨	1068			70	598	400	
4.板栗	吨	612			400	212		
5.紫胶	吨	17				14		3

10－12 农业机械年末拥有量

（2001 年）

	单位	全市	东区	西区	仁和区	米易县	盐边县
一、农业机械总动力	千瓦	442023	34157	25590	155535	135954	90 787
＃柴油机	千瓦	320413	29324	12315	126213	97320	55 241
汽油机	千瓦	35552	542	9040	6535	10386	9 049
电动机	千瓦	83837	4291	4235	22787	26027	26 497
其他机械	千瓦	2221				2221	
拖拉机	混合台	4170	10	6	1050	2255	849
	千瓦	51406	195	59	12512	20116	9 524
农用载重汽车	辆	1833	76	192	852	320	393
	千瓦	147672	7600	16779	65859	30063	27 371
排灌用动力	台	2564	58	13	768	569	1 156
	千瓦	29472	3016	402	8754	6848	10 452
农机配套农具	部	1777	4	4	504	944	321
农用水泵	台	2595	60	13	768	513	1 241
节水灌溉类机械	套	25	1	2	7	9	6
机动脱粒机	台	1053			260	222	571
推土机	台	225	2		43	180	
	千瓦	15172	252		3904	11016	
饲料粉碎机	台	6275	58	58	2538	1641	1 980
农产品加工动力机	台	9874	89	433	3586	3114	2 652
	千瓦	97045	888	3939	30667	34448	27 103
农用运输车	辆	2137	326	68	645	893	205
	千瓦	76260	18114	4248	26149	13580	8 369
机动喷雾(粉)机	部	685	10	17	270	279	109
	千瓦	1087	12	37	215	613	210
二、农业机械化水平							
机耕负担面积	千公顷	11.37	0.10	0.04	3.25	4.39	3.59
机耕作业面积	万亩	28.91	0.15	0.2	6.5	13.3	8.84
机械植保负担面积	千公顷	18.99	0.18	0.15	2.22	8.55	7.89
机电灌溉作业面积	万亩	63.52	2.8	2.6	27.7	14.82	15.6
机械加工农副产品数量	万吨	24.59	0.4	0.35	7.3	7.90	8.64
农机运输作业量	万吨公里	19561	2900	2881	7600	3921	2 259

10－13　乡(镇)主要经济指标

(2001 年)

	总人口	乡镇总户数	村民委员会	乡村从业人员数	#第一产业	#第二产业	耕地面积	粮食产量
	(人)	(户)	(个)	(人)	(人)	(人)	(公顷)	(吨)
银江镇	10633	3074	9	5242	3246	1238	214	1 590
格里坪镇	23365	7887	10	16356	4698	6542	437	3 267
仁和镇	28977	9878	4	14068	3902	2190	220	1 808
平地镇	14639	3645	5	8053	6159	1030	834	6 351
大田镇	8380	2414	6	4259	3733	139	458	4 301
福田镇	3841	1081	4	2287	2113	63	226	2 440
同德镇	12343	3421	7	6350	4932	533	774	8 024
金江镇	20825	6045	7	5568	4915	138	824	5 770
布德镇	14940	4133	10	7892	6581	581	881	8 462
前进镇	9297	2879	8	5557	3561	1200	406	3 314
大龙潭彝族乡	12691	3142	6	7981	7473	129	1 205	8 802
啊喇彝族乡	9227	2463	6	5496	5188	68	519	5 756
总发乡	7079	2100	4	4114	3833	58	317	3 108
太平乡	8588	2227	11	5431	4784	251	503	4 449
务本乡	8041	2331	4	4421	2950	602	356	2 692
中坝乡	9735	2695	4	5215	4343	446	569	4 168
攀莲镇	28804	9087	4	7557	6738	196	684	5 902
丙谷镇	12204	3686	6	6092	5810	13	779	4 197
得石镇	5084	2031	4	1419	1025	82	82	848
撒莲镇	14495	3825	8	8276	7706	13	737	6 939
垭口镇	10117	3176	7	4328	3923	56	526	3 676
挂榜镇	11422	3171	7	5492	4947	80	627	4 993
普威镇	10924	2598	5	2925	2450	219	409	3 616
团结镇	1999	430	3	891	811	10	202	1 016
柳贤乡	8312	2156	5	4463	4132	113	534	4 404
草场乡	9546	2634	6	5842	5628	28	535	4 404
坪山乡	5028	1351	4	2921	2757	10	593	2 353
新河乡	8360	2318	6	4534	4135	16	621	3 445
头碾乡	4476	1138	4	2284	2196	8	415	1 906
坊田乡	3230	816	6	1380	1315	14	201	1 380
宁华乡	7433	2457	4	2960	1406	78	308	2 558
观音乡	7855	2176	5	3527	3017	210	554	3 617
昔街乡	8102	2244	4	3610	3160	22	383	3 122
沙坝乡	6551	1584	5	3580	3206	60	542	3 710
横山乡	4062	1044	3	1871	1770	28	232	1 390
黄草乡	5800	1612	6	3500	2980	200	421	3 029

10－13续表1　　　　　　　　（2001年）

	总人口（人）	乡镇总户数（户）	村民委员会（个）	乡村从业人员数（人）	#第一产业（人）	#第二产业（人）	耕地面积（公顷）	粮食产量（吨）
南坝乡	4487	1368	4	2308	2122	63	243	1 672
麻陇彝族乡	4170	945	5	1985	1896	19	313	2 003
云峰彝族乡	2826	689	4	1665	1559	12	255	1 264
胜利彝族乡	2677	870	4	1162	1111	5	145	997
黄龙彝族乡	3683	828	3	1942	1882	10	374	1 697
白马彝族乡	1766	414	3	933	804	3	160	1 063
联合彝族乡	2853	618	4	1620	1512	54	287	1 248
新山傈僳族乡	1822	454	3	989	942	8	122	708
桐子林镇	17816	5937	6	2820	2167	208	308	2 162
红格镇	13110	3481	7	7350	6370	156	929	5 517
渔门镇	14755	4503	15	9100	6904	394	596	4 282
永兴镇	11166	3606	7	4123	2888	439	372	3 191
益民乡	4778	1476	6	2980	2697	43	310	1 111
新民乡	5788	1661	4	4810	2876	132	324	1 674
新九乡	10597	2943	7	6780	5866	633	664	5 387
和爱彝族乡	4821	1227	4	2617	2199	120	300	2 206
金河乡	3352	1025	4	2846	1275	1384	123	969
红�乡	7657	2456	6	4067	2135	1710	232	2 295
红民彝族乡	1805	472	2	1049	995	25	209	833
花椒箐彝族乡	1607	437	2	909	870	11	170	981
力马乡	1724	454	3	1143	880	43	233	743
敢鱼乡	1402	410	3	746	693	10	53	500
龙胜彝族乡	3258	700	6	1958	1806	83	184	1 267
林海彝族乡	2359	520	6	1201	1107	5	151	843
共和乡	3339	796	5	1339	1254	22	262	1 861
太田乡	3549	844	7	2050	1945	47	268	1 654
新坪乡	12022	3347	9	6839	5923	214	554	5 683
国胜乡	7182	1776	6	4851	2833	792	397	3 292
红宝苗族乡	2219	588	3	1186	1089	59	181	1 103
择木龙彝族乡	1566	394	3	856	749	40	187	563
高坪彝族乡	4014	917	3	2121	1912	49	213	1 212
惠民乡	16468	4548	13	9359	8127	204	800	6 552
强胜乡	3490	880	4	2123	1859	180	225	1 011
江西乡	6684	1705	6	3712	2901	258	428	2 809
箐河乡	4301	1105	4	1931	1712	60	260	1 895
岩门傈僳族乡	2023	482	3	1251	1138	54	148	670
温泉彝族乡	6568	1663	7	3286	3128	16	660	2 412
洼落彝族乡	4207	1041	6	2674	2604	16	572	1 970
岩口彝族乡	6362	1628	5	3691	3536	60	830	2 476

10－13 续表 2 （2001 年）

	甘蔗产量（吨）	水产品总产量（吨）	水果产量（吨）	肉类总产量（吨）	农民人均纯收入（元）	财政收入（万元）	财政支出（万元）
银江镇	10	130	213	925	3200	1722	679
格里坪镇	2	482	980	3010	3176	863	805
仁和镇	600	495	593	1053	3364	1077	1 138
平地镇		35	4260	1599	2605	－107	575
大田镇	76	24	1656	796	2855	296	556
福田镇		10	178	449	2990	90	323
同德镇	689	95	1017	1866	2882	58	560
金江镇		151	511	991	2843	988	995
布德镇	710	198	537	1794	2837	125	867
前进镇		117	366	906	2991	2288	2 251
大龙潭彝族乡	83	74	1860	1621	2800	193	434
啊喇彝族乡	76	33	699	865	2557	464	500
总发乡		121	333	807	3043	282	511
太平乡	57	76	520	821	2993	1067	1 115
务本乡	170	5	1567	897	2816	694	701
中坝乡	2162	36	245	949	2926	312	520
攀莲镇	10621	376	759	1151	2599	1342	949
丙谷镇	28104	137	600	677	2206	266	299
得石镇		10	260	303	2036	373	149
撒莲镇	8490	148	845	1056	2263	247	286
垭口镇	14910	17	507	729	1956	145	205
挂榜镇	13611	26	350	648	1766	290	258
普威镇		40	2210	803	1623	333	275
团结镇		10	205	154	1663	103	71
柳贤乡	8208	15	169	485	1536	172	239
草场乡	12000	36	350	693	1842	198	181
坪山乡	21994	20	350	350	1935	117	97
新河乡	30301	20	371	653	1976	148	182
头碾乡	15095		208	385	1743	129	127
坊田乡	8400	2	560	408	1617	82	99
宁华乡	1302	17	552	389	1676	144	140
观音乡	14244	50	350	632	1721	160	178
昔街乡	7390	521	280	520	1673	127	196
沙坝乡	28279	36	222	481	1698	192	128
横山乡	5000	1	400	328	1513	140	110
黄草乡	1230		947	390	1919	315	122

10－13 续表 3 (2001 年)

	甘蔗产量(吨)	水产品总产量(吨)	水果产量(吨)	肉类总产量(吨)	农民人均纯收入(元)	财政收入(万元)	财政支出(万元)
南坝乡		20	410	354	2064	200	125
麻陇彝族乡	134	1	160	396	1419	127	124
云峰彝族乡	720		350	235	1411	102	92
胜利彝族乡		10	300	209	1349	62	67
黄龙彝族乡	4428		131	277	1408	70	68
白马彝族乡	605		43	148	1260	70	51
联合彝族乡			200	315	1307	78	66
新山傈僳族乡	574	1	50	61	1340	75	65
桐子林镇		30	979	402	2532	497	451
红格镇	20	30	1203	896	1893	551	575
渔门镇	50	687	284	1033	1752	404	435
永兴镇	7	63	316	643	1850	348	348
益民乡	75		73	706	840	269	261
新民乡		20	849	448	2170	170	194
新九乡	60	70	568	1037	1930	641	563
和爱彝族乡		2	635	370	1562	167	164
金河乡		5	595	201	2535	374	331
红坭乡		15	124	477	1960	476	440
红民彝族乡			7	138	1466	52	67
花椒箐彝族乡			15	98	1448	55	63
力马乡		2	12	80	1700	66	61
敢鱼乡		14	85	70	1330	99	89
龙胜彝族乡			29	199	1060	50	50
林海彝族乡		1	10	112	825	81	71
共和乡		23	131	209	1502	113	94
太田乡			13	149	1292	61	57
新坪乡	100	32	202	1038	1789	231	300
国胜乡		21	119	356	2109	73	299
红宝苗族乡			11	75	1152	91	88
择木龙彝族乡			28	220	1826	72	53
高坪彝族乡			265	249	1460	155	142
惠民乡	360	57	462	1777	1910	361	341
强胜乡		2	41	137	1443	82	77
江西乡		12	29	502	1462	133	122
箐河乡		4	63	342	1209	116	110
岩门傈僳族乡		1	66	97	1316	68	64
温泉彝族乡			4	264	1079	108	86
洼落彝族乡				457	1254	83	81
岩口彝族乡			15	403	1359	152	147

11. 工交、能源、邮电

INDUSTRY, TRANSPORT, ENERGY, POST AND TELECOMMUNICATION SERVICES

11－1 全部工业总产值

单位：万元

	年份	工业总产值	按隶属关系分		按经济类型分				
			中央	地方	国有经济	集体经济	股份制	城乡个体	其它
按	1965	498	150	348	429	69			
1957	1966	2507	1440	1067	2420	87			
年不	1967	4161	2879	1282	4069	92			
变价	1968	2821	1660	1161	2761	60			
	1969	6136	2785	3351	6075	61			
	1970	12678	7318	5360	12550	128			
	1971	20904	12861	8043	20707	197			
	1971	22594	13886	8708	22356	238			
按	1972	28529	17428	11101	28236	293			
1970	1973	44554	31936	12618	43912	642			
年不	1974	45974	32160	13814	44892	1082			
变价	1975	55714	41432	14282	54742	972			
	1976	45825	32021	13804	44727	1098			
	1977	64415	47728	16687	63093	1322			
	1978	87981	68814	19167	86288	1693			
	1979	99533	80139	19394	97421	2112			
	1980	106561	86479	20082	103115	3446			
	1981	95397	75341	20056	91694	3694			
	1981	111762	88684	23078	107738	4015		9	
按	1982	117993	93558	24435	113563	4418		12	
1980	1983	127662	110530	17132	122352	5282		28	
年不	1984	140343	120114	20229	133264	7048		31	
变价	1985	146873	122658	24215	136602	9314		337	620
	1986	156413	127204	29209	142662	12103		1 004	644
	1987	167632	132876	34756	150254	15282		1 304	792
	1988	177810	134647	43163	155100	20393		1 649	668
	1989	190620	141730	48890	163670	24561		1 270	1 119
	1990	197848	145683	52165	167724	27452		1 685	987
按	1990	381663	289464	92199	329439	48113		2 592	1 519
1990	1991	436666	332941	103725	376048	55656		3 398	1 564
年不	1992	478923	343832	135091	395702	76314		3 410	3 497
变价	1993	542271	345800	196471	406300	115200	7 300	7 258	6 213
	1994	622151	365400	256751	439164	151200	16 036	3 544	12 207
	1995	701358	352302	349056	455821	179739	22 146	14 708	28 944
	1996	725412	398047	327365	429144	244891	24 837	10 204	16 336
	1997	812545	450092	362453	477127	251774	39 293	15 503	28 848
	1998	864668	490052	374616	504160	236863	39 477	28 080	56 088
	1999	966183	536866	429317	532367	269281	75 827	24 109	64 599
	2000	1135148	653476	481672	626902	223775	101 567	56 035	126 869
	2001	1246590	716620	529970	651396	233768	139 893	74 795	146 738

11－2　历年主要工业产品产量

年份	钢总计（万吨）	生铁（万吨）	成品钢材（万吨）	钒渣（折）（万吨）	焦炭（万吨）	原煤（万吨）	发电量（亿千瓦小时）	水泥（万吨）	糖（万吨）	饮料酒（万吨
1965						1	0.06		0.53	
1966						7	0.44	1.9	0.49	
1967						16	1.52	5.6	0.48	
1968						19	1.18	5.4	0.30	
1969						31	1.83	16	0.32	
1970	0.2	5			13	67	2.64	18	0.39	
1971	0.6	40			50	150	5.10	21	0.35	
1972	7	52		0.23	73	196	6.34	23	0.49	
1973	42	76		0.33	92	252	8.01	24	0.44	
1974	47	66	2	0.51	88	284	8.54	26	0.45	
1975	63	76	17	0.89	112	311	10.21	28	0.51	
1976	49	52	16	1.01	95	269	9.77	29	0.58	
1977	67	91	26	1.51	117	324	11.37	32	0.60	
1978	98	144	41	2.01	134	352	13.52	34	0.80	0.10
1979	135	178	38	3.13	150	365	15.00	37	0.70	0.13
1980	163	196	50	4.03	152	372	15.26	35	0.95	0.43
1981	157	186	45	4.59	146	382	14.05	34	1.16	0.61
1982	169	198	51	6.16	146	402	14.25	35	1.01	0.53
1983	159	189	45	6.62	147	404	15.25	38	1.24	0.79
1984	177	207	56	7.15	151	415	15.62	39	1.65	1.05
1985	168	192	71	6.41	149	416	15.34	37	1.80	1.50
1986	180	209	72	6.85	154	432	15.02	38	1.72	1.78
1987	184	215	74	7.16	155	468	20.96	44	1.93	2.02
1988	176	203	80	6.53	159	497	23.45	54	1.39	2.34
1989	185	217	89	7.50	164	522	23.90	52	1.99	2.34
1990	194	232	84	6.26	188	540	24.01	51	1.87	2.40
1991	221	276	89	6.50	210	565	23.93	56	2.19	2.42
1992	240	285	100	6.46	222	576	25.54	64	2.94	2.36
1993	244	297	121	4.01	258	634	27.29	70	2.80	2.78
1994	237	304	152	3.60	274	625	32.70	66	2.10	2.05
1995	262	323	172	5.20	259	581	34.12	77	3.03	2.45
1996	288	344	200	8.33	297	652	33.60	100	2.34	3.16
1997	295	356	206	9.53	279	699	32.57	106	2.52	3.56
1998	312	365	232	12.00	293	649	37.86	91	2.16	3.75
1999	335	395	255	13.45	281	626	79.97	97	2.00	3.77
2000	363	415	275	13.91	297	619	116.65	73	2.95	3.61
2001	361	409	269	12.99	299	640	160.62	74	1.40	3.01

11－3 主要工业产品生产量

(2001 年)

产品名称	单位	2001 年
原煤	吨	4783916
洗煤	吨	2885452
＃洗精煤	吨	2716105
铁矿石原矿量	吨	9411195
铁矿石成品矿	吨	4486120
石墨	吨	3003
机制糖	吨	14033
糖果	吨	-
酱油	吨	41
发酵酒精	吨	1021
饮料酒	吨	30051
＃白酒	吨	
啤酒	吨	30051
软饮料	吨	653
服装	万件	13
皮鞋	万双	5
锯材	立方米	1473
人造板	立方米	32369
木制家具	件	5221
单色印刷品	万令	10
多色印刷品	万对开色令	8
焦炭	吨	2470703
盐酸(含量 31％以上)	吨	7579
氢氧化钠(烧碱)(折 100％)	吨	2144
碳化钙(电石)(折 300 升/千克)	吨	
黄磷	吨	41007
农用氮、磷、钾化学肥料总计(折纯)	吨	1213
＃氮肥(折含 N 100％)	吨	1213
纯苯	吨	12817
油漆	吨	5193
炭黑	吨	5138
炸药	吨	9698
中成药	吨	

注:本表范围是全部国有及年销售收入在 500 万元以上的非国有工业企业。

11－3续表1 (2001年)

产品名称	单位	2001年
水泥	万吨	65
水泥电杆	吨	4481
水泥预制构件	立方米	412
砖(折标准砖)	万块	5356
花岗石板材	平方米	30000
生铁	吨	4009372
钢	吨	3605321
#普通碳素钢	吨	1071091
普通低合金钢	吨	973864
合金钢	吨	57872
其它优质钢	吨	1502494
成品钢材	吨	2650619
#铁道用钢材	吨	517547
#重轨	吨	497795
普通大型钢材	吨	225590
普通中型钢材	吨	30254
普通小型钢材	吨	90696
优质型钢材	吨	13120
线材	吨	169788
中厚钢板	吨	376334
薄钢板	吨	1110610
钢带	吨	96836
焊接钢管	吨	19844
铁合金	吨	9408
铸件	吨	464
发电量	万千瓦小时	1606197
#火电	万千瓦小时	326228
水电	万千瓦小时	1279969
供电量	万千瓦小时	1561571
自来水生产量	万吨	4678

11－4 工业企业主要经济指标

(2001年) 单位:千元

	企业单位数（个）	#亏损企业	工业总产值（不变价格）	工业总产值（当年价格）
总计	71	11	9795875	16873187
一、按登记注册类型分组:				
内资企业	69	11	9423298	16549818
国有企业	14	5	6512935	11853985
中央企业	3		6162484	11105594
地方企业	11	5	350451	748391
集体企业	20	1	1213453	1486299
股份合作企业	4		55348	116137
联营企业	1		6600	9526
有限责任公司	8	1	1179238	2561040
股份有限公司	7	4	219695	259550
私营企业	15		236029	263281
港、澳、台商投资企业	1		348557	299349
外商投资企业	1		24020	24020
二、按经济组织类型分组				
独资企业	38	6	7818823	13434313
国有企业	14	5	6512935	11853985
集体企业	20	1	1213453	1486299
私营独资企业	4		92435	94029
合作、合伙企业	6		65687	129529
股份合作企业	4		55348	116137
集体联营企业	1		6600	9526
私营合伙企业	1		3739	3866
股份有限公司	8	4	568252	558899
有限责任公司	19	1	1343113	2750446
三、在总计中：亏损企业	11	11	1406952	3158863
在总计中：国有控股企业	27	9	8196467	14913388
在总计中：农村工业	5		83569	97696
在总计中：轻工业	11	3	241409	301883
以农产品为原料	7	2	151393	173182
以非农产品为原料	4	1	90016	128701
重工业	60	8	9554466	16571304
采掘工业	18	2	630048	1059582
原料工业	34	5	8779859	15368259
加工工业	8	1	144559	143463
在总计中：特大型企业	2	1	6950616	12921389
大一型企业	3	1	691991	1010382
大二型企业	4	1	1082249	1638729
中二型企业	2		58339	99917
小型企业	60	8	1012680	1202770

注:1.本表范围是全部国有及年销售收入在500万元以上的非国有工业企业。
2.本表财务数据不包括攀枝花电业局和攀枝花发电公司。

11－4续表1　　(2001年)　　单位:千元

	工业销售产值(当年价格)	工业中间投入合计	工业增加值(当年价)	资产合计
总　计	16707030	11467090	6349379	53810918
一、按登记注册类型分组				
内资企业	16375387	11251860	6203320	53211881
国有企业	11771423	7854488	4390415	23912040
中央企业	11026173	7341320	4099999	21804710
地方企业	745250	513168	290416	2107330
集体企业	1466115	987704	573925	1331022
股份合作企业	116390	64754	62135	128809
联营企业	9313	7896	2643	20508
有限责任公司	2535704	1994384	969594	26790622
股份有限公司	248820	170812	105782	829166
私营企业	227622	171822	98826	199714
港、澳、台商投资企业	303103	204960	130726	570622
外商投资企业	28540	10270	15333	28415
二、按经济组织类型分组				
独资企业	13331448	8893647	5008464	25287018
国有企业	11771423	7854488	4390415	23912040
集体企业	1466115	987704	573925	1331022
私营独资企业	93910	51455	44124	43956
合作、合伙企业	128770	75240	66192	155350
股份合作企业	116390	64754	62135	128809
集体联营企业	9313	7896	2643	20508
私营合伙企业	3067	2590	1414	6033
股份有限公司	551923	375772	236508	1399788
有限责任公司	2694889	2122431	1038215	26968762
三、在总计中：亏损企业	3133167	2444738	1165485	28868650
在总计中：国有控股企业	14815179	10198910	5561334	52038779
在总计中：农村工业	92823	66166	35376	55193
在总计中：轻工业	293000	200856	118111	639567
以农产品为原料	168391	122074	64703	400374
以非农产品为原料	124609	78782	53408	239193
重工业	16414030	11266234	6231268	53171351
采掘工业	1016186	706898	420501	1978066
原料工业	15252927	10477389	5744039	51044633
加工工业	144917	81947	66728	148652
在总计中：特大型企业	12818961	9193979	4962193	48127815
大一型企业	1014889	687937	416132	2436420
大二型企业	1640079	770621	410421	1419858
中二型企业	98886	57572	48648	281810
小型企业	1134215	756981	511985	1545015

11-4续表2 (2001年) 单位:千元

	流动资产小计	#应收账款净额	存货	#产成品
总计	11048134	2795141	3254317	1100286
一、按登记注册类型分组:				
内资企业	10765578	2669679	3173070	1099999
国有企业	8058703	1643015	2787733	990665
中央企业	7334289	1430092	2683100	961170
地方企业	724414	212923	104633	29495
集体企业	805247	340461	172498	57516
股份合作企业	112200	62873	7985	2984
联营企业	16538	4152	1900	770
有限责任公司	1410126	498814	107979	6264
股份有限公司	242225	87435	59895	22377
私营企业	120539	32929	35080	19423
港、澳、台商投资企业	266919	118506	78061	
外商投资企业	15637	6956	3186	287
二、按经济组织类型分组				
独资企业	8885713	1987276	2968735	1051620
国有企业	8058703	1643015	2787733	990665
集体企业	805247	340461	172498	57516
私营独资企业	21763	3800	8504	3439
合作、合伙企业	130798	67357	11152	4962
股份合作企业	112200	62873	7985	2984
集体联营企业	16538	4152	1900	770
私营合伙企业	2060	332	1267	1208
股份有限公司	509144	205941	137956	22377
有限责任公司	1522479	534567	136474	21327
三、在总计中:亏损企业	2043999	719450	202677	34614
在总计中:国有控股企业	9953836	2347140	3023783	1009378
在总计中:农村工业	38326	18211	4289	3155
在总计中:轻工业	205684	35281	53556	22290
以农产品为原料	130025	13879	44009	15258
以非农产品为原料	75659	21402	9547	7032
重工业	10842450	2759860	3200761	1077996
采掘工业	727075	243112	112172	35801
原料工业	10043981	2496161	3069449	1033363
加工工业	71394	20587	19140	8832
在总计中:特大型企业	8555668	1885170	2762427	961170
大一型企业	873879	301960	169286	27948
大二型企业	730561	341378	177115	53219
中二型企业	82514	5599	14125	514
小型企业	805512	261034	131364	57435

11－4 续表 3　　(2001 年)　　单位:千元

	流动资产年平均余额	固定资产小计	固定资产原价	#生产经营用
总　　计	10653959	40497746	54333635	46989778
一、按登记注册类型分组				
内资企业	10428381	40186271	54014725	46696005
国有企业	7778624	14220763	24511157	20093751
中央企业	6897684	13059928	22757210	19457415
地方企业	880940	1160835	1753947	636336
集体企业	831089	402503	658670	560042
股份合作企业	112690	9024	91093	90248
联营企业	16051	3960	16343	15032
有限责任公司	1284734	25031924	27919222	25172269
股份有限公司	261645	443798	734116	688987
私营企业	143548	74299	84124	75676
港、澳、台商投资企业	212056	300837	304417	279280
外商投资企业	13522	10638	14493	14493
二、按经济组织类型分组				
独资企业	8657345	14643892	25191504	20670345
国有企业	7778624	14220763	24511157	20093751
集体企业	831089	402503	658670	560042
私营独资企业	47632	20626	21677	16552
合作、合伙企业	130927	16426	109572	107380
股份合作企业	112690	9024	91093	90248
集体联营企业	16051	3960	16343	15032
私营合伙企业	2186	3442	2136	2100
股份有限公司	473701	744635	1038533	968267
有限责任公司	1391986	25092793	27994026	25243786
三、在总计中：亏损企业	2076968	26188141	29793089	25956681
在总计中：国有控股企业	9501687	39960379	53449331	46222655
在总计中：农村工业	39421	13053	24567	15424
在总计中：轻工业	227061	353249	456194	431135
以农产品为原料	148328	201508	291064	271235
以非农产品为原料	78733	151741	165130	159900
重工业	10426898	40144497	53877441	46558643
采掘工业	886121	1047609	1594107	532562
原料工业	9426911	39024884	52185401	45966428
加工工业	113866	72004	97933	59653
在总计中：特大型企业	7983124	37832877	50366106	44337255
大一型企业	993593	1317826	1874579	840134
大二型企业	758891	566009	955524	893124
中二型企业	94209	188156	200939	199260
小型企业	824142	592878	936487	720005

11－4续表4　(2001年)　单位:千元

	累计折旧	#本年折旧	固定资产净值	固定资产净值年平均余额
总计	14972489	2195184	39361146	39748568
一、按登记注册类型分组				
内资企业	14953464	2181261	39061261	39471690
国有企业	11187536	1066552	13323621	13333368
中央企业	10506544	1019135	12250666	12367634
地方企业	680992	47417	1072955	965734
集体企业	277983	31091	380687	337084
股份合作企业	82149	15112	8944	11269
联营企业	12383	900	3960	4157
有限责任公司	3072766	1041528	24846456	25371272
股份有限公司	304340	22121	429776	343294
私营企业	16307	3957	67817	71246
港、澳、台商投资企业	15170	13019	289247	265834
外商投资企业	3855	904	10638	11044
二、按经济组织类型分组				
独资企业	11468247	1097782	13723257	13690183
国有企业	11187536	1066552	13323621	13333368
集体企业	277983	31091	380687	337084
私营独资企业	2728	139	18949	19731
合作、合伙企业	94966	16156	14606	17912
股份合作企业	82149	15112	8944	11269
集体联营企业	12383	900	3960	4157
私营合伙企业	434	144	1702	2486
股份有限公司	319510	35140	719023	609128
有限责任公司	3089766	1046106	24904260	25431345
三、在总计中：亏损企业	3835876	1092626	25957213	26304054
在总计中：国有控股企业	14593577	2144540	38855754	39285201
在总计中：农村工业	11515	634	13052	8761
在总计中：轻工业	158416	13049	297778	296532
以农产品为原料	119095	10297	171969	176251
以非农产品为原料	39321	2752	125809	120281
重工业	14814073	2182135	39063368	39452036
采掘工业	634101	48727	960006	841080
原料工业	14149849	2130641	38035552	38549402
加工工业	30123	2767	67810	61554
在总计中：特大型企业	13476390	2051006	36889716	37547813
大一型企业	655068	59381	1219511	1087346
大二型企业	416885	35679	538639	430938
中二型企业	63520	5388	137419	133398
小型企业	360626	43730	575861	549073

11－4 续表 5　　(2001 年)　　单位:千元

	无形及递延资产小计	负债合计	#流动负债合计	#长期负债合计
总　计	1594579	40393627	14551078	25803604
一、按登记注册类型分组				
内资企业	1589773	39866442	14311393	25516104
国有企业	1212733	12204737	9514937	2689799
中央企业	1058507	10699560	8346631	2352929
地方企业	154226	1505177	1168306	336870
集体企业	3376	822046	788759	2980
股份合作企业	554	75963	71625	4337
联营企业		10694	9994	700
有限责任公司	320599	26083604	3318767	22764833
股份有限公司	48969	530153	487195	42958
私营企业	3542	139245	120116	10497
港、澳、台商投资企业	2866	509312	221812	287500
外商投资企业	1940	17873	17873	
二、按经济组织类型分组				
独资企业	1217658	13051804	10324033	2697463
国有企业	1212733	12204737	9514937	2689799
集体企业	3376	822046	788759	2980
私营独资企业	1549	25021	20337	4684
合作、合伙企业	554	91382	84590	6791
股份合作企业	554	75963	71625	4337
集体联营企业		10694	9994	700
私营合伙企业		4725	2971	1754
股份有限公司	51835	1039465	709007	330458
有限责任公司	324532	26210976	3433448	22768892
三、在总计中：亏损企业	477888	27562017	4478005	23084012
在总计中：国有控股企业	1583544	39286909	13512428	25774477
在总计中：农村工业	590	37998	33802	4195
在总计中：轻工业	44355	388984	333275	55707
以农产品为原料	44280	263379	228693	34685
以非农产品为原料	75	125605	104582	21022
重工业	1550224	40004643	14217803	25747897
采掘工业	153821	1301108	1015624	277417
原料工业	1392914	38598738	13105458	25462405
加工工业	3489	104797	96721	8075
在总计中：特大型企业	1377430	36527333	11441864	25085469
大一型企业	197802	1742867	1169115	573752
大二型企业	1726	848245	833540	14705
中二型企业	489	134957	112665	22291
小型企业	17132	1140225	993894	107387

11－4 续表 6　　（2001 年）　　单位：千元

	所有者权益合计	#实收资本	1.国家资本	2.集体资本
总　计	13417291	7271885	6834141	176297
一、按登记注册类型分组				
内资企业	13345439	7213685	6830541	176297
国有企业	11707303	3959919	3946406	2887
中央企业	11105150	3311067	3311067	
地方企业	602153	648852	635339	2887
集体企业	508976	193910	1429	147446
股份合作企业	52846	37654	3360	2541
联营企业	9814	8538		8538
有限责任公司	707018	2782439	2741606	11464
股份有限公司	299013	192027	137740	3201
私营企业	60469	39198		220
港、澳、台商投资企业	61310	51000		
外商投资企业	10542	7200	3600	
二、按经济组织类型分组				
独资企业	12235214	4163949	3947835	150333
国有企业	11707303	3959919	3946406	2887
集体企业	508976	193910	1429	147446
私营独资企业	18935	10120		
合作、合伙企业	63968	46742	3360	11299
股份合作企业	52846	37654	3360	2541
集体联营企业	9814	8538		8538
私营合伙企业	1308	550		220
股份有限公司	360323	243027	137740	3201
有限责任公司	757786	2818167	2745206	11464
三、在总计中：亏损企业	1306633	3345525	3285630	5294
在总计中：国有控股企业	12751870	6959004	6832712	13120
在总计中：农村工业	17195	14348		6073
在总计中：轻工业	250583	233147	209246	4118
以农产品为原料	136995	125449	115406	735
以非农产品为原料	113588	107698	93840	3383
重工业	13166708	7038738	6624895	172179
采掘工业	676958	663926	586293	20023
原料工业	12445895	6343662	6025363	149616
加工工业	43855	31150	13239	2540
在总计中：特大型企业	11600482	5897990	5897990	
大一型企业	693553	678132	606128	3123
大二型企业	571613	215147	66398	125959
中二型企业	146853	143913	143913	
小型企业	404790	336703	119712	47215

11－4续表7　　(2001年)　　单位:千元

	3.法人资本	4.个人资本	5.港澳台资本	6.外商资本
总　　计	139928	105169		16350
一、按登记注册类型分组				
内资企业	101678	105169		
国有企业	5320	5306		
中央企业				
地方企业	5320	5306		
集体企业	22656	22379		
股份合作企业	8100	23653		
联营企业				
有限责任公司		29369		
股份有限公司	46377	4709		
私营企业	19225	19753		
港、澳、台商投资企业	38250			12750
外商投资企业				3600
二、按经济组织类型分组				
独资企业	36021	29760		
国有企业	5320	5306		
集体企业	22656	22379		
私营独资企业	8045	2075		
合作、合伙企业	8100	23983		
股份合作企业	8100	23653		
集体联营企业				
私营合伙企业		330		
股份有限公司	84627	4709		12750
有限责任公司	11180	46717		3600
三、在总计中：亏损企业	37199	17402		
在总计中：国有控股企业	82158	14664		16350
在总计中：农村工业	4347	3928		
在总计中：轻工业	7998	11785		
以农产品为原料	7498	1810		
以非农产品为原料	500	9975		
重工业	131930	93384		16350
采掘工业	25636	31974		
原料工业	96954	58979		12750
加工工业	9340	2431		3600
在总计中：特大型企业				
大一型企业	51068	5063		12750
大二型企业	22790			
中二型企业				
小型企业	66070	100106		3600

11－4 续表 8　　(2001 年)　　单位:千元

	产品销售收入	#产品销售成本	产品销售费用	产品销售税金及附加	产品销售利润
总　计	16000366	12241913	589849	214754	2953850
一、按登记注册类型分组					
内资企业	15652815	11981479	560358	203162	2907816
国有企业	10890489	8782884	474870	114673	1518062
中央企业	10239742	8292692	435880	107117	1404053
地方企业	650747	490192	38990	7556	114009
集体企业	1606469	1306823	38132	15715	245799
股份合作企业	105339	81577	1622	1573	20567
联营企业	9313	7432	774	150	957
有限责任公司	2521613	1377509	11256	65818	1067030
股份有限公司	240279	195210	12097	3084	29888
私营企业	279313	230044	21607	2149	25513
港、澳、台商投资企业	323151	242864	26221	11592	42474
外商投资企业	24400	17570	3270		3560
二、按经济组织类型分组					
独资企业	12590092	10164309	520194	130671	1774918
国有企业	10890489	8782884	474870	114673	1518062
集体企业	1606469	1306823	38132	15715	245799
私营独资企业	93134	74602	7192	283	11057
合作、合伙企业	117731	91347	2401	1727	22256
股份合作企业	105339	81577	1622	1573	20567
集体联营企业	9313	7432	774	150	957
私营合伙企业	3079	2338	5	4	732
股份有限公司	563430	438074	38318	14676	72362
有限责任公司	2729113	1548183	28936	67680	1084314
三、在总计中：亏损企业	3031617	1776639	50229	64576	1140173
在总计中：国有控股企业	13921857	10544630	524458	194701	2658068
在总计中：农村工业	82553	65210	5054	514	11775
在总计中：轻工业	271573	208507	10422	10194	42450
以农产品为原料	166785	120424	7128	9696	29537
以非农产品为原料	104788	88083	3294	498	12913
重工业	15728793	12033406	579427	204560	2911400
采掘工业	961858	728699	54689	12333	166137
原料工业	14627623	11191297	513842	191705	2730779
加工工业	139312	113410	10896	522	14484
在总计中：特大型企业	12540465	9505266	438747	163237	2433215
大一型企业	952312	709226	60142	19665	163279
大二型企业	1249596	1017985	33307	11577	186727
中二型企业	80327	51556	4331	8326	16114
小型企业	1177666	957880	53322	11949	154515

11－4续表9　　(2001年)　　单位:千元

	管理费用	#税　金	财产保险费	劳动、待业保险费
总　　计	1690919	106775	15841	220114
一、按登记注册类型分组				
内资企业	1683832	106775	15841	220114
国有企业	1267133	96631	13526	207537
中央企业	1089411	93123	13101	128231
地方企业	177722	3508	425	79306
集体企业	262339	2036	1094	2352
股份合作企业	11848	164	116	183
联营企业	977	5		
有限责任公司	86646	6028	818	2511
股份有限公司	39491	1575	77	7479
私营企业	15398	336	210	52
港、澳、台商投资企业	4631			
外商投资企业	2456			
二、按经济组织类型分组				
独资企业	1535623	98704	14821	209941
国有企业	1267133	96631	13526	207537
集体企业	262339	2036	1094	2352
私营独资企业	6151	37	201	52
合作、合伙企业	13452	169	116	183
股份合作企业	11848	164	116	183
集体联营企业	977	5		
私营合伙企业	627			
股份有限公司	44122	1575	77	7479
有限责任公司	97722	6327	827	2511
三、在总计中：亏损企业	258473	9877	211	80527
在总计中：国有控股企业	1398118	104274	14134	217452
在总计中：农村工业	6101	74		
在总计中：轻工业	30513	979	595	5153
以农产品为原料	21728	700	347	4970
以非农产品为原料	8785	279	248	183
重工业	1660406	105796	15246	214961
采掘工业	190618	3196	288	78758
原料工业	1460323	102229	14678	135674
加工工业	9465	371	280	529
在总计中：特大型企业	1149724	98646	13101	128231
大一型企业	174621	3418	242	80186
大二型企业	245129	2755	1062	4472
中二型企业	12168	348	319	1384
小型企业	109277	1608	1117	5841

11－4续表10　　(2001年)　　单位:千元

	财务费用	#利息支出	营业利润	补贴收入
总　　计	1755842	1754831	－38286	452835
一、按登记注册类型分组				
内资企业	1747554	1746882	－71875	450922
国有企业	369517	368555	279516	233484
中央企业	340154	340154	342206	212499
地方企业	29363	28401	－62690	20985
集体企业	－370	3060	27555	2567
股份合作企业	626	378	9284	
联营企业	86	84	－106	118
有限责任公司	1353768	1353397	－366531	214340
股份有限公司	19224	19053	－27574	413
私营企业	4703	2355	5981	
港、澳、台商投资企业	7835	7496	32673	1913
外商投资企业	453	453	916	
二、按经济组织类型分组				
独资企业	369984	371748	311140	236051
国有企业	369517	368555	279516	233484
集体企业	－370	3060	27555	2567
私营独资企业	837	133	4069	
合作、合伙企业	1072	462	9181	118
股份合作企业	626	378	9284	
集体联营企业	86	84	－106	118
私营合伙企业	360		3	
股份有限公司	27059	26549	5099	2326
有限责任公司	1357727	1356072	－363706	214340
三、在总计中：亏损企业	1389931	1388839	－468979	234970
在总计中：国有控股企业	1748416	1746498	－80149	449737
在总计中：农村工业	1998	1839	4737	
在总计中：轻工业	12218	10990	126	
以农产品为原料	10019	8791	－1997	
以非农产品为原料	2199	2199	2123	
重工业	1743624	1743841	－38412	452835
采掘工业	32816	30594	－28510	20630
原料工业	1708230	1711391	－13623	431868
加工工业	2578	1856	3721	337
在总计中：特大型企业	1691366	1691366	－33127	426839
大一型企业	40882	40481	－18337	22543
大二型企业	－1683	2589	－12480	2567
中二型企业	693	693	2561	
小型企业	24584	19702	23097	886

11－4续表11　　(2001年)　　单位:千元

	利润总额	应交所得税	应付利润	亏损企业亏损总额	利税总额
总　　计	136008	250169	34431	433895	1801979
一、按登记注册类型分组					
内资企业	100459	250058	－202	433895	1716918
国有企业	439920	239633	－17810	29652	1453446
中央企业	466949	239620			1417726
地方企业	－27029	13	－17810	29652	35720
集体企业	28416	3987	10066	2991	119461
股份合作企业	9304	2837	3375		21629
联营企业	12	4	6		1175
有限责任公司	－366777	2390	3464	375333	101979
股份有限公司	－24418	253	－1480	25919	－4290
私营企业	14002	954	2177		23518
港、澳、台商投资企业	34633		34633		82562
外商投资企业	916	111			2499
二、按经济组织类型分组					
独资企业	476320	244137	－7704	32643	1582724
国有企业	439920	239633	－17810	29652	1453446
集体企业	28416	3987	10066	2991	119461
私营独资企业	7984	517	40		9817
合作、合伙企业	9319	2841	3381		22949
股份合作企业	9304	2837	3375		21629
集体联营企业	12	4	6		1175
私营合伙企业	3				145
股份有限公司	10215	253	33153	25919	78272
有限责任公司	－359846	2938	5601	375333	118034
三、在总计中：亏损企业	－433895		－19561	433895	82041
在总计中：国有控股企业	85084	242224	18200	430109	1634576
在总计中：农村工业	4931	276	2903		9291
在总计中：轻工业	95	1043	－16114	5780	27373
以农产品为原料	－2290	16	－17770	5312	21001
以非农产品为原料	2385	1027	1656	468	6372
重工业	135913	249126	50545	428115	1774606
采掘工业	3284	2077	10845	20950	83434
原料工业	125208	246139	39398	405082	1678017
加工工业	7421	910	302	2083	13155
在总计中：特大型企业	91616	239620		375333	1489636
大一型企业	15135		34633	20155	128487
大二型企业	－11664	696		14939	50161
中二型企业	2898	482	720		17527
小型企业	38023	9371	－922	23468	116168

11－4续表12 (2001年) 单位:千元

	本年应付工资总额	#主营业务应付工资总额	本年应付福利费总额	#主营业务应付福利费总额
总计	1941320	1759039	256575	224225
一、按登记注册类型分组				
内资企业	1933451	1752201	256429	224079
国有企业	1575318	1441905	220571	194489
中央企业	1369013	1292348	191662	173071
地方企业	206305	149557	28909	21418
集体企业	244299	213695	20571	18110
股份合作企业	13671	13561	1842	1377
联营企业	973	973	158	158
有限责任公司	43592	34531	5841	3501
股份有限公司	44049	37765	5962	5174
私营企业	11549	9771	1484	1270
港、澳、台商投资企业	6199	5168	146	146
外商投资企业	1670	1670		
二、按经济组织类型分组				
独资企业	1822112	1657468	241489	212880
国有企业	1575318	1441905	220571	194489
集体企业	244299	213695	20571	18110
私营独资企业	2495	1868	347	281
合作、合伙企业	15027	14917	2174	1709
股份合作企业	13671	13561	1842	1377
集体联营企业	973	973	158	158
私营合伙企业	383	383	174	174
股份有限公司	50248	42933	6108	5320
有限责任公司	53933	43721	6804	4316
三、在总计中：亏损企业	227889	166489	30462	22469
在总计中：国有控股企业	1666055	1516494	231854	202650
在总计中：农村工业	10165	10055	1443	1412
在总计中：轻工业	33800	31437	4379	4069
以农产品为原料	23463	23032	2960	2901
以非农产品为原料	10337	8405	1419	1168
重工业	1907520	1727602	252196	220156
采掘工业	231756	155097	32380	22141
原料工业	1668545	1566819	219035	197479
加工工业	7219	5686	781	536
在总计中：特大型企业	1385569	1308904	192489	173898
大一型企业	202392	147096	27149	20065
大二型企业	219372	203613	18752	17504
中二型企业	13093	11261	1857	1606
小型企业	120894	88165	16328	11152

11－4续表13　(2001年)　单位:千元

	本年应交增值税	本年进项税额	本年销项税额	全部从业人员年平均人数(人)
总　　计	1451217	2621764	3841756	162491
一、按登记注册类型分组				
内资企业	1413297	2578765	3782305	162055
国有企业	898853	2293566	2983648	128292
中央企业	843660	2259070	2902730	104025
地方企业	55193	34496	80918	24267
集体企业	75330	211199	286610	22324
股份合作企业	10752	6296	17048	1356
联营企业	1013	585	1598	200
有限责任公司	402938	18952	421595	3033
股份有限公司	17044	21367	38452	5162
私营企业	7367	26800	33354	1688
港、澳、台商投资企业	36337	40739	55608	350
外商投资企业	1583	2260	3843	86
二、按经济组织类型分组				
独资企业	975733	2508824	3275498	150983
国有企业	898853	2293566	2983648	128292
集体企业	75330	211199	286610	22324
私营独资企业	1550	4059	5240	367
合作、合伙企业	11903	7384	19011	1632
股份合作企业	10752	6296	17048	1356
集体联营企业	1013	585	1598	200
私营合伙企业	138	503	365	76
股份有限公司	53381	62106	94060	5512
有限责任公司	410200	43450	453187	4364
三、在总计中：亏损企业	451360	43782	486940	25817
在总计中：国有控股企业	1354791	2366589	3490808	136324
在总计中：农村工业	3846	2185	6031	902
在总计中：轻工业	17084	27335	44058	3374
以农产品为原料	13595	13745	27064	2609
以非农产品为原料	3489	13590	16994	765
重工业	1434133	2594429	3797698	159117
采掘工业	67817	48439	107755	26247
原料工业	1361104	2537283	3676955	131734
加工工业	5212	8707	12988	1136
在总计中：特大型企业	1234783	2259070	3293853	78508
大一型企业	93687	70311	134324	22552
大二型企业	50248	173183	223180	46719
中二型企业	6303	6928	13231	1207
小型企业	66196	112272	177168	13505

11－5 工业企业分行业主要经济指标

（2001年） 单位：千元

	企业单位数（个）	#亏损企业	工业总产值（不变价格）	工业总产值（当年价格）
总计	71	11	9795875	16873187
煤炭采选业	11	1	479877	910719
黑色金属矿采选业	5	1	88057	95955
非金属矿采选业	2		62114	52908
食品加工业	2	1	86784	95489
饮料制造业	1		38176	48925
纺织业	1	1	4470	4660
木材加工及竹、藤、棕、草制品业	2		10446	12506
造纸及纸制品业	1		3739	3866
印刷业	1		12418	14436
石油加工及炼焦业	1		20746	24867
化学原料及化学制品制造业	12		511851	476131
橡胶制品业	1	1	8733	6858
非金属矿物制品业	7	3	131365	196860
黑色金属冶炼及压延加工业	8	1	6882063	11765514
有色金属冶炼及压延加工业	1		32918	34751
金属制品业	2		36588	35401
普通机械制造业	3		80509	85859
交通运输设备制造业	1		8311	4418
仪器仪表及文化、办公用机械制造业	1		24020	24020
电力、蒸汽、热水的生产和供应业	6	1	1252192	2926601
自来水的生产和供应业	2	1	20498	52443

注：1.本表范围是全部国有及年销售收入在500万元以上的非国有工业企业。
2.本表财务数据不包括攀枝花电业局和攀枝花发电公司。

11－5续表1　　(2001年)　　单位：千元

	工业销售产值（当年价格）	工业中间投入合计	工业增加值（当年价）	资产合计
总　　计	16707030	11467090	6349379	53810918
煤炭采选业	873076	607545	364634	1828862
黑色金属矿采选业	89954	67119	33120	116199
非金属矿采选业	53156	32234	22747	33005
食品加工业	97048	73152	31061	237945
饮料制造业	48394	29371	23394	102561
纺织业	3100	6391	－1629	38338
木材加工及竹、藤、棕、草制品业	13176	9311	3421	17758
造纸及纸制品业	3067	2590	1414	6033
印刷业	10976	6622	8379	13288
石油加工及炼焦业	24025	17135	11886	64268
化学原料及化学制品制造业	469824	310322	214883	718498
橡胶制品业	7100	6225	972	23660
非金属矿物制品业	194945	149683	61019	643920
黑色金属冶炼及压延加工业	11687925	8137828	4521521	23048131
有色金属冶炼及压延加工业	25252		35086	16507
金属制品业	33598	21506	14182	27574
普通机械制造业	81953	50437	37554	51053
交通运输设备制造业	4418	3093	1541	36206
仪器仪表及文化、办公用机械制造业	28540	10270	15333	28415
电力、蒸汽、热水的生产和供应业	2905560	1896969	923162	26567242
自来水的生产和供应业	51943	29287	25699	191455

11－5续表2　　　　(2001年)　　　　单位:千元

	流动资产小计	＃应收账款净额	存货	＃产成品
总　　计	11048134	2795141	3254317	1100286
煤炭采选业	642770	217834	88064	22295
黑色金属矿采选业	64132	15256	20481	10975
非金属矿采选业	20173	10022	3627	2531
食品加工业	65246	8280	21598	8820
饮料制造业	43409	3309	13052	514
纺织业	9654	697	5398	4716
木材加工及竹、藤、棕、草制品业	10910	4391	4137	403
造纸及纸制品业	2060	332	1267	1208
印刷业	7850	433	2694	
石油加工及炼焦业	41254	5	4104	2559
化学原料及化学制品制造业	359168	150578	97462	10324
橡胶制品业	9400	4116	1475	1189
非金属矿物制品业	201487	90875	41571	10789
黑色金属冶炼及压延加工业	8067536	1732245	2842417	1010380
有色金属冶炼及压延加工业	13454	3218	6085	3505
金属制品业	23702	12762	5083	2982
普通机械制造业	25357	3486	10372	6469
交通运输设备制造业	14803	4773	1338	340
仪器仪表及文化、办公用机械制造业	15637	6956	3186	287
电力、蒸汽、热水的生产和供应业	1369176	523153	79833	
自来水的生产和供应业	40956	2420	1073	

11－5续表3　　(2001年)　　单位:千元

	流动资产年平均余额	固定资产小计	固定资产原价	#生产经营用
总计	10653959	40497746	54333635	46989778
煤炭采选业	807939	988551	1519335	480463
黑色金属矿采选业	57355	46593	59455	52099
非金属矿采选业	20827	12465	15317	
食品加工业	75610	106768	179727	176587
饮料制造业	52076	58675	65114	65114
纺织业	11139	26882	34734	19676
木材加工及竹、藤、棕、草制品业	9598	6844	8666	8020
造纸及纸制品业	2186	3442	2136	2100
印刷业	5552	5338	8833	7278
石油加工及炼焦业	36543	21945	25222	
化学原料及化学制品制造业	296050	350748	368823	338363
橡胶制品业	9632	14260	23419	14473
非金属矿物制品业	203460	351410	618124	577205
黑色金属冶炼及压延加工业	7658678	13447539	23388169	20012327
有色金属冶炼及压延加工业	13454	2752	3408	2749
金属制品业	49116	3413	4027	1700
普通机械制造业	43182	24588	28855	25398
交通运输设备制造业	15530	19856	27703	4164
仪器仪表及文化、办公用机械制造业	13522	10638	14493	14493
电力、蒸汽、热水的生产和供应业	1228466	24855264	27788953	25043661
自来水的生产和供应业	44044	139775	149122	143908

11－5续表4　　(2001年)　　单位:千元

	累计折旧	#本年折旧	固定资产净值	固定资产净值年平均余额
总计	14972489	2195184	39361146	39748568
煤炭采选业	615885	44494	903450	788488
黑色金属矿采选业	15364	3882	44091	42902
非金属矿采选业	2852	351	12465	9690
食品加工业	74668	6058	105059	106281
饮料制造业	31905	3066	33209	34628
纺织业	8476	439	26258	26899
木材加工及竹、藤、棕、草制品业	1822	126	6844	8140
造纸及纸制品业	434	144	1702	2486
印刷业	3495	578	5338	5533
石油加工及炼焦业	4069	2107	21153	20865
化学原料及化学制品制造业	33873	15311	334950	313107
橡胶制品业	9161	499	14258	14587
非金属矿物制品业	275985	20649	342139	257507
黑色金属冶炼及压延加工业	10770448	1042899	12617721	12692610
有色金属冶炼及压延加工业	658	298	2750	2752
金属制品业	614	102	3413	3380
普通机械制造业	8101	571	20754	13469
交通运输设备制造业	8205	610	19498	19776
仪器仪表及文化、办公用机械制造业	3855	904	10638	11044
电力、蒸汽、热水的生产和供应业	3067890	1049446	24721063	25265471
自来水的生产和供应业	34729	2650	114393	108953

11－5续表5　　(2001年)　　单位:千元

	无形及递延资产小计	负债合计	#流动负债合计	长期负债合计
总　　计	1594579	40393627	14551078	25803604
煤炭采选业	151024	1199687	921879	270817
黑色金属矿采选业	2521	87419	79843	6500
非金属矿采选业	276	14002	13902	100
食品加工业	44155	179496	161349	18147
饮料制造业	475	48143	42351	5791
纺织业	－350	19101	10969	8132
木材加工及竹、藤、棕、草制品业		11375	10875	500
造纸及纸制品业		4725	2971	1754
印刷业		10404	9543	861
石油加工及炼焦业	1069	51207	51207	
化学原料及化学制品制造业	7088	572471	274643	294265
橡胶制品业		19251	18401	850
非金属矿物制品业	2452	383120	362881	20238
黑色金属冶炼及压延加工业	1063382	11573088	9141269	2404507
有色金属冶炼及压延加工业		13542	13542	
金属制品业	441	24711	24711	
普通机械制造业	1108	30361	25480	4881
交通运输设备制造业		30976	28632	2344
仪器仪表及文化、办公用机械制造业	1940	17873	17873	
电力、蒸汽、热水的生产和供应业	318923	26010070	3263758	22746311
自来水的生产和供应业	75	92605	74999	17606

11－5续表6　　(2001年)　　单位:千元

	所有者权益合计	#实收资本	1.国家资本	2.集体资本
总　　计	13417291	7271885	6834141	176297
煤炭采选业	629175	619917	579287	10854
黑色金属矿采选业	28780	29740	7006	1585
非金属矿采选业	19003	14269		7584
食品加工业	58449	53338	44470	515
饮料制造业	54418	54418	54418	
纺织业	19237	12286	12286	
木材加工及竹、藤、棕、草制品业	6383	5260	4635	
造纸及纸制品业	1308	550		220
印刷业	2884	4232	4232	
石油加工及炼焦业	13061	4900		
化学原料及化学制品制造业	146027	103662	1429	9914
橡胶制品业	4409	4409	4409	
非金属矿物制品业	260800	153551	97985	8538
黑色金属冶炼及压延加工业	11475043	3460640	3323766	126525
有色金属冶炼及压延加工业	2965	660		
金属制品业	2863	2050		
普通机械制造业	20692	11880		2540
交通运输设备制造业	5230	5230	5230	
仪器仪表及文化、办公用机械制造业	10542	7200	3600	
电力、蒸汽、热水的生产和供应业	557172	2628677	2597548	6921
自来水的生产和供应业	98850	95016	93840	1101

11－5续表7　　(2001年)　　单位:千元

	3.法人资本	4.个人资本	5.港澳台资本	6.外商资本
总　　计	139928	105169		16350
煤炭采选业	13400	16376		
黑色金属矿采选业	9889	11260		
非金属矿采选业	2347	4338		
食品加工业	7498	855		
饮料制造业				
纺织业				
木材加工及竹、藤、棕、草制品业		625		
造纸及纸制品业		330		
印刷业				
石油加工及炼焦业	4900			
化学原料及化学制品制造业	53615	25954		12750
橡胶制品业				
非金属矿物制品业	31090	15938		
黑色金属冶炼及压延加工业	7349	3000		
有色金属冶炼及压延加工业		660		
金属制品业	500	1550		
普通机械制造业	9340			
交通运输设备制造业				
仪器仪表及文化、办公用机械制造业				3600
电力、蒸汽、热水的生产和供应业		24208		
自来水的生产和供应业		75		

11－5续表8　　(2001年)　　单位:千元

	产品销售收入	#产品销售成本	产品销售费用	产品销售税金及附加	产品销售利润
总　　计	16000366	12241913	589849	214754	2953850
煤炭采选业	816934	610472	50048	9246	147168
黑色金属矿采选业	91763	74368	2620	1772	13003
非金属矿采选业	53161	43859	2021	1315	5966
食品加工业	95835	73227	406	1569	20633
饮料制造业	48210	26976	4331	7981	8922
纺织业	2618	4659	527	15	－2583
木材加工及竹、藤、棕、草制品业	13089	10225	1412	54	1398
造纸及纸制品业	3079	2338	5	4	732
印刷业	11237	9138	541	77	1481
石油加工及炼焦业	27458	22129	1872	347	3110
化学原料及化学制品制造业	496965	386732	32991	12711	64531
橡胶制品业	6870	6477	680	48	－335
非金属矿物制品业	183148	150577	13417	2290	16864
黑色金属冶炼及压延加工业	11537593	9359521	466627	118971	1592474
有色金属冶炼及压延加工业	25252	24624		98	530
金属制品业	36359	31019	829	89	4422
普通机械制造业	81109	66549	5328	276	8956
交通运输设备制造业	4027	4127	47	28	－175
仪器仪表及文化、办公用机械制造业	24400	17570	3270		3560
电力、蒸汽、热水的生产和供应业	2407784	1291535	2877	57508	1055864
自来水的生产和供应业	33475	25791		355	7329

11－5续表9　　(2001年)　　单位:千元

	管理费用	#税金	财产保险费	劳动、待业保险费
总　　计	1690919	106775	15841	220114
煤炭采选业	183324	3166	281	78750
黑色金属矿采选业	5870	30	7	8
非金属矿采选业	1424			
食品加工业	11690	444	45	3598
饮料制造业	6453	155	286	1312
纺织业	1455	50		32
木材加工及竹、藤、棕、草制品业	1478	53	91	22
造纸及纸制品业	627			
印刷业	1237	50	16	28
石油加工及炼焦业	1476			
化学原料及化学制品制造业	18411	165	247	1
橡胶制品业	1430	171	14	57
非金属矿物制品业	36716	1190		3731
黑色金属冶炼及压延加工业	1326998	95237	14163	130582
有色金属冶炼及压延加工业	621	1	32	31
金属制品业	1402	23		
普通机械制造业	2221	57	241	88
交通运输设备制造业	2234	143	25	384
仪器仪表及文化、办公用机械制造业	2456			
电力、蒸汽、热水的生产和供应业	77095	5637	360	1307
自来水的生产和供应业	6301	203	33	183

11－5续表10 (2001年) 单位：千元

	财务费用	#利息支出	营业利润	补贴收入
总　计	1755842	1754831	－38286	452835
煤炭采选业	28550	28083	－36198	20630
黑色金属矿采选业	3789	2157	3623	
非金属矿采选业	477	354	4065	
食品加工业	9066	8200	7	
饮料制造业	－35	－35	1854	
纺织业	491	491	－4529	
木材加工及竹、藤、棕、草制品业	－145	－147	70	
造纸及纸制品业	360		3	
印刷业	107	107	612	
石油加工及炼焦业	503	503	1131	
化学原料及化学制品制造业	9880	9388	39293	1913
橡胶制品业	593	592	－2276	
非金属矿物制品业	10246	9978	－29199	118
黑色金属冶炼及压延加工业	335856	339767	342505	215066
有色金属冶炼及压延加工业	37	29	367	76
金属制品业	831	718	2189	
普通机械制造业	1023	433	5712	337
交通运输设备制造业	377	377	－1853	
仪器仪表及文化、办公用机械制造业	453	453	916	
电力、蒸汽、热水的生产和供应业	1352604	1352604	－366785	214695
自来水的生产和供应业	779	779	207	

11－5续表11　　(2001年)　　单位:千元

	利润总额	应交所得税	应付利润	亏损企业 亏损总额	利税总额
总　　计	136008	250169	34431	433895	1801979
煤炭采选业	－4223	750	9004	20155	66483
黑色金属矿采选业	3348	1100	1841	795	9404
非金属矿采选业	4159	227			7547
食品加工业	－181		－17810	838	10112
饮料制造业	1697				13518
纺织业	－4474			4474	－4357
木材加工及竹、藤、棕、草制品业	66	18	40		346
造纸及纸制品业	3				145
印刷业	609				1251
石油加工及炼焦业	1125	373			5626
化学原料及化学制品制造业	45606	2291	37497		107391
橡胶制品业	－2083			2083	－1696
非金属矿物制品业	－26220	425	－1714	27647	－10088
黑色金属冶炼及压延加工业	471444	240326	40	2102	1484250
有色金属冶炼及压延加工业	439	119			872
金属制品业	2189	380	600		2565
普通机械制造业	6030	738	271		8438
交通运输设备制造业	1336				1580
仪器仪表及文化、办公用机械制造业	916	111			2499
电力、蒸汽、热水的生产和供应业	－366511	2829	3942	375333	92462
自来水的生产和供应业	733	482	720	468	3631

11－5续表12　　(2001年)　　单位:千元

	本年应付工资总额	#主营业务应付工资总额	本年应付福利费总额	#主营业务应付福利费总额
总　计	1941320	1759039	256575	224225
煤炭采选业	216733	151805	29262	21734
黑色金属矿采选业	10133	2635	2434	315
非金属矿采选业	4890	657	684	92
食品加工业	14899	14468	1620	1561
饮料制造业	4812	4812	715	715
纺织业	936	936	110	110
木材加工及竹、藤、棕、草制品业	2519	2519	558	558
造纸及纸制品业	383	383	174	174
印刷业	1857	1857	260	260
石油加工及炼焦业	1685	1685	185	185
化学原料及化学制品制造业	22610	20325	2104	1949
橡胶制品业	1581	1104	221	155
非金属矿物制品业	29060	22594	4370	3532
黑色金属冶炼及压延加工业	1575655	1482538	208070	187921
有色金属冶炼及压延加工业	4874	4874	692	692
金属制品业	984	415	118	62
普通机械制造业	1440	1325	229	215
交通运输设备制造业	1570	1340	221	132
仪器仪表及文化、办公用机械制造业	1670	1670		
电力、蒸汽、热水的生产和供应业	34229	34229	3348	2914
自来水的生产和供应业	8800	6868	1200	949

11－5续表13　　(2001年)　　单位:千元

	本年应交增值税	本年进项税额	本年销项税额	全部从业人员年平均人数(人)
总　　计	1451217	2621764	3841756	162491
煤炭采选业	61460	41692	94946	24216
黑色金属矿采选业	4284	6147	10136	1238
非金属矿采选业	2073	600	2673	793
食品加工业	8724	6206	14930	1440
饮料制造业	3840	4813	8653	655
纺织业	102	350	452	159
木材加工及竹、藤、棕、草制品业	226	1397	1620	197
造纸及纸制品业	138	503	365	76
印刷业	565	1426	1991	209
石油加工及炼焦业	4154	465	4663	210
化学原料及化学制品制造业	49074	80659	108265	1375
橡胶制品业	339	840	1184	423
非金属矿物制品业	13842	17700	31621	3788
黑色金属冶炼及压延加工业	893835	2439462	3133134	97757
有色金属冶炼及压延加工业	335	3116	3530	500
金属制品业	287	5852	6134	129
普通机械制造业	2132	1699	3462	230
交通运输设备制造业	216	979	628	305
仪器仪表及文化、办公用机械制造业	1583	2260	3843	86
电力、蒸汽、热水的生产和供应业	401465	3483	404948	28119
自来水的生产和供应业	2543	2115	4578	586

11－6 全市机动车拥有量

（2001年）

	单位	总计	私人
一、机动车辆合计	辆	56827	39621
1.大型汽车	辆	7876	2542
2.小型汽车	辆	21105	10947
3.摩托车	辆	21919	20624
4.电车	辆		
5.农用运输车	辆	2052	1668
6.挂车	辆		
7.专用机械	辆		
8.拖拉机	辆	3875	3840
9.其它	辆		
二、机动车驾驶员	人	118388	

11－7 全市客货运输量

（2001年）

		货运量（万吨）	货物周转量（万吨公里）	客运量（万人）	客运周转量（万人公里）
公路	合计	1652.8	60014	1985.5	50765
公路	汽车	1580.4	59485	1892	50624
公路	拖拉机	70.7	524		
公路	其它机动车	1.7	5	93.5	141
铁路		1426		138	

注：1.公路货运量和客运为社会运输量。
2.铁路货运量和客运量未统计周转量。

11－8 工业企业能源购进、消费及库存

(2001 年)

	单位	年初库存	购进量		消费量				年末库存
			实物量	金额（万元）	合计	工业生产消费	用于原材料	非工业生产消费	
原煤	吨	283014	3620566	62491.1	6783817	6749222	3 469 527	34 595	158 087
洗精煤	吨	247652	3283441	83790.8	3283866	3283866	3 207 186		114 927
其他洗煤	吨	13809	501141	2036.4	752799	752799	265 072		400
焦炭	吨	11772	104291	3741.6	2266786	2266786			28 899
其他焦化产品	吨	32	304	30.0	298	298			38
焦炉煤气	万立方米		293	69.0	98328	95346		2 982	
高炉煤气	万立方米		276	7.4	853388	851321		2 067	
其他煤气	万立方米		18	23.9	18	7		11	
汽油	吨	783	8115	2677.7	6645	1487		5 158	292
煤油	吨	20	66	21.0	275	275	51		1
柴油	吨	1200	18702	5795.0	15909	4662		11 247	1 064
电力	万千瓦时		166378	55263.5	315913	302387	429	13 526	
其他燃料	吨标准煤		11893	1379.4	14976	14924		52	
能源合计	吨标准煤	437447	5424052	41815.8	13196396	13073452	5 506 792	122 944	185 002

11－9　主要能源按工业行业分组消费量

(2001 年)

	原煤（吨）	洗精煤（吨）	其他洗煤（吨）	焦　炭（吨）	其他焦化产品（吨）	焦　炉煤　气（万立方米）	高　炉煤　气（万立方米）	其　他煤　气（万立方　米）
总计	6783817	3283866	752799	2266786	298	98328	853 388	18
按工业行业大类分列								
煤炭采选业	3904865	230981	265072	95				
黑色金属矿采选业	39							
有色金属矿采选业	203							
非金属矿采选业	422							
其他矿采选业								
食品加工业	22729							
食品制造业								
饮料制造业	8593							
纺织业	18							
皮革、毛皮、羽绒及其制品业								
木材加工及竹、藤、棕、草制品业					298			
造纸及纸制品业	1608							
文教体育用品制造业								
石油加工及炼焦业	122579	26498						
化学原料及化学制品制造业	12313			79832				
医药制造业								
化学纤维制造业								
橡胶制品业	295	1650						
非金属矿物制品业	171379							
黑色金属冶炼及压延加工业	1189700	3024737	487727	2184320		98264	853 388	18
有色金属冶炼及压延加工业	8125					64		
金属制品业	1000							
普通机械制造业	5294			2539				
电力、蒸汽、热水的生产和供应业	1334655							
煤气生产和供应业								
自来水的生产和供应业								

11－9续表1　　　　　　　　（2001年）

	汽油（吨）	煤油（吨）	柴油（吨）	电　力（万千瓦时）	其他燃料（吨标准煤
总计	6645	275	15909	315913	14976
按工业行业大类分列					
煤炭采选业	674	209	873	18872	
黑色金属矿采选业			506	898	
有色金属矿采选业	78		5	41	
非金属矿采选业	5	10	120	693	
食品加工业	17		12	657	
食品制造业					
饮料制造业	9		112	557	
纺织业	9			45	
服装及其他纤维制品制造业					
皮革、毛皮、羽绒及其制品业					
木材加工及竹、藤、棕、草制品业	6		46	18	
家具制造业					
造纸及纸制品业				20	
印刷业	22			45	
文教体育用品制造业					
石油加工及炼焦业		51		388	
化学原料及化学制品制造业	29		30	63285	14001
橡胶制品业	9		8	181	
塑料制品业					
非金属矿物制品业	82		238	7650	
黑色金属冶炼及压延加工业	4690		13402	199353	975
有色金属冶炼及压延加工业	712		176	471	
金属制品业	12			55	
普通机械制造业	138	1	11	122	
专用设备制造业					
交通运输设备制造业				53	
仪器仪表及文化、办公用机械制造业	2			8	
电力、蒸汽、热水的生产和供应业	148	4	369	19350	
煤气生产和供应业					
自来水的生产和供应业	3		1	3151	

11－10 电力收支平衡表

单位:万千瓦时

	用电量					
	1996年	1997年	1998年	1999年	2000年	2001年
总　　计	310972	318091	289222	233863	271971	307352
发电量	230935	216911	193442	147420	160570	164840
全社会用电合计	262405	101180	251031	214247	258412	291914
一.农林牧渔水利业	1188	1349	1205	1410	1541	1665
二.工业	230952	242975	220754	188740	228619	259988
三.地质普查和勘探业						
四.建筑业	14168	15091	10356	4389	2893	2041
五.交通运输邮电通讯业	459	555	595	847	5189	7083
六.批发零售贸易和餐饮业	238	243	242	214	171	3409
七.其它	1369	1408	1516	1714	1840	1966
八.居民生活消费	14031	15199	16363	16933	18159	15762
# 乡村	1238	1374	1350	1080	1495	1308
# 城市	12793	13824	15013	15853	16664	14454
支出电量总计	310972	318091	289222	233863	271971	307352

11-11 邮政、电讯业务基本情况

(2001 年)

指　　标	单位	数量	指　　标	单位	数量
一、邮政业务总量(2000 价)	万元	4340	国内用户电报	份	60
国内函件	万件	375	长途电话业务总量	万元	4692.86
国际函件	万件	0.36	本地电话业务总量	万元	10983.36
国内包件	万件	7.59	国内传真	份	6100
国内汇票	万张	74.92	国际传真	份	378
国内特快专递	万件	13.43	国内长途电话	万次	1834.93
国际特快专递	件	292	国际电话	万次	1.17
报纸累计份数	万份	2398.69	港、澳、台电话	万次	0.69
杂志累计份数	万份	223.58	本地计次制电话用户合计	户	183104
报纸期发份数	万份	13.76	城市用户	户	172265
杂志期发份数	万份	14.07	住宅用户	户	141032
报刊流转额	万元	1992.91	乡村用户	户	10839
邮政储蓄平均余额	万元	45349.69	住宅电话	户	9820
邮政储蓄期末余额	万元	49124.09	公用电话部数	部	7768
集邮业务量	万枚	327.46	三、移动电话业务总量(现价)	元	16610
二、电信业务总量(2000 价)	万元	16426.2	移动电话用户合计数	户	192331
国内电信业务总量	万元		GSM 数字移动电话用户	户	192331
国际电信业务总量	万元		四、无线寻呼业务总量(现价)	元	757
电报业务总量	万元	22.95	无线寻呼用户合计	户	58492
国内公众电报	份	43875	无线寻呼汉字机用户	户	32864
国际公众电报	份	2	无线寻呼数字机用户	户	25585

12. 建筑业

CONSTRUCTION

12－1 建筑业生产情况

(2001年)

指标	单位	总计	东区	西区	仁和区	米易县	盐边县
企业个数	个	92	56	8	12	7	9
建筑业总产值	千元	2609924	2129402	152152	278877	30174	19 319
＃在外省完成的产值	千元	874850	808112	26101	40637		
装修装饰产值	千元	37841	32638	4843		360	
按构成分组							
建筑工程	千元	2126473	1705476	96290	276224	29814	18 669
安装工程	千元	405848	351854	51121	2513	360	
房屋构筑物修理	千元	46596	41065	4741	140		650
非标准设备制造	千元	31007	31007				
竣工产值	千元	2210398	1696615	234500	230258	31626	17 399
单位工程施工个数	个	2022	1793	71	99	26	33
＃本年新开工	个	1594	1466	32	52	18	26
投标承包个数	个	586	469	39	53	16	9
＃本年新开工	个	346	288	9	27	15	7
单位工程竣工个数	个	1643	1492	49	60	16	26
优良单位工程个数	个	587	539	18	26	4	
房屋建筑施工面积	平方米	1259169	820321	330426	40830	46732	20 860
＃本年新开工面积	平方米	542599	418827	63783	22423	23652	13 914
投标承包面积	平方米	894024	568801	281194	8682	23702	11 645
＃本年新开工	平方米	355193	287616	36291	4712	22902	3 672
房屋建筑竣工面积	平方米	829757	571430	180134	30017	33677	14 499
优良工程竣工面积	平方米	494260	352757	118225	13167	10111	
自有机械设备年末总台数	台	12213	8820	836	1592	696	269
自有机械设备年末总功率	千瓦	319616	243608	20417	44066	6008	5 517
＃施工机械功率	千瓦	253719	195157	12832	35147	5471	5 112
自有机械设备年末净值	千元	443532	379011	16417	39527	3641	4 936
计算全员劳动生产率的平均人数	人	45739	35471	5244	3646	946	432
期末从业人员数	人	49089	37405	5180	4865	1146	493
＃工程技术人员	人	6325	4471	773	826	135	120
企业总产值	千元	2798888	2308629	158048	282718	30174	19 319
＃对内销售产值	千元	43312	40030	2842	440		
期末拖欠工程款	千元	667565	414525	169708	72681	7731	2 920
＃竣工拖欠	千元	372632	221465	100480	41140	7248	2 299

12－1续表1　　　　(2001年)

指　　标	单位	总　计	一，二级企　业	国有及国有控股	内资企业	国有企业	集体企业	股份合作企业
按登记注册类型分组								
企业个数	个	92	25	22	91	16	38	2
建筑业总产值	千元	2609924	2312707	2196140	2589204	2100564	245 631	4 298
＃在外省完成的产值	千元	874850	874850	870115	874850	855637	4 735	
装修装饰产值	千元	37841	6801	21859	37841	4851	1 436	
按构成分组								
建筑工程	千元	2126473	1888887	1796142	2105753	1715416	184 737	4 298
安装工程	千元	405848	356283	341337	405848	326487	48 740	
房屋构筑物修理	千元	46596	37526	36046	46596	36046	4 758	
非标准设备制造	千元	31007	30011	22615	31007	22615	7 396	
竣工产值	千元	2210398	1945927	1847876	2205188	1660522	225 406	1 800
单位工程施工个数	个	2022	1595	1313	2018	1206	571	8
＃本年新开工	个	1594	1218	944	1594	870	540	7
投标承包个数	个	586	512	398	582	362	148	6
＃本年新开工	个	346	283	172	346	166	140	6
单位工程竣工个数	个	1643	1274	1011	1642	916	523	1
优良单位工程个数	个	587	538	518	586	502	51	
房屋建筑施工面积	平方米	1259169	956894	815983	1200169	522301	252 863	8 743
＃本年新开工面积	平方米	542599	359243	255191	542599	210412	184 598	6 905
投标承包面积	平方米	894024	686289	601287	835024	328329	158 326	6 905
＃本年新开工	平方米	355193	232030	147418	355193	119363	141 020	2 405
房屋建筑竣工面积	平方米	829757	657504	538667	816757	386214	187 056	
优良工程竣工面积	平方米	494260	447986	403744	481260	296509	65 549	
自有机械设备年末总台数	台	12213	8907	7984	11612	7419	2 376	328
自有机械设备年末总功率	千瓦	319616	272924	257834	315738	247931	35 528	1 406
＃施工机械功率	千瓦	253719	212943	202300	250641	195669	29 835	1 095
自有机械设备年末净值	千元	443532	381600	368789	442687	359107	48 178	543
计算全员劳动生产率的平均人数	人	45739	37066	35603	45339	31811	6 372	120
期末从业人员数	人	49089	41064	39174	48739	36144	6 609	200
＃工程技术人员	人	6325	4597	4303	6264	3775	1 319	68
企业总产值	千元	2798888	2496714	2371136	2778168	2268040	258 756	4 298
＃对内销售产值	千元	43312	43312	30496	43312	27858	12 816	
期末拖欠工程款	千元	667565	631567	595770	667565	481620	40 733	400
＃竣工拖欠	千元	372632	351662	326790	372632	229762	27 155	340

12－1续表2　　(2001年)

指　　标	单位	联营企业	有限责任公司	股份有限公司	私营企业	港、澳、台投资企业	合作经营企业
按登记注册类型分组							
企业个数	个	1	15	10	9	1	1
建筑业总产值	千元	10417	95831	95867	36596	20720	20 720
#在外省完成的产值	千元			14478			
装修装饰产值	千元	2083	6672	18792	4007		
按构成分组							
建筑工程	千元	8967	66172	92647	33516	20720	20 720
安装工程	千元		24971	3050	2600		
房屋构筑物修理	千元	1450	3692	170	480		
非标准设备制造	千元		996				
竣工产值	千元	10417	90031	186645	30367	5210	5 210
单位工程施工个数	个	10	141	66	16	4	4
#本年新开工	个	10	131	26	10		
投标承包个数	个	6	15	36	9	4	4
#本年新开工	个	6	13	6	9		
单位工程竣工个数	个	10	131	53	8	1	1
优良单位工程个数	个		16	16	1	1	1
房屋建筑施工面积	平方米	11710	52487	305612	46453	59000	59 000
#本年新开工面积	平方米	11710	44331	54679	29964		
投标承包面积	平方米	8410	34674	272958	25422	59000	59 000
#本年新开工	平方米	8410	30518	28055	25422		
房屋建筑竣工面积	平方米	11710	34488	164383	32906	13000	13 000
优良工程竣工面积	平方米		9456	107235	2511	13000	13 000
自有机械设备年末总台数	台	11	470	854	154	601	601
自有机械设备年末总功率	千瓦	37	13605	13853	3378	3878	3 878
#施工机械功率	千瓦	37	11614	9768	2623	3078	3 078
自有机械设备年末净值	千元	43	20056	10948	3812	845	845
计算全员劳动生产率的平均人数	人	228	2006	3869	933	400	400
期末从业人员数	人	96	1778	3097	815	350	350
#工程技术人员	人	10	359	555	178	61	61
企业总产值	千元	10417	100219	99842	36596	20720	20 720
#对内销售产值	千元			2638			
期末拖欠工程款	千元		10838	117667	16307		
#竣工拖欠	千元		6742	97874	10759		

12－1 续表 3　　(2001 年)

指　　标	单位	合　计	土木工程建筑业	线路管道设备安装业	装饰装修业
按行业类别分组					
企业个数	个	92	68	14	10
建筑业总产值	千元	2609924	2437902	86957	85065
＃在外省完成的产值	千元	874850	858492	4735	11623
装修装饰产值	千元	37841	7005		30836
按构成分组					
建筑工程	千元	2126473	2082041	10968	33464
安装工程	千元	405848	280324	74403	51121
房屋构筑物修理	千元	46596	45526	590	480
非标准设备制造	千元	31007	30011	996	
竣工产值	千元	2210398	2043266	87967	79165
单位工程施工个数	个	2022	1746	276	
＃本年新开工	个	1594	1328	266	
投标承包个数	个	586	558	28	
＃本年新开工	个	346	321	25	
单位工程竣工个数	个	1643	1377	266	
优良单位工程个数	个	587	548	39	
房屋建筑施工面积	平方米	1259169	1252821	6348	
＃本年新开工面积	平方米	542599	536251	6348	
投标承包面积	平方米	894024	888276	5748	
＃本年新开工	平方米	355193	349445	5748	
房屋建筑竣工面积	平方米	829757	823409	6348	
优良工程竣工面积	平方米	494260	494260		
自有机械设备年末总台数	台	12213	11647	346	220
自有机械设备年末总功率	千瓦	319616	306538	8762	4316
＃施工机械功率	千瓦	253719	243201	8045	2473
自有机械设备年末净值	千元	443532	431813	10475	1244
计算全员劳动生产率的平均人数	人	45739	41169	1737	2833
期末从业人员数	人	49089	45691	1544	1854
＃工程技术人员	人	6325	5463	515	347
企业总产值	千元	2798888	2621593	91020	86275
＃对内销售产值	千元	43312	43108		204
期末拖欠工程款	千元	667565	596335	19139	52091
＃竣工拖欠	千元	372632	358407	12654	1571

12－1续表4

(2001年)

指　　标	单位	合　计	一　级	二　级	三　级	四　级
按资质等级分组						
企业个数	个	92	9	16	51	16
建筑业总产值	千元	2609924	1763216	549491	241183	56034
＃在外省完成的产值	千元	874850	829478	45372		
装修装饰产值	千元	37841	4851	1950	12248	18792
按构成分组						
建筑工程	千元	2126473	1491962	396925	203669	33917
安装工程	千元	405848	214045	142238	29737	19828
房屋构筑物修理	千元	46596	36046	1480	6781	2289
非标准设备制造	千元	31007	21163	8848	996	
竣工产值	千元	2210398	1450593	495334	208847	55624
单位工程施工个数	个	2022	668	927	314	113
＃本年新开工	个	1594	415	803	264	112
投标承包个数	个	586	363	149	73	1
＃本年新开工	个	346	161	122	62	1
单位工程竣工个数	个	1643	432	842	258	111
优良单位工程个数	个	587	311	227	29	20
房屋建筑施工面积	平方米	1259169	771148	185746	287744	14531
＃本年新开工面积	平方米	542599	235993	123250	168825	14531
投标承包面积	平方米	894024	589957	96332	205254	2481
＃本年新开工	平方米	355193	136088	95942	120682	2481
房屋建筑竣工面积	平方米	829757	506745	150759	158392	13861
优良工程竣工面积	平方米	494260	388857	59129	46274	
自有机械设备年末总台数	台	12213	6412	2495	3172	134
自有机械设备年末总功率	千瓦	319616	216148	56776	45037	1655
＃施工机械功率	千瓦	253719	171195	41748	39271	1505
自有机械设备年末净值	千元	443532	329683	51917	59160	2772
计算全员劳动生产率的平均人数	人	45739	29022	8044	7314	1359
期末从业人员数	人	49089	31953	9111	7309	716
＃工程技术人员	人	6325	3386	1211	1512	216
企业总产值	千元	2798888	1930946	565768	245958	56216
＃对内销售产值	千元	43312	30496	12816		
期末拖欠工程款	千元	667565	545044	86523	26915	9083
＃竣工拖欠	千元	372632	303864	47798	15603	5367

12－1续表5　　(2001年)

指　　标	单位	合计	中　央	地　区	县
按隶属关系分组					
企业个数	个	92	3	34	12
建筑业总产值	千元	2609924	1257472	1009541	54179
＃在外省完成的产值	千元	874850	564732	310118	
装修装饰产值	千元	37841	2285	9588	17008
按构成分组					
建筑工程	千元	2126473	925365	906174	54019
安装工程	千元	405848	273586	98486	160
房屋构筑物修理	千元	46596	35906	4881	
非标准设备制造	千元	31007	22615		
竣工产值	千元	2210398	1049979	858930	45843
单位工程施工个数	个	2022	1074	396	40
＃本年新开工	个	1594	814	281	25
投标承包个数	个	586	272	157	16
＃本年新开工	个	346	125	74	15
单位工程竣工个数	个	1643	854	300	23
优良单位工程个数	个	587	459	88	6
房屋建筑施工面积	平方米	1259169	398540	485394	49589
＃本年新开工面积	平方米	542599	152937	151909	36358
投标承包面积	平方米	894024	272308	368730	28505
＃本年新开工	平方米	355193	74409	108604	20955
房屋建筑竣工面积	平方米	829757	313186	270853	28019
优良工程竣工面积	平方米	494260	239944	167956	11287
自有机械设备年末总台数	台	12213	5259	3530	903
自有机械设备年末总功率	千瓦	319616	161610	111691	6211
＃施工机械功率	千瓦	253719	121230	91446	5139
自有机械设备年末净值	千元	443532	252693	137623	5523
计算全员劳动生产率的平均人数	人	45739	15490	21279	1833
期末从业人员数	人	49089	19256	21771	1034
＃工程技术人员	人	6325	2335	2497	280
企业总产值	千元	2798888	1418137	1024543	54577
＃对内销售产值	千元	43312	27214	3282	
期末拖欠工程款	千元	667565	259782	353614	5000
＃竣工拖欠	千元	372632	146030	188787	4221

12－1续表6　　(2001年)

指　　标	单位	街道	镇	乡	其它
按隶属关系分组					
企业个数	个	3	6	2	32
建筑业总产值	千元	20344	45243	1530	221615
＃在外省完成的产值	千元				
装修装饰产值	千元			360	8600
按构成分组					
建筑工程	千元	20344	45243	1170	174158
安装工程	千元			360	33256
房屋构筑物修理	千元				5809
非标准设备制造	千元				8392
竣工产值	千元	20344	38402	1530	195370
单位工程施工个数	个	5	35	5	467
＃本年新开工	个	4	19	4	447
投标承包个数	个	4	9	5	123
＃本年新开工	个	3	8	4	117
单位工程竣工个数	个	5	28	1	432
优良单位工程个数	个	1	3	1	29
房屋建筑施工面积	平方米	27850	58407	5398	233991
＃本年新开工面积	平方米	27460	26858	4598	142479
投标承包面积	平方米	27600	27453	5398	164030
＃本年新开工	平方米	27210	17860	4598	101557
房屋建筑竣工面积	平方米	27210	44437	800	145252
优良工程竣工面积	平方米	7000	10344	800	56929
自有机械设备年末总台数	台	166	615	50	1690
自有机械设备年末总功率	千瓦	1520	7348	644	30592
＃施工机械功率	千瓦	1520	6387	325	27672
自有机械设备年末净值	千元	18619	3616	126	25332
计算全员劳动生产率的平均人数	人	630	1421	88	4998
期末从业人员数	人	686	1841	90	4411
＃工程技术人员	人	166	223	5	819
企业总产值	千元	20344	45243	1530	234514
＃对内销售产值	千元				12816
期末拖欠工程款	千元	209	7198	850	40912
＃竣工拖欠	千元	209	4713	850	27822

12－2 建筑业企业财务状况

(2001 年)　　　　单位:千元

指标	总计	东区	西区	仁和区	米易县	盐边县
流动资产小计	2672072	1883968	379716	372624	17636	18128
#存货	528555	430904	13122	69476	11187	3866
#在建工程	171972	162020	1385	6915	1422	230
长期投资	141711	115650	21201	101	259	4500
固定资产小计	1219455	865528	168948	165132	10406	9441
固定资产原价	1894582	1397782	198780	264228	16748	17044
#生产经营用	1371819	1150834	31351	164264	10743	14627
累计折旧	759097	602047	41749	101231	6466	7604
#本年折旧	89593	77150	5667	5484	410	882
专项工程	76540	70772	3633	2135		
无形及递延资产合计	15627	10456	3999	10	1162	
#无形资产	6598	1885	3551		1162	
资产合计	4127421	2948134	577676	540077	29464	32070
流动负债小计	2840773	1933069	520171	356200	17206	14127
长期负债小计	169684	147987	2373	17942	1340	42
负债合计	3010457	2081056	522544	374142	18546	14169
所有者权益合计	1116964	867078	55132	165935	10918	17901
实收资本合计	1045112	780678	110103	131148	10062	13121
国家资本	749613	564250	69969	115394		
集体资本	123268	95980	8895	12374	3273	2746
法人资本	118704	76755	31239	2630	6760	1320
个人资本	48427	38593		750	29	9055
港澳台资本	5100	5100				
工程结算收入	2503590	2070884	147936	255977	11642	17151
工程结算成本	2188610	1808086	131022	228605	10454	10443
工程结算税金及附加	76753	64252	4983	5728	528	1262
工程结算利润	238227	198546	11931	21644	660	5446
其他业务收入	256828	238729	5297	12739	63	
其他业务利润	35307	34764	－565	1108		
管理费用	254257	193321	33724	24227	405	2580
#税金	2949	2052	531	302	24	40
财产保险费	930	716	68	146		
劳动,待业保险费	54974	40409	9301	5012	40	212
财务费用	23941	18939	2299	2542	49	112
#利息支出	16206	12516	2178	1510	23	－21
营业利润	－4664	－30378	－24657	－4017	206	2754
利润总额(亏损为－)	8369	40664	－29639	－6089	207	3226
#应交所得税	17228	15434	237	351	103	1103
应付利润	14598	12280	－215	100	176	2257
本年应付工资总额	361660	288933	31500	35644	3152	2431
本年应付福利费总额	50642	45258	544	4142	265	433

12-2续表1　　(2001年)　　单位:千元

指　　标	总　计	一二级企业	国有及国有控股	内资企业	国有企业	集体企业	股份合作企业
按登记注册类型分组							
流动资产小计	2672072	2322690	2229948	2646522	1999080	281220	1499
#存货	528555	423909	440593	526955	413036	69046	935
#在建工程	171972	124082	135257	170522	124382	30894	891
长期投资	141711	128332	132923	141581	113465	1738	59
固定资产小计	1219455	1077832	1054723	1207415	938883	93777	707
固定资产原价合计	1894582	1701969	1667972	1879772	1534586	132916	1329
#生产经营用	1371819	1209141	1176780	1358499	1164378	109407	707
累计折旧	759097	706552	690222	756327	671181	46072	622
#本年折旧	89593	78138	75197	88723	73021	10283	39
专项工程	76540	76482	76455	76540	73268	27	
无形及递延资产合计	15627	14261	13557	15627	13557	59	1162
#无形资产	6598	5284	4587	6598	4587		1162
资产合计	4127421	3621331	3509385	4089701	3139978	377055	3428
流动负债小计	2840773	2569071	2522401	2815333	2219323	209946	1564
长期负债小计	169684	166215	165465	169684	165415	1885	42
负债合计	3010457	2735286	2687866	2985017	2384738	211831	1606
所有者权益合计	1116964	886045	821519	1104684	755240	165224	1822
实收资本合计	1045112	847476	787523	1031612	708430	137859	1157
国家资本	749613	748785	749613	749613	708430		
集体资本	123268	24979	8000	114868		85182	1124
法人资本	118704	46053	29156	118704		52677	
个人资本	48427	27659	754	48427			33
港澳台资本	5100						
工程结算收入	2503590	2204772	2103411	2490730	2013335	225390	3065
工程结算成本	2188610	1931063	1842995	2178654	1766593	196361	2497
工程结算税金及附加	76753	64300	61177	76367	57889	9068	150
工程结算利润	238227	209409	199239	235709	188853	19961	418
其他业务收入	256828	249740	250647	256828	243127	3240	63
其他业务利润	35307	33919	34551	35307	35304	62	
管理费用	254257	232261	222935	251761	197259	17790	402
#税金	2949	2610	2509	2949	2160	218	19
财产保险费	930	803	697	930	649	164	
劳动,待业保险费	54974	53988	53086	54974	45475	1320	31
财务费用	23941	23372	23038	23939	22396	622	-3
#利息支出	16206	15843	15544	16204	14919	550	-3
营业利润	-4664	-12305	-12183	-4684	4502	1611	19
利润总额(亏损为-)	8369	1472	399	8347	23221	1299	19
#应交所得税	17228	14597	14268	17222	13917	526	17
应付利润	14598	10689	10658	14582	10040	462	2
本年应付工资总额	361660	303021	294567	358810	271786	37342	550
本年应付福利费总额	50642	259828	251528	312306	235150	36922	510

12－2续表2　　　　　　(2001年)　　　　　　单位:千元

指　　标	联营企业	有限责任公司	股份有限公司	私营企业	港、澳、台投资企业	合作经营企业
按登记注册类型分组						
流动资产小计	853	104354	230923	28593	25550	25550
#存货	201	14346	25493	3898	1600	1600
#在建工程		3167	10958	230	1450	1450
长期投资		11073	15246		130	130
固定资产小计	747	43647	118555	11099	12040	12040
固定资产原价	1407	56849	138835	13850	14810	14810
#生产经营用	1407	47636	21564	13400	13320	13320
累计折旧	660	14682	20354	2756	2770	2770
#本年折旧	125	1744	2936	575	870	870
专项工程		58	3187			
无形及递延资产合计		494		355		
#无形资产		494		355		
资产合计	1600	159681	367911	40048	37720	37720
流动负债小计	1000	79305	293161	11034	25440	25440
长期负债小计		815	1527			
负债合计	1000	80120	294688	11034	25440	25440
所有者权益合计	600	79561	73223	29014	12280	12280
实收资本合计	600	71388	85918	26260	13500	13500
国家资本			41183			
集体资本		15274	13288		8400	8400
法人资本	600	34540	29977	910		
个人资本		21574	1470	25350		
港澳台资本					5100	5100
工程结算收入	10417	115380	87877	35266	12860	12860
工程结算成本	9840	96611	75714	31038	9956	9956
工程结算税金及附加	28	4343	3399	1490	386	386
工程结算利润	549	14426	8764	2738	2518	2518
其他业务收入		4888	3975	1535		
其他业务利润		474	－1021	488		
管理费用	354	9872	24444	1640	2496	2496
#税金	2	88	355	107		
财产保险费	5	31	46	35		
劳动,待业保险费	16	615	7481	36		
财务费用	1	143	623	157	2	2
#利息支出	1	103	600	34	2	2
营业利润	194	4885	－17324	1429	20	20
利润总额(亏损为－)	194	5195	－23038	1457	22	22
#应交所得税	52	1950	214	546	6	6
应付利润	142	2446	527	963	16	16
本年应付工资总额	2052	15120	24774	7186	2850	2850
本年应付福利费总额	2052	12413	18073	7186	2508	2508

12-2 续表 3 （2001年） 单位：千元

指　　标	总　计	土木工程建筑业	线路管道设备安装业	装饰装修业
按国民经济行业分组				
流动资产小计	2672072	2410406	109195	152471
#存货	528555	514930	9814	3811
#在建工程	171972	166199	5243	530
长期投资	141711	129912	6309	5490
固定资产小计	1219455	1143820	23995	51640
固定资产原价	1894582	1809655	29003	55924
#生产经营用	1371819	1338286	23695	9838
累计折旧	759097	736524	6430	16143
#本年折旧	89593	86602	866	2125
专项工程	76540	76152		388
无形及递延资产合计	15627	11801	349	3477
#无形资产	6598	2857	342	3399
资产合计	4127421	3774051	139903	213467
流动负债小计	2840773	2585035	67675	188063
长期负债小计	169684	169684		
负债合计	3010457	2754719	67675	188063
所有者权益合计	1116964	1019332	72228	25404
实收资本	1045112	965965	45654	33493
国家资本	749613	726489	318	22806
集体资本	123268	101831	20070	1367
法人资本	118704	98441	13543	6720
个人资本	48427	34104	11723	2600
港澳台资本	5100	5100		
工程结算收入	2503590	2328387	90141	85062
工程结算成本	2188610	2037657	73463	77490
工程结算税金及附加	76753	70764	2964	3025
工程结算利润	238227	219966	13714	4547
其他业务收入	256828	251106	5621	101
其他业务利润	35307	33861	1107	339
管理费用	254257	235172	11018	8067
#税金	2949	2562	186	201
财产保险费	930	707	120	103
劳动,待业保险费	54974	52823	248	1903
财务费用	23941	21919	106	1916
#利息支出	16206	14294	72	1840
营业利润	-4664	-3264	3697	-5097
利润总额(亏损为-)	8369	10343	2662	-4636
#应交所得税	17228	16245	841	142
应付利润	14598	13518	885	195
本年应付工资总额	361660	331281	12960	17419
本年应付福利费总额	50642	46594	1831	2217

12－2 续表 4　　　　(2001 年)　　　　单位:千元

指　　标	总　计	一　级	二　级	三　级	四　级
按资质等级分组					
流动资产小计	2672072	1791435	531255	246159	103223
＃存货	528555	325724	98185	94097	10549
＃在建工程	171972	118845	5237	47445	445
长期投资	141711	127815	517	12139	1240
固定资产小计	1219455	873845	203987	135958	5665
固定资产原价	1894582	1375448	326521	184488	8125
＃生产经营用	1371819	978236	230905	157309	5369
累计折旧	759097	574796	131756	50085	2460
＃本年折旧	89593	67402	10736	10828	627
专项工程	76540	74320	2162	58	
无形及递延资产合计	15627	13177	1084	1366	
＃无形资产	6598	4587	697	1314	
资产合计	4127421	2882287	739044	395896	110194
流动负债小计	2840773	2091746	477325	209606	62096
长期负债小计	169684	153570	12645	3379	90
负债合计	3010457	2245316	489970	212985	62186
所有者权益合计	1116964	636971	249074	182911	48008
实收资本	1045112	629910	217566	172358	25278
国家资本	749613	607027	141758	318	510
集体资本	123268		24979	85756	12533
法人资本	118704	22883	23170	61876	10775
个人资本	48427		27659	19308	1460
港澳台资本	5100			5100	
工程结算收入	2503590	1685668	519104	247328	51490
工程结算成本	2188610	1494577	436486	211379	46168
工程结算税金及附加	76753	50650	13650	10465	1988
工程结算利润	238227	140441	68968	25484	3334
其他业务收入	256828	232305	17435	6906	182
其他业务利润	35307	31518	2401	1261	127
管理费用	254257	178205	54056	18527	3469
＃税金	2949	2284	326	274	65
财产保险费	930	519	284	94	33
劳动,待业保险费	54974	48610	5378	919	67
财务费用	23941	20954	2418	413	156
＃利息支出	16206	14296	1547	222	141
营业利润	－4664	－27200	14895	7805	－164
营润总额(亏损为－)	8369	－13821	15293	7036	－139
＃应交所得税	17228	9516	5081	2440	191
应付利润	14598		10689	3629	280
本年应付工资总额	361660	225489	77532	49064	9575
本年应付福利费总额	50642	31223	9527	8495	1397

12－2续表5　　(2001年)　　单位:千元

指　　标	总　计	中　央	地　区	县
按隶属关系分组				
流动资产小计	2672072	1133575	1164276	51992
＃存货	528555	321657	118404	30264
＃在建工程	171972	115701	14303	14686
长期投资	141711	107362	27550	61
固定资产小计	1219455	519404	576924	14275
固定资产原价	1894582	893492	829925	20756
＃生产经营用	1371819	829131	393917	16760
累计折旧	759097	435040	275888	6554
＃本年折旧	89593	60949	18742	1008
专项工程	76540	60356	16184	
无形及递延资产合计	15627	8720	5338	1214
＃无形资产	6598	208	4837	1162
资产合计	4127421	1830417	1791211	67543
流动负债小计	2840773	1254628	1313411	48254
长期负债小计	169684	105647	60641	259
负债合计	3010457	1360275	1374052	48513
所有者权益合计	1116964	470142	417159	19030
实收资本	1045112	402126	444967	15995
国家资本	749613	402126	346659	828
集体资本	123268		15070	11834
法人资本	118704		70035	3220
个人资本	48427		13203	113
港澳台资本	5100			
工程结算收入	2503590	1178083	1019188	41542
工程结算成本	2188610	1032139	893242	36997
工程结算税金及附加	76753	37054	27453	1867
工程结算利润	238227	108890	98493	2678
其他业务收入	256828	227514	24612	163
其他业务利润	35307	34432	445	84
管理费用	254257	108720	122993	2271
＃税金	2949	991	1743	33
财产保险费	930	451	302	35
劳动,待业保险费	54974	25034	28520	79
财务费用	23941	15301	7646	190
＃利息支出	16206	9099	6313	166
营业利润	－4664	19301	－31701	301
利润总额(亏损为－)	8369	34676	－33693	171
＃应交所得税	17228	10460	4395	127
应付利润	14598	10040	194	129
本年应付工资总额	361660	194058	113028	12938
本年应付福利费总额	50642	27167	15562	2503

12-2续表6 (2001年) 单位:千元

指标	街道	镇	乡	其他
按隶属关系分组				
流动资产小计	36515	25825	1107	258782
#存货	15488	12326		30416
#在建工程	10570	2340		14372
长期投资		200		6538
固定资产小计	19025	23557	3828	62442
固定资产原价	26989	31938	4346	87136
#生产经营用	26977	26815	2850	75369
累计折旧	7964	8431	519	24701
#本年折旧	2560	734	99	5501
专项工程				
无形及递延资产合计				355
#无形资产				355
资产合计	55549	49647	4935	328119
流动负债小计	34518	14178	3147	172637
长期负债小计	100	1987	600	450
负债合计	34618	16165	3747	173087
所有者权益合计	20931	33482	1188	155032
实收资本	20850	23878	840	136456
国家资本				
集体资本	100	16838	840	78586
法人资本	20050	6670		18729
个人资本	700	370		34041
港澳台资本				5100
工程结算收入	20364	24221	1530	218662
工程结算成本	18352	21593	1327	184960
工程结算税金及附加	1334	1235	131	7679
工程结算利润	678	1393	72	26023
其他业务收入				4539
其他业务利润				346
管理费用	202	627	34	19410
#税金	4	10		168
财产保险费				142
劳动,待业保险费	14			1327
财务费用	4	34	20	746
#利息支出	3	1	20	604
营业利润	472	732	18	6213
利润总额(亏损为-)	481	732	18	5984
#应交所得税	121	223	1	1901
应付利润	360	272		3603
本年应付工资总额	4389	5465	860	30922
本年应付福利费总额	647	723	99	3941

12－3　建筑业材料消耗情况

(2001 年)

指　　标	一、价值量(千元)				二、实物量		
	材料费用合　　计	钢 材	木 材	水 泥	钢　材(吨)	木　　材(立方米)	水　泥(吨)
总计	1376181	378457	30363	212573	130434	29027	659 381
#一、二级企业	1213795	336730	23972	184528	113043	23361	571 653
国有及国有控股	1143292	320713	20961	174761	108131	20964	534 063
一、按登记注册类型分组							
内资企业	1368871	374297	30123	211663	128834	28877	656 581
国有企业	1085953	312270	20629	169246	103632	20691	519 255
集体企业	130165	30953	6567	19526	12438	5536	64 913
股份合作企业	1834	409	89	154	153	74	521
联营企业	7720	1198	20	2218	521	20	7 925
有限责任公司	56884	17513	566	7028	7506	455	22 393
#其他有限责任公司	56884	17513	566	7028	7506	455	22 393
股份有限公司	60716	5690	1013	7752	2075	774	21 264
私营企业	25599	6264	1239	5739	2509	1327	20 310
#私营有限责任公司	24601	6220	1216	5682	2493	1296	20 145
港、澳、台商投资企业	7310	4160	240	910	1600	150	2 800
#合作经营企业(港或澳、台资)	7310	4160	240	910	1600	150	2 800
二、按隶属关系分组							
中央	626369	229710	2388	68233	76434	2141	215 055
地区	557124	108999	20728	114115	38344	20505	347 696
县	33751	7479	1673	4833	2786	1398	15 288
街道	10334	5349	998	2313	2054	1078	7 010
镇	16278	2470	471	5250	1029	417	17 802
乡	662	258	48	336	103	40	1 200
其他	131663	24192	4057	17493	9684	3448	55 330
三、按资质等级分组							
一级	919709	243457	12544	136409	80575	10903	419 919
二级	294086	93273	11428	48119	32468	12458	151 734
三级	127515	37256	5348	25154	15674	4699	78 475
四级	34871	4471	1043	2891	1717	967	9 253
四、按国民经济行业分组							
土木工程建筑业	1311621	360175	28850	207208	122603	27781	641 952
房屋	812473	236189	10375	106585	82183	9182	338 236
铁路公路隧道桥梁	428453	80381	18140	97232	26427	18419	293 324
其他土木工程	70695	43605	335	3391	13993	180	10 392
线路管道设备安装业	44229	16527	536	3253	7184	410	10 495
线路管道安装业	34043	11414	493	2982	3944	368	9 595
设备安装业	10186	5113	43	271	3240	42	900
装饰装修业	20331	1755	977	2112	647	836	6 934

13. 贸易业

TRADE

13－1 历年社会消费品零售总额

单位:万元

年 份	社会消费品零售总额	市	县	县以下	按经济类型分 国有经济	集体经济	私营经济	个体经济	股份制经济	其他经济
1965	2546	1293	557	696	2326	160				60
1966	5052	3433	721	898	4877	105				71
1967	7342	5048	1026	1268	7036	224				82
1968	7064	5532	682	850	6758	215				91
1969	8435	6788	738	909	7906	431				98
1970	9996	7933	926	1137	8852	1039				105
1971	9582	7821	791	970	8703	763				116
1972	11335	9369	892	1094	10399	829				127
1973	12965	10883	935	1147	11744	1083				138
1974	12946	10827	942	1177	12590	1204				152
1975	13977	11878	939	1160	12096	1716				165
1976	14384	12175	944	1265	12185	1978				221
1977	15312	12976	1012	1324	12887	2197				228
1978	16586	14181	1188	1217	17797	2552				237
1979	17769	15190	1323	1256	14728	2765				276
1980	21310	18148	1557	1605	19008	1821		9		472
1981	22415	19031	1503	1881	19557	2042		50		766
1982	23210	19568	1774	1868	19566	2580		109		955
1983	26045	21839	1847	2359	15318	9231		329		1167
1984	30367	25614	2248	2505	17024	10706		1101		1536
1985	38420	33074	2876	2470	18486	14990		2569		2375
1986	44304	38413	3069	2822	20668	16547		3860		3229
1987	53488	44889	3959	4640	25216	19028		5084		4160
1988	70529	58706	6698	5125	31249	25588		7202		6490
1989	82430	70019	7245	5166	33841	27784		12244		8561
1990	93437	78949	8038	6450	38241	29415		15606		10175
1991	107755	89203	10840	7712	45985	30761		17945		13064
1992	130963	108419	13685	8859	57282	32532		23048		18101
1993	160886	134707	16708	9471	72886	32804		30949		24247
1994	199365	166502	21194	11669	85586	41020		41717		31042
1995	242025	204624	20933	16468	94540	53752	500	50374	3134	39725
1996	278400	235441	26422	16537	110585	59685	531	60368	3501	43730
1997	321093	274321	27370	19402	118435	57081	1450	63141	7902	73084
1998	345702	301103	23433	21166	71118	77891	23485	83834	23031	66343
1999	357070	311869	21644	23557	59257	52367	30690	106657	44204	63895
2000	385708	334457	25158	26093	56810	50783	39556	121047	47655	69857
2001	431369	372969	30015	28385	40454	29173	69663	133978	75014	83087

13－2　社会消费品零售总额

(2001 年)　　单位:万元

指　　标	全　市	东　区	西　区	仁　和	米　易	盐　边
社会消费品零售总额	431369	284471	43381	45117	42993	15407
(一)按地区分						
(1)市	372969	284471	43381	45117		
(2)县	30015				24051	5964
(3)县以下	28385				18942	9443
(二)按经济类型分						
国有经济	40454	34753			3564	2137
集体经济	29173	26337	725		1310	801
私营经济	69663	61905	1672		5793	293
个体经济	133978	70245	12258	30282	15246	5947
股份制经济	75014	67293	1461		4557	1703
其中:国有绝对控股						
其他经济	83087	23938	27265	14835	12523	4526
(三)按行业分						
批发、零售贸易业	259188	205500	11565	16798	15450	9875
餐饮业	67559	44270	4452	13384	4546	907
制造业	10102	4097			6005	
其他	12479	6866		979	4634	
农民对非农业居民零售	82041	23738	27364	13956	12358	4625

13－3　限额以上批发、零售贸易业商品购销存总额

(2001 年)　　单位:万元

	商品购进总额	商品销售总额 合计	批　发	零　售	年末库存总额
总计	129039	170233	102003	68230	19145
按经济组织类型分					
国有企业	59477	64771	57981	6790	3208
私营企业	9315	10540	4573	5967	1621
股份有限公司	46532	54992	28035	26957	9633
有限责任公司	7789	27082	7475	19607	2400
总计中					
食品饮料烟草批发业	39451	41175	40798	377	1894
能源批发业	31527	37027	18171	18856	4257
金属材料批发业	326	4263	2262	2001	205
汽车及零配件批发业	229	2334	2334		
农业生产资料批发业	322	2895	2200	695	158
食品饮料烟草零售业	6265	9745	4142	5603	1059

13－4　限额以上批发、零售贸易业财务状况

（2001 年）　　单位：万元

指　标	批发、零售贸易业总计	国有及国有控股	在总计中按经济组织类型分			
			国有企业	私营企业	股份有限公司	有限责任公司
一、年末资产负债						
流动资产合计	50539	38983	28127	3380	9601	6304
固定资产合计	35399	20069	8464	1799	11846	12768
固定资产原价	46526	28930	10901	2461	17702	14784
累计折旧	13121	10434	3070	669	6768	2428
无形及递延资产合计	2293	2000	517		1632	145
资产合计	91776	6445	40082	5253	23262	19502
流动负债合计	55429	37478	20763	2524	15781	13282
长期负债合计	10957	8889	7168	631	2380	776
所有者权益合计	24457	18083	12151	1184	5101	5427
二、损益及分配						
主营业务收入	119471	99473	61591	8869	32942	12198
商品销售净额	119180	99181	61311	8869	32930	12198
主营业务成本	105749	88170	55098	7902	29074	10402
营业费用	6591	5516	2541	411	2283	1158
业务税金及附加	338	225	119	57	69	67
商品销售利润	6503	5270	3555	501	1503	571
代购代销收入	1737	1737	4		1733	
主营业务利润	8240	7007	3559	501	3236	571
其他业务利润	1140	394	316	88	293	348
管理费用	6262	4594	2670	501	1787	831
财务费用	2228	1536	780	192	756	469
营业利润	890	1270	426	－105	986	－380
补贴收入	1147	1266	1267		2	－121
利润总额	73	125	1150	－28	－945	－104
应交所得税	389	345	345	14	6	2
应付利润	－9	－64	－64		11	1
三、工资福利及增值税						
本年应付工资	2854	1864	692	282	1181	535
本年应付福利费	501	384	260	31	144	56
本年应交增值税	2031	1606	977	56	212	760

13－4续表1　　(2001年)　　单位:万元

指　　标	在总计中按经济行业分类			
	食品饮料烟草批发业	能源批发业	金属材料批发业	食品饮料烟草零售业
一、年末资产负债				
流动资产合计	16485	5256	409	7376
固定资产合计	4164	5499	971	4313
固定资产原价	5182	10875	999	5092
累计折旧	1300	5545	54	1499
无形及递延资产合计	59	1216		371
资产合计	22428	12365	1379	12061
流动负债合计	12145	6570	747	4468
长期负债合计	4060	1594	106	4142
所有者权益合计	6223	4201	527	3452
二、损益及分配				
主营业务收入	36213	32234	2128	7790
商品销售净额	36213	32234	2128	7790
主营业务成本	32176	28888	1502	7395
营业费用	1146	2462	495	510
业务税金及附加	65	77	11	8
商品销售利润	2826	808	120	－123
代购代销收入		1733	4	
主营业务利润	2826	2540	124	－123
其他业务利润	139	16	16	86
管理费用	1508	928	113	669
财务费用	356	273	10	192
营业利润	1101	1355	16	－897
补贴收入	313	－2	1	822
利润总额	910	－479	22	－45
应交所得税	317			
应付利润	－64			1
三、工资福利及增值税				
本年应付工资	167	421	69	288
本年应付福利费	150	60	21	57
本年应交增值税	661	771	18	292

14. 教育、科技、文化

EDUCATION, SCIENCE, TECHNOLOGY AND CULTURE

14－1　学校基本情况

(2001 年)　　单位:所、人

项　目	学　校	毕业生	招生数	在校学生	教职工	专任教师
普通小学	464	13753	16881	81816	5254	4534
普通中学	88	11413	16725	49210	5165	3727
其中:初中	71	8835	12523	38905		2851
高中	17	2578	4202	10305		876
职业中学	4	317	767	1935	316	218
中等专业学校	6	2428	1040	4446	455	229
大　学	2	921	1855	3322	1354	690
盲聋哑学校	1	24	43	192	30	14
工读学校	1					
技工学校	4	369	363	660	785	325
成人中专	3				58	30

(注:普通中学中含 13 所完全中学)

14－2　幼儿园基本情况

(2000 年)　　单位:所、人

项　目	园　数	在　园 幼儿数	教　职 工　数	园　长	教　师	保健员
总计	176	34691	1676	212	809	92
分办别						
#教育部门和集体办	48	14279	416	60	249	21
社会力量办	63	6660	367	70	186	38
其他部门办	65	13752	893	82	374	3
分城乡						
城市	127	21987	1387	160	628	85
县镇	17	2917	153	20	86	5
农村	32	9787	136	32	95	2

14－3　普通小学分年龄人口入学情况

(2001 年)　　单位:人、%

指　标	合 计	城 市	县 镇	农 村	女 生
在校学生数	81816	25116	7050	49650	23371
5 岁及以下	1081	290	91	700	349
6 岁	10579	4291	876	4782	2277
7 岁	14274	5049	1089	8136	3725
8 岁	13800	4606	1062	8132	3940
9 岁	12530	4235	1041	7254	3417
10 岁	12572	4015	1067	7490	3573
11 岁	9718	1405	1154	7159	3396
12 岁	5573	453	574	4546	2128
13 岁	1284	120	85	1079	430
14 岁	327	18	10	299	110
15 岁	78	4	1	73	26
7－12 岁儿童入学率	97.67	100.00	100.00	96.33	97.57
7－12 岁女童入学率	98.47	100.00	100.00	97.57	97.57

14－4　普通中小学生分布情况

(2001 年)　　单位:所、人

项　目	学校数	毕业生数	招生数	在　校 学生数	女　生
一、小学	464	13753	16881	81816	38841
分办别					
教育部门和集体办	426	10606	12926	64480	
社会力量办	1		35	107	
其他部门办	37	3147	3920	17229	
分城乡					
城市	44	4704	5779	25116	
县镇	12	1152	1330	7050	
农村	408	7897	9772	49650	
二、中学	88	11413	16725	49210	23347
分办别					
教育部门和集体办	54	7844	11661	32117	
社会力量办	1		187	313	
其他部门办	33	3569	4877	16780	
分城乡					
城市	43	5703	7971	26472	
县镇	12	2673	3789	9463	
农村	33	3037	4965	13275	

14－5　独立科研机构人员情况

(2001 年)　　单位:人

	职工总数	科技人员	科技活动人员					科学研究课题总数
				学历		职称		
		总数	总人数	大学以上	大专	高级	中级	
总　　计	1193	848	848	394	210	207	247	133
攀钢设计研究院	618	522	522	269	99	152	153	90
规划设计研究院	279	96	96	49	45	28	31	12
交通设计研究院	34	28	28					
农业科学研究所	90	48	48	24	15	16	22	9
林业科学研究所	30	24	24	12	8	2	4	13
农业机械研究所	9	8	8	2	2		1	3
环保科学研究所	64	58	58	21	12	6	20	3
计量测试研究所	40	37	37	4	17	2	10	3
科学情报研究所	29	27	27	13	12	1	6	3

14－6　独立科研机构经费情况

(2001 年)　　单位:千元

	经费收支							研究与发展活动情况	
	总收入	其中			总支出	其中			
		政府拨款	非政府拨款	贷款		劳务费	科研业务费	折合人员	经费支出
总　　计	64345	16124	55673	98	73864	32961	16 714	167	29 169
攀钢设计研究院	45502	5556	39946		43988	15710	9 960	154	28 398
规划设计研究院	8442	10	8432		12902	8080	1 286		
交通设计研究院	5592		5592		5993	1414	3 688		
农业科学研究所	4293	4243	50		3545	2670	670	13	771
林业科学研究所	2072	1600	374	98	1452	1076	206		
农业机械研究所	629	329	300		622	206	380		
环保科学研究所	2579	2327	252		2595	1788	287		
计量测试研究所	1486	769	717		1538	1029	143		
科学情报研究所	1350	1290	60		1229	988	94		

14－7 科技项目情况汇总

(2001 年)　　　　单位:万元

	项目数	其中当年安排	当年安排经费	国家级		省级		市级		经济效益
				项目	经费	项目	经费	项目	经费	
总计	865	533	12784.31	10	193.1	12	292.2	118	2 295.7	58 372.75
按专业分										
工业	622	391	10140.96	10	193.1	4	28.6	27	1 533.9	48 278.25
农业	122	74	1451.9			5	17.6	60	682	7 893
其他	121	68	1191.45			3	246	31	79.8	2 201.5
按项目类别分										
开发研究	169	73	3537.32	3	123.57	1		6	40.5	13 557.59
攻关计划	80	41	313.5			4	11.6	34	124.5	4 370.59
新技术产品	28	20	69.85	1	26.42					554.5
新产品	104	59	3477.56	4	30.48			13	966	12 006.33
成果推广	209	158	2255.08			7	280.6	46	674.9	13 953.38
基础应用	6	1	361.63	2	12.63			1		4 559
软科学	32	16	125.63					8	18	1
星火计划	1	1	20							290
双革计划	172	127	1639.1							7 030.0
微机推广	8	7	463.5					1	450	232
其他	56	30	551.14					9	21.8	1 818.3

14－8 大中型工业企业基本情况

(2001 年)　　　　单位:人

	企业数	有科技活动的企业数	单位从业人员年末数合计	工程技术人员
总计	11	8	137670	13502
一、按登记注册类型分组				
内资企业	10	8	137352	13462
1.国有	3	3	81928	11085
2.集体	1	1	19334	953
3.国有独资公司	2	1	26138	948
4.其他有限责任公司	2	1	1166	274
5.股份有限公司	2	2	8786	202
港澳台商投资	1		318	40
1.与港澳台商合资经营	1		318	40
二、按隶属关系分组				
1.中央	4	3	82439	11330
2.省	1	1	25652	915
3.地区	3	2	8555	152
4.县	1	1	1372	112
5.其他	1	1	19334	952
三、按企业规模分组				
1.大型	9	7	136529	13440
#特大型	2	1	78508	10678
大一型	2	2	27024	1027
大二型	5	4	30997	1735
2.中型	2	1	1141	62
#中一型				
中二型	2	1	1141	62

14－9 大中型工业企业科技活动人员情况

（2001 年）　　单位：人

	研究与发展活动的企业数	从事科技活动人员合计	全时人员	非全时人员	#从事研究与发展的人员
总计		6938	2785	4153	1449
一、按登记注册类型分组					
内资企业		6938	2785	4153	1449
1.国有		6325	2614	3711	1022
2.集体		230	20	210	69
3.国有独资公司		246	105	141	246
4.其他有限公司		25	25		25
5.股份有限公司		112	21	91	87
港澳台商投资					
1.与港澳台商合资经营					
二、按隶属关系分组					
1.中央		6325	2614	3711	1022
2.省		246	105	141	246
3.地区		112	38	74	112
4.县		25	8	17	
5.其他		230	20	210	69
三、按企业规模分组					
1.大型		6913	2760	4153	1424
#特大型		6237	2563	3674	1022
大一型		271	113	158	246
大二型		405	84	321	156
2.中型		25	25		25
#中一型					
中二型		25	25		25

14－10 大中型工业企业科技活动经费情况

（2001 年）　　单位：万元

	从事科技活动经费筹集总额	企业自筹资金	银行贷款	上级拨款	其它
总计	21599.3	21369.7		199.6	30
一、按登记注册类型分组					
1.国有	17211.6	17125		56.6	30
2.集体	3351.5	3351.5			
3.国有独资公司	679.9	655.9		24	
4.其他有限责任公司	60	60			
5.股份有限公司	296.3	177.3		119	
6.与港澳台商合资经营					
二、按隶属关系分组					
1.中央	17211.6	17125		56.6	
2.省	679.9	655.9		24	
3.地区	177.3	177.3			
4.县属	179	60		119	
5.其他	3351.5	3351.5			
三、按企业规模分组					
1.大型	21539.3	21309.7		199.6	30
#特大型	16984.7	16928.1		56.6	
大一型	858.9	715.9		143	
大二型	3695.7	3665.7			30
2.中型	60	60			
#中一型					
中二型	60	60			

14－11 大中型工业企业科研项目情况

(2001 年)　　　　单位:个

	项目数	研究与发展项目数	新产品开发项目数	项目人员合计	项目经费支出合计(万元)
总计	570	253	88	2506	18208.6
一、按登记注册类型分组					
内资企业	570	253	88	2506	18208.6
1.国有	438	224	55	1893	13921.1
2.集体	26	20	26	230	3326.5
3.国有独资公司	99	5	2	246	644.4
4.其他有限责任公司	1	1	1	25	60
5.股份有限公司	6	3	4	112	256.6
港澳台商投资					
1.与港澳台商合资经营					
二、按隶属关系分组					
1.中央	438	224	55	1893	13921.1
2.省	99	5	2	246	644.4
3.地区	4	4	2	112	177.3
4.县	3		3	25	139.3
5.其他	26	20	26	230	3326.5
三、按企业规模分组					
1.大型	569	252	87	2481	18148.6
#特大型	429	224	55	1805	13694.2
大一型	102	5	5	271	783.7
大二型	38	23	27	405	3670.7
2.中型	1	1	1	25	60
#中一型					
中二型	1	1	1	25	60

14－12 艺术表演团体基本情况

(2001 年)

指标	计算单位	合计	京剧团	歌舞剧团	川剧团	话剧团	米易文工团	盐边川剧团
一、机构	个	5	1	1	1		1	1
二、从业人员	人	257	66	105	60		24	2
三、本年新排剧目	个	9	1	7	1			
#创作首演	个	2	1		1			
四、国内演出场次	场	221	60	81	62		18	
#农村演出	场	82	20	30	25		7	
五、国内观众人次	千人次	224	48	80	80		16	
六、总收入	千元	6999	2156	2955	770		94	29
#演出收入	千元	211	36	79	96			
七、总支出	千元	6907	2156	2858	1770		94	29
#从业人员劳动报酬	千元	4046	966	1650	1308		94	28
排练制作费	千元	132	2	32	98			
演出费	千元	193	26	167				
八、固定资产原值	千元	9260	2734	4270	2148		57	51
九、公用房屋建筑面积	平方米	10686	7035	3451	200			

14－13　群众艺术馆、文化馆基本情况

(2001 年)

指　　标	单位	合　计	群　众 艺术馆	文化馆
一、机构数	个	6	1	5
二、从业人数	人	66	29	37
三、举办展览	个	30	8	22
四、组织文艺活动	次	103	10	93
五、举办培训班	班次	35	5	30
结业人次	人次	755	162	593
六、藏书	册	14906		14906
七、总收入	千元	2152	1067	1085
八、总支出	千元	2702	1067	1635
#劳动报酬	千元	1087	572	515
九、固定资产原值	千元	15345	6494	8851
十、公用房屋建筑面积	平方米	18389	4551	13838

14－14　公共图书馆基本情况

(2001 年)

指　　标	单位	合　计	市图书馆	米易图书馆	盐边图书馆
一、职工人数	人	36	29	4	3
二、总藏量	千册	490	388	71	31
三、书架单层总长度	千米	851	846	5	
四、总流通人次	千人次	143	129	14	
#书刊外借人次	千人次	68	67	1	
五、总收入	千元	1239	1111	67	61
六、总支出	千元	1236	1108	67	61
#图书购置费	千元	166	161		5
七、本年新购图书	千册	7	7		
八、固定资本原值	千元	4002	3874	50	78
九、增加值	千元				
十、公用房屋建筑面积	平方米	4526	4395	131	
十一、阅览室座席数	个	328	248	80	
十二、发放借书证数	千个	12	10	2	

15. 卫生、体育、广播电视及其他

PUBLIC HEALTH, SPORTS, BROADCASTING AND TELEVISION, OTHER SOCIAL ACTIVITIES

15-1　全市卫生机构、床位、人员数

(2001年)

机构分类	机构数（个）	实有床位（张）	人员合计（人）	卫生技术人员合计	其他技术人员（人）	管理人员（人）	工勤人员（人）
总　　计	185	5694	8483	6652	250	670	911
市	104	4777	7313	5680	250	569	814
县	81	917	1170	972		101	97
一、医院合计	31	4584	5990	4595	134	493	468
市	23	4125	5479	4197	134	443	705
县	8	459	511	398		50	63
1.县及县以上	31	4584	5990	4595	134	493	768
市	23	4125	5479	4197	134	443	705
县	8	459	511	398		50	63
综合医院	25	3589	4857	3701	101	408	607
中医医院	3	175	250	205	9	8	28
传染病院	1	220	170	116		27	27
精神病院	1	300	217	163	3	23	28
中西医结合医院	1	300	496	410	21	27	38
二、农村卫生院小计	77	593	594	558	5	17	14
市	18	212	173	160	5	1	7
县	59	381	421	398		16	7
三、门诊部合计	37	245	749	679	5	29	36
市	37	245	749	679	5	29	36
四、专科防治所站	7	13	80	64	1	8	7
五、卫生防疫机构	10		377	292	49	19	17
六、妇幼保健机构	9	166	240	192	7	22	19
七、药品检验机构	1		22	16	2	2	2
八、医学科学研究机构	2	40	178	108	29	24	17
九、中等医学教育机构	2		100	46	16	26	12
十、其他卫生事业机构	9	53	153	102	2	30	19
＃输血站	1		42	32	2	3	5
麻风村	3		41	20		13	8
计划生育指导所、站	5	53	70	50		14	6

15－2　全市卫生机构技术人员概览

（2001年）　　单位：人

机构分类	卫生技术人员合计	中医师	西医师	护师	中西药师	检验师	其他技师	中西医士	护士	助产士
总　　计	6652	270	2260	1563	354	270	133	468	691	16
市	5680	174	1882	1391	311	233	124	336	628	16
县	972	96	378	172	43	37	9	132	63	
一、医院合计	4595	150	1420	1279	279	165	82	206	559	15
市	4197	116	1323	1159	246	151	74	168	525	15
县	398	34	97	120	33	14	8	38	34	
1.县及县以上医院	4595	150	1420	1279	279	165	82	206	559	15
市	4197	116	1323	1159	246	151	74	168	525	15
县	398	34	97	120	33	14	8	38	34	
综合医院	3701	83	1214	1052	222	135	68	161	442	15
中医医院	205	56	17	50	31	5	5	6	16	
传染病院	116	3	20	29	2	8		18	25	
精神病院	163	1	32	50	7	5	6	8	34	
中西医结合医院	410	7	137	98	17	12	3	13	42	
二、农村卫生院小计	558	81	193	41	12	9	1	139	45	1
市	160	19	38	8	3			55	18	1
县	398	62	155	33	9	9	1	84	27	
门诊部合计	679	32	202	172	37	17	7	68	69	
市	679	32	202	172	37	17	7	68	69	
四、专科防治所站	64		42	8	2	5	1	3	2	
五、卫生防疫机构	292		160	3		47	5	28		
六、妇幼保健机构	192	1	106	39	3	7	9	13	9	
七、药品检验机构	16				16					
八、医学科学研究机构	108	3	61	5	2	13	10	2	2	
九、中等医学教育机构	46	2	28	3		1	11	1		
十、其他卫生事业机构	102	1	48	13	3	6	7	8	5	
#输血站	32		8	4	2	6	7		1	
麻风村	20		16	1				2		
计划生育指导所、站	50	1	24	8	1			6	4	

15－3　卫生部门城市医院住院病人疾病分类情况

(2001年)

指标	出院人数合计(人)	出院病人合计	治愈	好转	未愈	死亡	出院病人占用总床日数
总　　计	18545	16910	11722	4514	395	279	230 871
一、传染病和寄生虫病	477	464	296	141	19	8	5 088
传染病	438	425	267	131	19	8	4 793
寄生虫病	39	39	29	10			295
二、肿瘤	988	933	585	156	88	104	25 453
恶性肿瘤	565	525	206	137	78	104	18 674
良性肿瘤	406	394	368	17	9		6 334
三、内分泌、营养、代谢、免疫	568	562	273	269	14	6	10 932
＃甲状腺机能亢进	82	80	30	47	3		1 659
糖尿病	341	338	159	168	8	3	7 161
四、血液及造血器官疾病	137	137	69	59	8	1	1 326
＃贫血	42	42	13	23	5	1	321
五、精神病	32	30	15	14	1		265
＃精神分裂症	3	2		1	1		8
六、神经系统和感觉器官疾病	425	416	266	132	14	5	6 175
神经系病	186	181	74	92	11	4	2 928
眼及附器官疾病	178	174	154	17	3		2 364
耳和乳房疾病	61	61	38	23			883
七、循环系统疾病	1734	1724	557	1074	31	62	29 547
＃心脏病	643	638	203	402	9	24	1 120
其他高血压病	554	553	169	372	5	7	9 130
脑血管病	410	408	111	257	11	29	7 507
八、呼吸系统疾病	3819	3802	2858	888	40	16	39 364
＃肺炎	1017	1016	812	196	4	4	9 460
慢性支气管炎	649	648	411	226	8	3	12 387

15－3续表1　　(2001年)

指标	出院人数合计（人）	出院病人合计	治愈	好转	未愈	死亡	出院病人占用总床日数
九、消化系统疾病	2633	2605	2055	489	38	23	26 482
＃阑尾疾病	576	573	551	20	2		4 226
胆结石症和胆囊炎	668	662	579	74	8	1	7 785
十、泌尿系统疾病	1391	1355	934	380	35	6	19 169
十一、妊娠分娩和产后并发症	1894	1027	1000	17	22	1	6 473
＃人工流产	211						
十二、皮肤和皮下组织疾病	124	121	98	21	2		1 517
十三、肌肉骨胳和结缔组织疾病	529	507	299	190	18		8 516
十四、先天异常	142	134	110	15	8	1	1 726
十五、起源于围产期情况	173	167	124	35	7	1	900
十六、体征、症状和不明情况	201	191	89	68	27	7	2 052
十七、损伤和中毒	2802	2735	2094	561	41	39	45 886
＃骨折	1060	1019	729	264	24	2	21 238
颅内体内损伤	364	360	282	60	1	17	7 285
开放性创伤和血管损伤	406	401	369	30	1	1	6 461
烧伤	144	138	98	38		2	2 211
中毒和毒性反映	244	244	147	74	9	14	1 277
损伤和中毒外部原因小计	2802	2735	2094	561	41	39	45 886
＃机动车交通事故	747	737	608	114	6	9	16 812
意外跌伤	588	558	426	115	11	6	8 285
坠落物体意外撞击	279	272	181	82	5	4	6 656
自杀自伤	100	100	51	36	7	6	344
他杀他伤	384	381	320	56	3	2	4 090
火灾	12	12	7	5			350
触电	4	4	3	1			16
十八、其他	476						

15－4 《国家体育锻炼标准》施行情况

(2001年)　　单位:人、所

指　　标	单位	总 计	普 通 高 校	中 专 中 技	中 学	小 学
施行锻炼标准学生人数	人	109265	4678	2789	42869	58929
应参加达标活动的学生数	人	104869	4650	2766	45111	52342
实际参加达标活动的学生数	人	104869	4650	2766	45111	52342
达标人数	人	99080	4377	2711	44277	47715
#及格级	人	53705	3406	1488	23883	24928
良好级	人	32093	861	877	14615	15740
优秀级	人	13282	110	346	5779	7047

注:本表与教委相关数据有统计口径差异。

15－5　县级广播电视基本情况

(2001年)

指　标	单位	合 计	米易县	盐边县	仁和区
乡广播电视站	个	74	28	30	14
通广播村	个	356	110	141	86
通电视的村	个	380	118	157	86
通广播的乡	个	75	28	31	14
通电视的乡	个	75	28	31	14

15－6 广播电视覆盖情况

(2001年) 单位:万人、%

指 标	人口数	覆盖人口	覆盖率
一、广播	103.00	94.86	92.10
中央台第一套节目	103.00	80.24	77.90
省台第一套节目	103.00	74.91	72.73
市台节目	103.00	80.77	78.42
县级台节目	103.00	25.04	24.31
二、电视	103.00	96.72	93.90
中央台第一套节目	103.00	75.46	73.26
省台第一套节目	103.00	88.93	86.34
市台节目	103.00	78.68	76.39

15－7 档案馆藏、室藏及利用情况

(2001年)

指 标	单位	合 计
一、已建档单位	个	735
档案人员	人	933
二、馆藏及利用		
文书档案	万卷	40.20
科技档案	万卷	19.11
专门档案及资料	万卷	22.64
其中:声像档案	万卷	8042
提供利用档案	卷次	107830
提供利用档案	人次	55367

16. 县区概况

GENERAL SURVEY OF COUNTRY AND BOROUGH

16－1 攀枝花市国民经济和社会发展主要统计指标

(2001年)

指　标　名　称	单位	2001年
一、自然资源		
行政区域土地面积	平方公里	7440
年末实有耕地面积	公顷	31678
林地面积	公顷	474383
水域面积	公顷	15710
年降水量	毫米	1118
年平均气温	度(℃)	21
日照时数	小时	2524
二、乡镇个数、人口和劳动力		
乡镇个数	个	75
村民委员会个数	个	409
年末总户数	户	298092
# 乡村户数	户	126880
年末总人口	万人	103.91
# 农业人口	万人	48.46
非农业人口	万人	55.45
# 男	万人	54.30
女	万人	49.61
# 少数民族人口	万人	12.68
出生人口	万人	1.32
死亡人口	万人	0.46
人口密度	人/平方公里	139.8
经济活动人口	万人	64.21
社会从业人员	万人	62.12
# 第一产业	万人	23.93
第二产业	万人	23.71
第三产业	万人	14.48
城镇从业人员按登记注册类型分		
内资	万人	26.75
# 国有经济	万人	20.73
城镇集体经济	万人	4.91
其他单位合计	万人	1.11
港澳台投资经济	万人	
外商投资经济	万人	0.03
城镇私营经济	万人	2.67
城镇个体	万人	3.75
城镇登记失业人员数	人	20921
三、农村经济		
乡村从业人员	万人	27.45
# 农林牧渔业	万人	23.64
有效灌溉面积	公顷	24180
农业机械总动力	万千瓦	44
化肥施用量(折纯量)	吨	22701
通电村数	个	391
自来水受益村	个	279
通电话村数	个	206

16－1续表1　　　　　　　　　　　(2001年)

指　标　名　称	单位	2001年
农村用电量	万千瓦小时	8018
农林牧渔业总产值(现价)	万元	133893
农业总产值	万元	76953
＃ 种植业产值	万元	73277
林业总产值	万元	7537
牧业总产值	万元	44716
渔业总产值	万元	4687
农林牧渔业总产值(不变价)	万元	70932
农业总产值	万元	39112
＃ 种植业产值	万元	36159
林业总产值	万元	5662
牧业总产值	万元	23581
渔业总产值	万元	2577
农作物总播种面积	公顷	55110
＃ 粮食	公顷	39905
棉花	公顷	
油料	公顷	884
糖料	公顷	2539
蔬菜	公顷	8512
粮食产量	吨	222060
棉花产量(皮棉)	吨	
油料产量	吨	1008
麻类产量	吨	2
糖料产量	吨	246944
蔬菜产量	吨	366614
烟叶产量	吨	1469
茶叶产量	吨	7
水果产量	吨	35271
奶类产量	吨	1729
年末大牲畜存栏头数	头	154881
年末生猪存栏头数	头	520755
年末羊存栏只数	只	329260
出栏肉猪头数	头	527671
猪牛羊肉产量	吨	43926
＃ 猪肉	吨	39625
牛肉	吨	1587
羊肉	吨	2714
禽蛋产量	吨	1838
禽肉产量	吨	3175
水产品产量	吨	5697
乡镇企业总产值(现价)	万元	603574
四、工业		
全部工业企业		
企业单位数	个	3152
工业总产值(当年价)	万元	2010661
＃ 轻工业	万元	87511
重工业	万元	1923149

16－1 续表 2　　　　(2001 年)

指　标　名　称	单位	2001 年
# 内资企业	万元	1973628
# 国有企业	万元	1185399
集体企业	万元	265437
外商及港澳台投资企业	万元	37033
工业总产值(可比价)	万元	1246590
# 轻工业	万元	72451
重工业	万元	1174139
# 内资企业	万元	1206182
# 国有企业	万元	651396
集体企业	万元	233768
全部国有及限额以上非国有企业主要指标		
企业单位数	个	71
# 亏损企业	个	11
# 大型企业	个	9
中型企业	个	2
小型企业	个	60
# 内资企业	个	69
# 国有企业	个	14
集体企业	个	20
港澳台商投资企业	个	1
外商投资企业	个	1
工业总产值(当年价)	万元	1687319
# 新产品产值	万元	32205
# 轻工业	万元	30188
重工业	万元	1657131
# 内资企业	万元	1654982
# 国有企业	万元	1185399
集体企业	万元	148630
股份合作企业	万元	11614
联营企业	万元	953
有限责任公司	万元	256104
股份有限公司	万元	25955
私营企业	万元	26328
其他企业	万元	
港澳台商投资企业	万元	29935
外商投资企业	万元	2402
工业总产值(可比价)	万元	979588
# 轻工业	万元	24140
重工业	万元	955447
# 内资企业	万元	942330
# 国有企业	万元	651294
集体企业	万元	121345
工业销售产值(当年价)	万元	1670703
工业增加值(当年价)	万元	634938
资产合计	万元	5381092
流动资产年平均余额	万元	1065396
固定资产净值年平均余额	万元	3974857

16－1 续表 3　　　　(2001 年)

指　标　名　称	单位	2001 年
负债合计	万元	4039363
产品销售收入	万元	1600037
利润总额	万元	13601
＃ 应交所得税	万元	25017
亏损企业亏损额	万元	43390
利税总额	万元	180198
本年应交增值税	万元	145122
全部从业人员年平均人数	万人	16
五、交通运输、邮电通讯		
公路客运周转量	万人公里	50765
公路货运周转量	万吨公里	60014
公路总里程	公里	3300
＃ 等级公路	公里	1054
＃ 高速公路	公里	
等级外公路	公里	2246
通公路乡(镇)数	个	74
境内铁路总里程	公里	181
水运客运周转量	万人公里	606
水运货运周转量	万吨公里	687
民用汽车拥有量	辆	30297
＃ 载客汽车	辆	13309
＃ 私人汽车拥有量	辆	16988
邮电主营业务收入	万元	39021
＃ 邮政主营业务收入	万元	4419
年末本地固定电话用户(不包括分机)	户	183104
＃ 城市	户	172362
＃ 住宅电话	户	150852
农村	户	10742
年末移动电话用户数	户	192331
年末国际互联网注册用户数	户	5904
六、固定资产投资		
全社会固定资产投资完成额	万元	291966
基本建设	万元	112090
更新改造	万元	103186
房地产开发	万元	32226
其他	万元	44464
七、建筑业		
建筑企业单位数	个	92
建筑业企业从业人员	人	49089
建筑业总产值	万元	260992
房屋建筑施工面积	万平方米	125.92
房屋建筑竣工面积	万平方米	82.98
＃ 住宅	万平方米	56.27
建筑安装企业总收入	万元	276042
商品房销售额	万元	19226
商品房销售面积	万平方米	10.03
商品房销售收入	万元	18634

16－1续表4　　(2001年)

指　标　名　称	单位	2001年
八、国内贸易、对外经济和旅游		
批发贸易业法人企业个数	个	19
零售贸易业法人企业个数	个	21
批发零售贸易业批发总额	万元	102003
批发零售贸易业零售总额	万元	68230
批发零售贸易业购进总额	万元	129039
批发零售贸易业销售总额	万元	170233
批发零售贸易业库存总额	万元	19145
社会消费品零售总额	万元	431369
# 批发零售贸易业	万元	259188
餐饮业	万元	67559
制造业	万元	10102
其它	万元	94520
# 市的零售额	万元	372969
县的零售额	万元	30015
县以下的零售额	万元	28385
集市贸易成交额	万元	126208
出口总额(包括转口贸易)	万美元	12391
外商直接投资	万美元	136
当年合同外资金额	万美元	136
当年实际使用外资金额	万美元	1616
涉外饭店、宾馆数	个	13
# 星级饭店、宾馆数	个	4
星级饭店、宾馆数房间数	间	654
旅游人数	人次	1208300
# 国际旅游者旅游人数	人次	795
外国人	人次	746
华侨	人次	
港澳和台湾同胞	人次	49
旅游外汇收入总额	万美元	48
九、人民生活和劳动工资		
在岗职工人数	万人	21.41
国有经济单位	万人	16.92
城镇集体经济单位	万人	3.42
其他单位合计	万人	1.07
# 机关行政职工人数	人	11678
事业单位职工人数	人	22217
# 中央下划人数	人	
# 公检法职工人数	人	2876
在岗职工年平均人数	万人	21.63
# 国有经济单位	万人	17.23
城镇集体经济单位	万人	3.38
在岗职工工资总额	万元	248945
# 国有经济单位	万元	214320
城镇集体经济单位	万元	25784
其他单位合计	万元	8841
在岗职工年平均货币工资	元	11509

16－1续表5　　　　　　　　　(2001年)

指　标　名　称	单位	2001年
机关行政职工平均工资	元	11011
事业单位职工平均工资	元	12407
农村居民人均纯收入	元	2524
农村居民人均可支配收入	元	2440
农村居民人均生活费总支出	元	1929
# 食品支出	元	1036
农民人均住房面积	平方米	26
城市人均使用面积	平方米	13
城市人均居住面积	平方米	9
城镇居民人均可支配收入	元	6804
城镇居民人均消费性支出	元	5758
# 食品支出	元	2449
社会福利院、敬老院数	个	36
社会福利院、敬老院床位数	床	1012
参加基本养老保险的职工数	人	266332
参加基本医疗保险的职工数	人	59721
十、财政、金融		
地方财政收入(含基金收入)	万元	75245
# 一般预算收入	万元	72013
# 市州级财政收入	万元	51968
各项税收	万元	62385
# 增值税	万元	16333
营业税	万元	9515
企业所得税	万元	4234
地方预算内财政支出	万元	158830
# 基建支出	万元	23530
科技三项费	万元	1102
文化教育科学卫生事业费	万元	33107
金融机构数	个	376
# 保险机构数	个	21
年末金融机构各项存款余额	万元	1300334
# 企业存款	万元	322444
年末城乡居民储蓄存款余额(包括邮政储蓄)	万元	837844
年末金融机构各项贷款余额	万元	1127396
# 工业贷款	万元	470554
商业贷款	万元	73543
农业贷款	万元	120337
保险金额	万元	3520650
保费	万元	28853
赔款及给付	万元	10555
十一、文化、教育、科技、卫生		
广播覆盖率	%	92.1
电视覆盖率	%	93.9
公共图书馆	个	3
公共图书馆藏书量	册	490464

16-1续表6　　　　　　(2001年)

指　　标　　名　　称	单位	2001年
幼儿园数	所	176
入园儿童数	人	15917
学校总数	所	573
# 小学	所	464
普通中学	所	88
中等专业学校	所	10
普通高等学校	所	2
在校学生总数	人	141428
# 小学	人	81816
普通中学	人	49210
# 初中	人	38905
高中	人	10305
中等专业学校	人	5106
普通高等学校	人	3322
招收学生总数	人	37638
# 小学	人	16881
普通中学	人	16725
# 初中	人	12523
高中	人	4202
中等专业学校	人	1403
普通高等学校	人	1855
毕业学生总数	人	29205
# 小学	人	13753
普通中学	人	11413
# 初中	人	8835
高中	人	2578
中等专业学校	人	2797
普通高等学校	人	921
专任教师总数	人	9773
# 小学	人	4534
普通中学	人	3727
3—6岁校内外幼儿数	人	45624
学龄儿童入学率	%	97.7
卫生机构数	个	459
# 医院、卫生院	个	108
卫生防疫站	个	10
妇幼保健站	个	9
卫生机构床位数	张	5694
# 医院、卫生院床位数	张	5177
卫生机构人员数	人	9506
医院、卫生院技术人员	人	5153
# 医生	人	3587
护师、护士	人	1924
医院门诊人次	万人次	158.20
医院病床实际占用总床日数	日	1030918
十二、市政公用事业		
年末实有铺装道路总面积	万平方米	426

16－1续表7 (2001年)

指标名称	单位	2001年
城市下水道总长度	公里	360
水厂综合生产能力(包括单位自备水源)	万吨/日	50.60
供水管道长度	公里	545
全年供水总量	万吨	10662
# 生活用水量	万吨	
全年用电量	万千瓦小时	291914
# 城乡居民生活用电	万千瓦小时	15762
家庭用液化气、天然气人口	人	98600
年末实有公共汽(电)车营运车辆数	辆	594
全年公共汽(电)车客运总量	万人次	7666
年末实有出租汽车数	辆	2053
建成区土地面积	平方公里	46
园林绿地面积	公顷	1622
# 公共绿地面积	公顷	189
# 公园面积	公顷	144
建成区绿化覆盖率	%	40.8
城市房屋建筑面积	万平方米	1654
城市住宅建筑面积	万平方米	912
城市住宅居住面积	万平方米	456
工业废水处理量	万吨	
污水排放量	万吨	3608
生活污水处理量	万吨	
排水管道长度	公里	360
生活垃圾清运量	万吨	20
生活垃圾处理量	万吨	18

16-2 区县国民经济和社会发展主要统计指标

(2001年)

指标名称	单位	东区	西区	仁和区
一、自然资源				
行政区域土地面积	平方公里	167	124	1727
年末实有耕地面积	公顷	215	437	8278
林地面积	公顷	5020	3880	94291
水域面积	公顷	399	325	3671
年降水量	毫米	1117	1118	1217
年平均气温	度(℃)	21	21	20
日照时数	小时	2523	2523	2432
二、乡镇个数、人口和劳动力				
乡镇个数	个	1	1	14
村民委员会个数	个	9	10	86
年末总户数	户	85768	48842	54919
# 乡村户数	户	2651	3826	34373
年末总人口	万人	30.34	15.74	19.02
# 农业人口	万人	0.87	1.08	12.9
非农业人口	万人	29.47	14.66	6.12
# 男	万人	16.17	8.36	9.87
女	万人	14.17	7.38	9.15
# 少数民族人口	万人	0.26	0.88	4.37
出生人口	万人	0.35	0.19	0.24
死亡人口	万人	0.09	0.06	0.11
人口密度	人/平方公里	1816.8	1269.4	110.1
社会从业人员	万人	18.9	9.2	11.6
# 第一产业	万人	0.58	0.47	6.5
第二产业	万人	13.16	6.69	2.32
第三产业	万人	5.16	2.04	2.78
# 城镇个体从业人员	万人	2.05	0.54	0.41
城镇登记失业人员数	人	5297	4524	3532
三、农村经济				
乡村从业人员	人	5242	7132	78931
# 农林牧渔业	人	3846	4698	64467
有效灌溉面积	公顷	280	347	7693
农业机械总动力	万千瓦	3	2	16

16－2续表1 (2001年)

指 标 名 称	单位	东区	西区	仁和区
化肥施用量(折纯量)	吨	130	175	5714
通电村数	个	9	10	86
自来水受益村	个	9	10	63
通电话村数	个	9	7	51
农村用电量	万千瓦小时	1405	172	2248
农林牧渔业总产值(现价)	万元	2894	4788	36061
农业总产值	万元	877	1549	19805
# 种植业产值	万元	802	1519	18988
林业总产值	万元	276	279	1446
牧业总产值	万元	1588	2515	13590
渔业总产值	万元	153	445	1220
农林牧渔业总产值(不变价)	万元	1442	2510	21645
农业总产值	万元	452	727	12167
# 种植业产值	万元	381	682	11640
林业总产值	万元	146	267	1098
牧业总产值	万元	766	1299	7639
渔业总产值	万元	78	217	741
农作物总播种面积	公顷	546	872	16566
# 粮食	公顷	246	661	12149
棉花	公顷			
油料	公顷	11	21	294
糖料	公顷		1	57
蔬菜	公顷	257	159	3195
粮食产量	吨	1591	3267	69445
棉花产量(皮棉)	吨			
油料产量	吨	16	30	359
麻类产量	吨			
糖料产量	吨		2	4623
蔬菜产量	吨	8000	10554	145110
烟叶产量	吨			83
茶叶产量	吨			
水果产量	吨	262	980	14507
奶类产量	吨			1345
年末大牧畜存栏头数	头	1856	3053	51202
年末生猪存栏头数	头	13587	21360	163145
年末羊存栏只数	只	2118	5231	80176
出栏肉猪头数	头	21700	28280	172046

16－2 续表 2 （2001 年）

指标名称	单位	东区	西区	仁和区
猪牛羊肉产量	吨	1611	2372	14661
# 猪肉	吨	1567	2262	13191
牛肉	吨	14	31	497
羊肉	吨	30	79	973
禽蛋产量	吨	21	125	702
禽肉产量	吨	274	631	972
水产品产量	吨	176	482	1705
乡镇企业总产值(现价)	万元	103478	65902	275640
四、工业				
全部工业企业				
企业单位数	个	245	182	987
工业总产值(当年价)	万元	1309778	183491	176500
# 轻工业	万元	52297	12697	7959
重工业	万元	1257481	170794	168541
# 内资企业	万元	1309778	183491	169402
# 国有企业	万元	1078571	97408	4703
集体企业	万元	144577	51162	59931
外商及港澳台投资企业	万元			7098
工业总产值(可比价)	万元	802071	102663	131031
# 轻工业	万元	48139	4370	5908
重工业	万元	753932	98293	125123
# 内资企业	万元	802071	102663	125479
# 国有企业	万元	603228	41496	3739
集体企业	万元	126807	48982	46126
全部国有及限额以上非国有企业主要指标				
企业单位数	个	19	20	13
# 亏损企业	个		6	2
# 内资企业	个	19	20	12
# 国有企业	个	2	5	4
集体企业	个	6	9	5
港澳台商投资企业	个			
外商投资企业	个			1
工业总产值(当年价)	万元	1227138	144455	25259
# 新产品产值	万元	31990	41	174
# 轻工业	万元	10446	6261	1909
重工业	万元	1216692	138194	23350
# 内资企业	万元	1227138	144455	22857
# 国有企业	万元	1078571	97408	4703
集体企业	万元	115587	20387	12656

16－2续表3　　(2001年)

指标名称	单位	东区	西区	仁和区
股份合作企业	万元		6599	4385
联营企业	万元			
有限责任公司	万元	15397	5400	
股份有限公司	万元	3475	11773	1113
私营企业	万元	14108	2888	
其他企业	万元			
港澳台商投资企业	万元			
外商投资企业	万元			2402
工业总产值(可比价)	万元	724880	75663	21242
# 轻工业	万元	6689	4370	1689
重工业	万元	718191	71293	19553
# 内资企业	万元	724880	75663	18840
# 国有企业	万元	603228	41496	3739
集体企业	万元	93218	17019	11108
工业销售产值(当年价)	万元	1215526	143360	23784
工业增加值(当年价)	万元	469813	45255	9483
资产合计	万元	2324097	271946	34843
流动资产年平均余额	万元	774364	115784	18607
固定资产净值年平均余额	万元	1259131	128738	14210
负债合计	万元	1155875	173117	30347
产品销售收入	万元	1183167	104079	21427
利润总额	万元	49321	－2505	554
# 应交所得税	万元	24292	499	125
亏损企业亏损额	万元		5074	657
利税总额	万元	152109	7919	1775
本年应交增值税	万元	90660	8428	1038
全部从业人员年平均人数	人	101434	52608	2824
五、交通运输、邮电通讯				
公路客运周转量	万人公里	28954	14477	565
公路货运周转量	万吨公里	26350	6116	16367
公路总里程	公里	872	1156	546
# 等级公路	公里	427	250	97
# 高速公路	公里			
等级外公路	公里	445	906	449
通公路乡(镇)数	个	1	1	14
境内铁路总里程	公里	11	17	57
水运客运周转量	万人公里			
水运货运周转量	万吨公里			
民用汽车拥有量	辆	14156	11195	2041
# 载客汽车	辆	7712	4663	226

16－2续表4　　(2001年)

指　标　名　称	单位	东区	西区	仁和区
＃ 私人汽车拥有量	辆	8144	5658	1695
邮电主营业务收入	万元	18996	13517	2469
＃ 邮政主营业务收入	万元	1689	1210	921
年末本地固定电话用户(不包括分机)	户	92190	57641	9713
＃ 城市	户	92190	57641	9713
＃ 住宅电话	户	90019	44190	5573
农村	户			
年末移动电话用户数	户	106761	78135	2236
年末国际互联网注册用户数	户	3304	2088	256
六、固定资产投资				
全社会固定资产投资完成额	万元	192357	14454	48486
基本建设	万元	56111	4287	38068
更新改造	万元	90709	3805	
房地产开发	万元	30708	568	950
其他	万元	14829	5794	9468
七、建筑业				
建筑企业单位数	个	56	8	12
建筑业企业从业人员	人	37405	5180	4865
建筑业总产值	万元	212940	15215	27888
房屋建筑施工面积	万平方米	82.04	33.04	4.08
房屋建筑竣工面积	万平方米	57.15	18.01	3
＃ 住宅	万平方米	51.58	1.6	2.41
建筑安装企业总收入	万元	230961	15323	26872
商品房销售额	万元	19226		
商品房销售面积	万平方米	10.03		
商品房销售收入	万元	18634		
八、国内贸易、对外经济和旅游				
批发零售贸易业销售总额	万元	142607	6794	5469
社会消费品零售总额	万元	284471	43381	45117
＃ 批发零售贸易业	万元	205501	11564	16798

16－2续表5 (2001年)

指 标 名 称	单位	东区	西区	仁和区
餐饮业	万元	44270	4452	13384
制造业	万元	4097		
其它	万元	30603	27365	14935
# 市的零售额	万元	284471	43381	45117
县的零售额	万元			
县以下的零售额	万元			
出口总额(包括转口贸易)	万美元	10252		
当年合同外资金额	万美元	6	54	76
当年实际使用外资金额	万美元			436
涉外饭店、宾馆数	个	13		
# 星级饭店、宾馆数	个	4		
星级饭店、宾馆数房间数	间	654		
旅游人数	人次	609821	567816	
# 国际旅游者旅游人数	人次	398	397	
# 外国人	人次	373	373	
华侨	人次			
港澳和台湾同胞	人次	25	24	
旅游外汇收入总额	美元	240000	240000	
九、人民生活和劳动工资				
在岗职工人数	万人	13.72	4.53	1.43
# 国有经济单位	万人	11.22	3.06	1.33
城镇集体经济单位	万人	2.05	1.17	0.06
# 机关行政职工人数	人	6028	564	1750
事业单位职工人数	人	8720	1272	5748
# 中央下划人数	人			
# 公检法职工人数	人	2081	141	99
在岗职工年平均人数	万人	13.98	4.54	1.43
# 国有经济单位	万人	11.54	3.06	1.33
城镇集体经济单位	万人	2.05	1.13	0.06
在岗职工工资总额	万元	182769	35811	13077
# 国有经济单位	万元	161547	26433	12151
城镇集体经济单位	万元	19028	5507	410
在岗职工年平均货币工资	元	13074	7888	9145
机关行政职工平均工资	元	11472	9672	9524
事业单位职工平均工资	元	11140	13175	9317
农村居民人均纯收入	元	3200	3176	2912
农村居民人均可支配收入	元	2870	2821	2707
农民人均住房面积	平方米	32	24	26

16－2 续表 6　　　　(2001 年)

指　标　名　称	单位	东区	西区	仁和区
城市人均居住面积	平方米	26	26	9
社会福利院、敬老院数	个	4	2	12
社会福利院、敬老院床位数	床	121	84	324
参加基本养老保险的职工数	人	255688	2748	2220
参加基本医疗保险的职工数	人	58476	1245	
十、财政、金融				
地方财政收入(含基金收入)	万元	6469	2966	4629
# 一般预算收入	万元	6459	2942	4564
各项税收	万元	51988	2734	4119
地方预算内财政支出	万元	8344	6477	17784
金融机构数	个	178	65	49
# 保险机构数	个	13	2	2
年末金融机构各项存款余额	万元	813479	208888	122699
# 年末城乡居民储蓄存款余额(包括邮政储蓄)	万元	470641	162922	90695
年末金融机构各项贷款余额	万元	822389	64373	50454
保险金额	万元	2155911	985706	221251
保费	万元	17123	8058	1404
赔款及给付	万元	6400	3012	493
十一、教育、科技、卫生				
幼儿园数	所	96	18	11
学校总数	所	80	40	172
# 小学	所	26	22	157
普通中学	所	37	16	15
在校学生总数	人	47389	14990	25669
# 小学	人	18607	6987	17851
普通中学	人	19291	7294	7818
# 初中	人	12697	6167	6956
高中	人	6594	1127	862
专任教师总数	人	4050	1092	1507
# 小学	人	975	547	999
普通中学	人	1601	545	508
3—6 岁校内外幼儿数	人	13115	3981	5766
学龄儿童入学率	%	100	100	99.9
小学毕业生数	人	3775	1181	2999
初中招生数	人	3861	1195	2565

16-2续表7　　　　(2001年)

指　标　名　称	单位	东区	西区	仁和区
初中毕业人数	人	2774	1008	1624
高级中学学校招生数	人	2562	397	410
医院、卫生院数	个	13	9	19
医院、卫生院床位数	张	2600	919	818
医院、卫生院技术人员	人	2913	891	553
# 医生	人	2037	576	332
医院门诊人次	万人次	107.55	22.72	8.73
医院病床实际占用总床日数	日	645280	201367	111488
十二、市政公用事业				
年末实有铺装道路总面积	万平方米	235	135	38
城市下水道总长度	公里	153	129	38
水厂综合生产能力(包括单位自备水源)	万吨/日	20.6	5.32	8.68
全年供水总量	万吨	6537	3581	140
# 生活用水量	万吨			
全年用电量	万千瓦小时	151190	118169	8952
# 城乡居民生活用电	万千瓦小时	7666	3216	1466
年末实有公共汽(电)车营运车辆数	辆	218	153	119
全年公共汽(电)车客运总数	万人次	3899	1257	2189
年末实有出租汽车数	辆	991	707	178
建成区土地面积	平方公里	20	20	2
园林绿地面积	公顷	923	565	99
# 公共绿地面积	公顷	101	54	28
工业废水处理量	万吨			
生活污水处理量	万吨			

16－2 续表 8　　(2001 年)

指 标 名 称	单位	米易县	盐边县
一、自然资源			
行政区域土地面积	平方公里	2153	3269
年末实有耕地面积	公顷	11598	11150
林地面积	公顷	136888	234304
水域面积	公顷	4348	6967
年降水量	毫米	1320	1140
年平均气温	度(℃)	20	21
日照时数	小时	2284	2178
二、乡镇个数、人口和劳动力			
乡镇个数	个	28	31
村民委员会个数	个	132	172
年末总户数	户	55320	53243
# 乡村户数	户	43495	42535
年末总人口	万人	19.81	19
# 农业人口	万人	16.92	16.69
非农业人口	万人	2.89	2.31
# 男	万人	10.07	9.82
女	万人	9.74	9.18
# 少数民族人口	万人	2.59	4.58
出生人口	万人	0.21	0.33
死亡人口	万人	0.1	0.1
人口密度	人/平方公里	92	58.1
社会从业人员	万人	10.65	11.77
# 第一产业	万人	8.13	8.25
第二产业	万人	0.65	0.89
第三产业	万人	1.87	2.63
# 城镇个体从业人员	万人	0.57	0.18
城镇登记失业人员数	人	4288	3280
三、农村经济			
乡村从业人员	人	89686	93528
# 农林牧渔业	人	80962	82459
有效灌溉面积	公顷	10213	5647
农业机械总动力	万千瓦	13	10

16－2续表9　　　　　　　　(2001年)

指　标　名　称	单位	米易县	盐边县
化肥施用量(折纯量)	吨	11192	5490
通电村数	个	126	160
自来水受益村	个	115	82
通电话村数	个	77	62
农村用电量	万千瓦小时	2046	2147
农林牧渔业总产值(现价)	万元	53555	36595
农业总产值	万元	37186	17536
# 种植业产值	万元	34823	17145
林业总产值	万元	2048	3488
牧业总产值	万元	13001	14022
渔业总产值	万元	1320	1549
农林牧渔业总产值(不变价)	万元	26953	18382
农业总产值	万元	17654	8112
# 种植业产值	万元	15516	7940
林业总产值	万元	1683	2468
牧业总产值	万元	6857	7020
渔业总产值	万元	759	782
农作物总播种面积	公顷	19209	17917
# 粮食	公顷	11873	14976
棉花	公顷		
油料	公顷	110	448
糖料	公顷	2437	44
蔬菜	公顷	3321	1580
粮食产量	吨	78593	69164
棉花产量(皮棉)	吨		
油料产量	吨	184	419
麻类产量	吨	1	1
糖料产量	吨	241347	972
蔬菜产量	吨	139686	63264
烟叶产量	吨	862	524
茶叶产量	吨		7
水果产量	吨	12179	7343
奶类产量	吨	384	
年末大牧畜存栏头数	头	43166	55604
年末生猪存栏头数	头	151819	170844
年末羊存栏只数	只	93612	148123
出栏肉猪头数	头	150331	155314

16-2续表10　　　　　　　　(2001年)

指　标　名　称	单位	米易县	盐边县
猪牛羊肉产量	吨	12607	12675
＃ 猪肉	吨	11329	11276
牛肉	吨	475	570
羊肉	吨	803	829
禽蛋产量	吨	700	290
禽肉产量	吨	842	456
水产品产量	吨	1554	1780
乡镇企业总产值(现价)	万元	88753	69801
四、工业			
全部工业企业			
企业单位数	个	1067	671
工业总产值(当年价)	万元	68449	272442
＃ 轻工业	万元	10059	4499
重工业	万元	58390	267943
＃ 内资企业	万元	38514	272442
＃ 国有企业	万元	788	3929
集体企业	万元	4288	5479
外商及港澳台投资企业	万元	29935	
工业总产值(可比价)	万元	77942	132883
＃ 轻工业	万元	10340	3694
重工业	万元	67602	129189
＃ 内资企业	万元	43086	132883
＃ 国有企业	万元	603	2330
集体企业	万元	7197	4656
全部国有及限额以上非国有企业主要指标			
企业单位数	个	7	12
＃ 亏损企业	个	2	1
＃ 内资企业	个	6	12
＃ 国有企业	个	1	2
集体企业	个		
港澳台商投资企业	个	1	
外商投资企业	个		
工业总产值(当年价)	万元	43073	247394
＃ 新产品产值	万元		
＃ 轻工业	万元	8325	3247
重工业	万元	34748	244147
＃ 内资企业	万元	13139	247394
＃ 国有企业	万元	788	3929
集体企业	万元		

16－2续表11　　(2001年)

指　标　名　称	单位	米易县	盐边县
股份合作企业	万元		630
联营企业	万元	953	
有限责任公司	万元	1804	233503
股份有限公司	万元	9594	
私营企业	万元		9332
其他企业	万元		
港澳台商投资企业	万元	29934	
外商投资企业	万元		
工业总产值(可比价)	万元	45871	111931
# 轻工业	万元	8159	3234
重工业	万元	37712	108697
# 内资企业	万元	11016	111930
# 国有企业	万元	501	2330
集体企业	万元		
工业销售产值(当年价)	万元	43569	244464
工业增加值(当年价)	万元	18345	92042
资产合计	万元	92561	2657645
流动资产年平均余额	万元	34892	121749
固定资产净值年平均余额	万元	43162	2529616
负债合计	万元	76996	2603028
产品销售收入	万元	46063	245301
利润总额	万元	3530	－37299
# 应交所得税	万元	45	56
亏损企业亏损额	万元	126	37533
利税总额	万元	9932	8463
本年应交增值税	万元	4978	40018
全部从业人员年平均人数	人	2449	3176
五、交通运输、邮电通讯			
公路客运周转量	万人公里	4985	1784
公路货运周转量	万吨公里	4902	6279
公路总里程	公里	219	507
# 等级公路	公里	135	145
# 高速公路	公里		
等级外公路	公里	84	362
通公路乡(镇)数	个	27	31
境内铁路总里程	公里	72	24
水运客运周转量	万人公里	485	121
水运货运周转量	万吨公里	666	21
民用汽车拥有量	辆	1010	1895
# 载客汽车	辆	152	556

16－2续表12　　　　(2001年)

指　标　名　称	单位	米易县	盐边县
＃ 私人汽车拥有量	辆	973	518
邮电主营业务收入	万元	2934	1105
＃ 邮政主营业务收入	万元	202	397
年末本地固定电话用户(不包括分机)	户	13846	9714
＃ 城市	户	7761	5057
＃ 住宅电话	户	6499	4571
农村	户	6085	4657
年末移动电话用户数	户	3069	2130
年末国际互联网注册用户数	户	148	108
六、固定资产投资			
全社会固定资产投资完成额	万元	21977	14692
基本建设	万元	8984	4640
更新改造	万元	5092	3580
房地产开发	万元		
其他	万元	7901	6472
七、建筑业			
建筑企业单位数	个	7	9
建筑业企业从业人员	人	1146	493
建筑业总产值	万元	3017	1932
房屋建筑施工面积	万平方米	4.67	2.09
房屋建筑竣工面积	万平方米	3.37	1.45
＃ 住宅	万平方米	0.08	0.6
建筑安装企业总收入	万元	1171	1715
商品房销售额	万元		
商品房销售面积	万平方米		
商品房销售收入	万元		
八、国内贸易、对外经济和旅游			
批发零售贸易业销售总额	万元	9063	6300
社会消费品零售总额	万元	42993	15407
＃ 批发零售贸易业	万元	15450	9875

16－2续表13　　(2001年)

指　标　名　称	单位	米易县	盐边县
餐饮业	万元	4546	907
制造业	万元	6005	
其它	万元	16992	4625
# 市的零售额	万元		
县的零售额	万元	24051	5964
县以下的零售额	万元	18942	9443
出口总额(包括转口贸易)	万美元	2139	
当年合同外资金额	万美元		
当年实际使用外资金额	万美元	1180	
涉外饭店、宾馆数	个		
# 星级饭店、宾馆数	个		
星级饭店、宾馆数房间数	间		
旅游人数	人次	26513	4150
# 国际旅游者旅游人数	人次		
# 外国人	人次		
华侨	人次		
港澳和台湾同胞	人次		
旅游外汇收入总额	美元		
九、人民生活和劳动工资			
在岗职工人数	万人	0.98	0.75
# 国有经济单位	万人	0.61	0.7
城镇集体经济单位	万人	0.1	0.04
# 机关行政职工人数	人	1621	1715
事业单位职工人数	人	3403	3074
# 中央下划人数	人		
# 公检法职工人数	人	314	241
在岗职工年平均人数	万人	0.94	0.74
# 国有经济单位	万人	0.61	0.69
城镇集体经济单位	万人	0.1	0.04
在岗职工工资总额	万元	10096	7192
# 国有经济单位	万元	7347	6842
城镇集体经济单位	万元	564	275
在岗职工年平均货币工资	元	10740	9719
机关行政职工平均工资	元	12430	10142
事业单位职工平均工资	元	12841	10772
农村居民人均纯收入	元	2637	2088
农村居民人均可支配收入	元	2557	2041
农民人均住房面积	平方米	32	22

16－2续表14　　　　(2001年)

指　标　名　称	单位	米易县	盐边县
城市人均居住面积	平方米	18	20
社会福利院、敬老院数	个	9	9
社会福利院、敬老院床位数	床	203	280
参加基本养老保险的职工数	人	2973	2703
参加基本医疗保险的职工数	人		
十、财政、金融			
地方财政收入(含基金收入)	万元	4046	2538
# 一般预算收入	万元	3640	2440
各项税收	万元	1103	2441
地方预算内财政支出	万元	15108	15075
金融机构数	个	51	33
# 保险机构数	个	2	2
年末金融机构各项存款余额	万元	76199	79069
# 年末城乡居民储蓄存款余额(包括邮政储蓄)	万元	64460	49126
年末金融机构各项贷款余额	万元	46459	143721
保险金额	万元	55000	102782
保费	万元	1228	1040
赔款及给付	万元	362	288
十一、教育、科技、卫生			
幼儿园数	所	32	19
学校总数	所	105	176
# 小学	所	94	165
普通中学	所	10	10
在校学生总数	人	27495	25885
# 小学	人	19246	19125
普通中学	人	8047	6760
# 初中	人	6908	6177
高中	人	1139	583
专任教师总数	人	1742	1382
# 小学	人	1100	913
普通中学	人	604	469
3—6岁校内外幼儿数	人	11678	11084
学龄儿童入学率	%	99.9	98.8
小学毕业生数	人	2897	2901
初中招生数	人	2439	2463

16－2续表15　　(2001年)

指　标　名　称	单位	米易县	盐边县
初中毕业人数	人	1874	1555
高级中学学校招生数	人	524	309
医院、卫生院数	个	32	35
医院、卫生院床位数	张	356	484
医院、卫生院技术人员	人	401	395
# 医生	人	293	349
医院门诊人次	万人次	10.96	8.24
医院病床实际占用总床日数	日	45399	27384
十二、市政公用事业			
年末实有铺装道路总面积	万平方米	12	6
城市下水道总长度	公里	13	27
水厂综合生产能力(包括单位自备水源)	万吨/日	3	13
全年供水总量	万吨	290	114
# 生活用水量	万吨		
全年用电量	万千瓦小时	8523	5080
# 城乡居民生活用电	万千瓦小时	2404	1010
年末实有公共汽(电)车营运车辆数	辆	37	67
全年公共汽(电)车客运总数	万人次	106	215
年末实有出租汽车数	辆	134	43
建成区土地面积	平方公里	2	2
园林绿地面积	公顷	13	22
# 公共绿地面积	公顷	4	2
工业废水处理量	万吨		
生活污水处理量	万吨		

17. 排行榜

TOP LIST

17－1 2001年目标管理考核结果

市级党群单位

一等奖(24)个

市人大机关　市政协机关　市纪委机关　市委办公室(含机要局、保密局)
市委政法委　市委组织部(含老干局)　市委宣传部　市检察院
市委党史研究室　市委统战部　市法院　市精神文明办
市直机关工委　市委党校　市总工会　攀枝花日报社　市社科联　市侨联
九三学社攀枝花市委　致公党攀枝花市委　民进攀枝花市委
农工党攀枝花市委　市工商联　民盟攀枝花市委

二等奖(7)个

市委政策研究室　市妇联　团市委　市委台湾工作办公室　市科协
市文联　民革攀枝花支部

区(县)委

一等奖(3)个:盐边县委　东区区委　西区区委

二等奖(2)个:仁和区委　米易县委

市政府机关各部门

一等奖(56)个

林业局　国税局　政府办公室　公安局　国土局　物价局　环保局
财政局　地矿局　司法局　法制局　审计局　市民委　交通局
工商局　技监局　计生委　市教委　统计局　市农办　市扶贫办
旅游局　市防震办　卫生局　人事局　地税局　粮食局　广电局
市接待办　市人防办　气象局　市财办　市体改委　市经协办
市地方志办　市外事办　民政局　市建委　档案局　农牧局　市人行
市商行　科技局　市民航局　文化局　宗教局　贸易局　经贸委
市计委　市供销社　中保寿险　市移民办　市农行　市中行　市交行
市农发行

二等奖(23)个

成都办　商检局　市体委　市残联　昆明办　药监局　劳动局
物资总会　烟草专卖局　中保财险　水电农机局　海关　外经贸局　国安局
邮政局　乡企局　上海联络处　工业局　市建行　市工行
北京联络处　太保财险　煤管局

三等奖(3)个

太保寿险　平安寿险　平安财险

区(县)政府

一等奖(3)个:盐边县　仁和区　西　区

二等奖(2)个:米易县　东　区

17－2 城镇建设一览

（2001 年）

	总人口（人）	耕地面积（公顷）	农业增加值（万元）	农民纯收入（元）	财政收入（万元）	财政支出（万元）
仁和镇	28977	220	2837	3364	1077	1138
攀莲镇	28804	684	4067	2599	1342	949
格里坪镇	23365	437	2761	3176	863	805
金江镇	20825	824	1464	2843	988	995
桐子林镇	17816	308	1190	2532	497	451
布德镇	14940	881	2569	2837	125	867
渔门镇	14755	596	1780	1752	404	435
平地镇	14639	834	2028	2605	－107	575
撒莲镇	14495	737	3802	2263	247	286
红格镇	13110	929	2307	1893	551	575
同德镇	12343	774	2138	2882	58	560
丙谷镇	12204	779	2740	2206	266	299
挂榜镇	11422	627	1875	1766	290	258
永兴镇	11166	372	968	1850	348	348
普威镇	10924	409	1484	1623	333	275
银江镇	10633	214	1631	3200	1722	679
垭口镇	10117	526	2175	1956	145	205
前进镇	9297	406	1215	2991	2288	2251
大田镇	8380	458	1600	2855	296	556
得石镇	5084	82	493	2036	373	149
福田镇	3841	226	549	2990	90	323
团结镇	1999	202	383	1663	103	71

17－3 工业企业按资产总计排序前50强

（2001年） 单位：千元

企业名称	资产总计	位次	企业名称	资产总计	位次
二滩水电开发有限责任公司	26323105	1	攀枝花荣鑫油漆有限责任公司	25310	26
攀枝花钢铁(集团)公司	21804710	2	攀枝花市西区建材沙石公司	24580	27
攀枝花市煤业(集团)有限责任公司	1666183	3	盐边县红坭煤业有限责任公司	23854	28
攀钢集团钢城企业总公司	1018733	4	攀枝花市橡胶总厂	23660	29
四川川投电冶有限公司	570622	5	攀枝花市西区金源特种冶金材料厂	23091	30
四川金沙水泥股份有限公司	401125	6	盐边县蓉金包装制品有限责任公司	22428	31
四川米易糖业股份有限公司	199615	7	攀枝花市仁和区水泥厂	21250	32
攀枝花市水务(集团)有限公司	179249	8	攀枝花市仁和区务本煤炭公司	21194	33
四川广厦建材股份有限公司	155247	9	米易县莲华水泥厂	20508	34
攀枝花市冶金机械电子工业公司	150993	10	盐边县立园洗煤厂	20433	35
重庆啤酒攀枝花有限责任公司	102561	11	攀枝花市永力弹簧厂	20259	36
攀枝花市西区四联发电厂	90589	12	攀枝花市红杉钒制品有限责任公司	18938	37
米易县电力有限责任公司	82723	13	攀枝花市前进炭黑厂	18129	38
盐边县电力公司	70825	14	攀枝花市科力(集团)有限公司	17179	39
攀枝花市西区机焦厂	64268	15	攀枝花市西区平江煤炭工业公司	17122	40
攀枝花市兴矿开发有限责任公司	45279	16	攀枝花市丰钛工贸有限公司	16507	41
攀枝花红坭矿务局	42915	17	攀枝花市金江冶金化工厂	16342	42
攀枝花市铸钢厂	42391	18	攀枝花市白云铸造有限责任公司	15578	43
攀枝花市经纬编厂	38338	19	攀枝花市木材综合厂	15549	44
攀枝花市面粉厂	38330	20	盐边县双龙机械设备有限责任公司	15216	45
四川省攀枝花市通联汽车厂	36206	21	攀枝花市南泰洗煤厂	13299	46
攀枝花市西区水泥熟料厂	30575	22	攀枝花市新华印刷厂	13288	47
米易县安宁铁钛有限责任公司	28888	23	米易县自来水有限责任公司	12206	48
攀枝花市托利多电子衡器有限公司	28415	24	攀枝花市攀盐铁合金有限责任公司	11628	49
攀枝花市二滩矿产品开发有限责任公司	26944	25	米易县水泥厂	11043	50

17－4　工业企业按销售收入排序前50强

(2001年)　　单位:千元

企业名称	销售收入	位次	企业名称	销售收入	位次
攀枝花钢铁(集团)公司	10239742	1	攀枝花市丰钛工贸有限公司	25252	26
二滩水电开发有限责任公司	2300723	2	攀枝花市前进炭黑厂	25071	27
攀钢集团钢城企业总公司	1155482	3	攀枝花市托利多电子衡器有限公司	24400	28
攀枝花市煤业(集团)有限责任公司	548918	4	攀枝花市银江金勇工贸有限责任公司	24218	29
四川川投电冶有限公司	323151	5	盐边县立园洗煤厂	23370	30
四川金沙水泥股份有限公司	94114	6	盐边县蓉金包装制品有限责任公司	22577	31
四川米易糖业股份有限公司	80243	7	四川广厦建材股份有限公司	19112	32
攀枝花市铸钢厂	68254	8	攀枝花市仁和区水泥厂	17610	33
攀枝花市西区四联发电厂	65988	9	攀枝花市二滩矿产品开发有限责任公司	15984	34
攀枝花市永力弹簧厂	61585	10	攀枝花市面粉厂	15592	35
攀枝花市西区平江煤炭工业公司	53884	11	攀枝花市仁和区务本洗煤厂	14644	36
攀枝花荣鑫油漆有限责任公司	48736	12	攀枝花市东区永发钢模板厂	13782	37
重庆啤酒攀枝花有限责任公司	48210	13	攀枝花市西区金源特种冶金材料厂	12828	38
攀枝花市西区建材沙石公司	48029	14	盐边县电力公司	12457	39
攀枝花市兴矿开发有限责任公司	47070	15	攀枝花市金江冶金化工厂	11961	40
攀枝花市仁和区太平乡煤炭公司	45131	16	盐边县红坭煤业有限责任公司	11957	41
攀枝花市仁和区前进煤炭公司	39048	17	攀枝花市红杉钒制品有限责任公司	11861	42
攀枝花红坭矿务局	32447	18	米易县安宁铁钛有限责任公司	11677	43
攀枝花市水务(集团)有限公司	32117	19	攀枝花市西区冶金材料厂	11594	44
攀枝花市威力工贸公司	28885	20	攀枝花市新华印刷厂	11237	45
米易县电力有限责任公司	28616	21	盐边县双龙机械设备有限责任公司	11001	46
攀枝花市西区水泥熟料厂	27606	22	攀枝花市仁和区务本煤炭公司	10549	47
攀枝花市西区机焦厂	27458	23	攀枝花市东区银江选矿厂	10517	48
攀枝花市众兴工贸有限责任公司	26847	24	攀枝花市南泰洗煤厂	10139	49
攀枝花市兴中金属制品有限责任公司	26286	25	米易县莲华水泥厂	9313	50

17－5 工业企业按利润总额排序前50强

（2001年） 单位：千元

企业名称	利润总额	位次	企业名称	利润总额	位次
攀枝花钢铁(集团)公司	466949	1	攀枝花市东区永发钢模板厂	1038	26
四川川投电冶有限公司	34633	2	攀枝花市西区冶金材料厂	981	27
攀枝花市西区四联发电厂	7196	3	攀枝花市东区银江选矿厂	958	28
攀枝花市西区平江煤炭工业公司	5424	4	攀枝花市托利多电子衡器有限公司	916	29
攀枝花市永力弹簧厂	5313	5	攀枝花市仁和区务本洗煤厂	884	30
攀枝花市西区建材沙石公司	3934	6	攀枝花市南泰洗煤厂	834	31
攀钢集团钢城企业总公司	3275	7	攀枝花市仁和区务本煤炭公司	815	32
攀枝花市西区金源特种冶金材料厂	3160	8	四川省攀枝花市阳城脱硫剂厂	762	33
攀枝花市兴矿开发有限责任公司	3160	9	四川米易糖业股份有限公司	657	34
攀枝花市仁和区太平乡煤炭公司	3003	10	攀枝花市新华印刷厂	609	35
攀枝花市仁和区前进煤炭公司	2926	11	攀枝花荣鑫油漆有限责任公司	501	36
重庆啤酒攀枝花有限责任公司	1697	12	攀枝花市丰钛工贸有限公司	439	37
攀枝花市众兴工贸有限责任公司	1625	13	攀枝花市科力(集团)有限公司	432	38
攀枝花市金江冶金化工厂	1577	14	攀枝花市白云铸造有限责任公司	405	39
攀枝花市兴中金属制品有限责任公司	1504	15	攀枝花市盛鼎经贸发展有限责任公司	389	40
攀枝花市铸钢厂	1387	16	盐边县电力公司	373	41
四川省攀枝花市通联汽车厂	1336	17	盐边县双龙机械设备有限责任公司	312	42
米易县电力有限责任公司	1253	18	攀枝花红坭矿务局	284	43
攀枝花市仁和区水泥厂	1220	19	攀枝花市仁和区中坝石墨矿	225	44
攀枝花市水务(集团)有限公司	1201	20	攀枝花市西区黄河炉料厂	184	45
攀枝花市银江金勇工贸有限责任公司	1154	21	盐边县红坭煤业有限责任公司	115	46
盐边县蓉金包装制品有限责任公司	1151	22	攀枝花西区顺达炉料厂	95	47
攀枝花市红杉钒制品有限责任公司	1146	23	攀枝花市西区鑫明冶金材料厂	65	48
攀枝花市西区机焦厂	1125	24	攀枝花市新九草制品厂	56	49
攀枝花市前进炭黑厂	1100	25	攀枝花市威力工贸公司	38	50

17-6 建筑业企业按资产排序前20家

(2001年) 单位:千元

单位名称	位次	资产合计	负债合计	利润总额	税金总额	利税总额
中国第十九冶金建设公司	1	1367453	1158799	-6088	22458	16321
攀枝花市钢铁集团公司冶金建设公司	2	402076	170588	26514	17840	38153
攀枝花市通力建筑(集团)有限公司	3	300891	249722	-23838	1829	-22009
攀枝花市公路建设公司	4	300482	122142	9165	13261	19402
攀枝花市安装工程总公司	5	186483	172775	-3784	1901	-1884
攀枝化桥梁工程公司	6	177592	115031	-2494	3775	1281
攀枝花市公路桥梁工程总公司	7	156825	144797	915	2931	3605
攀枝花市公路养护管理总段	8	142802	69215	59	147	204
攀枝花交通机械化工程公司	9	126899	96555	3772	501	4084
攀枝花市第二建筑工程公司	10	109242	149778	-8811	1181	-7630
攀钢集团钢城企业建筑安装公司	11	63331	41302	280	2125	2395
攀钢集团修建公司	12	60888	30888	14250	8207	18247
四川省攀枝花市建筑机械化施工公司机关	13	58835	76715	-7894	1049	-6845
攀枝花沿江煤矿土建安装工程公司	14	46730	74100	-2380	598	-1782
攀枝花市锦城建筑工程有限责任公司	15	41221	34518	-20	103	83
四川攀港建筑工程有限公司	16	37720	25440	22	392	408
攀枝花市东区大渡口建筑建材总公司	17	37100	16490	480	682	1042
攀枝花市供用电公司	18	34745	5304	-94	580	486
攀枝花市鑫地建筑有限责任公司	19	25925	19859	87	565	636
攀枝花市光祥建筑工程有限公司	20	24810	3830	1420	1109	2249

17－7 建筑业企业按产值排序前20家

单位名称	位次	自行完成施工产值（千元）	竣工产值（千元）	施工面积（平方米）	竣工面积（平方米）	优良面积（平方米
中国第十九冶金建设公司	1	743576	591098	231472	146118	97937
攀枝花市公路建设公司	2	416661	290355	8953	4000	0
攀枝花市钢铁集团公司冶金建设公司	3	369851	314836	167068	167068	142007
攀钢集团修建公司	4	144045	144045	0	0	0
攀枝化桥梁工程公司	5	107948	33344	0	0	0
攀枝花交通机械化工程公司	6	84541	140684	3897	3897	3897
攀枝花市公路桥梁工程总公司	7	81332	23220	0	0	0
攀钢集团钢城企业建筑安装公司	8	73964	66568	58928	54761	37868
攀枝花市安装工程总公司	9	52061	46161	0	0	0
攀枝花市通力建筑(集团)有限公司	10	49276	141054	285110	147881	107235
攀枝花市公路养护管理总段	11	30000	15230	0	0	0
四川省攀枝花市建筑机械化施工公司机关	12	28740	22150	0	0	0
攀枝花市中元建筑工程有限公司	13	27992	26820	7000	5000	0
米易县建筑总公司	14	25012	25012	29327	26480	6374
攀枝花市光祥建筑工程有限公司	15	22330	18350	30850	23050	0
攀枝花市第二建筑工程公司	16	21719	21719	78545	41678	41678
攀枝花冶建建筑装饰工程有限责任公司	17	21262	21262	0	0	0
四川攀港建筑工程有限公司	18	20720	5210	59000	13000	13000
攀枝花市供用电公司	19	17011	17011	0	0	0
攀枝花沿江煤矿土建安装工程公司	20	16990	14880	31766	22853	10990

17－8 商业企业按资产、销售收入总额排序前20强

（2001年） 单位：千元

	资产总额排序		销售收入总额排序	
	资产合计	名次	销售收入	名次
四川省烟草公司攀枝花分公司	110475	1	237190	2
中国石油天然气股份有限公司四川省攀枝花销售分公司	94434	2	259477	1
攀枝花市金属回收公司	86652	3	162683	3
攀枝花市渡口商场有限责任公司	84384	4	5520	
攀枝花市药业集团股份有限责任公司	60434	5	35577	6
攀枝花市粮油贸易总公司	58044	6	4892	
攀枝花盐边县粮油贸易总公司	32089	7	26053	10
攀枝花国家粮食储备库	25674	8	11223	
攀枝花市万贯煤炭有限责任公司	20280	9	20188	15
攀枝花市益通生产资料有限责任公司	19811	10	215	
四川省烟草公司米易县公司	19749	11	43022	4
攀枝花市攀贸中心有限责任公司	19637	12	15896	19
四川省烟草公司盐边县公司	17194	13	42512	5
攀枝花市百货有限公司	17169	14	3313	
攀枝花市人民市场有限责任公司	15814	15	3748	
攀枝花市金联食品有限责任公司	15271	16	4060	
米易县攀莲粮站	15057	17	4696	
攀枝花市亿达化建有限责任公司	14287	18	15665	20
攀枝花市嘉盛实业有限责任公司	13861	19	6359	27
攀枝花市新华书店	13364	20	21972	13
攀枝花市宝鼎商场有限责任公司	11561	25	16454	18
攀枝花市龙发商业有限责任公司	10991	26	26459	9
攀枝花市万佳商贸有限责任公司	8918	29	22131	12
攀枝花市爱心贸易有限责任公司	8844	30	20800	14
四川省烟草公司攀枝花市仁和区公司	6485	33	34495	7
攀枝花市三维实业有限公司	5555	34	20009	17
攀枝花市广益贸易有限责任公司	5421	35	27897	8
成铁分局西昌侨联工贸总公司攀枝花分公司	4116	39	20010	16
四川省石油公司米易县支公司	3383	40	22670	11

18. 统计分析选编

ABRIDGED EDITION OF STATISTICAL ANALYSIS

18－1 攀枝花市城市发展综合评价研究

攀枝花市是中国西部崛起的一座资源型移民城市，通过36年的开发建设，现已具备一定的规模和实力，城市化水平、国民经济主要人均指标已居同等城市先进水平。为了进一步了解攀枝花市的优势和潜力、认识攀枝花市的劣势与差距，准确把握攀枝花市在全省、全国同等城市中所处的地位，我们从《中国城市统计年鉴－2000》中选取了全国38个不同类型、不同规模的地级以上城市，选择了45个主要统计指标，按国民经济和社会发展划分为5个子系统，从不同角度进行综合评价，更加全面反映攀枝花市的综合实力与现实差距，以探寻二十一世纪攀枝花发展的最佳路径。

一、综合评价方法和评价结果

(一)、评价方法

城市发展综合评价和指标体系是一个复杂的系统。我们选择了综合评价中较好的一种方法－主成份分析法进行城市发展综合评价。

1. 指标分类

按主成份分析法把城市综合评价指标体系分解为经济发展、社会进步、人民生活、基础设施建设和可持续发展五个子系统，然后筛选45个指标分别以各个子系统的若干具体指标描述这五个子系统的优化程度。

经济发展子系统：国内生产总值、地方财政预算内收入、实际利用外商直接投资额、第二产业增加值占国内生产总值比重、第三产业增加值占国内生产总值比重、地方财政收入占国内生产总值比重、人均国内生产总值、人均地方财政收入、人均实际利用外资、人均固定资产投资额、人均地方财政支出、人均社会消费品零售额共12个指标。

社会进步子系统：

年末总人口、非农业人口、年平均人口、非农业人口比重、城市人口密度、年末从业人员数、第三产业从业人员比重、人均教育事业费支出、人均科技事业费支出、每万人拥有高等学校在校生人数、每百人公共图书馆藏书量、每十万人拥有医院、卫生院床位数、每十万人拥有医生数、每百人拥有电话机共14个指标。

人民生活子系统：

人均住房使用面积、城镇居民人均可支配收入、城镇居民人均消费支出、城乡居民人均储蓄年末余额、恩格尔系数、每万人拥有公共汽(电)车车辆数、每万人拥有出租车共7个指标。

基础设施建设子系统：

人均铺装道路面积、人均园林绿地面积、建成区绿化覆盖率、人均生活用水量、人均用电量共5个指标。

可持续发展子系统：

行政区域土地面积、建成区面积、每平方公里国内生产总值产出量、每平方公里二氧化硫排放量、工业废水排放达标率、环境噪声达标面积、人口自然增长率统共7个指标。

2. 城市分类

对综合评价城市的选定，我们选择了与攀枝花市相关的38个城市并分为五类：四川省主要城市、全国同类资源型城市、长江沿岸相关城市、西部相关城市、东部相关城市。

四川省主要相关城市：

攀枝花、成都、绵阳、自贡、宜宾、泸州、德阳、乐山共8个城市。

资源型相关城市：

攀枝花、六盘水、铜陵、马鞍山、本溪、包头、唐山、平顶山、大同共9个城市。

长江沿岸相关城市：

攀枝花、宜宾、泸州、宜昌、岳阳、安庆、九江、铜陵、芜湖、马鞍山、镇江、扬州、南通、常州共14个城市。

西部相关城市：

攀枝花、成都、绵阳、自贡、宜宾、泸州、德阳、乐山、昆明、玉溪、遵义、六盘水、宝鸡、柳州、包头共15个城市。

东部相关城市：

攀枝花、苏州、无锡、常州、镇江、扬州、南通、唐山、烟台、潍坊、深圳、温州、宁波共13个城市。

用攀枝花的指标体系各个数据与上述各类城市进行综合评价，用主成份分析法，对各个并不直接关联的数据加以处理，使各个具体指标所蕴含的信息能够通过综合指标加以反映，并确定出所选城市在经处理后若干个综合指标上的得分，再加以累计，得出所选城市各个指标的排序、五个子系统指标的综合排序和45个综合指标经过数量模型计算后的总排序情况。

(二)、综合评价结果

根据主成份分析法对城市综合评价指标体系排序的综合评价结果是：深圳排为第1位，攀枝花排第19位，六盘水排第38位。其中：攀枝花在经济发展子系统排第11位，社会进步子系统排第21位，人民生活子系统排第16位，基础设施建设子系统排第14位，可持续发展子系统排第18位。各城市的子系统排位高低只能反映出一个相对的差距，形成一个排序情况，作为综合评价结果的依据。从综合评价结果看攀枝花城市综合实力居中等水平。

二、优势和潜力

通过各类城市的综合评价，并结合攀枝花城市综合情况进行全面分析，攀枝花具备以下优势和发展潜力。

(一)、具有较高的城市化水平，拥有高素质的建设人才

攀枝花城市人口比例大，城市化率为77%，在四川省内居第一位，在资源型城市、长江沿岸城市、西部城市的排位中均排前列。攀枝花市城市人口素质相对较高，拥有一只高素质的建设人才队伍，2000年全市各类专业技术人员5.58万人占全部人口的5.4%，为攀枝花经济发展创造了条件。

(二)、具有独特的资源优势

攀枝花资源优势得天独厚，资源高度富集且匹配天成：一是丰富的矿产资源。已发现矿种47种，已探明储量的45种，矿产地490余处，其中大中型特大型矿床15个，中型矿床42个，蕴藏着占全国20%的铁、67%的钒、93%的钛，探明的钛资源占世界第一位，钒资源占全国第一位，世界第三位，被誉为"富甲天下的聚宝盆"。二是丰沛的水能资源。过境水量1102亿立方米，理论蕴藏量达493万千瓦，可开发量达到410万千瓦，年开发电量可达272亿千瓦时。具有梯级开发条件好，动能指标优越，淹没搬迁损失小等优势。二滩水电站装机总容量330万千瓦，是二十世纪中国投产的最大的水电站。三是众多的生物资源。山地广阔，动植物资源种类繁多，计有动物264种，植物2300种、900余属、190科，其中2.7亿年前遗留的"植物活化石"——攀枝花苏铁，是世界著名的原始苏铁林；保存有原始森林景观，全市森林覆盖率达58.42%。四是潜在的旅游资源。主要是以群山、林海、险峡、溶洞等共存一地的自然景观；以布局奇巧、风光独特的微雕钢城和世界第三高坝的二滩水电站景观；以民族风情为特色的人文景观等；攀枝花也是外地游客到昆明、丽江、大理、泸沽湖的重要中转站和旅游通道。在9个资源型城市的排序中攀枝花的人均国内生产总值排第4位，人均地方财政收入排第2位，人均固定资产投资额排第2位，人均社会消费品零售额排第3位，城镇居民人均可支配收入排第1位，人均用电量排第1位，攀枝花资源优势明显。

(三)、优越的气候条件

攀枝花有独特的气候资源。属"南亚热带为基带的立体气候"，2000年年平均气温19.2℃－20.1℃，全年无霜期300天以上，具有干湿分明，垂直差异明显，昼夜温差大，气候复杂多样的特点，为发展立体农业展示了广阔前景。

(四)、综合经济实力增强、主要经济指标人均水平高

建市36年来全市累计固定资产总额达到574亿元,新增固定资产550亿元;建成了年产400万吨铁、350万吨钢、270万吨钢材、12万吨钒钛初级产品、650吨原煤、110万吨水泥、发电装机410万千瓦和万吨食品、饮料、酒等的综合生产能力;形成了以冶金为主体,包括煤炭、电力、交通、建筑等骨干行业及化工、食品等35个辅助行业,能生产1100多种产品的产业群;形成了优质、高效的农副产品商品生产基地。人均国内生产总值居全省第2位、人均地方财政收入居全省第1位,人均上缴利税、人均出口创汇均居四川省领先水平。人均地方财政收入在全国38个综合评价城市中排第9位。在16个西部城市和9个资源型城的排序中,人均国内生产总值、人均地方财政收入、人均固定资产投资额、人均社会消费品零售额、人均可支配收入、人均用电量等项指标均名列前茅。通过36年的开发建设,攀枝花已成为我国最大的钢铁、钒钛、能源基地,也是我国西部为数不多的人均国内生产总值超万元的城市。为攀枝花经济发展奠定了基础。

三、劣势和差距

(一)、经济规模偏小、总量水平低、核心竞争力不强

攀枝花经济规模小,在综合评价排序中,全市总人口排第25位;建成区面积42平方公里排第27位;国内生产总值排第24位,总量只有深圳的十六分之一;每平方公里国内生产总值产出量457万元,排第35位;城市人口密度排第37位;地方财政预算内收入排第18位,总量只有深圳的二十三分之一;人均社会消费品零售额排第22位,只有深圳的八分之一,经济规模偏小,核心市场竞争力不强。

(二)、城市功能不全、基础设施建设欠帐多

攀枝花市是在不毛之地,没有城市为依托的情况下建设起来的,交通邮电基础设施滞后,长期制约了攀枝花市经济的发展。在综合评价排序中,攀枝花人均住房使用面积排第32位,人均铺装道路面积排第25位,人均园林绿地面积排第16位,每百人拥有电话机排第22位,每百人公共图书馆藏书量排第23位,每万人拥有高等学校在校生人数排第35位,人均用电量排第16位。

改革开放以来全市加大了对交通、邮电基础设施建设投资力度,交通基础设施建设初见成效。1992年开始,攀枝花市加快了以"五路两桥"为主体的市区交通基础设施建设和城市基础设施建设,初步形成了市区公路交通循环网络,城市面貌有所改观。但城市基础设施建设由于历史欠帐多,而且由于峡谷山区的特点造成投资建设成本高,与其他同等城市相比,相同的投入收不到同等的效果,尽管加大了城市基础设施建设的力度,城市功能、城市面貌与其它城市相比仍有较大的差距,城市功能不全的状况还没有得到根本的改变。

(三)、经济结构的特点影响经济的发展

从产业结构看,攀枝花的特点是第二产业比重大,第三产业比重相对较小。2000年第二产业增加值占GDP的比重为68.4%,第三产业占24.5%,第一产业为7.1%,属"二、三、一"经济结构,第二产业对经济增长的贡献率大,它的发展速度快慢决定了全市经济增长率的高低,对全市经济发展影响波动大。在经济发达国家和地区一般为"三、二、一"经济结构,攀枝花在全国38个综合评价城市中,第二产业增加值占GDP比重排第2位,第三产业增加值占GDP比重排第36位,三产业从业人员比重排第38位,居倒数第一。第二产业重,第三产业轻,产业结构的特点形成第三产业不发达,也影响经济的发展。

从资本所有制结构看,攀枝花的国有经济比重过高,民营经济比重低也影响经济的发展。

(四)、环境与人口的可持续发展存在差距

攀枝花可持续发展子系统排位居中等水平,但部分指标排位靠后:每平方公里国内生产总值产出量排倒数第三位,每平方公里二氧化硫排放量排第18位,工业废水排放达标率排第17位,环境噪声达标面积排第22位,人

口自然增长率排第32位,人均教育事业费支出排第22位,环境与人口的可持续发展存在差距。此外,在引进的技术、人才、设备、管理经验以及由此形成的观念、运行机制等都与发达地区存在着差距。

四、对策与措施

(一)、改善交通条件营造投资环境,吸引外资建设攀枝花

攀枝花在利用外资建设方面差距较大,在全国38个综合评价城市中,人均实际利用外资排第29位,实际利用外商直接投资额排第31位,人均实际利用外资和实际利用外商直接投资两个指标在与四川省主要城市、资源型城市、长江沿岸城市、西部城市、东部城市的分类对比中均排位靠后。因此,要加大招商引资和利用外资的力度,改善交通条件、营造投资环境,积极吸引利用外资。建设方便、快捷、高效的现代化交通运输体系,打通出口通道,完善市内交通网络,提高现有道路等级标准,加快县乡道路建设,形成铁路公路航空运输协调配合的综合交通运输体系。建成完善、统一、先进的邮政通信和信息网络,逐步适应和满足攀枝花市国民经济信息化的要求。加强环境综合整治,改善交通条件,营造投资环境,加快城区绿化和沿江视野区荒山绿化建设,增加环境承载能力,实现环境与经济社会协调发展,以优越的投资环境吸引外资建设攀枝花。

(二)、调整、优化产业结构,加快发展第三产业,努力培育新的经济增长点

要针对攀枝花的特点调整、优化产业结构,在产业结构调整中应加大对第三产业的投入力度,保持第三产业的优先发展。从产业内部结构看,第一产业要面向市场,发展生态农业,调整传统的种植结构,充分利用攀枝花的光热资源,发展市场前景好的名、优、特、新绿色产品,促进特色农业、产业化农业、市场化农业的行成。第二产业要利用工业化水平较高和资源丰富的优势,提高产品的科技含量和市场竞争力,不断开拓市场,努力提高企业效益。第三产业要以人为本,从社会经济发展需要出发,向纵深发展,不断加大投入,保持优先发展态势。

要加强市场体系建设,形成布局合理的商品批发中心,进一步加强城乡集贸市场建设。全面推进商贸流通企业的改革与发展,实现商贸流通体制的市场化和企业经营集约化,实现把攀枝花建成川滇交界处商贸中心的战略目标。

要积极培育新的经济增长点。加快煤化工,磷化工等高耗能工业;立足攀枝花丰富的农副产品和生物资源产品进行生物资源开发;加快旅游资源开发和旅游基础设施建设。要继续壮大支柱产业,优化其内部机制。攀钢、二滩、川投电冶等大企业是我市国民经济的"领头雁",其经济实力都达到了一定的规模,在此基础上,要以市场需求为导向,按高新技术产业化的要求进行技术改造,提高其产品档次和质量,增加品种规格,增强市场竞争力,提高经济效益。此外,还要对各大企业内部机制进行优化,使其逐步建立起现代企业制度,增强在国内外市场上的竞争力。钢铁:要实施改善结构,改进工艺技术,提高产品质量,增加产品附加值及资源综合利用,重点开发含钒含钛合金钢系列产品。能源:要实施雅砻江流域滚动开发,要加大科技投入,实现煤炭工业可持续发展。钒钛资源:要坚持科技攻关与引进技术相结合,加快钒钛磁铁综合利用步伐,开发三氧化二钒、高档钛白粉、钒钛精细化工产品等钒钛深加工产品,使攀枝花成为我国最大的钒钛产品生产基地。建材:要在成本管理和市场开拓上下工夫,提高市场占有率。

(三)、大力发展非公有制经济

非公有制经济是国民经济中最活跃的成份,在经济发展中占有重要的地位。攀枝花市非公有制经济约占国内生产总值的10%左右,与全省水平相差近二十个百分点。从总的发展趋势看,公有制经济占经济总量的比重是逐年下降的趋势,非公有制经济呈直线上升趋势,已成为推动整个经济增长不可缺少的力量。攀枝花市非公有制经济比重低,与全省、

全国的差距大,因此,加快我市非公有制经济的发展对促进全市国民经济的发展具有十分重要的作用。

(四)、发展高新技术产业

要结合攀枝花矿产资源特点,用高科技改造传统产业,实现产业升级。

努力开发新型材料,发展高新技术产业,实现资源优势转化为产业化优势。应用生物技术,培育新的动植物优良品种,改革传统农业生产工艺。应用现代电子信息技术,推进国民经济信息化进程。

(五)、加大开发、开放力度,把资源优势转化为经济优势。

经济发展最终是资源的有效配置过程,在支撑经济发展的各种资源中我市有矿产、水电、生物等资源的优势,所以找到适合我市资源配置的最佳方案是一大关键。加大钒钛、钢铁、煤炭等的开发力度,逐步形成名优特新产品系列化的产品格局;充分发挥水电优势,拓展我市电力市场,在开发利用中让外商投资、建设和经营。

发展开放型经济抓住西部大开发和入世的契机,全面实施大开放战略,推进对外开放向更高层次、更宽领域和纵深化方向发展。在对外贸易、招商引资、技术合作中本着"以资源换技术,以产权换资金,以市场换项目,以存量换增量"的原则,吸引国内外企业进攀办厂,为推动我市经济发展做出贡献。

(六)、充分利用资本市场

要利用西部大开发机遇,充分利用资本市场的融资功能,积极到资本市场融资来建设攀枝花。目前我市仅有新钢钒一家上市公司,攀枝花在利用市场资本方面与国内同等城市的差距大,资本市场的融资功能没有充分利用,对于攀枝花这种具有资源优势的资源型城市来说,利用资本市场融资来搞开发建设显得特别重要,希望相关部门应做好这方面的工作,积极到资本市场争取融资。攀枝花在资本市场融资方面可以做很多工作:可以专门组织人员对现有优势企业进行包装上市;可以根据攀枝花的科研优势和高科技项目组建科技企业到资本市场争取融资,尤其攀钢三期工程技改项目,城市基础设施建项目等均是参股融资的优势资源;还可以鼓励有发展前景的优秀个体私营企业争取上市等。如果没有这方面的经验,可以组织人员到上市公司多、资本市场融资搞得好的地方学习经验,专门研究资本市场融资工作。充分利用资本市场的融资功能,借助资本市场的资金来开发建设攀枝花,尽快完成攀枝花资源优势向经济优势的转化。

(七)、加强城市基础设施建设,增强城市功能

要加强城市基础设施建设,努力提升城市形象,给居民创造一个良好的生活环境,增强城市整体功能。充分利用西部大开发机遇,进一步加强城市基础设施建设和交通建设,打通南、北高速公路通道,搞好机场建设,改善全市交通环境和生活环境。增加对城市基础设施建设投资是拉动国内生产总值增长和改善城市环境的有效手段,要鼓励民间投资搞建设,要研究制定优惠政策,放宽民间投资准入领域,促进城市基础设施建设投资的快速增长,增强经济发展的后劲。

(八)、认真转变传统观念,努力适应 WTO 规则

我国已成为世贸组织的一员,市场概念的内容已发生了根本性的转变,一切管理意识和经营理念都要随之发生相应的转变,必须努力适应 WTO 规则。我们不但要从思想上完成从计划经济的思维模式向市场经济的思维模式转换,还要努力加快适应 WTO 运行规则的步伐,一切管理、经营行为都必须服从 WTO 规则,避免在与世界经济接轨中走弯路,尽量少交学费、减少损失。因此,政府部门、管理部门及各行各业都必须尽快努力熟悉、适应 WTO 规则,规范管理行为和经营行为,尽量减少入世后世界经济带来的负面影响和冲击。

综上所述,攀枝花城市经济发展要充分利用国家赋予的搞好对外开放的优惠政策,坚持走经济建设与人口、资源、环境相协调的可持

续发展道路。攀枝花将成为具有南亚热带特色的高产、优质、高效的农副商品生产基地；川滇交界的科技、金融、商贸中心。人民生活达到小康，进入新兴大城市行列。到2015年，攀枝花开发建设50年时，将基本形成现代化大城市的经济规模和综合实力，具有现代化水平的城市格局。城市基础设施完备，形成快速便捷的立体交通体系；社会发展协调，生态环境优化，居住条件舒适的城市生活体系；城市空间布局、产业结构和生产力布局趋于合理；工业、农业和科技教育基本现代化，第三产业较为发达，社会保障事业配套完善，人民物质生活精神文化生活丰富，逐步实现城乡一体化。全市人均国民生产总值力争达到世界中等发达国家水平。

课题组组长：黄玉梅
课题组成员：王世忠　张明德　范从伦
　　　　　　程全松　段红林　任晓君
　　　　　　李振西
执　　　笔：范从伦　段红林
资 料 整 理：程全松 李振西
附表见下页：

附表1　主成份分析法38个城市综合得分名次排序

城市名称	综合分析排名	其中				
		经济发展12个指标分析排名	社会进步14个指标分析排名	人民生活7个指标分析排名	基础设施建设5个指标分析排名	可持续发展7个指标分析排名
深圳	1	1	1	1	1	2
无锡	2	4	8	7	8	5
苏州	3	2	7	8	11	8
昆明	4	17	3	4	19	1
成都	5	5	4	11	24	3
常州	6	6	9	5	10	13
宁波	7	3	13	3	33	10
桂林	8	21	2	10	4	20
温州	9	8	26	2	25	12
宜昌	10	7	16	6	5	28
柳州	11	20	15	26	2	11
镇江	12	9	11	19	13	9
扬州	13	19	6	22	12	16
唐山	14	14	22	13	17	7
烟台	15	16	31	9	18	6
南通	16	12	10	14	22	22
包头	17	15	19	23	26	4
马鞍山	18	10	27	15	6	24
攀枝花	19	11	21	16	14	18
九江	20	28	5	17	15	25
铜陵	21	23	18	20	3	30
潍坊	22	25	30	12	20	14
本溪	23	26	17	32	7	23
芜湖	24	22	12	27	21	31
安庆	25	30	28	31	9	29
岳阳	26	29	33	18	16	27
宝鸡	27	31	14	25	32	26
平顶山	28	27	20	28	34	19
大同	29	32	25	34	28	17
绵阳	30	18	32	24	37	21
玉溪	31	13	23	30	29	38
德阳	32	33	35	21	35	34
宜宾	33	24	34	36	27	36
自贡	34	34	24	35	36	37
遵义	35	37	29	37	23	33
乐山	36	36	36	33	31	32
泸州	37	38	37	29	30	35
六盘水	38	35	38	38	38	15

附表2 经济发展子系统12个指标排序

城市名称	综合分析排名	国内生产总值排名	地方财政预算内收入排名	实际利用外商直接投资额排名	第二产业增加值占GDP比重排名	第三产业增加值占GDP比重排名	地方财政收入占GDP比重排名
深圳	1	1	1	2	31	3	1
苏州	2	8	5	1	13	20	13
宁波	3	5	3	6	33	4	7
无锡	4	4	4	3	22	8	24
成都	5	2	2	10	36	1	23
常州	6	12	9	4	10	25	5
宜昌	7	29	22	14	6	31	11
温州	8	6	6	18	12	21	21
镇江	9	18	24	5	21	10	30
马鞍山	10	23	14	30	3	36	3
攀枝花	11	24	18	31	2	37	6
南通	12	17	15	8	23	11	17
玉溪	13	10	35	37	1	38	38
唐山	14	7	10	9	7	32	29
包头	15	11	8	22	5	34	4
烟台	16	9	7	7	17	27	22
昆明	17	3	17	27	32	5	37
绵阳	18	14	11	19	28	24	8
扬州	19	20	28	23	26	9	33
柳州	20	16	13	20	15	18	16
桂林	21	26	19	12	35	6	10
芜湖	22	22	26	15	11	19	28
铜陵	23	36	31	24	14	17	15
宜宾	24	34	23	36	9	35	2
潍坊	25	13	12	11	24	23	18
本溪	26	21	16	29	16	22	9
平顶山	27	27	20	26	8	28	12
九江	28	28	29	25	20	13	25
岳阳	29	15	25	16	29	15	32
安庆	30	32	27	21	27	7	14
宝鸡	31	25	32	38	4	30	31
大同	32	19	21	32	18	14	26
德阳	33	37	33	28	34	26	19
自贡	34	30	30	33	30	16	27
六盘水	35	38	34	35	19	29	20
乐山	36	33	37	13	25	33	34
遵义	37	35	38	17	37	2	36
泸州	38	31	36	34	38	12	35

附表2续表1

城市名称	综合分析排名	人均国内总产值排名	人均地方财政收入排名	人均实际利用外资排名	人均固定资产投资额排名	人均地方财政支出排名	人均社会消费品零售额排名
深圳	1	1	1	2	1	1	1
苏州	2	6	5	1	18	4	11
宁波	3	4	2	7	4	2	4
无锡	4	3	3	4	9	3	3
成都	5	12	13	22	5	10	5
常州	6	11	6	5	14	8	8
宜昌	7	25	16	10	2	15	14
温州	8	5	7	24	13	30	2
镇江	9	9	17	3	3	18	12
马鞍山	10	13	4	28	21	20	23
攀枝花	11	23	9	29	11	7	22
南通	12	10	8	6	19	5	9
玉溪	13	2	31	37	15	19	29
唐山	14	14	22	11	10	23	20
包头	15	26	14	27	24	13	17
烟台	16	18	18	8	20	21	21
昆明	17	8	34	30	6	29	7
绵阳	18	24	10	23	12	12	30
扬州	19	7	21	18	7	14	6
柳州	20	21	15	21	30	22	15
桂林	21	22	12	9	25	9	10
芜湖	22	16	25	12	8	16	16
铜陵	23	19	11	14	16	17	18
宜宾	24	34	24	36	26	26	32
潍坊	25	27	26	16	32	27	25
本溪	26	29	20	31	33	6	31
平顶山	27	31	27	25	27	28	28
九江	28	15	19	19	22	11	24
岳阳	29	20	29	15	17	32	13
安庆	30	28	23	20	23	25	19
宝鸡	31	17	28	38	28	31	27
大同	32	32	32	33	34	33	26
德阳	33	33	30	26	29	24	34
自贡	34	35	33	32	36	35	36
六盘水	35	38	35	35	35	34	38
乐山	36	37	37	17	37	37	35
遵义	37	30	36	13	31	36	33
泸州	38	36	38	34	38	38	37

附表3 社会进步子系统14个指标排序

城市名称	综合分析排名	年末总人口排名	非农业人口排名	年平均人口排名	非农业人口比重排名	城市人口密度排名	年末单位从业人员数排名	第三产业从业人员比重排名
深圳	1	11	6	10	13	30	2	13
桂林	2	27	21	27	16	18	27	4
昆明	3	2	2	2	22	33	3	3
成都	4	1	1	1	23	6	1	6
九江	5	36	31	36	19	27	35	17
扬州	6	34	28	34	14	1	23	20
苏州	7	15	8	14	10	4	10	12
无锡	8	14	5	13	3	8	8	22
常州	9	21	11	21	1	2	14	25
南通	10	24	22	24	20	3	20	16
镇江	11	28	18	28	7	7	25	7
芜湖	12	26	17	26	11	5	19	9
宁波	13	10	13	9	26	17	9	5
宝鸡	14	33	25	33	9	20	17	29
柳州	15	20	12	19	4	14	11	23
宜昌	16	30	20	29	6	15	21	30
本溪	17	18	10	18	5	26	7	36
铜陵	18	38	35	38	2	13	33	35
包头	19	7	4	6	8	34	5	26
平顶山	20	22	15	22	21	9	13	33
攀枝花	21	25	19	25	15	37	18	38
唐山	22	4	3	3	17	12	6	34
玉溪	23	37	38	37	37	36	38	1
自贡	24	6	23	15	36	10	24	11
大同	25	9	7	8	18	31	4	15
温州	26	12	16	11	30	19	16	14
马鞍山	27	35	29	35	12	11	28	37
安庆	28	32	33	32	24	16	31	18
遵义	29	29	32	31	25	24	34	28
潍坊	30	8	14	7	29	22	15	19
烟台	31	5	9	4	27	32	12	10
绵阳	32	16	26	16	32	29	29	8
岳阳	33	19	24	20	28	23	22	27
宜宾	34	23	36	23	33	28	30	24
德阳	35	31	37	30	31	21	37	31
乐山	36	13	27	12	34	35	26	21
泸州	37	3	30	5	38	25	32	2
六盘水	38	17	34	17	35	38	36	32

附表3续表1

城市名称	综合分析排名	人均教育事业费支出排名	人均科技事业费支出排名	每万人拥有高等学校在校生排名	每百人公共图书馆藏书量排名	每十万人拥有医院卫生院床位数排名	每十万人拥有医生数排名	每百人拥有电话机排名
深圳	1	1	1	21	4	6	3	1
桂林	2	11	6	1	1	3	7	17
昆明	3	24	13	7	7	2	1	8
成都	4	23	23	5	2	9	2	10
九江	5	20	7	9	3	1	13	4
扬州	6	6	35	2	5	13	27	6
苏州	7	7	8	3	10	25	29	3
无锡	8	3	17	12	11	16	33	5
常州	9	9	32	11	9	21	26	2
南通	10	8	10	10	6	7	23	12
镇江	11	10	21	4	12	24	8	11
芜湖	12	29	3	6	21	14	19	13
宁波	13	2	15	15	18	26	17	7
宝鸡	14	17	9	23	13	8	4	21
柳州	15	25	25	19	19	4	5	16
宜昌	16	13	27	14	14	15	6	14
本溪	17	5	26	31	15	5	21	19
铜陵	18	31	20	27	16	11	9	18
包头	19	18	18	24	28	19	12	28
平顶山	20	16	5	30	32	17	11	27
攀枝花	21	22	4	35	23	12	10	22
唐山	22	19	28	20	26	10	16	26
玉溪	23	12	33	28	8	30	14	23
自贡	24	36	2	18	34	23	18	36
大同	25	21	30	32	36	18	25	30
温州	26	4	11	22	25	31	37	9
马鞍山	27	26	31	13	27	27	20	15
安庆	28	27	24	26	29	20	15	25
遵义	29	34	34	17	17	22	24	32
潍坊	30	14	22	29	30	29	22	29
烟台	31	15	29	16	24	37	35	20
绵阳	32	32	12	8	31	28	31	33
岳阳	33	28	14	25	33	33	32	24
宜宾	34	30	16	34	22	32	34	34
德阳	35	33	19	38	37	36	28	31
乐山	36	37	38	36	38	34	36	35
泸州	37	38	37	33	20	38	38	37
六盘水	38	35	36	37	35	35	30	38

附表4 人民生活子系统7个指标排序

城市名称	综合分析排名	人均住房使用面积排名	城镇居民人均可支配收入排名	城镇居民人均消费支出排名	城乡居民人均储蓄年末余额排名	恩格尔系数排名	每万人拥有公共汽(电)车辆数排名	每万人拥有出租车排名
深圳	1	2	1	1	1	1	1	1
温州	2	1	2	3	4	19	15	16
宁波	3	14	3	2	3	5	7	27
昆明	4	13	9	5	9	12	4	8
常州	5	7	7	7	5	22	3	25
宜昌	6	5	25	20	18	3	2	38
无锡	7	12	6	6	2	20	16	20
苏州	8	11	4	4	7	24	13	24
烟台	9	9	15	12	13	7	18	26
桂林	10	19	16	11	8	14	22	10
成都	11	6	10	10	10	26	21	21
潍坊	12	15	20	18	25	2	34	23
唐山	13	17	19	21	12	9	11	17
南通	14	20	8	8	6	27	26	19
马鞍山	15	21	13	14	21	18	12	4
攀枝花	16	32	12	9	22	15	6	12
九江	17	4	35	31	23	17	5	11
岳阳	18	8	14	17	37	16	9	15
镇江	19	23	5	16	24	28	10	22
铜陵	20	18	24	24	29	23	17	3
德阳	21	22	18	15	32	8	36	31
扬州	22	10	17	22	14	36	8	9
包头	23	27	30	35	20	11	25	2
绵阳	24	3	22	28	27	21	24	30
宝鸡	25	30	38	37	15	6	28	5
柳州	26	16	26	27	11	31	20	29
芜湖	27	31	23	23	28	29	14	6
平顶山	28	33	27	30	26	10	27	18
泸州	29	25	21	19	36	13	31	37
玉溪	30	38	11	13	19	4	37	32
安庆	31	28	28	29	31	32	29	13
本溪	32	35	36	36	17	25	23	14
乐山	33	26	32	25	34	30	33	35
大同	34	29	37	34	16	35	35	7
自贡	35	24	34	32	35	34	19	34
宜宾	36	34	29	26	33	33	32	36
遵义	37	37	31	33	30	37	30	28
六盘水	38	36	33	38	38	38	38	33

附表5 基础设施建设子系统5个指标排序

城市名称	综合分析排名	人均铺装道路面积排名	人均园林绿地面积排名	建成区绿化覆盖率排名	人均生活用水量排名	人均用电量排名
深圳	1	1	2	2	1	1
柳州	2	13	1	16	3	3
铜陵	3	10	6	6	2	31
桂林	4	16	11	8	4	2
宜昌	5	5	10	7	14	6
马鞍山	6	15	5	4	6	23
本溪	7	33	7	1	15	29
无锡	8	6	12	13	7	5
安庆	9	18	4	18	8	10
常州	10	2	22	20	18	7
苏州	11	4	18	25	10	11
扬州	12	8	13	12	24	12
镇江	13	7	8	17	23	14
攀枝花	14	25	16	5	9	16
九江	15	23	3	23	16	34
岳阳	16	30	14	3	27	19
唐山	17	19	17	11	21	28
烟台	18	11	15	9	34	26
昆明	19	22	19	22	13	13
潍坊	20	9	24	19	32	22
芜湖	21	12	21	14	28	20
南通	22	24	20	21	20	9
遵义	23	21	26	10	33	21
成都	24	27	29	30	5	17
温州	25	20	27	34	22	4
包头	26	26	9	24	36	32
宜宾	27	35	37	26	17	15
大同	28	14	23	27	38	33
玉溪	29	3	35	37	11	35
泸州	30	37	36	15	19	38
乐山	31	29	30	31	26	36
宝鸡	32	31	33	29	35	24
宁波	33	17	25	38	12	8
平顶山	34	36	31	28	29	25
德阳	35	28	32	33	31	30
自贡	36	32	34	32	37	27
绵阳	37	34	28	36	30	18
六盘水	38	38	38	35	25	37

附表6 可持续发展子系统7个指标排序

城市名称	综合分析排名	行政区域土地面积排名	建成区面积排名	每平方公里GDP产出量排名	每平方公里二氧化硫排放量排名	工业废水排放达标率排名	环境噪声达标面积排名	人口自然增长率排名
昆明	1	2	3	24	6	15	2	24
深圳	2	9	4	2	11	3	5	36
成都	3	12	1	9	2	14	3	6
包头	4	3	2	33	23	20	9	37
无锡	5	27	7	3	13	2	1	9
烟台	6	4	6	27	10	6	4	3
唐山	7	15	5	13	33	11	11	5
苏州	8	31	9	4	25	1	6	1
镇江	9	34	17	7	37	7	7	33
宁波	10	18	15	10	31	4	12	15
柳州	11	23	8	16	24	21	14	20
温州	12	16	10	12	14	26	13	22
常州	13	33	13	6	30	5	15	17
潍坊	14	11	14	25	19	30	8	25
六盘水	15	1	35	38	8	36	18	38
扬州	16	38	23	1	38	8	16	19
大同	17	7	11	32	21	22	36	35
攀枝花	18	8	27	35	18	17	22	32
平顶山	19	29	26	17	32	9	19	31
桂林	20	25	19	20	17	12	20	10
绵阳	21	10	25	28	20	23	17	14
南通	22	37	16	5	34	32	10	11
本溪	23	13	12	30	22	16	24	2
马鞍山	24	32	31	11	35	10	32	27
九江	25	22	22	23	29	18	29	16
宝鸡	26	26	32	19	28	25	23	30
岳阳	27	17	20	22	26	29	34	26
宜昌	28	30	28	18	16	28	21	18
安庆	29	28	34	21	15	13	33	23
铜陵	30	36	33	14	36	24	30	29
芜湖	31	35	30	8	27	27	28	12
乐山	32	5	18	37	5	37	25	4
遵义	33	21	24	29	9	35	27	34
德阳	34	24	29	31	7	19	37	7
泸州	35	6	36	36	3	33	31	21
宜宾	36	14	37	34	12	31	35	13
自贡	37	20	21	26	4	34	26	8
玉溪	38	19	38	15	1	38	38	28

附表7 1999年全国选定38个城市主要指标

经济发展(12个指标)

城市名称	国内生产总值(现价)(万元)	地方财政预算内收入(万元)	实际利用外商直接投资额(万美元)	第二产业增加值占GDP比重(%)	第三产业增加值占GDP比重(%)	地方财政收入占GDP比重(%)
成都	6253391	378360	19198	43.9	52.5	6.05
绵阳	1421395	120050	5623	52.1	38.2	8.45
攀枝花	916023	79403	1070	75.8	21.6	8.67
自贡	817229	43803	691	50.6	40.5	5.36
宜宾	620792	63841	82	60.3	30.7	10.28
泸州	765779	16303	482	39.3	43.9	2.13
德阳	522211	34240	1846	46.1	37.0	6.56
乐山	626132	14591	10145	53.9	30.9	2.33
昆明	4562374	83182	3000	48.8	48.1	1.82
玉溪	2186376	21018	0	79.2	19.5	0.96
遵义	614943	12215	6774	42.2	51.6	1.99
六盘水	367443	23860	190	54.8	35.7	6.49
宜昌	821002	65597	10068	65.3	31.5	7.99
岳阳	1400000	58330	8302	51.1	41.6	4.17
安庆	665436	49702	4096	52.6	45.4	7.47
铜陵	537078	39104	3751	58.6	40.0	7.28
芜湖	1039699	54200	8620	59.0	39.2	5.21
马鞍山	956514	95676	1170	69.2	29.4	10.00
九江	826600	48024	3728	54.6	43.4	5.81
苏州	2664116	200540	285626	58.9	39.0	7.53
无锡	3779460	227119	90808	54.4	44.6	6.01
常州	1678834	147134	50887	59.5	38.1	8.76
镇江	1302152	59460	50771	54.6	44.3	4.57
扬州	1229173	48353	3922	53.8	44.5	3.93
南通	1348116	93875	28332	54.2	44.1	6.96
柳州	1372387	98846	5582	57.8	39.7	7.20
桂林	890047	71544	11067	45.6	46.7	8.04
本溪	1111189	91894	1201	57.8	38.6	8.27
包头	1748616	153961	3948	66.0	30.9	8.80
唐山	2811458	143738	24382	65.2	31.2	5.11
烟台	2549960	155903	31439	57.2	36.7	6.11
潍坊	1647092	110949	11781	54.0	38.4	6.74
深圳	14365071	1847908	177839	50.5	48.3	12.86
温州	2908036	183489	5662	59.0	39.0	6.31
宁波	3762087	319534	39956	48.4	48.3	8.49
平顶山	882836	70132	3144	61.7	36.0	7.94
大同	1288117	69414	700	55.1	42.3	5.39
宝鸡	893603	38604	0	66.6	32.4	4.32

附表7续表1

城市名称	人均国内总产值（元）	人均地方财政收入（元）	人均实际利用外资（美元）	人均固定资产投资额（元）	人均地方财政支出（元）	人均社会消费品零售额（元）
成　都	19057	1153	59.00	9436	1379	10061
绵　阳	13889	1173	55.00	5435	1345	3341
攀枝花	14351	1244	17.00	5593	1530	4886
自　贡	7780	417	7.00	1432	534	2042
宜　宾	8363	860	1.00	2950	1053	3285
泸　州	5637	120	4.00	1188	183	1911
德　阳	8755	574	31.00	2854	1085	2546
乐　山	5579	130	90.00	1381	241	2141
昆　明	22542	411	15.00	8541	1016	9120
玉　溪	59509	572	0.00	4567	1194	3605
遵　义	10370	206	114.00	2726	417	2902
六盘水	3757	244	2.00	1769	586	1173
宜　昌	13729	1097	168.00	23850	1321	7099
岳　阳	15889	662	94.00	4273	953	7238
安　庆	11701	874	72.00	3233	1069	5162
铜　陵	15989	1164	112.00	4283	1259	5182
芜　湖	16459	858	136.00	6430	1268	5856
马鞍山	18796	1880	23.00	3812	1194	4879
九　江	16542	961	75.00	3280	1370	4818
苏　州	24536	1847	2631.00	4258	1932	7628
无　锡	34065	2047	818.00	5818	1934	13308
常　州	19420	1702	589.00	4811	1529	8892
镇　江	21638	988	844.00	10708	1221	7379
扬　州	23794	936	76.00	7322	1325	9403
南　通	20966	1460	441.00	4100	1637	8199
柳　州	15425	1111	63.00	2812	1131	6222
桂　林	14430	1160	179.00	2954	1484	7672
本　溪	11523	953	12.00	2219	1577	3337
包　头	12993	1144	29.00	3032	1326	5199
唐　山	17135	876	149.00	5724	1123	5110
烟　台	16143	987	199.00	4020	1171	5036
潍　坊	12723	857	91.00	2698	1023	4739
深　圳	122548	15764	1517.00	46467	18001	39878
温　州	24898	1571	48.00	5012	990	15918
宁　波	31130	2644	331.00	10423	3804	10935
平顶山	10297	818	37.00	2939	1021	3697
大　同	10151	547	6.00	2187	679	4570
宝　鸡	16203	700	0.00	2864	974	4353

附表 7 续表 2　　社会进步(14 个指标)

城市名称	年末城市总人口（万人）	非农业人口（万人）	年平均人口（万人）	非农业人口比重%（城市化率）	城市人口密度（人／平方公里）	年末单位从业人员数（万人）	第三产业从业人员比重（%）
成都	330.29	221.21	328.15	67.00	2329	93.20	49.7
绵阳	103.00	41.17	102.34	40.00	656	16.75	47.3
攀枝花	64.14	49.49	63.83	77.00	320	22.33	19.9
自贡	150.27	46.81	105.04	31.00	1848	18.45	44.5
宜宾	74.39	29.26	74.23	39.00	662	14.36	39.9
泸州	165.91	37.54	135.86	23.00	778	13.22	55.0
德阳	59.85	25.12	59.65	42.00	924	10.99	32.8
乐山	112.01	41.11	112.24	37.00	446	17.98	40.5
昆明	206.26	146.00	202.39	71.00	511	71.09	54.9
玉溪	37.03	11.04	36.74	30.00	369	5.45	67.5
遵义	60.13	36.38	59.30	61.00	852	13.03	36.3
六盘水	97.81	35.33	97.79	36.00	240	11.17	30.7
宜昌	60.05	49.42	59.80	82.00	1340	19.93	35.1
岳阳	89.50	45.95	88.11	51.00	857	19.69	37.3
安庆	57.13	36.22	56.87	63.00	1226	13.69	41.6
铜陵	34.10	29.83	33.59	87.00	1502	13.21	27.3
芜湖	63.55	50.23	63.17	79.00	2763	21.35	47.1
马鞍山	51.30	40.39	50.89	79.00	1704	16.84	26.0
九江	50.30	36.58	49.97	73.00	720	12.72	41.7
苏州	109.37	87.17	108.58	80.00	2790	31.89	44.5
无锡	111.69	97.16	110.95	87.00	2160	38.75	40.5
常州	87.28	79.67	86.45	91.00	3117	26.64	38.5
镇江	61.14	50.17	60.18	82.00	2240	18.40	47.6
扬州	52.00	40.54	51.66	78.00	3514	18.64	40.6
南通	64.62	46.91	64.30	73.00	2885	21.14	42.6
柳州	89.40	78.22	88.97	87.00	1373	31.81	40.1
桂林	62.28	46.93	61.68	75.00	1102	16.95	51.8
本溪	96.59	83.05	96.43	86.00	738	40.19	27.2
包头	135.53	111.13	134.58	82.00	468	64.48	38.2
唐山	164.55	122.64	164.08	75.00	1510	50.96	28.4
烟台	159.23	84.55	157.96	53.00	602	31.44	47.0
潍坊	130.60	63.88	129.46	49.00	887	25.49	40.8
深圳	119.85	95.05	117.22	79.00	615	93.19	44.3
温州	117.12	52.09	116.80	44.00	1082	24.22	44.1
宁波	121.99	74.42	120.85	61.00	1181	34.20	50.7
平顶山	86.67	63.59	85.74	73.00	1888	30.07	29.2
大同	127.98	94.54	126.90	74.00	615	64.74	44.1
宝鸡	56.42	45.70	55.15	81.00	1017	22.75	35.5

附表 7 续表 3

城市名称	人均教育事业费支出(元)	人均科技事业费支出(元)	每万人拥有高等学校在校生人数(人)	每百人公共图书馆藏书量(册)	每十万人拥有医院卫生院床位数(张)	每十万人拥有医院医生数(人)	每百人拥有电话机(部)
成都	117	5	322	194	706	634	26
绵阳	86	8	246	30	442	234	11
攀枝花	123	16	34	51	664	387	16
自贡	69	29	96	19	546	333	7
宜宾	103	7	36	57	383	206	9
泸州	42	0	46	60	240	174	5
德阳	78	6	0	14	340	262	13
乐山	65	0	28	12	362	187	9
昆明	116	8	280	153	867	664	30
玉溪	167	2	61	144	404	349	16
遵义	76	2	113	68	547	295	12
六盘水	73	1	13	18	342	247	3
宜昌	161	4	128	95	591	484	23
岳阳	107	8	63	25	363	224	16
安庆	111	5	62	36	552	344	16
铜陵	97	6	62	71	671	410	21
芜湖	107	20	311	59	618	332	24
马鞍山	115	3	132	42	471	322	23
九江	127	10	203	174	915	364	46
苏州	194	10	330	123	498	250	48
无锡	268	7	144	117	591	221	46
常州	184	3	173	125	549	266	50
镇江	183	6	327	107	541	435	26
扬州	199	2	491	165	649	263	46
南通	193	9	193	154	732	296	25
柳州	116	5	89	62	788	517	22
桂林	174	11	495	290	867	474	22
本溪	205	5	53	75	753	308	20
包头	130	7	71	37	567	369	15
唐山	129	4	88	44	684	344	16
烟台	149	4	114	46	326	198	19
潍坊	160	6	57	32	426	300	14
深圳	1428	72	88	170	751	589	112
温州	224	9	87	45	404	178	29
宁波	289	8	118	65	485	335	43
平顶山	134	15	54	29	581	379	16
大同	124	4	47	16	576	274	14
宝鸡	133	10	79	99	726	545	19

附表7续表4　　人民生活(7个指标)

城市名称	人均住房使用面积(平方米)	城镇居民人均可支配收入(元)	城镇居民人均消费支出(元)	城乡居民人均储蓄年末余额(元)	恩格尔系数(%)	每万人拥有公共汽(电)车车辆数(辆)	每万人拥有出租车(辆)
成都	16.4	7098	5798	14885	43.88	5.2	21
绵阳	17.3	5589	4342	8312	43.27	4.5	9
攀枝花	11.2	6676	5821	9654	42.14	12.5	30
自贡	13.0	4634	3852	3992	47.33	6.1	7
宜宾	10.7	5307	4411	4894	47.31	3.0	6
泸州	13.0	5894	4926	3167	41.56	3.2	5
德阳	13.6	6345	5222	6179	39.22	1.7	9
乐山	13.0	4948	4457	4259	45.57	2.9	7
昆明	14.9	7239	6371	15298	41.08	14.7	36
玉溪	0.0	6987	5398	10133	37.98	1.5	8
遵义	4.8	4954	3752	6982	52.24	3.4	12
六盘水	6.5	4710	2695	537	61.37	1.1	8
宜昌	16.5	5479	4889	10497	37.90	32.7	2
岳阳	15.9	6541	4936	794	42.32	9.6	27
安庆	11.8	5320	4325	6677	46.66	3.7	30
铜陵	14.6	5511	4479	7291	43.63	6.5	44
芜湖	11.3	5588	4644	8082	45.50	7.9	38
马鞍山	13.7	6607	5241	9796	42.51	8.4	42
九江	16.9	4583	3870	9410	42.43	14.7	32
苏州	15.4	8406	6545	16204	43.64	8.3	18
无锡	15.1	7920	6270	19913	43.09	7.1	22
常州	16.0	7874	6109	17122	43.51	16.5	18
镇江	13.3	7935	5102	9234	44.98	9.4	21
扬州	15.5	6389	4663	12952	50.12	10.4	33
南通	14.2	7416	5835	16640	44.13	4.4	23
柳州	14.7	5328	4357	14087	45.90	5.4	12
桂林	14.4	6494	5786	15679	41.63	5.0	33
本溪	10.3	4345	3514	11484	43.74	4.9	30
包头	13.0	5060	3592	10011	41.01	4.5	52
唐山	14.7	6300	4875	13096	39.88	8.9	26
烟台	15.8	6513	5572	12992	38.77	6.4	14
潍坊	14.8	5904	4927	8567	32.88	2.8	19
深圳	19.4	20232	14754	81214	32.05	83.2	71
温州	26.6	10339	7317	17917	42.65	7.6	27
宁波	14.9	9492	7493	18213	38.58	11.7	14
平顶山	11.1	5327	3981	8357	39.94	4.3	26
大同	11.5	4306	3634	11735	49.61	2.8	38
宝鸡	11.5	4234	3443	12358	38.66	4.3	42

附表7续表5　　　　基础设施建设(5个指标)

城市名称	人均铺装道路面积(平方米)	人均园林绿地面积(平方米)	建成区绿化覆盖率(%)	人均生活用水量(吨)	人均用电量(度)
成都	4.1	11.60	23.4	113.6	259.8
绵阳	2.0	12.43	0.0	58.4	257.8
攀枝花	4.6	23.81	39.4	98.6	265.1
自贡	3.0	8.28	21.3	40.3	210.4
宜宾	1.9	7.25	28.5	81.8	270.0
泸州	0.9	7.26	33.9	79.6	0.0
德阳	4.0	9.39	17.4	56.6	178.6
乐山	4.0	10.45	23.1	65.3	102.8
昆明	5.0	21.37	30.3	93.7	298.1
玉溪	8.8	7.51	0.0	95.9	115.0
遵义	5.1	14.04	36.6	53.2	238.5
六盘水	0.8	0.57	2.5	65.6	98.2
宜昌	8.5	34.67	38.4	88.9	402.5
岳阳	4.0	25.72	43.4	65.3	253.3
安庆	5.6	104.13	32.2	103.1	338.8
铜陵	7.0	45.19	38.7	135.5	165.5
芜湖	6.1	15.92	34.4	61.6	244.6
马鞍山	5.9	79.71	40.7	107.7	231.9
九江	4.9	113.92	29.2	84.3	136.3
苏州	8.6	21.40	29.0	96.0	329.0
无锡	7.9	30.09	34.7	103.7	415.1
常州	9.0	15.79	31.2	80.6	394.8
镇江	7.9	38.44	32.8	74.4	279.3
扬州	7.9	29.94	35.5	70.3	318.1
南通	4.7	16.25	31.1	79.3	344.4
柳州	6.1	276.67	33.6	135.0	506.8
桂林	5.9	30.76	37.5	121.4	550.4
本溪	2.9	42.20	61.3	84.4	194.0
包头	4.4	34.73	29.1	41.3	154.2
唐山	5.6	22.06	36.3	78.3	196.1
烟台	6.7	24.00	36.7	49.4	220.5
潍坊	7.6	14.90	32.0	55.3	235.2
深圳	15.0	154.51	45.1	149.9	2474.3
温州	5.6	13.00	17.4	77.4	426.9
宁波	5.7	14.44	0.0	94.0	346.3
平顶山	1.7	9.83	25.2	60.9	225.0
大同	6.0	14.95	25.5	40.2	149.6
宝鸡	3.6	8.81	24.1	47.8	226.6

附表 7 续表 6　　可持续发展(7 个指标)

城市名称	行政区划土地面积（平方公里）	建成区面积（平方公里）	每平方公里GDP产出量（万元）	每平方公里二氧化硫排放量（吨）	工业废水排放达标率（%）	环境噪声达标面积（平方公里）	人口自然增长率（‰）
成都	1418	202	4410	1.3	85.9	94	2.30
绵阳	1570	44	905	40.0	66.5	39	3.48
攀枝花	2004	42	457	26.8	78.8	24	7.49
自贡	813	48	1005	2.6	22.3	20	2.73
宜宾	1123	18	553	18.0	44.8	8	3.32
泸州	2132	23	359	2.1	29.8	16	5.15
德阳	648	40	806	7.4	77.1	0	2.64
乐山	2514	56	249	3.2	3.9	22	2.22
昆明	4033	141	1131	7.0	85.3	106	5.69
玉溪	1004	16	2178	0.0	0.0	0	6.79
遵义	706	47	871	8.9	14.9	20	7.99
六盘水	4071	26	90	7.7	12.7	39	11.91
宜昌	448	41	1833	22.9	59.9	32	4.01
岳阳	1044	54	1341	50.3	53.7	10	6.46
安庆	466	29	1428	22.2	88.9	14	5.68
铜陵	227	32	2366	166.4	66.1	17	6.98
芜湖	230	38	4520	51.0	63.4	19	3.24
马鞍山	301	37	3178	143.8	90.9	16	6.74
九江	699	48	1183	60.1	77.2	19	3.74
苏州	392	82	6796	49.5	99.5	60	0.52
无锡	517	98	7310	19.1	96.6	113	2.73
常州	280	68	5996	62.1	95.2	42	3.82
镇江	273	58	4770	229.1	93.5	58	7.55
扬州	148	48	8305	241.4	92.8	40	4.09
南通	224	60	6018	126.8	42.4	53	3.23
柳州	651	91	2108	45.2	75.2	45	4.60
桂林	565	55	1575	25.6	90.3	34	3.15
本溪	1308	69	850	42.5	80.9	23	0.86
包头	2893	149	604	43.9	75.4	54	9.85
唐山	1090	122	2579	109.5	90.8	53	2.28
烟台	2644	112	964	9.9	93.8	77	1.52
潍坊	1472	67	1119	35.1	50.4	56	5.88
深圳	1949	132	7370	13.8	96.3	68	9.61
温州	1082	79	2688	20.3	64.5	47	5.57
宁波	1033	66	3642	81.3	95.6	53	3.57
平顶山	459	44	1923	99.6	92.8	37	7.16
大同	2080	75	619	41.9	68.7	7	9.12
宝鸡	555	33	1610	53.1	65.6	24	7.09

附表8　1999年全国按类型分类城市指标

经济发展(12个指标)

城市名称	国内生产总值现价(万元)	地方财政预算内收入(万元)	实际利用外商直接投资额(万美元)	第二产业增加值占GDP比重(%)	第三产业增加值占GDP比重(%)	地方财政收入占GDP比重(%)
四川省主要城市						
成　都	6253391	378360	19198	43.9	52.5	6.05
绵　阳	1421395	120050	5623	52.1	38.2	8.45
攀枝花	916023	79403	1070	75.8	21.6	8.67
自　贡	817229	43803	691	50.6	40.5	5.36
宜　宾	620792	63841	82	60.3	30.7	10.28
泸　州	765779	16303	482	39.3	43.9	2.13
德　阳	522211	34240	1846	46.1	37.0	6.56
乐　山	626132	14591	10145	53.9	30.9	2.33
资源型城市						
攀枝花	916023	79403	1070	75.8	21.6	8.67
六盘水	367443	23860	190	54.8	35.7	6.49
铜　陵	537078	39104	3751	58.6	40.0	7.28
马鞍山	956514	95676	1170	69.2	29.4	10.00
本　溪	1111189	91894	1201	57.8	38.6	8.27
包　头	1748616	153961	3948	66.0	30.9	8.80
唐　山	2811458	143738	24382	65.2	31.2	5.11
平顶山	882836	70132	3144	61.7	36.0	7.94
大　同	1288117	69414	700	55.1	42.3	5.39
长江沿岸城市						
攀枝花	916023	79403	1070	75.8	21.6	8.67
宜　宾	620792	63841	82	60.3	30.7	10.28
泸　州	765779	16303	482	39.3	43.9	2.13
宜　昌	821002	65597	10068	65.3	31.5	7.99
岳　阳	1400000	58330	8302	51.1	41.6	4.17
安　庆	665436	49702	4096	52.6	45.4	7.47
九　江	826600	48024	3728	54.6	43.4	5.81
铜　陵	537078	39104	3751	58.6	40.0	7.28
芜　湖	1039699	54200	8620	59.0	39.2	5.21
马鞍山	956514	95676	1170	69.2	29.4	10.00
镇　江	1302152	59460	50771	54.6	44.3	4.57
扬　州	1229173	48353	3922	53.8	44.5	3.93

附表8续表1

城市名称	国内生产总值现价（万元）	地方财政预算内收入（万元）	实际利用外商直接投资额（万美元）	第二产业增加值占GDP比重（%）	第三产业增加值占GDP比重（%）	地方财政收入占GDP比重（%）
南　通	1348116	93875	28332	54.2	44.1	6.96
常　州	1678834	147134	50887	59.5	38.1	8.76
西部城市						
成　都	6253391	378360	19198	43.9	52.5	6.05
绵　阳	1421395	120050	5623	52.1	38.2	8.45
攀枝花	916023	79403	1070	75.8	21.6	8.67
自　贡	817229	43803	691	50.6	40.5	5.36
宜　宾	620792	63841	82	60.3	30.7	10.28
泸　州	765779	16303	482	39.3	43.9	2.13
德　阳	522211	34240	1846	46.1	37.0	6.56
乐　山	626132	14591	10145	53.9	30.9	2.33
昆　明	4562374	83182	3000	48.8	48.1	1.82
玉　溪	2186376	21018	0	79.2	19.5	0.96
遵　义	614943	12215	6774	42.2	51.6	1.99
六盘水	367443	23860	190	54.8	35.7	6.49
宝　鸡	893603	38604	0	66.6	32.4	4.32
柳　州	1372387	98846	5582	57.8	39.7	7.20
桂　林	890047	71544	11067	45.6	46.7	8.04
包　头	1748616	153961	3948	66.0	30.9	8.80
东部城市						
攀枝花	916023	79403	1070	75.8	21.6	8.67
苏　州	2664116	200540	285626	58.9	39.0	7.53
无　锡	3779460	227119	90808	54.4	44.6	6.01
常　州	1678834	147134	50887	59.5	38.1	8.76
镇　江	1302152	59460	50771	54.6	44.3	4.57
扬　州	1229173	48353	3922	53.8	44.5	3.93
南　通	1348116	93875	28332	54.2	44.1	6.96
唐　山	2811458	143738	24382	65.2	31.2	5.11
烟　台	2549960	155903	31439	57.2	36.7	6.11
潍　坊	1647092	110949	11781	54.0	38.4	6.74
深　圳	14365071	1847908	177839	50.5	48.3	12.86
温　州	2908036	183489	5662	59.0	39.0	6.31
宁　波	3762087	319534	39956	48.4	48.3	8.49

附表8续表2

城市名称	人均国内总产值（元）	人均地方财政收入（元）	人均实际利用外资（美元）	人均固定资产投资额（元）	人均地方财政支出（元）	人均社会消费品零售额（元）
四川省主要城市						
成都	19057	1153	59.00	9436	1379	10061
绵阳	13889	1173	55.00	5435	1345	3341
攀枝花	14351	1244	17.00	5593	1530	4886
自贡	7780	417	7.00	1432	534	2042
宜宾	8363	860	1.00	2950	1053	3285
泸州	5637	120	4.00	1188	183	1911
德阳	8755	574	31.00	2854	1085	2546
乐山	5579	130	90.00	1381	241	2141
资源型城市						
攀枝花	14351	1244	17.00	5593	1530	4886
六盘水	3757	244	2.00	1769	586	1173
铜陵	15989	1164	112.00	4283	1259	5182
马鞍山	18796	1880	23.00	3812	1194	4879
本溪	11523	953	12.00	2219	1577	3337
包头	12993	1144	29.00	3032	1326	5199
唐山	17135	876	149.00	5724	1123	5110
平顶山	10297	818	37.00	2939	1021	3697
大同	10151	547	6.00	2187	679	4570
长江沿岸城市						
攀枝花	14351	1244	17.00	5593	1530	4886
宜宾	8363	860	1.00	2950	1053	3285
泸州	5637	120	4.00	1188	183	1911
宜昌	13729	1097	168.00	23850	1321	7099
岳阳	15889	662	94.00	4273	953	7238
安庆	11701	874	72.00	3233	1069	5162
九江	16542	961	75.00	3280	1370	4818
铜陵	15989	1164	112.00	4283	1259	5182
芜湖	16459	858	136.00	6430	1268	5856
马鞍山	18796	1880	23.00	3812	1194	4879
镇江	21638	988	844.00	10708	1221	7379
扬州	23794	936	76.00	7322	1325	9403

附表8续表3

城市名称	人均国内总产值（元）	人均地方财政收入（元）	人均实际利用外资（美元）	人均固定资产投资额（元）	人均地方财政支出（元）	人均社会消费品零售额（元）
南通	20966	1460	441.00	4100	1637	8199
常州	19420	1702	589.00	4811	1529	8892
西部城市						
成都	19057	1153	59.00	9436	1379	10061
绵阳	13889	1173	55.00	5435	1345	3341
攀枝花	14351	1244	17.00	5593	1530	4886
自贡	7780	417	7.00	1432	534	2042
宜宾	8363	860	1.00	2950	1053	3285
泸州	5637	120	4.00	1188	183	1911
德阳	8755	574	31.00	2854	1085	2546
乐山	5579	130	90.00	1381	241	2141
昆明	22542	411	15.00	8541	1016	9120
玉溪	59509	572	0.00	4567	1194	3605
遵义	10370	206	114.00	2726	417	2902
六盘水	3757	244	2.00	1769	586	1173
宝鸡	16203	700	0.00	2864	974	4353
柳州	15425	1111	63.00	2812	1131	6222
桂林	14430	1160	179.00	2954	1484	7672
包头	12993	1144	29.00	3032	1326	5199
东部城市						
攀枝花	14351	1244	17.00	5593	1530	4886
苏州	24536	1847	2631.00	4258	1932	7628
无锡	34065	2047	818.00	5818	1934	13308
常州	19420	1702	589.00	4811	1529	8892
镇江	21638	988	844.00	10708	1221	7379
扬州	23794	936	76.00	7322	1325	9403
南通	20966	1460	441.00	4100	1637	8199
唐山	17135	876	149.00	5724	1123	5110
烟台	16143	987	199.00	4020	1171	5036
潍坊	12723	857	91.00	2698	1023	4739
深圳	122548	15764	1517.00	46467	18001	39878
温州	24898	1571	48.00	5012	990	15918
宁波	31130	2644	331.00	10423	3804	10935

附表8续表4　　社会进步(14个指标)

城市名称	年末总人口(万人)	非农业人口(万人)	年平均人口(万人)	非农业人口比重%(城市化率)	城市人口密度(人/平方公里)	年末单位从业人员数(万人)	第三产业从业人员比重(%)
四川省主要城市							
成　都	330.29	221.21	328.15	67.00	2329	93.20	49.7
绵　阳	103.00	41.17	102.34	40.00	656	16.75	47.3
攀枝花	64.14	49.49	63.83	77.00	320	22.33	19.9
自　贡	150.27	46.81	105.04	31.00	1848	18.45	44.5
宜　宾	74.39	29.26	74.23	39.00	662	14.36	39.9
泸　州	165.91	37.54	135.86	23.00	778	13.22	55.0
德　阳	59.85	25.12	59.65	42.00	924	10.99	32.8
乐　山	112.01	41.11	112.24	37.00	446	17.98	40.5
资源型城市							
攀枝花	64.14	49.49	63.83	77.00	320	22.33	19.9
六盘水	97.81	35.33	97.79	36.00	240	11.17	30.7
铜　陵	34.10	29.83	33.59	87.00	1502	13.21	27.3
马鞍山	51.30	40.39	50.89	79.00	1704	16.84	26.0
本　溪	96.59	83.05	96.43	86.00	738	40.19	27.2
包　头	135.53	111.13	134.58	82.00	468	64.48	38.2
唐　山	164.55	122.64	164.08	75.00	1510	50.96	28.4
平顶山	86.67	63.59	85.74	73.00	1888	30.07	29.2
大　同	127.98	94.54	126.90	74.00	615	64.74	44.1
长江沿岸城市城市							
攀枝花	64.14	49.49	63.83	77.00	320	22.33	19.9
宜　宾	74.39	29.26	74.23	39.00	662	14.36	39.9
泸　州	165.91	37.54	135.86	23.00	778	13.22	55.0
宜　昌	60.05	49.42	59.80	82.00	1340	19.93	35.1
岳　阳	89.50	45.95	88.11	51.00	857	19.69	37.3
安　庆	57.13	36.22	56.87	63.00	1226	13.69	41.6
九　江	50.30	36.58	49.97	73.00	720	12.72	41.7
铜　陵	34.10	29.83	33.59	87.00	1502	13.21	27.3
芜　湖	63.55	50.23	63.17	79.00	2763	21.35	47.1
马鞍山	51.30	40.39	50.89	79.00	1704	16.84	26.0
镇　江	61.14	50.17	60.18	82.00	2240	18.40	47.6
扬　州	52.00	40.54	51.66	78.00	3514	18.64	40.6

附表8续表5

城市名称	年末总人口（万人）	非农业人口（万人）	年平均人口（万人）	非农业人口比重%（城市化率）	城市人口密度（人/平方公里）	年末单位从业人员数（万人）	第三产业从业人员比重（%）
南通	64.62	46.91	64.30	73.00	2885	21.14	42.6
常州	87.28	79.67	86.45	91.00	3117	26.64	38.5
西部城市							
成都	330.29	221.21	328.15	67.00	2329	93.20	49.7
绵阳	103.00	41.17	102.34	40.00	656	16.75	47.3
攀枝花	64.14	49.49	63.83	77.00	320	22.33	19.9
自贡	150.27	46.81	105.04	31.00	1848	18.45	44.5
宜宾	74.39	29.26	74.23	39.00	662	14.36	39.9
泸州	165.91	37.54	135.86	23.00	778	13.22	55.0
德阳	59.85	25.12	59.65	42.00	924	10.99	32.8
乐山	112.01	41.11	112.24	37.00	446	17.98	40.5
昆明	206.26	146.00	202.39	71.00	511	71.09	54.9
玉溪	37.03	11.04	36.74	30.00	369	5.45	67.5
遵义	60.13	36.38	59.30	61.00	852	13.03	36.3
六盘水	97.81	35.33	97.79	36.00	240	11.17	30.7
宝鸡	56.42	45.70	55.15	81.00	1017	22.75	35.5
柳州	89.40	78.22	88.97	87.00	1373	31.81	40.1
桂林	62.28	46.93	61.68	75.00	1102	16.95	51.8
包头	135.53	111.13	134.58	82.00	468	64.48	38.2
东部城市							
攀枝花	64.14	49.49	63.83	77.00	320	22.33	19.9
苏州	109.37	87.17	108.58	80.00	2790	31.89	44.5
无锡	111.69	97.16	110.95	87.00	2160	38.75	40.5
常州	87.28	79.67	86.45	91.00	3117	26.64	38.5
镇江	61.14	50.17	60.18	82.00	2240	18.40	47.6
扬州	52.00	40.54	51.66	78.00	3514	18.64	40.6
南通	64.62	46.91	64.30	73.00	2885	21.14	42.6
唐山	164.55	122.64	164.08	75.00	1510	50.96	28.4
烟台	159.23	84.55	157.96	53.00	602	31.44	47.0
潍坊	130.60	63.88	129.46	49.00	887	25.49	40.8
深圳	119.85	95.05	117.22	79.00	615	93.19	44.3
温州	117.12	52.09	116.80	44.00	1082	24.22	44.1
宁波	121.99	74.42	120.85	61.00	1181	34.20	50.7

附表8续表6

城市名称	人均教育事业费支出（元）	人均科技事业费支出（元）	每万人拥有高等学校在校生（人）	每百人公共图书馆藏书量（册）	每十万人拥有医院卫生院床位数（张）	每十万人拥有医生数（人）	每百人拥有电话数（部）
四川省主要城市							
成都	117	5	322	194	706	634	26
绵阳	86	8	246	30	442	234	11
攀枝花	123	16	34	51	664	387	16
自贡	69	29	96	19	546	333	7
宜宾	103	7	36	57	383	206	9
泸州	42	0	46	60	240	174	5
德阳	78	6	0	14	340	262	13
乐山	65	0	28	12	362	187	9
资源型城市							
攀枝花	123	16	34	51	664	387	16
六盘水	73	1	13	18	342	247	3
铜陵	97	6	62	71	671	410	21
马鞍山	115	3	132	42	471	322	23
本溪	205	5	53	75	753	308	20
包头	130	7	71	37	567	369	15
唐山	129	4	88	44	684	344	16
平顶山	134	15	54	29	581	379	16
大同	124	4	47	16	576	274	14
长江沿岸城市							
攀枝花	123	16	34	51	664	387	16
宜宾	103	7	36	57	383	206	9
泸州	42	0	46	60	240	174	5
宜昌	161	4	128	95	591	484	23
岳阳	107	8	63	25	363	224	16
安庆	111	5	62	36	552	344	16
九江	127	10	203	174	915	364	46
铜陵	97	6	62	71	671	410	21
芜湖	107	20	311	59	618	332	24
马鞍山	115	3	132	42	471	322	23
镇江	183	6	327	107	541	435	26
扬州	199	2	491	165	649	263	46

附表8续表7

城市名称	人均教育事业费支出（元）	人均科技事业费支出（元）	每万人拥有高等学校在校生（人）	每百人公共图书馆藏书量（册）	每十万人拥有医院卫生院床位数（张）	每十万人拥有医生数（人）	每百人拥有电话机（部）
南通	193	9	193	154	732	296	25
常州	184	3	173	125	549	266	50
西部城市							
成都	117	5	322	194	706	634	26
绵阳	86	8	246	30	442	234	11
攀枝花	123	16	34	51	664	387	16
自贡	69	29	96	19	546	333	7
宜宾	103	7	36	57	383	206	9
泸州	42	0	46	60	240	174	5
德阳	78	6	0	14	340	262	13
乐山	65	0	28	12	362	187	9
昆明	116	8	280	153	867	664	30
玉溪	167	2	61	144	404	349	16
遵义	76	2	113	68	547	295	12
六盘水	73	1	13	18	342	247	3
宝鸡	133	10	79	99	726	545	19
柳州	116	5	89	62	788	517	22
桂林	174	11	495	290	867	474	22
包头	130	7	71	37	567	369	15
东部城市							
攀枝花	123	16	34	51	664	387	16
苏州	194	10	330	123	498	250	48
无锡	268	7	144	117	591	221	46
常州	184	3	173	125	549	266	50
镇江	183	6	327	107	541	435	26
扬州	199	2	491	165	649	263	46
南通	193	9	193	154	732	296	25
唐山	129	4	88	44	684	344	16
烟台	149	4	114	46	326	198	19
潍坊	160	6	57	32	426	300	14
深圳	1428	72	88	170	751	589	112
温州	224	9	87	45	404	178	29
宁波	289	8	118	65	485	335	43

附表8续表8　　人民生活(7个指标)

城市名称	人均住房使用面积(平方米)	城镇居民人均可支配收入(元)	城镇居民人均消费支出(元)	城乡居民人均储蓄年末余额(元)	恩格尔系数(%)	每万人拥有公共汽(电)车车辆数(辆)	每万人拥有出租车(辆)
四川省主要城市							
成都	16.4	7098	5798	14885	43.88	5.2	21
绵阳	17.3	5589	4342	8312	43.27	4.5	9
攀枝花	11.2	6676	5821	9654	42.14	12.5	30
自贡	13.0	4634	3852	3992	47.33	6.1	7
宜宾	10.7	5307	4411	4894	47.31	3.0	6
泸州	13.0	5894	4926	3167	41.56	3.2	5
德阳	13.6	6345	5222	6179	39.22	1.7	9
乐山	13.0	4948	4457	4259	45.57	2.9	7
资源型城市							
攀枝花	11.2	6676	5821	9654	42.14	12.5	30
六盘水	6.5	4710	2695	537	61.37	1.1	8
铜陵	14.6	5511	4479	7291	43.63	6.5	44
马鞍山	13.7	6607	5241	9796	42.51	8.4	42
本溪	10.3	4345	3514	11484	43.74	4.9	30
包头	13.0	5060	3592	10011	41.01	4.5	52
唐山	14.7	6300	4875	13096	39.88	8.9	26
平顶山	11.1	5327	3981	8357	39.94	4.3	26
大同	11.5	4306	3634	11735	49.61	2.8	38
长江沿岸城市							
攀枝花	11.2	6676	5821	9654	42.14	12.5	30
宜宾	10.7	5307	4411	4894	47.31	3.0	6
泸州	13.0	5894	4926	3167	41.56	3.2	5
宜昌	16.5	5479	4889	10497	37.90	32.7	2
岳阳	15.9	6541	4936	794	42.32	9.6	27
安庆	11.8	5320	4325	6677	46.66	3.7	30
九江	16.9	4583	3870	9410	42.43	14.7	32
铜陵	14.6	5511	4479	7291	43.63	6.5	44
芜湖	11.3	5588	4644	8082	45.50	7.9	38
马鞍山	13.7	6607	5241	9796	42.51	8.4	42
镇江	13.3	7935	5102	9234	44.98	9.4	21
扬州	15.5	6389	4663	12952	50.12	10.4	33

附表8续表9

城　市 名　称	人均住房 使用面积 （平方米）	城镇居民 人　均　可 支配收入 （元）	城镇居民 人均消费 支　　出 （元）	城乡居民 人均储蓄 年末余额 （元）	恩格尔 系　数 （%）	每　万　人 拥有公共 汽(电)车 车辆数(辆)	每万人 拥　有 出租车 （辆）
南　通	14.2	7416	5835	16640	44.13	4.4	23
常　州	16.0	7874	6109	17122	43.51	16.5	18
西部城市							
成　都	16.4	7098	5798	14885	43.88	5.2	21
绵　阳	17.3	5589	4342	8312	43.27	4.5	9
攀枝花	11.2	6676	5821	9654	42.14	12.5	30
自　贡	13.0	4634	3852	3992	47.33	6.1	7
宜　宾	10.7	5307	4411	4894	47.31	3.0	6
泸　州	13.0	5894	4926	3167	41.56	3.2	5
德　阳	13.6	6345	5222	6179	39.22	1.7	9
乐　山	13.0	4948	4457	4259	45.57	2.9	7
昆　明	14.9	7239	6371	15298	41.08	14.7	36
玉　溪	0.0	6987	5398	10133	37.98	1.5	8
遵　义	4.8	4954	3752	6982	52.24	3.4	12
六盘水	6.5	4710	2695	537	61.37	1.1	8
宝　鸡	11.5	4234	3443	12358	38.66	4.3	42
柳　州	14.7	5328	4357	14087	45.90	5.4	12
桂　林	14.4	6494	5786	15679	41.63	5.0	33
包　头	13.0	5060	3592	10011	41.01	4.5	52
东部城市							
攀枝花	11.2	6676	5821	9654	42.14	12.5	30
苏　州	15.4	8406	6545	16204	43.64	8.3	18
无　锡	15.1	7920	6270	19913	43.09	7.1	22
常　州	16.0	7874	6109	17122	43.51	16.5	18
镇　江	13.3	7935	5102	9234	44.98	9.4	21
扬　州	15.5	6389	4663	12952	50.12	10.4	33
南　通	14.2	7416	5835	16640	44.13	4.4	23
唐　山	14.7	6300	4875	13096	39.88	8.9	26
烟　台	15.8	6513	5572	12992	38.77	6.4	14
潍　坊	14.8	5904	4927	8567	32.88	2.8	19
深　圳	19.4	20232	14754	81214	32.05	83.2	71
温　州	26.6	10339	7317	17917	42.65	7.6	27
宁　波	14.9	9492	7493	18213	38.58	11.7	14

附表8续表10　　基础设施建设(5个指标)

城市名称	人均铺装道路面积(平方米)	人均园林绿地面积(平方米)	建成区绿化覆盖率(%)	人均生活用水量(吨)	人均用电量(千瓦时)
四川省主要城市					
成都	4.1	11.60	23.4	113.625	259.8
绵阳	2.0	12.43	0.0	58.425	257.8
攀枝花	4.6	23.81	39.4	98.626	265.1
自贡	3.0	8.28	21.3	40.321	210.4
宜宾	1.9	7.25	28.5	81.827	270.0
泸州	0.9	7.26	33.9	79.6	0.0
德阳	4.0	9.39	17.4	56.617	178.6
乐山	4.0	10.45	23.1	65.310	102.8
资源型城市					
攀枝花	4.6	23.81	39.4	98.626	265.1
六盘水	0.8	0.57	2.5	65.6 9	98.2
铜陵	7.0	45.19	38.7	135.516	165.5
马鞍山	5.9	79.71	40.7	107.723	231.9
本溪	2.9	42.20	61.3	84.419	194.0
包头	4.4	34.73	29.1	41.315	154.2
唐山	5.6	22.06	36.3	78.319	196.1
平顶山	1.7	9.83	25.2	60.922	225.0
大同	6.0	14.95	25.5	40.214	149.6
长江沿岸城市					
攀枝花	4.6	23.81	39.4	98.626	265.1
宜宾	1.9	7.25	28.5	81.827	270.0
泸州	0.9	7.26	33.9	79.6	0.0
宜昌	8.5	34.67	38.4	88.940	402.5
岳阳	4.0	25.72	43.4	65.325	253.3
安庆	5.6	104.13	32.2	103.133	338.8
九江	4.9	113.92	29.2	84.313	136.3
铜陵	7.0	45.19	38.7	135.516	165.5
芜湖	6.1	15.92	34.4	61.624	244.6
马鞍山	5.9	79.71	40.7	107.723	231.9
镇江	7.9	38.44	32.8	74.427	279.3
扬州	7.9	29.94	35.5	70.331	318.1

附表8续表11

城市名称	人均铺装道路面积（平方米）	人均园林绿地面积（平方米）	建成区绿化覆盖率（%）	人均生活用水量（吨）	人均用电量（千瓦时）
南　通	4.7	16.25	31.1	79.3	344.4
常　州	9.0	15.79	31.2	80.6	394.8
西部城市					
成　都	4.1	11.60	23.4	113.6	259.8
绵　阳	2.0	12.43	0.0	58.4	257.8
攀枝花	4.6	23.81	39.4	98.6	265.1
自　贡	3.0	8.28	21.3	40.3	210.4
宜　宾	1.9	7.25	28.5	81.8	270.0
泸　州	0.9	7.26	33.9	79.6	0.0
德　阳	4.0	9.39	17.4	56.6	178.6
乐　山	4.0	10.45	23.1	65.3	102.8
昆　明	5.0	21.37	30.3	93.7	298.1
玉　溪	8.8	7.51	0.0	95.9	115.0
遵　义	5.1	14.04	36.6	53.2	238.5
六盘水	0.8	0.57	2.5	65.6	98.2
宝　鸡	3.6	8.81	24.1	47.8	226.6
柳　州	6.1	276.67	33.6	135.0	506.8
桂　林	5.9	30.76	37.5	121.4	550.4
包　头	4.4	34.73	29.1	41.3	154.2
东部城市					
攀枝花	4.6	23.81	39.4	98.6	265.1
苏　州	8.6	21.40	29.0	96.0	329.0
无　锡	7.9	30.09	34.7	103.7	415.1
常　州	9.0	15.79	31.2	80.6	394.8
镇　江	7.9	38.44	32.8	74.4	279.3
扬　州	7.9	29.94	35.5	70.3	318.1
南　通	4.7	16.25	31.1	79.3	344.4
唐　山	5.6	22.06	36.3	78.3	196.1
烟　台	6.7	24.00	36.7	49.4	220.5
潍　坊	7.6	14.90	32.0	55.3	235.2
深　圳	15.0	154.51	45.1	149.9	2474.3
温　州	5.6	13.00	17.4	77.4	426.9
宁　波	5.7	14.44	0.0	94.0	346.3

附表8续表12　　可持续发展(7个指标)

城市名称	行政区域土地面积(平方公里)	建成区面积(平方公里)	每平方公里GDP产出量(万元)	每平方公里二氧化硫排放量(吨)	工业废水排放达标率(%)	环境噪声达标面积(平方公里)	人口自然增长率(‰)
四川省主要城市							
成　都	1418	202 2	4410	1.3	85.9	94.3	2.30
绵　阳	1570	44 3	905	40.0	66.5	39.4	3.48
攀枝花	2004	42 7	457	26.8	78.8	24.4	7.49
自　贡	813	48 2	1005	2.6	22.3	20.7	2.73
宜　宾	1123	18 3	553	18.0	44.8	8.3	3.32
泸　州	2132	23 5	359	2.1	29.8	16.1	5.15
德　阳	648	40 2	806	7.4	77.1	0.6	2.64
乐　山	2514	56 2	249	3.2	3.9	22.2	2.22
资源型城市							
攀枝花	2004	42 7	457	26.8	78.8	24.4	7.49
六盘水	4071	2611	90	7.7	12.7	39.9	11.91
铜　陵	227	32 6	2366	166.4	66.1	17.9	6.98
马鞍山	301	37 6	3178	143.8	90.9	16.7	6.74
本　溪	1308	69 0	850	42.5	80.9	23.8	0.86
包　头	2893	149 9	604	43.9	75.4	54.8	9.85
唐　山	1090	122 2	2579	109.5	90.8	53.2	2.28
平顶山	459	44 7	1923	99.6	92.8	37.1	7.16
大　同	2080	75 9	619	41.9	68.7	7.1	9.12
长江沿岸城市							
攀枝花	2004	42 7	457	26.8	78.8	24.4	7.49
宜　宾	1123	18 3	553	18.0	44.8	8.3	3.32
泸　州	2132	23 5	359	2.1	29.8	16.1	5.15
宜　昌	448	41 4	1833	22.9	59.9	32.0	4.01
岳　阳	1044	54 6	1341	50.3	53.7	10.4	6.46
安　庆	466	29 5	1428	22.2	88.9	14.6	5.68
九　江	699	48 3	1183	60.1	77.2	19.7	3.74
铜　陵	227	32 6	2366	166.4	66.1	17.9	6.98
芜　湖	230	38 3	4520	51.0	63.4	19.2	3.24
马鞍山	301	37 6	3178	143.8	90.9	16.7	6.74
镇　江	273	58 7	4770	229.1	93.5	58.5	7.55
扬　州	148	48 4	8305	241.4	92.8	40.0	4.09

附表8续表13

城市名称	行政区域土地面积（平方公里）	建成区面积（平方公里）	每平方公里GDP产出量（万元）	每平方公里二氧化硫排放量（吨）	工业废水排放达标率（%）	环境噪声达标面积（平方公里）	人口自然增长率（‰）
南　通	224	60	6018	126.8	42.4	53	3.23
常　州	280	68	5996	62.1	95.2	42	3.82
西部城市							
成　都	1418	202	4410	1.3	85.9	94	2.30
绵　阳	1570	44	905	40.0	66.5	39	3.48
攀枝花	2004	42	457	26.8	78.8	24	7.49
自　贡	813	48	1005	2.6	22.3	20	2.73
宜　宾	1123	18	553	18.0	44.8	8	3.32
泸　州	2132	23	359	2.1	29.8	16	5.15
德　阳	648	40	806	7.4	77.1	0	2.64
乐　山	2514	56	249	3.2	3.9	22	2.22
昆　明	4033	141	1131	7.0	85.3	106	5.69
玉　溪	1004	16	2178	0.0	0.0	0	6.79
遵　义	706	47	871	8.9	14.9	20	7.99
六盘水	4071	26	90	7.7	12.7	39	11.91
宝　鸡	555	33	1610	53.1	65.6	24	7.09
柳　州	651	91	2108	45.2	75.2	45	4.60
桂　林	565	55	1575	25.6	90.3	34	3.15
包　头	2893	149	604	43.9	75.4	54	9.85
东部城市							
攀枝花	2004	42	457	26.8	78.8	24	7.49
苏　州	392	82	6796	49.5	99.5	60	0.52
无　锡	517	98	7310	19.1	96.6	113	2.73
常　州	280	68	5996	62.1	95.2	42	3.82
镇　江	273	58	4770	229.1	93.5	58	7.55
扬　州	148	48	8305	241.4	92.8	40	4.09
南　通	224	60	6018	126.8	42.4	53	3.23
唐　山	1090	122	2579	109.5	90.8	53	2.28
烟　台	2644	112	964	9.9	93.8	77	1.52
潍　坊	1472	67	1119	35.1	50.4	56	5.88
深　圳	1949	132	7370	13.8	96.3	68	9.61
温　州	1082	79	2688	20.3	64.5	47	5.57
宁　波	1033	66	3642	81.3	95.6	53	3.57

18－2　对我市工业结构调整的思考

攀枝花是一个以资源为依托的新兴工业城市，经过三十六年的开发和建设，已经初步形成了以冶金、电力、煤炭、建材为支柱，兼有机械、化工、饮料、食品、纺织、医药等多元化的工业产业体系。六、七十年代我市工业发展比较缓慢，进入到"八五"时期，在国家宏观经济政策的支持下，我市工业经济得到较快发展，年平均增长速度达到12.9%，比"七五"时期高6.8个百分点。当历史迈进"九五"时期后，由于市场发生了根本性变化，消费需求不足、市场疲软日益明显，受此影响，"九五"时期工业经济增长速度有所回落，增长速度为10.1%，比"八五"时期回落2.8个百分点，但总体上保持了较快增长势头。在工业经济增长的同时，也出现了一些问题，如多数企业生产能力过剩，企业亏损加剧，产品库存积压严重，工业投资机会减少等，造成这些问题的原因尽管是多方面的，但工业结构不合理、整体素质不高则是其中的重要原因，因此，我们必须进行工业结构调整。

一、工业结构的现状及存在的问题

国民经济是一个错综复杂的大系统，包括社会再生产的各个环节，国民经济各行各业，各个地区及其相互联系。工业是国民经济的主导产业，是国民经济大系统下的子系统，它也包括工业再生产过程的各个环节，工业内部各行业、各地区分布及其相互联系，形成了既相互连接又相互制约的各种构成比例。工业结构是反映工业内部的构成比例和相互制约的关系。它主要包括所有制结构、产业结构、产品结构、组织结构、人才结构、资本结构、技术结构、地区结构等。

工业结构反映一个国家或一个地区工业经济发展的方向和水平。通过对工业内部构成比例的对比分析研究，可以反映工业结构变动趋势的特点与问题，对制订和实施工业经济发展战略，完善产业政策，优化工业结构，促进工业经济持续、快速、健康发展，有着举足轻重的作用。

搞清楚工业结构的现状及存在的问题，有助于我们更好地进行工业布局和工业结构调整。下面就根据我市的实际情况，对工业中的所有制结构、产业结构、产品结构、组织结构、人才结构和资本结构的现状及存在的问题进行分析。

1.所有制结构

所有制结构是社会生产关系的核心，其状况如何，对生产的发展影响极大。

(1)国有工业占有绝对优势，非国有工业发展缓慢。截止到2000年底，我市国有工业企业共完成工业总产值117.6亿元，占全部工业总产值的64.6%，比重比1998年上升了1.3个百分点，国有工业仍占有绝对优势。集体工业企业完成工业总产值26.7亿元，占全部工业总产值的14.7%，比重比1998年下降了9.1个百分点。股份制工业企业完成工业总产值18.6亿元，占全部工业总产值的10.2%，在二滩水电开发有限责任公司的拉动下，比重比1998年大幅上升6.5个百分点。总体来看非国有工业企业发展还是比较缓慢。

(2)中央工业发展较快，地方工业趋于萎缩。到2000年底，我市中央工业完成工业总产值124.1亿元，比1998年增长33.3%，占全部工业总产值的比重为68.1%，比1998年上升了6.8个百分点，中央工业保持较快发展势头。地方工业完成工业总产值58.0亿元，占全部工业总产值的比重为31.9%，比1998年下降了6.8个百分点，地方工业趋于萎缩。

2.产业结构

产业结构的合理化对经济发展具有特别重要的意义，它关系到经济发展水平、有限资源的合理配置和社会效益的改善。产业结构合理化也是各地区、各部门结构调整追求的重要目标。

(1)工业在国民经济中占有重要地位。我市的经济结构是"二三一"结构,即第二产业在国民经济中占主导地位,2000年第二产业增加值已经占国内生产总值(GDP)的68.6%,其中工业在国民经济中又占有重要地位,到2000年底,我市工业增加值完成69.7亿元,占国内生产总值(GDP)的比重为60.9%,占第二产业增加值的比重为88.8%。

(2)轻工业偏轻。到2000年底,我市重工业占全部工业总产值的比重为96.0%,而轻工业占全部工业总产值的比重仅为4.0%,轻工业偏轻。

(3)工业内部各个行业之间的差异较大。我市经过三十六年的开发和建设,已经形成了拥有冶金、电力、煤炭、建材、机械、化工、食品、饮料、纺织、医药等二十多个行业的工业体系,但各个行业之间的差异较大。据2000年底统计资料显示:冶金行业占全部工业总产值的比重为70.0%,经济龙头地位无以替代;电力行业占全部工业总产值的比重为10.8%,支柱作用十分明显;煤炭行业和建材行业由于受国家政策和市场的影响,生产萎缩,比重下降;化工行业在四川川投电冶有限公司的带动下,比重有所提高;除此之外的其它行业比重很低,生产十分困难。

2000年我市工业各行业
工业总产值完成情况

行业	工业总产值(亿元)	比重(%)
总计	182.1	100.0
冶金行业	127.4	70.0
电力行业	19.7	10.8
煤炭行业	13.7	7.5
建材行业	3.4	1.9
化工行业	3.8	2.1
食品行业	1.2	0.7
饮料行业	0.5	0.3
其它行业	12.4	6.7

3.产品结构

(1)工业产品的花色、品种单一。初加工产品多,低档次产品多,而高技术、高档次的产品较少,这种"一多一少"的产品结构不利于企业参与市场竞争,严重制约着工业经济的健康发展。新产品产值比重较低,2000年新产品产值占全部工业总产值的比重仅为2.4%。我市以生产冶金、煤炭、建材等初加工产品为主。然而近年来煤炭、建材和部分小型冶金行业也相继陷入困境。

冶金行业:前几年,一拥而上的小型轧钢厂因其落后的生产和管理方式以及不过硬的产品质量,在市场竞争和国家宏观调控下纷纷倒闭。

建材行业:我市的建材工业以金沙水泥股份公司为龙头,由于管理落后,生产成本较高,市场竞争力较弱。二滩水电站建成投产以后,我市的建材工业企业的市场销售形式严峻。

煤炭行业:在对小煤窑实施关井压产后,从一定程度上保护了攀枝花煤业集团的发展,但作为采掘业由于成本递增的因素,成本的逐年提高也会影响其销售情况。再者,关闭大批小煤窑的同时,怎样保持地方工业的发展也是摆在我们面前的又一难题。

(2)产品创新能力不足。总体来看,用高新技术改变传统产业的步子不快,老工业基地的结构性衰退日益明显,产品结构没有升级换代,新的替代产业没有形成。结构调整的主体不明确,企业创新意识差,未能及时顺应市场变化开发新产品,结果原来的名牌产品在激烈竞争中的优势在渐渐丧失。一些企业未能认清本行业的发展趋势和全球性产业结构调整带来的影响,依然埋头于传统产品,没有把趋势性新产品的研制作为主攻方向。市制药厂生产的"钙王片",在本市风靡了一段时间后,即烟消云散;我市的平地葡萄酒厂生产的"李华干红葡萄酒"也因适应不了激烈的市场竞争而市场份额下降;冶金机械电子工业公司曾经是我市的地方重点企业,由于其产品缺乏竞争力而成为亏损大户。

(3)开拓市场能力弱。我市工业企业普遍营销意识较差,在找准目标市场,发现潜在市场上下工夫不够，在主动抢占国内市场尤显其无所适从，市场开发与产品开发脱节，产品宣传少，促销活动少，形式单一。作为食品及饮料工业是我市工业中比较弱的行业，目前出现外地市场进不去，本地市场保不住的窘迫局面，以金江啤酒为例，在雪花、蓝剑啤酒纷纷进入攀枝花市场后，市场销售受到极大的冲击，企业经济效益因此有所下降。

4.组织结构

目前，我市工业企业组织结构的现状是：企业布局过于分散，共涉及到二十几个工业大类。企业规模分布失衡，到2000年底，我市共有工业企业2976个，其中：大型工业企业9个、中型工业企业2个、小型工业企业2965个，大、中、小型工业企业个数的比例是0.3:0.1:99.6。生产集中度低，大型工业企业完成工业总产值144.3亿元，占全部工业总产值的79.2%，中型工业企业完成工业总产值0.9亿元，占全部工业总产值的0.5%，小型工业企业完成工业总产值36.9亿元，占全部工业总产值的20.3%。不难看出，占整个工业总数99.7%的中小工业企业完成的工业总产值仅仅只占全部工业的20.8%。

5.人才结构

(1)科技人才和管理人才十分缺乏。由于在知识经济时代，欠发达地区发展的路径是部分跃升式发展，并且是通过部分产业知识含量的提高来实现的，因此关键性技术的采用是部分产业实现跃进的突破口。尽管关键技术可以通过直接引进的方式获得，但产业的长期发展仍然有赖于高素质的专业人才。然而，西部欠发达地区却处于人才留不住，人才引不进的尴尬局面。我市工业企业的工程技术人员只占全部从业人员的9.69%，而从事研究与实验发展的人员只占0.89%。在二十几个行业中，有18个行业没有中级科技人员，甚至有3个行业连初级技术人员也没有，尚属空白。与此同时，各企业在大抓企业管理的同时，却忽略了引进和培养管理人才的重要性。

(2)缺乏有实力的企业家队伍。目前我们的国有企业中，企业经营者腐败和企业法人犯罪问题已到了不容忽视的程度，国有资产严重流失，许多企业出现“穷庙富方丈”的怪现象。付出与回报不等的不平衡心理，使得经营者挖空心思赚取国家和职工的利益，只顾任职期间拼命耗资，不作长期打算，没有与企业共存亡的观念，腐败成风，效率低下。在行政命令调节下的企业经营者“只换单位不换才智”的现象也相当普遍。企业经营者既无动力也无压力。北京大学周其仁教授精辟地指出：“我们有天下最便宜的企业家，而我们也有最贵的企业制度——大量亏损。”因而，促进经营者职业化、市场化的进程，打破企业经营者由政府任命的传统格局，建立企业家市场，造就成熟的企业家队伍已势在必行。

6.资本结构

(1)企业资本结构单一。国有企业资本构成中绝大部分为国有资本。国有资本占实收资本的比重1998年—2000年分别以84.98%、89.72%、93.97%的速度增长，而国有企业实现利润却不能同步，国有及国有控股企业实现利润分别为－0.78亿元、－10.61亿元、－0.63亿元，一直处于亏损的状况。可以说，国有企业的适度增长，是国家和社会投入巨大的成本后取得的。国有经济投资一直占全社会固定资产的一半以上，而其产出效率却比较低下。事实上，许多已经失去市场、失去竞争力的国有企业，还在源源不断地靠大量的社会资金去挽救、去输血。长期亏损不死的国有企业“吃财政”、“吃银行”、“吃社会(股份)”、“吃债务(债转股)”的结果，并没有救活这些企业，而是浪费了大量的资源，降低了社会的资源利用率与经济效益。

(2)资本市场不发达，直接融资渠道不畅，造成企业出现各种严重问题。企业间接融资比重高，企业负债率高，根据我国的实际情况，工业企业资产负债率在50－55%之间比较适宜。而我市2000年国有企业资产负债率高达64.7%，极大地影响了企业的正常生产；间接融资的成本较高，例如攀枝花钢铁(集团)公司

2000年的利息支出就高达5.4亿元,这也是构成企业利润率低、亏损面大、竞争力弱的一个重要原因。2000年,我市国有企业亏损面为56.3%。虽不能说都是由于间接融资比重高,但这无疑也是一个重要原因。

二、工业结构调整的机遇和挑战

历史进入二十一世纪,面对宏观经济的变化、经济体制改革的推进、尤其是中国加入WTO之后的全面扩大对外开放,将对我市工业的增长和结构变动产生重大影响。总的说来,既有机遇又有挑战。

机遇主要有四个:

1.中国已正式加入世界贸易组织(WTO)。中国经济改革与开放已经经历了二十多个年头,一个封闭的经济体系已经迈过了向全方位开放的经济体系转变的阶段。二00一年十二月中国加入世界贸易组织成为中国经济发展过程中的一个里程碑,也是当代世界经济的一个重大事件,它标志着中国经济运行的基本规则将与国际经济体系直接衔接,中国经济体制将同世界市场经济全面接轨,中国产业将以经济资源的全球配置为基础成为世界产业分工的组成部分,中国企业将以世界市场为舞台与各国企业展开全方位竞争与合作。随着中国加入世界贸易组织脚步声,中国工业将首当其冲地率先进入经济全球化的过程中,其发展空间和运行环境将发生巨大变化。攀枝花的钒钛储量居世界前列,已与美国、俄罗斯、南非并列成为世界四大生产基地,加入世界贸易组织无疑有利于攀枝花钒钛资源的综合开发利用,对攀枝花的经济发展将带来历史性机遇。

2.国家实施西部大开发战略。二000年一月,国务院西部地区开发领导小组召开“西部地区开发会议”,标志着西部大开发战略的启动。会议明确了当前和今后一个时期西部开发的五个重点:一是加快基础设施建设;二是狠抓环境生态建设和治理;三是调整和优化产业结构;四是大力发展科技教育;五是深化改革和扩大开放。西部大开发战略,是实现地区经济协调发展和可持续发展的客观要求,是适应经济结构调整的必然选择。为实施西部大开发战略,中央已经明确要将国家财政拨款、国债资金以及国际金融组织和外国政府贷款的70%投向中西部尤其是西部地区,并先后制定了一系列的优惠政策,这对于改善西部地区的投资环境以及扩大招商引资都是十分有利的。西部大开发为攀枝花实现跨越式发展提供了难得的机遇。

3.信息技术的进一步发展。信息化是当今世界经济和社会发展的大趋势,也是我国产业优化升级和实现工业化、现代化的关键环节。在当前信息技术革命面前,对于攀枝花这样交通、信息闭塞的地区可以充分发挥其后发优势,直接采用世界先进信息技术和现代管理经验,实现跨越式发展,避免了不必要的弯路。特别是随着信息和网络技术的迅速发展,将日益减少地理空间对经济发展的束缚,“空间距离”的概念也将逐步淡化,这将为攀枝花今后工业合理布局创造有利条件。

4.国家的各项政策措施逐步落实。中央已经明确提出要继续实施积极的财政政策,努力发挥货币政策的作用,配合运用税收、价格等经济杠杆,有效拉动消费、投资和出口,这对于攀枝花来说是一次新的发展机遇。国家出台的煤炭关井压产、钢铁限产、关闭“十五小”等措施,对我市工业结构调整将产生积极的影响。

主要挑战有四个:

1.投资需求扩张不足。攀枝花经济主要是依靠投资来拉动的,所以一旦有大型建设项目,我市的经济就会快速发展,而当建设项目完成到达产前,经济增长就会有所回落,经济增长峰谷明显。攀钢二期和二滩水电站的建成,对我市经济都产生了明显的拉动作用。今后这样的大型建设项目没有了,整个经济的增长将减弱,对工业结构调整会带来不利影响。

2.地方产品缺乏竞争力。在市场经济条

件下，决定一个地区经济的好坏，主要体现为该地区的产品是否有竞争力。攀枝花的产品多为初级产品，产品技术含量不高，除攀钢的重轨、冷轧薄板和钒钛系列产品在国内外享有一定声誉外，地方企业几乎没有拳头产品。

3.社会保障机制不健全。工业结构要进行合理的调整，就必然有一些企业要兼并、重组，甚至关闭、破产，这样就会出现大量下岗人员，如何妥善安置好这些下岗人员，将对工业结构调整战略带来严峻挑战。

4.人才严重不足。国家之间、地区之间、企业之间的竞争实质上是人才的竞争。近几年，攀枝花的人才引进十分困难，自己的人才又留不住，人才严重缺乏的局面显而易见，这将严重制约我市工业经济的发展，阻碍工业结构调整的顺利进行。

三、工业结构调整的基本思路

工业经济在发展的过程中，必然伴随着永无止境的结构变动。经济结构的优化升级，既可以促进经济发展速度的加快，提高工业经济的发展水平，又可以合理配置资源，带动整个经济效益的改善和提高，从而使速度和效益达到完美的结合。

当前我市工业企业中出现的产品严重积压、生产能力过剩、经济效益低下等问题，虽然是由许多因素造成的，但有一个重要的，而且是深层次的原因，那就是经济结构不合理的问题。所以，我们必须进行工业结构调整。

工业结构调整的总体思路是：坚持邓小平理论和党的基本路线不动摇，认真贯彻和落实党的十五大精神，抓住我国加入 WTO 和国家实施西部大开发的历史机遇，以市场为纽带，以资源为依托，以技术为手段，大力推进工业结构调整，把我市建设成真正的“钒钛之都”。

1.壮大和发展现有支柱产业，培育和扶持新的支柱产业

攀枝花是一个重工业城市，重工业在整个国民经济中占有重要的地位，经过三十六年的发展，已经形成了冶金工业、电力工业、煤炭工业和建材工业四个支柱产业。冶金工业要加大技术改造力度，以质量、效益为中心，努力开拓市场，特别是要搞好重轨、线材、轧板三大系列产品的市场开拓和发展。电力工业要千方百计支持二滩水电站发电上网，加快对火力发电的技术改造步伐。煤炭工业要实行保护性开发，并严格按照国家关井压产的有关政策和规定，坚决关闭小煤窑。建材工业要抓住国家城市基础设施建设的大好机遇，努力开拓市外、省外市场，在竞争中不断发展壮大自己，另外对污染环境的小水泥厂要坚决予以关闭。

在壮大和发展现有支柱产业的同时，应加快培育和扶持新的支柱产业。根据国家的产业政策，结合攀枝花的实际情况，应重点发展化工、高耗能、饮料、食品、生物制药工业。化学工业要支持川投电冶有限公司的发展，以此带动其它化工企业的发展。高耗能工业要加快园区的建设，特别是要做好电价的协调工作，同时园区的企业要注意保护环境，做到达标排放。饮料工业要继续发展啤酒和葡萄酒，加大对石榴酒、木瓜酒、芒果酒以及其它具有攀枝花特色果酒的研制和生产。食品工业要以农副产品加工为主体，以深加工和精加工为方向，积极开发适销对路的新产品，提高产品的质量和档次。生物制药工业在我市几乎是空白(目前仅金江制药厂一家，由于经营不好，现已被攀枝花市国有资产投资公司与四川投资集团公司共同出资收购)，但它属于朝阳产业，是国家产业政策支持的行业，应加快制定出我市生物制药工业发展规划，使其成为工业经济新的增长点。

2.提高产品质量，大力实施名牌战略

合理的产品结构，有利于充分利用资源，推动产业合理化、高级化。目前我市工业产品还普遍存在初级产品多、高技术产品少，粗加工产品多、精细产品少的问题，这将极大地制约着工业经济的发展，因此必须进行产品结构调整。

在市场经济条件下，国家之间、地区之间、企业之间的竞争主要是产品的竞争，一个好的产品往往可以支撑一个企业，从而带动整个国

家和地区经济的发展。所以我们要增强名牌意识,大力实施名牌战略。加强对钒钛、板材、重轨系列产品的开发研制,提升啤酒、葡萄酒、苴却砚的质量,不断开发新产品,全面提高产品的市场竞争力。

3.组建大型企业集团,大力推进规模经济

企业是构成产业的细胞,产业结构、产品结构的调整和优化,要通过改善企业组织结构来实现。

鼓励大中型企业进行扩张,实现规模经营。按照企业扩张原则,以优势企业为核心,以资产为纽带,支持有发展潜力的大中型企业兼并、收购、控股劣势企业,鼓励大中型企业之间互相参股,走强强联合的道路。根据我市的实际情况,我们认为应按照市场经济的原则尽快组建煤炭、水泥大型企业集团,以规模经营促进工业经济的发展。

小企业要以产权制度改革为核心,全面进行综合配套改革,实行放开搞活。改革的形式主要有以下几种:一是对生产经营较好、有发展潜力的企业,可以采取职工持股的形式,设立有限责任公司或股份合作制;二是对微利、微亏的企业可以采取公开拍卖或协议出让的方法;三是对扭亏无望和资不抵债的企业,可依法实施破产。

4.大力发展非公有制经济

大力推进所有制结构调整,进一步形成公有制为主体、多种所有制共同发展的良好格局。国有经济要按照"有进有退和有所为有所不为"的原则,逐步退出一般竞争性领域,重点搞好关系国计民生和经济命脉的重要行业和关键领域。对非公有制企业要加大改革力度,采取改、转、租、包、卖、并、股等多种形式进行所有制改造,力争用五年左右的时间使非公有制经济的比重达到40%以上。

5.加大大型国有企业内部体制的改革力度

大型国有企业同样需要加大改革力度,公司内部的二级厂矿甚至车间可以实行各种形式的改制,允许外企、民企进入,实行混合所有制。

四、国有企业改革是工业结构调整的突破口

1.国有企业改革的历程

我国的国有企业改革从十一届三中全会以来,共经历了三个阶段:

第一个阶段,即放权让利阶段(1978—1984年):针对计划经济下国有企业是政府机构的附属物、企业普遍没有活力的状况,国家实行了扩大企业自主权、利改税等放权让利措施。国有企业的放权让利,初步打破了计划包揽一切的体制,扩大了国有企业在生产经营管理方面的自主权,在一定程度上促进了国有企业的发展。但是放权让利是在计划经济体制下进行的,没能建立完全的责权利机制和优胜劣汰机制,国有企业还不是真正的市场主体和独立自主的商品生产经营者。

第二个阶段,即两权分离阶段(1985—1993年):第二阶段国有企业改革的目标是使企业成为相对独立的经营实体,成为自主经营、自负盈亏的社会主义商品生产者和经营者,具有自我改造和自我发展能力,成为具有一定权利和义务的法人。改革的主要思路是对国有企业实现所有权和经营权的两权分离。改革的主要方法是实行租赁制和承包制,即是在小企业中搞租赁,大中型企业搞承包。从根本上看,承包企业涉及到产前关系的表层,而没有真正触动政企分开的问题,两权分离是不彻底的。

第三个阶段,即建立现代企业制度阶段(1994年至今):1992年十四大把建立社会主义市场经济作为经济体制改革的目标。1993年11月十四届三中全会提出国有企业改革的目标是建立现代企业制度,并把现代企业制度的内容科学地概括为"产权清晰、权责明确、政企分开、管理科学"十六个字。通过建立现代企业制度,使企业成为自主经营、自负盈亏、自我发展、自我约束的法人实体和市场竞争主体。从1998年开始,中央提出用三年左右的

时间，通过改革、改组、改造和加强管理，使大多数国有大中型企业摆脱困境，目前，该目标已基本实现，国有企业改革正在进一步深化。

2.国有企业改革是经济体制改革的中心环节

国有企业作为国有经济的实现形式，在国民经济中处于主导地位和作用，这种主导地位和作用不仅表现在量上，更为重要的是表现在质上，概括起来主要表现在几个方面：一是对社会再生产顺利进行的保障作用；二是对社会技术进步的推动作用；三是提高经济效益的示范作用；四是经济发展的社会主义性质和方向的保证作用；五是发展和完善社会主义生产关系的榜样作用。

国有企业在国民经济中的主导地位和作用，决定了国有企业改革是当前经济体制改革的重要内容，十五届五中全会《关于制定国民经济和社会发展第十个五年计划的建议》中已经明确指出，国有企业改革是经济体制改革的中心环节。也就是说，其它改革都要围绕国有企业改革来进行，而且其它改革要有利于国有企业改革。

3.国有企业改革是工业结构调整的突破口

国有企业改革，可以提高企业的经营管理水平，可以解决国有企业技术进步缓慢的问题，可以使非国有企业迅速健康的发展，可以使工业结构得到优化和升级。同时，工业结构的调整又可以促进国有企业改革，如使国有经济布局合理和结构优化，加快建立现代企业制度，逐步解决国有企业沉重社会负担等。因此，工业结构调整与国有企业改革密切相关，国有企业改革是工业结构调整的突破口。

截止到2000年底，我市国有工业企业的工业总产值占全部工业企业总产值的比重为64.6%，国有企业占有绝对优势。所以，我市在工业结构调整中，应把国有企业改革作为工业结构调整的突破口。

五、工业结构调整的对策建议

1.解放思想，提高认识

攀枝花是一个工业城市，工业在我市的国民经济中具有举足轻重的作用，2000年我市工业增加值已经占GDP的60.9%，所以工业结构调整直接关系到整个经济的发展，对此我们必须要有足够的认识。在工业结构调整中要注意处理好两个关系：一是处理好工业经济增长和工业结构调整的关系。要在增长中调整结构，在结构调整中促进增长；二是处理好国有企业改革和工业结构调整的关系。国有企业改革和工业结构调整相辅相成，要处理好两者的关系。

2.采取多种形式，积极引进资金

要认真研究国家的产业政策，做好项目的可行性论证工作，抓住西部大开发的良好机遇，积极争取国家和省里的贷款及其它资金。扩大招商引资渠道，创造良好的投资环境。加强银行和企业的合作，充分调动银行和企业的积极性，努力营造一个双赢的局面。

3.规范市场行为，整顿经济秩序

要使企业真正成为市场主体和利益主体，就必须建立健全市场法规和规则，加强市场监督，规范市场行为，消除分割、封锁市场的行政性壁垒，营造公平、公正、公开的良好市场环境。要依法严厉打击走私贩私，制售假冒伪劣商品以及偷逃税款等各种经济违法行为。要从根本上解决市场秩序混乱问题，就必须把整顿市场经济秩序与反腐败紧密结合起来，并通过行政体制改革，切断各级政府和公务人员与企业在经济利益上的联系。

4.建立和完善社会保障体系

社会保障体系包括社会保险、社会福利、社会救济、社会服务、优抚安置、社会互助、个人储蓄、法律保障等内容。它是现代经济社会发展的重要组成部分。因此，加快工业结构调整，促进工业经济的发展，就必须建立健全社会保障体系。要依法扩大养老、失业、医疗等社会保障的覆盖范围，国有、集体、外商、私营等各类企业的职工都要参加社会保险。在提高社会保险费收缴率的同时，要不断采取多种措施，开拓社会保障新的筹资渠道，充实社会保障基金。要在不断提高保险能力和保险水平的基础上，进一步深化社会保障机制改革，加强有关制度建设，尽快建立起一个资金多元化、保障制度规范化、管理服务社会化的社会保障体系。

5.大力推进企业技术进步

现代市场经济的运行机制表明，经济要发展没有企业的技术创新是不行的。大力推进企业技术进步，鼓励引导企业和社会资金投向技术改造，形成面向市场的新产品开发和创新机制对于工业结构调整来说具有特别重要的意义。

首先，要改变低水平的重复建设和重复生产的局面，彻底改革传统的管理体制和投资体制；其次，要积极推进经济增长方式的转变，把主要着力点放到企业的技术进步上来，资金要重点用在技术改造上；最后，要大力培养和引进高技术人才，在工作和生活上给他们创造良好的环境，充分发挥他们的聪明才智，为攀枝花的经济发展贡献力量。

6.充分利用资本市场

资本市场具有合理配置各种经济资源的作用，可以整合企业的技术、资产、管理，从而促进企业和地区经济的持续健康稳定发展。因此，我们应该重视资本市场的作用，积极利用资本市场，帮助更多的符合条件的企业上市，促进攀枝花经济的发展。同时，要尽快引进风险投资，为企业开辟新的融资渠道。

7.加快企业的产权制度改革

产权制度改革是企业改革的核心问题，也是难点问题，因此，要按照“产权清晰、权责明确、政企分开、管理科学”的现代企业制度的要求，加快企业的产权制度改革。具体主要有两个：一是地方企业的产权制度改革。目前，国有商业企业已经全部民营化，而地方国有工业企业已经不多了，据统计只有13家，应定出具体时间表，拿出具体改制方案，将地方国有工业企业全部民营化；二是中央企业的产权制度改革。主要是指攀钢的改革，应将公司的二级厂矿及其车间进行多种形式的改制，让外资、民资进入，实行混合所有制。据测算，光企业产权制度的改革，就能给我市的经济提供30%的扩 空间。

8.加快工业产业链的形成和延伸

产业链的形成和延伸是工业结构调整的必然结果，应按照市场经济的规律和要求，加快工业产业链的形成和延伸。就我市而言，一个是以钢铁为中心，形成黑色金属矿的采选、冶炼、加工产业链；一个是以能源为中心，形成煤炭、电力产业链；一个是以钒钛为重点，形成钒钛工业产业链；一个是以磷、煤化工为重点，形成化学工业产业链；再一个是要加快高耗能工业园区和高科技园区的建设步伐。

工业结构调整是经济全球化的客观要求，是经济持续稳定增长的必然选择。所以，我们要充分重视工业结构调整，脚踏实地、真抓实干，克服一切困难搞好工业结构调整，促进攀枝花国民经济的健康、持续、稳定发展。

说明：1.工业总产值的绝对数为现价，增长速度为不变 价。

2.全部工业总产值的范围是全社会口径。

课题组组长：黄玉梅

课题组副组长：王世忠

课题组成员：王　勇　辜　红　万启树　程全松

执　　笔：王　勇　辜　红

18－3 对攀枝花市民营经济发展的探讨

党中央实施西部大开发的战略决策，对攀枝花市经济发展特别是民营经济发展既是最好的机遇，又是严峻的挑战。机遇与挑战共存，关键是要抓住机遇，迎接挑战。我们应把民营经济的发展作为主要经济增长点、增长源优先抓，使之成为全市经济发展的主旋律，逐渐改变攀枝花市国有经济比重过大的经济构成，促进攀枝花市经济的快速发展。近几年，攀枝花市经济增长速度逐年下降，主要是由于第二产业、第三产业中的国有经济的比重过大，左右着全市经济发展的全局，而最富有活力和发展前景的民营经济成份在第三产业、第二产业中的比重过小，对全市经济发展的影响力、拉动力太弱所致。本文主要是通过对攀枝花市个体私营经济发展现状的分析，探索在新形势下，对攀枝花市民营经济发展所面临的机遇和挑战，抓住机遇，迎接和战胜挑战的新思路、新机制、新举措，促进攀枝花市经济的新发展，实现新的跨越。

一、攀枝花市民营经济发展的重要意义

1.民营经济在攀枝花市经济发展中的重要地位

党的十五大明确指出坚持和完善社会主义公有制为主体，多种所有制经济共同发展的基本经济制度，民营经济是社会主义市场经济的重要组成部分。积极发展除国有经济、集体经济以外的民营经济是我国经济改革和发展的必然要求，同样也是攀枝花市经济改革和发展的必然要求。

攀枝花市的民营经济与攀枝花市经济发展是局部与整体的关系，与公有制经济、国有大中型企业并存，互相促进，共谋发展，是共同推进攀枝花市经济发展的重要组成部分，是攀枝花市经济中的一支蓬勃兴起的新兴经济力量，具有十分重要的战略地位，发展潜力巨大，必将发展成为攀枝花市新的经济增长点和增长源。

(1)民营经济已发展成为攀枝花市新的经济增长点和增长源。民营经济以其盎然生机和异军突起之势，不断推动攀枝花市社会生产力向前发展，为壮大攀枝花市经济实力作出了积极贡献。

(2)民营经济发展促进了攀枝花市经济结构的调整。随着民营经济的发展壮大，逐渐实现了攀枝花市产业结构、所有制结构、城乡结构、社会结构等一系列社会经济结构的调整，彻底打破了攀枝花市原有的一大二公主导的经济结构、产业结构的格局，形成了以公有制经济为主体，多种经济成份并存，共同发展的新格局。攀枝花市民营经济在攀枝花市经济中占有一席之地。2000年，民营经济为主体的非公有制经济实现的增加值占攀枝花市国内生产总值(以下简称GDP)的10%。

(3)民营经济在繁荣攀枝花市城乡经济、活跃市场，增加城乡居民收入来源，满足人们日益增长的物质文化生活需求方面发挥了重大作用。由于攀枝花城市是按“先生产、后生活”的方针，分八大片区规划建设发展起来的，造成现在所面临的城市基础设施失衡、功能较差、居民生活不方便等诸多矛盾，民营经济在缓解矛盾，寻找发展空间中，突出发展了交通运输业、商贸流通、餐饮业、社会服务业等，对解决政府投资建设不足、方便城乡居民生活，实现剩余劳动力的转移起到了积极作用。2000年攀枝花市从事交通运输、商贸流通、餐饮、社会服务业的私营企业占私营企业总数的76.6%，个体工商户占89.3%。

(4)民营经济为扩大就业作出积极贡献。民营经济已成为容纳和安置城市下岗职工、待业人员和转移农村剩余劳动力的一条重要渠道，为劳动力资源的有效配置，社会的稳定，国民经济可持续发展发挥了极其重要的作用。

2.攀枝花市民营经济发展要适应时代发展的要求

进入新世纪,开始实施第三步发展战略,全面建设小康社会,使现代化建设迈上新的台阶。这阶段是我国经济结构调整的重要时期,面临工业化和信息化的双重任务。以信息化带动工业化,发展优势,实现社会生产力的跨越式、追赶式发展。在国际间,经济全球化和新经济革命的巨大浪潮,必将对我国经济和社会发展产生深刻的影响。抓住机遇,乘势而上,使我国经济和社会发展在新世纪开好头,起好步,就要求各级决策者要有放眼全球的开阔视野和战略思维能力。因此,对攀枝花市民营经济发展在认识上应把握住以下重点:

(1)、民营经济发展应以起点高、上档次、新产业为发展重点,决不能再是低水平、低附加值传统型的重复建设。全市民营经济是在改革开放中发展起来的,在当时条件下,因陋就简,先发展再提高。跨入新世纪,民营经济发展就不能再象发展初期那样在低水平上发展,而是发展以全市现代化程度比较高的大工业相辅相成的起点高、档次高、具市场发展潜力的新产业,生产出科技含量高、附加值高的新产品,参与市场竞争。

(2)、民营经济发展应追求长远经济效益,走可持续发展之路,彻底改变片面追求短期经济效益的局面。追求短期经济效益,不顾大局所造成的种种严重后果,在攀枝花的开发、建设中的教训是极其深刻的,造成资源的巨大浪费和生态环境的严重破坏是难以用经济价值来衡量的。所以,攀枝花市民营经济在发展中要逐步限制追求短期经济效益掠夺式生产经营的发展。鼓励高起点、高技术、高附加值、资源综合利用的可持续发展。

(3)、民营经济是在市场竞争中发展起来的,要利用自身适应市场特点,市场运作,逐渐摆脱依赖人际关系,思维模式单一,实现从作坊式、家族式的经营管理模式向市场经济的经营管理模式的转变,走一条按照市场经济运行要求,遵循市场规律,招商引资,新建或组建一批竞争能力强的大公司或集团,采用先进的经营管理模式,广纳人才,增强竞争实力,充分利用市场配置资源作用,把攀枝花市民营经济做大做强,提高其在攀枝花市经济中的份额,真正发挥其生力军作用。

二、攀枝花市民营经济发展的现状

(一)概念

民营经济是国民经济的重要组成部分,又是除国有经济、集体经济及其控股的股份制经济以外的非公有制经济。它包括个体经济、私营经济、民营资本控股的股份制经济、外商经济、港澳台投资经济和其它经经济。

(1)个体经济:是指生产资料归劳动者个人所有,以个体劳动为基础,劳动成果归劳动者个人占有和支配的一种经济类型。包括所有按照《民法通则》和《城乡个体工商户管理暂行条例》规定登记注册的个体工商户和个人合伙。

(2)私营经济:是指生产资料归公民私人所有,以雇用劳动为基础的一种经济类型。包括所有按照《中华人民共和国私营企业暂行条件》规定登记注册的私营独资企业、私营合伙企业和私营有限责任公司。

(3)民营资本控股的股份制经济:是根据《中华人民共和国公司管理条例》规定登记注册,其全部注册资本由等额股份构成并通过发行股票筹集资本,民营资本占全部注册资本的50%以上,股东以其认购的股份对公司承担有限责任,公司以其全部资产对其债务承担责任的经济组织。包括股份制公司和有限责任公司。

(4)外资经济:是指外国投资者根据中华人民共和国有关涉外经济的法律、法规,以合资、合作或独资的形式在中国大陆境内开办的经济组织。包括中外合资经营企业、中外合作经营企业、外资企业和外商投资股份有限公司。

(5)港澳台投资经济:是指港澳台地区投

资者依照中华人民共和国有关涉外经济的法律、法规,以合资、合作或独资的形式在大陆举办的经济组织。包括与港澳台商合资经营企业、与港澳台商合作经营企业、港澳台商独资经营企业、港澳台商投资股份有限公司。

(6)其它经经济:是指除上述五种情况以外的经济组织。

(二) 现状

改革开放以来,攀枝花市民营经济从无到有,逐步发展壮大起来,打破了全市国有经济、集体经济一统天下的单一的公有制经济格局,在攀枝花市经济中增添了新的活力,现已发展形成行业比较齐全的民营经济体系,成为攀枝花市经济发展的重要组成部分和新的经济增长点和增长源之一。现通过对攀枝花市个体私营经济发展现状的分析来揭示整个攀枝花市民营经济发展的现状。其发展特点是:

(1)个体私营经济规模不断壮大。到2000年底,攀枝花市个体工商户已发展到16888户,从业人员29152人,注册资金15786万元,营业额108066万元,其中:城镇个体工商户13207户,从业人员22630人,注册资本金11108万元;农村个体工商户3681户,从业人员6522人,注册资本金4678万元。私营企业1845户,雇工人数19290人,注册资本金78056万元,营业额207789万元,其中:城镇私营企业1691户,雇工人数17118人,注册资金71573万元,营业额204833万元;农村私营企业154户,雇工人数2172人,注册资本金6483万元,营业额2956万元。

(2)个体私营经济行业趋于完善。在1979年,攀枝花市个体私营经济所从事的行业只有工业13户,交通运输业1户、商贸1户、餐饮业51户、服务业11户等五个行业。到2000年,个体工商户已发展到除建筑业、科技行业以外的所有行业,有工业717户,交通运输1289户,商贸9182户,餐饮业2796户,修理业676户,农业开发9户,服务业1815户,其他404户。私营经济从零发展到从事工业299户,建筑业30户,交通运输业16户,商贸1138户,餐饮业69户,修理业22户,农业开发41户,服务业191户,其他39户。

(3)个体私营经济经营实力日益雄厚

。2000年,攀枝花市个体工商户平均注册资本金达0.93万元,私营企业平均注册资本金达42.3万元。私营企业注册资本金在100 500万元的有109户,在500 1000万元的有7户,在1000万元以上的有4户;雇工人数在100 500人的有7户,在500 1000人的有1户,已逐渐完成了资本的原始积累。

(4)城镇个体私营企业比重大于农村。2000年,攀枝花市城镇个体工商户13207户,占个体工商户总数的78.2%;农村个体工商户3681户,占个体工商户总数的21.8%。城镇私营企业1691户,占私营企业总数的91.7%;农村私营企业154户,占私营企业总数的8.3%。

(5)个体私营经济主要集中在商贸、餐饮、交通运输、社会服务四种行业。2000年,攀枝花市个体工商户从事商贸、餐饮、交通运输、社会服务四种行业的有14082户,占个体工商户总数的85.2%;私营企业从事商贸、餐饮、交通运输、社会服务四种行业的有1436户,占私营企业总数的77.8 %。

(6)个体私营经济对社会的贡献不断增大。2000年全市个体私营经济纳税总额为11450万元,占当年全市财政收入的5.8%,其中东区占当年财政收入的55.9%,西区占当年财政收入的24.4% 仁和区占当年财政收入的50.3%,米易县占当年财政收入的39.2%,盐边县占当年财政收入的39.4%。

(7)个体私营经济总量小,占GDP比重比较低。以个体私营经济为主体的非公有制经济在有的沿海城市已占国内生产总值(GDP)的90%以上,在内地发达地区已在50%以上,而攀枝花市2000年以个体私营经济为主体的非公有制经济实现的增加值只占GDP的10%,差距较大,发展的空间和潜力巨大。

三、攀枝花市民营经济所面临的机遇、挑战和制约因素

(一)机遇和挑战

国家实施西部大开发并把攀枝花市作为西部大开发重点开发区,这给攀枝花市经济发展带来了无限的机遇和挑战,同样也给作为攀枝花民营经济带来了无限的发展机遇和挑战。

1.主要机遇

(1)党的十五大为民营经济的发展提供了强有力的理论和政策依据,为民营经济的发展指明了正确的发展方向。要认真贯彻落实十五大精神,借国家西部大开发的大好机遇,在推进攀枝花市经济发展过程中,切实推进攀枝花市民营经济发展。

(2)攀枝花民营经济有了一定实力,为今后实现跨越式发展奠定了坚实基础。全市国企改革采取抓大放小,走民营化道路,实行“民进国退”,资产重组,结构大调整,盘活资产存量,增加新量,逐渐让国有资本全部或大部分退出竞争性行业,实施地方经济民营化战略,为推动攀枝花市民营经济的发展创造了有利时机。

(3)国家实施西部大开发的一系列优惠政策,不仅对攀枝花市经济发展是一次良好机遇,而且对攀枝花市民营经济发展更是一次不可多得的良好机遇。国家政策的倾斜,必然带来人才、项目、资金、新技术、新产业等安家落户西部地区,使攀枝花市民营经济获得更多的发展机遇和发展空间。

(4)国家建立社会主义市场经济体制和实施西部大开发的强大舆论宣传,激烈的思想碰撞,新观念、新思维的普及,有利于攀枝花人更新观念,转变思维模式,解放思想,获取知识,拓展思路,走出封闭,融入时代潮流,抓住历史机遇,战胜挑战,获得发展。

(5)沿海及内地发达地区在所有制结构中的成功探索,为攀枝花市发展民营经济提供了成功范例。改革开放以来,在沿海地区,民营经济占 GDP 的比重已达 80%,甚至有的已越过 95%;内地发达地区,民营经济占 GDP 的比重也在 50%以上。

(6)社会主义市场经济体制的建立和完善,市场化运作的发展和逐渐规范,使社会资源得到有效优化和配置,降低经济运行风险成本,必将促进攀枝花市民营经济,充分利用现有经济构成优势,增强自我积累,自我开拓,自我发展的能力,彻底改变攀枝花市民营经济小的长不大,大的留不住的被动局面。

2.主要挑战

(1)、竞争更加激烈。首先是发展空间的竞争。攀枝花市民营经济比重小,得到政府在政策、资金、税收等方面的支持比国有集体经济少得多。因此,民营经济应发挥市场适应能力强的优势,寻求和抓住一切发展机遇,增强发展实力,赢得发展空间。其次,市场份额的竞争。市场份额竞争就是产品的实力竞争。

民营企业必须审时度势,依据新形势,优化生产经营项目和产品,勇于创新,大力发展科技含量高,市场前景好的名特优新产品,增加市场占有率。

(2)、城市基础设施是社会化大生产和专业化协作发展的必然要求。它的发展和完善对促进地区经济发展具有极其重要的意义。基础设施齐备,通讯快捷,交通发达,可以吸引和推动民营企业主乐于投资建设,扩大规模。而攀枝花的基础设施还有待进一步完善,投资环境还有待进一步改善。

(3)、扩大经营规模,提升竞争实力。攀枝花市大多数民营企业尚处于资本原始积累期,大多数企业资金少,设备简陋,工艺简单,产品多属初级产品,市场竞争力低,无名牌企业和名牌产品。

(二)制约因素

1.观念制约。一是市场观念不强。对我国建立社会主义市场经济体制理解不深,对“姓社姓资、姓公姓私”仍顾虑重重,以至思想不解放,措施不得力,步子不快,致使攀枝花市民营经济发展的大环境未真正建立起来。在经济管理上不愿放权,习惯于传统行政手段管理,导致市场主体发育不全;二是自然经济观念浓厚。靠山吃山,靠资源吃资源,就地取材办企业,产品粗糙,拓展创新不足,无名牌企业和名牌产品；三是缺乏经济效益观念。认为有产品就能卖出去，盲目生产，造成积压亏损日益严重，步覆艰难。

2.体制制约。(1)市场机制不健全，加上政府机构改革不到位，行政干预过多，市场化运作程度低，企业没成为独立经营的市场主体；(2)垄断性太强。首先是资源垄断。一些政府部门掌握的社会资源至今不肯推向市场。其次是经营垄断。许多竞争性行业长期被效益极差和严重亏损的国有集体企业把持，严重制约市场配置资源的作用和民营经济的发展壮大。经营者之间主体地位不平等，难以形成竞争局面。(3)市场开放度低，行政壁垒多，准入面窄，禁令太多，市场机制不活；(4)个体私营企业内部管理机制落后，大多数仍沿用“夫妻店”、“父子兵”等家族式粗放经营管理，内部财务、生产、质量检验等管理制度不健全，制约着企业的扩张。

3.人才制约。(1)吸引人才条件差，民营企业规模小，实力弱，难以招聘、留住所需人才；(2)科研条件差。民营企业无科研基础条件，致使现有各种科技人才难以发挥其才能，难以开发研制创新出新工艺、新产品，形成生产能力；(3)现代企业管理者、高级研究人才奇缺，导致企业创新能力低下，投入产出效益差；(4)人才机制不活，用人环境不佳，引进人才困难，流走人才容易，致使在企业中高学历人才少，很难适应大开发、大发展对人才的需要。

4.区位制约。攀枝花市地处内陆边远山区，远离省会大都市，基础设施建设严重滞后，交通不畅，出入十分不便，市场信息沟通困难，不利于各种类型企业及时抓住市场机遇。

5.投资环境制约。(1)硬环境建设滞后，境内无高速公路、飞机场，现有公路等级差，形成了一个地理环境相对封闭的地区。建筑用地条件差，工程建设和生产经营成本较高，客观上降低了对投资者的吸引力；(2)软环境配套差。在政策环境上，具有可操作性强的有关政策措施没跟上，招商引资备选项目不足，引资方式单一，针对性差；在服务、法制环境上，计划经济体制烙印太深，思想不解放。有关职能办事机构职能发挥不够，机构重叠，解决问题拖拉推诿，对投资者在投资开发过程中出现的问题协调处理不及时，外来投资者的人身、财产安全得不到有效保护等。

6.资金制约。(1)企业自筹资金的能力弱，融资渠道单一。主要靠银行贷款和自有资金。(2)企业的资信状况较差，信用等级低，绝大多数企业没有参加资信状况评估，信用等级能达到A级以上的寥寥无几；(3)贷款环境不宽松，贷款担保相当困难，因缺少资金，有时面对新项目望尘莫及，有的虽勉强上了，却因流动资金短缺而处于骑虎难下、进退两难的境地，严重影响了企业正常运行和提升发展速度。

7.产品科技含量低，市场竞争力弱。攀枝花市民营企业从事一、二、三产业的企业个数之比为0.27:5.58:94.15。第一产业中，多从事分散的小型种养业，贸工农一体化、产供销一条龙、公司+农户等农业产业化体系尚未形成，缺乏带动辐射力强的龙头企业。第二产业，多处在原材料、初加工水平上，科技含量高、附加值高、市场竞争力强的产品太少。第三产业，多数业户集中在小型商贸、餐饮服务等劳动密集型行业，参与高科技产业、新兴第三产业、基础设施、家政服务等领域的不多，尤其是与市场经济关联密切的信息咨讯、中介服务、计算机运用等明显缺档。

四、对发展攀枝花市民营经济的对策探讨

攀枝花在建市30多年的时间里，实现了经济和社会发展的历史性跨越，主要一是依靠丰富的自然资源发展形成的钢铁产业，二是在计划经济条件下，依靠政府大规模的投入建成的国有经济和集体经济。没有这两点，就没有攀枝花的今天。它是托起今天攀枝花市经济的重要支柱。在国家建立社会主义市场经济过程中，它们的发展活力和发展后劲已渐显不足。而改革开放后，发展起来的民营经济为主

体的非公有制经济已逐渐显示出无限生机活力，成为市场经济条件下最为活跃、最具发展前景的经济成份，它的发展速度已远远超过国有经济和集体经济的发展速度，将逐渐成为经济发展的主流。如果我们再不认识到这一点，发展经济必将走向被动。超常规发展民营经济已成为我市在新世纪最迫切、最重要的一项战略任务。“十五大”确定的建立社会主义市场经济体制目标和国家西部大开发，不但给攀枝花市经济发展带来了最好机遇，而且也给攀枝花市民营经济带来了最大的历史机遇。现在，攀枝花市应抓住机遇，突出重点，推进经济结构调整，改善经济发展环境，推动攀枝花市民营经济快速发展，增加其在全市经济中的比例，实现攀枝花市经济的大发展。

（一）发展目标

以党的十五大精神为指针，高举邓小平理论伟大旗帜，解放思想，按照“三个有利于”标准和“三个代表”思想，把发展民营经济作为发展攀枝花市经济、改善经济结构、实现经济跨越的突破口和战略重点，使其发展成为全市经济的主体。未来发展目标是：攀枝花市民营经济发展以年均22%以上的速度增长，到2015年，缴纳税收总额占当年财政收入的比重在40%以上，实现的增加值占全市GDP的50%以上。

（二）对策建议

1.在发展认识上，把民营经济发展作为战略突破口和战略重点提到重要议事日程。首先，从思想观念上，在全市开展一次大规模的“姓公姓私”的大讨论，彻底解放思想，转变观念，用现代市场经济的思维方式，充分认识到民营经济是国民经济的重要组成部分，是国民经济中最活跃的部分，在经济发展中具有重要地位。据经济学家预测，今后我国出现的新一轮经济发展高潮中，民营经济将充当重要角色，成为推动经济发展的重要力量。攀枝花市经济要想实现新的跨越，就必须在发展民营经济上有根本突破，使其成为全市经济的主体。其次，要充分认识发展民营经济不仅有利于调整全市经济结构，还是扩大社会就业的有效途径。

2.在发展思路上，把民营经济发展作为攀枝花市经济的发展战略来抓，采取措施，制定政策，改善发展环境，促进民营经济及整个经济的腾飞。

(1)制定民营经济发展总体战略规划，使之真正成为全市经济和社会发展战略的重要组成部分，对民营经济发展和产业结构、行业分布、地区布局等提出明确的要求，使民营经济有明确的发展方向和目标，并与公有制经济互补，共谋发展。

(2)加大政策扶持力度，制定一系列的鼓励、优惠民营经济发展的配套政策，明确各方面的支持责任，确保民营经济发展有良好的软环境。一是对中央、省已颁发实施的发展民营经济方面有关的政策、法律、法规整理汇编成册，印发有关部门及民营经济的生产经营者。二是认真清理市、县(区)已出台的发展民营经济方面的各项政策、措施，废止过时部分，补充不完善部分。三是制定新的政策措施，解决民营企业用地难、融资难等问题，推进民营经济的发展。

(3)转变指导思想。政府今后不再直接投资兴办经营性产业，而转到营造环境支持民营经济上来。对那些发展前景广阔、竞争力强、有市场、科技含量高的项目和产品要设立民营经济发展基金，重点扶持，鼓励组建和新建大型的公司和集团，争创名牌企业和名牌产品。

(4)加强投资项目研究工作，完善项目管理措施，用大项目、关键性项目来招商引资，让投资者感到在攀枝花投资比其他地方可靠可行，达到利益最大化，实现双赢。

(5)激发全市力量创办民营企业，把市内76亿元的城乡居民银行存款余额从银行引向市场，参与流通，投入攀枝花市经济发展之中。使之在市场运作中增值，为壮大攀枝花市经济实力作出贡献。

(6)加强服务和法制环境建设，增加监察力度，切实保护民营经济的生产经营者的合法权益不受侵害。政府有关部门要建立和完善执法监察服务机制，对民营经济发展过程中所暴露和揭发出来的“吃、拿、卡、要”等违规行为，要及时组织力量清查，严惩那些违规人员，绝不姑息，扫除民营经济发展的人为障碍。

(7)加快基础设施建设，为民营经济发展创造良好的硬环境。要保证同外界沟通的渠道畅通无阻，市内外的生产经营者能自由地出入我市市场，促进攀枝花经济的发展，就必须下大力改善硬环境，加快基础设施建设步伐。一是尽快修建贯穿北到成都、南至昆明的高速公路，打通南北出入大通道；二是飞机场建设应确保投资到位，争取提早建成投入使用；三是采取招商引资、股份制、发行建设债券等多种有效形式加快市政建设，尽快改善攀枝花市的投资大环境。

3.在产业导向上，要切实依据市场经济规律办事，改造传统产业，培育新产业，增强竞争力，把市场做大。在今后一段时期，一是积极引导民营企业向第二产业发展，重点发展高新技术产业，向科技型、外向型企业发展。二是大力发展农村民营企业，重点发展农业产业化龙头企业。大力发展农村专业村和农村专业乡，发展农副产品加工业。集中资金，重点扶持一批经营体系和利益机制健全，与农民结成利益共同体的起示范带头作用的农业产业化经营项目，不断提高综合经济效益。三是重点发展第三产业，开发第三产业市场。城市重点发展旅游业、信息咨询、中介服务、技术服务、社区服务、会计服务、法律、金融保险、证券交易、房地产等产业；农村要结合小城镇、小集镇和小集市建设，重点发展商贸、餐饮业、农技服务等产业，拓展连锁经营，鼓励引导民营企业上规模、上档次、上水平。在引导发展第二产业，大力发展第一产业，放手发展第三产业的过程中，改变目前攀枝花市三大产业的二、三、一格局，逐步向国际发达国家和地区靠拢，形成三大产业的三、二、一格局。

4.在管理体制上，要用“三个有利于”标准和“三个代表”思想指导改革，突破防碍社会生产力发展的体制性障碍，完善社会主义市场经济体制，创建一个全面开放、协调、统一、竞争、有序的大市场，吸引国内外资金、技术、人才、项目来开发攀枝花，建设攀枝花。要完成体制上的根本转变，就是要明确政府在市场经济条件下管理的目标、职责范围，纠正和防止越位、错位、缺位现象的发生。在社会主义市场经济条件下，政府管理的职能范围和作用：一是研究和预测世界发展潮流，在发展方向上作出科学的战略决策，而不是直接审批、管理、经营营性行业或企业；二是做好导向工作，包括产业导向、产品导向、城乡导向等，而不是掌握、垄断资源，追求直接经济利益和部门利益；三是作好调控，用法律手段和必要的行政手段进行宏观调控，协调发展，而不是直接参与企业管理，随意撤换、任命企业领导，干涉、防碍企业正常的生产经营活动；四是搞好软硬环境建设和服务工作，为投资创业者提供一个优越的发展环境。

5.加强民营经济的生产经营者的培训，努力提高他们的综合素质。首先是政策法规培训，改变他们之中相当一部分人不懂相关政策法规的现状，提高他们依法经营，照章纳税的自觉性和依法维护自身合法权益的能力。其次是现代经营管理知识和市场知识的培训，提高组织化程度和管理水平，改变家族式管理和家长式管理的落后状况。逐渐采用现代企业制度和经营管理模式，减少决策失误，提高市场适应和竞争能力，迎接中国加入 WTO 带来的挑战。

6.充分发挥工商联合会、个体私营协会等的作用，沟通民营企业主与政府的联系渠道，及时反映并解决其发展过程中所遇到的难题，使民营经济快速发展，再创辉煌。

课题组组长：黄玉梅

课题组副组长：王世忠

课题组成员：万启树　刘方刚　程全松　王　勇

执　　笔：万启树

18－4 攀枝花城市化发展进程探讨

世界城市化问题是当代人类社会发展进程中具有历史意义的命题。在许多国家和地区,工业化,城市化已成为经济建设的核心问题。改革开放也为我国的城市化进程注入了强大的推力。目前我国城市化水平已达到36.9%,标志着我国已开始进入城市化的高速发展时期。预计在未来二、三十年里,城市化速度将比目前加快一倍,并将成为推动我国下阶段经济增长和结构升级的主要动力之一。因此,分析和研究攀枝花城市化发展进程,将对攀枝花市国民经济实现追赶型,跨越式发展具有一定的意义。

一、城市化的基本概念及其意义

(一)城市化的基本概念

城市(镇)是以非农产业和非农业人口聚集为主要特征的居民点,是一定区域的政治,经济,科技,文化,教育,信息中心,是区域社会经济发展的基础,我国现有的600多个城市以0.43%的面积创造了68.8%的国内生产总值。城市的发展主导着经济的增长和社会的文明。

城市是伴随着社会经济的发展而出现的,因而城市化是伴随着工业化和现代化必然出现的社会发展趋势,它表明城市在人类社会发展中的作用不断提高。城市化一般指的是伴随着工业革命而发生的乡村人口向城市转移,城市数量和规模迅速发展,城市人口急剧增加,城市在国家生活中逐渐占主导地位的过程。即人类进入工业社会后,随着社会经济发展,农业活动的比重逐渐下降,非农业活动的比重逐步上升的过程。因而城市化不仅包括城镇人口数量的增加,更为重要的是包括经济社会的进一步集约化,社会化,现代化。这个过程一般有以下三种表现形式:(1)人口由农村地区迁往城镇地区,大量农村人口转化为城镇人口,城镇人口占总人口的比重不断提高;(2)城市状态发生变化,城市规模不断扩大。如老城区范围扩大,使周围农村地区并入城市地区,或某一农村地区由于工业,商业,交通等方面的发展,引起人口聚集和地区性质的转变,成为新兴的城市;(3)城市经济关系和生活方式的普及和扩大,农村逐步实现城市生活方式,农村生活水平按城市模式发展变化。所以,城市化是生产力发展导致社会经济结构调整和经济活动人口转移的过程;从内容看,城市化意味着社会生产方式,生活方式,价值观,管理体制等各个方面的转化;从作用上看,城市化将进一步带动经济现代化的发展。

城市化的核心是一个“化”字。聚人为市,化市为城,城是外形,市是本质,是核心。提高城市化水平是经济发展的必然选择。从经济规律来看,一切生产要素的聚散,重组都是为了以最小的投入创造最大的效益。城市化就是为了节省时间,追求最大的效益。这种集聚带来的不仅是时间的节约,更为重要的是人口的集聚改变着人的社会关系,引起人自身的升华,从而产生更高的物质文明和精神文明。当然,任何事情有利也有弊,而利弊之间的平衡动力是效益,效益机制就是市场机制。只要利大于弊,要素就继续向城市集聚,城市规模就会继续扩大。如果弊大于利,城市规模扩大之势就要停止。因此,城市大也好,小也好,有效益就好。当然,效益也是相对的,要把城市的效益放到经济发展的特定阶段,特定区域来考察,城市宜大则大,宜小则小,不能笼统用一个标准来判断。

(二)评价城市的标准

由于城市化内涵十分丰富,目前国际上测定城市化的方法主要有两种形式:(1)主要指标法,即通过几个具有本质意义的,具有象征性的,而且便于统计分析的个别指标来反映和研究城市化水平;(2)复合指标法,即选用与城市有关的各个指标予以综合分析,以考查城市化水平。

根据我国的实际情况,以及适应国际上有可比性的城市化测定方法,一般都选择主要指标法,即选择城市人口占总人口的比重来测定城市化水平。但是这一当今世界衡量城市化水平的通用指标,存在着局限性,即该指标只能反映城市化的表象,不能全面反映社会经济发展的实质。

在通常情况下,判断我国城市化的基本尺度是城镇人口占全社会总人口的比重,也就是所谓的城市化水平。城镇人口是指设区的市的市区人口,不设区的市的街道办事处人口和镇辖居民委员会人口。根据世界城市化的一般规律,一个国家或地区城市化水平在10%---30%为起步阶段;达到30%以后,将进入加速发展时期;达到70%就算基本上实现城市化。

(三)推进城市化的意义

由于种种原因,我国过去走了一条在推进工业化进程的同时,抑制城市化的发展道路。改革开放20多年来,城市化仍然未能与工业化同步发展。其中既有国情条件和体制方面的原因,也是特定发展模式下的必然结果。随着我国工业化进程的不断推进,城市化对于国民经济和社会发展的重要性将会得到进一步体现。加快城市化的意义主要体现为:

1.目前我国经济的发展已经从总量大幅度扩张阶段逐渐转向提高质量,追求效益,优化结构的发展阶段。城市化进程的发展,不仅直接有助于提高国民经济的集约程度,而且可以为产业结构的调整升级创造广阔的发展空间。因此,城市化将成为保持国民经济持续快速增长的主要动力之一。

2.从国民经济和社会发展的长期目标来看,城市化水平的提高应该是我国第三步战略目标的重要内容之一。要把一个乡村人口占多数的国家建设成为现代化强国,没有城市化的大发展是不可想象的。

3.从当前的宏观经济形势来看,有效需求不足已成为保持经济持续增长的主要障碍,而其中的关键又在于农村市场。通常所说的需求不足,从目前看主要是农村需求不足。从1990---1999年,我国城乡消费品零售额的比例由0.89:1变为1.58:1。69%的农村人口只有百分之三十九的零售额。更为典型的例子是:我国彩电生产能力过剩一半,价格一降再降,但农村的彩电普及率却只有10%。在我国大多数地区,特别是中西部地区,由于城乡经济发展水平存在相当大的差距,占人口大多数的乡村地区,经济规模远小于城市地区,乡村居民的收入水平和生活质量也都明显低于城市地区。提高城市化水平,有助于农村人口转化,有助于提高农村居民收入。因此在启动市场,扩大需求,特别是将规模巨大的农村市场由“潜在”转变为“现实”过程中,城市化处于核心位置。

二、攀枝花市城市化现状及特点

(一)攀枝花城市化的两个阶段

攀枝花市位于四川省西南端,地处川滇交界的金沙江畔。东邻凉山州的会理县,南邻云南省的永仁县,西与云南省的华坪县接壤,北与凉山州的德昌县,盐源县相依。市区属南亚带干热河谷性气候,蕴藏着丰富的矿产和水能资源。对于攀西的矿产资源开发,解放前作了一定工作。新中国成立后,经过大规模的勘察工作,攀枝花矿产的宝贵价值才更加充分的显露出来。1965年2月根据党中央,国务院决定,成立了攀枝花特区和建设指挥部(4月改称渡口市),地域范围经过多次调整,辖区面积达到7434.4平方公里。1987年正式更名为攀枝花市。经过36年的建设,攀枝花城市化进程大体分为两个阶段:

1.起步阶段(1965年---1977年)

1965年开始的“三线建设”,其他城市正处于城市化停滞阶段,由于攀枝花是重点的“三线建设”基地,城市化开始起步。为适应攀枝花钢铁基地建设,大量的建设者进入,同时吸收了部分农村劳动力进城。全市人口由1965年的34.76万人,增加到1977年的78.46万人;非农业人口由6.41万人增加到36.04万人,城市化水平提高了27.5个百分点。这期间攀枝花净迁入人口超过25万人。经过广大建设者的努力奋战,攀枝花市初具规模。这一时期是攀枝花城市化快速发展时期。(见表1)

表1:

1965－1977年攀枝花

总人口,非农业人口

单位:万人

年份	总人口	非农业人口	城市化水平(%)
1965	34.76	6.41	18.4
1966	40.85	11.52	28.2
1967	42.35	12.04	28.4
1968	45.18	13.59	30.1
1969	49.68	16.24	32.7
1970	56.05	21.37	38.1
1971	60.33	24.60	40.8
1972	64.30	27.28	42.4
1973	67.57	28.82	42.7
1974	71.20	30.66	43.1
1975	73.08	31.96	43.7
1976	75.56	33.74	44.7
1977	78.46	36.04	45.9

2.稳步发展阶段(1978年至今)

1978年,党的十一届三中全会确立了以经济建设为中心,在农村改革取得阶段性成果的基础上,农村工业不断壮大,在此基础上城市经济改革相继推进。初步构建了社会主义经济体制的基本框架,现代企业制度的改革进入实施阶段,国有企业从计划体制下解脱出来,以独立市场主体身份在市场中开始运作。城市作为区域政治,经济,交通,贸易,金融,信息及科技的多种功能,开始发挥出来。2000年,全市国内生产总值达到114.52亿元,比1978年增加3.22倍,平均每年增长6.8%。经济的稳步发展促进了城市化水平的提高,至2000年全市建制镇达到20个。全市非农业人口由36.28万人增加到54.91万人,城市化水平提高7.3个百分点。这一时期,攀枝花城市化发展速度放慢。(见表2)

(二)攀枝花城市化现状

建市以来,特别是改革开放以来,我市城市化发展取得了较大成就。到2000年,国内生产总值达到114.52亿元,城市化水平达到53.3%;城镇数量不断增加,城镇体系初步形成;城市基础设施日益完善;城镇居民生活质量不断提高。

表2:

1978－－－2000年攀枝花总人口,非农业人口

单位:万人

年份	总人口	非农业人口	城镇化水平(%)
1978	78.89	36.28	46.0
1979	79.81	36.80	46.1
1980	80.12	36.87	46.0
1981	80.91	37.08	45.8
1982	81.35	37.17	45.7
1983	81.70	37.57	46.0
1984	82.68	38.50	46.6
1985	84.91	40.99	48.3
1986	84.77	40.19	47.4
1987	86.45	41.33	47.8
1988	87.88	42.58	48.5
1989	89.62	44.08	49.2
1990	90.85	44.81	49.3
1991	91.72	45.49	49.6
1992	92.63	46.69	50.4
1993	93.43	47.24	50.6
1994	94.10	47.72	50.7
1995	96.15	49.67	51.7
1996	97.82	51.18	52.3
1997	98.93	52.18	52.7
1998	100.51	53.48	53.2
1999	101.80	54.22	53.3
2000	103.01	54.91	53.3

1.城市化水平不断提高

人口城市化是城市化的重要标志。由于攀枝花属新兴的工业化城市,建市初期,来自全国各地的建设者汇集攀枝花。攀钢一期工程建成后,绝大部分建设者都留在了攀枝花,可以说攀枝花是一个移民城市。因而攀枝花的非农业人口占全市人口的比重一直处于较高的水平,2000年已达到53.3%。

2.城市基础设施日益完善

城市基础设施的建设是推进城市化建设的一项基础工作,良好的城市设施为加速城市化水平的提高创造条件。建市初期,我市的城

市基础设施欠帐较多,近年来日益完善。

(1)供水能力大大提高,供气状况大为改观。我市自来水全年供应量从1978年的1650万吨增加到2000年的12474万吨,年供水量增长6.6倍,城市供气从无到有,发展迅速,煤气,液化石油气的年供气量从1978年的空白到2000年分别为4565万立方米、3411吨,家庭用煤气人口达到29.22万人,家庭用液化气人口为9.23万人,城市自来水普及率92.12%,用气普及率76.75%。

(2)城市道路,桥梁建设取得了长足的进步,公共交通明显改善。近年来,相继建成通车二滩专用路,渡仁西线,弄清线,改造了新华街,人民街,临江路,修建了三滩大桥,倮果大桥,桐子林大桥,在建滨江大道,炳清线,炳草岗大桥。这些路桥建设一定程度改善了攀枝花市道路拥挤的状况。2000年全市拥有公交车辆740辆,比1978年增长3.7倍;同时城市出租汽车行业从无到有,至2000年,城市拥有出租汽车1890辆,每万人拥有出租汽车29辆,大大改善了人们“出行难”的状况。

(3)城市环境不断优化。2000年攀枝花市拥有下水管道总长度329公里,城市年生活垃圾处理量8万吨,工业废水处理量26144万吨。关闭了位于市区的造纸厂,501电厂,清理“十五小”企业。2000年城市公共绿地面积170公顷,城市建成区绿化覆盖率为40.1%。城市环境不断得到优化。

3.城镇居民生活明显改善。城市化进程同时也体现在城镇居民生活质量不断提高上。党的十一届三中全会后,社会经济快速发展,城镇居民生活有了极大的改善,生活质量大大提高。攀枝花市城镇居民人均可支配收入由1978年的339元上升到2000年的6732元;城镇居民的消费结构和消费质量取得了突破性的提升,恩格尔系数由1978年的61.7%下降到2000年的42.1%;家庭耐用消费品迅速地由原老三大件向新三大件转变的同时,空调,电话,电脑等家电设备进入居民百姓家庭;居民的居住条件明显改善,2000年城市人均居住面积达到9平方米。攀枝花市城镇居民生活正在向小康迈进。

(三)攀枝花城市化的特点

1.城市化发展缓慢,明显滞后于工业化

攀枝花市是新兴的工业城市,是一个移民城市,导致攀枝花的城市化水平起点较高,但发展较为缓慢。在1979－－－1998年改革开放的20年间,全国城市化水平从17.96%提高到30.4%,平均每年提高0.66个百分点,而攀枝花由46.1%提高到53.2%,平均每年仅提高0.37个百分点。这一时期,攀枝花的城市化发展比全国平均水平慢。

衡量工业化水平高低国际上较常采用的是工业化率,即工业增加值占国内生产总值的比重。国际,国内的学者对工业化,城市化哪个优先发展更有利于经济发展存在着截然相反的意见。但无论从哪种观点看,攀枝花城市化滞后于工业化是事实。1978年,攀枝花工业化水平与城市化水平分别为64.3%和46.0%;1999年,两项水平分别为60.1%和53.3%。虽然二者的差距由18.3个百分点缩小为6.8个百分点,但城市化依然滞后于工业化。

2.城市布局“片区组团”,辐射能力偏弱

攀枝花地处深山峡谷之间,在东西长约60公里的金沙江两岸,很少有一块真正的平地。因而城市布局只能因地制宜,形成“片区组团”式的布局。整个城区划分为8个综合功能片区:以钢铁工业为主体的弄弄坪片区,以矿山采选为主的攀密片区,以煤炭采掘为主的宝鼎片区,以电力和建材工业为主的河门口片区,以木材储运,加工为主的格里坪片区,以铁路交通,物资仓储和机修为主的金江片区,以地方工业和商业批发为主的大渡口片区,以党政机关和科,教,文为主的炳草岗片区。八大片区较为分散,制约了城市生产和生活方式对农村地区的渗透。在促进农村劳动力转化方面吸纳能力也不强,1998年,全市增加的单位从业人员中,从农村招收的占26.8%,而同期绵阳市占到40.9%。同时对农村经济和收入提高的带动力也受到了限制,1999年攀枝花市农村居民人均纯收入与城镇居民可支配收入的比为0.36:1,低于全国的0.38:1的水平。可见,攀枝花市对农村地区的辐射能力有限。

3.城市产业结构不尽合理,城市管理水平较低

攀枝花城市经济主要以工业为主。形成"重工业过重,轻工业过轻"的格局。1999年,攀枝花市国内生产总值中三次产业比重为7.2%、69.7%、23.1%,工业增加值占第二产业的比重达到86.2%,在工业总产值中轻重工业比重又为5.7%和94.3%。工业尤其是重工业在城市经济中占如此之大的比重,在全国是少有的。另一方面工业企业低水平重复建设较多,城市产业结构趋同。

攀枝花通过30多年的建设,城市虽已初具规模,但在基础设施,城市环境保护,城市服务功能上还处于滞后状态。1998年攀枝花市区人均住宅使用面积为10.6平方米,而成都,自贡,绵阳分别为15.6平方米,12.4平方米,14.6平方米;市区交通还比较困难,市区道路多是单线,不成路网,除炳草岗外,城区道路路况差,等级低;在环境保护方面,还不完善,1998年攀枝花市区每平方公里二氧化硫排放量为35吨,四川省为9吨,绵阳,泸州分别为3吨和1吨,攀枝花城市生活污水的处理水平还处于相当低的层次,没有一个污水处理厂,市区视野区还有不少的荒山;城市的服务功能偏弱,居委会对社区的管理和服务功能没有充分的发挥。城市产业结构失调,管理水平不高阻碍了城市化水平的进一步提高。

三,攀枝花城市化发展缓慢的成因及不利影响

(一)、攀枝花城市化发展缓慢的成因

攀枝花城市化呈现出:城市化水平起点高,发展缓慢,滞后于工业化,不适宜城市综合功能的发挥。形成以钢铁开发建设为基础的城市化发展模式。其成因主要有:

1.政策因素。攀枝花的开发建设得益于国家建设"大三线"的政策。在国家的统一组织下,建设初期完全靠国家集中资金投入,在人口增长方式上基本是由生产建设的需要由外地大量迁入城镇人口。

改革开放后,基于优先发展东部沿海地区,国家政策向东部倾斜。为吸引境外投资,中央在经济政策上给予了沿海地区更大的自主权和较多的优惠条件。从而在政策上形成攀枝花城市化发展缓慢。

城乡分割对立的二元结构的户籍政策限制了农村人口的转化,这种严格的户籍制度正在松动。

2.地理因素。攀枝花位于川滇交界的深山中,北距成都700多公里,南离昆明300多公里,周边多是经济相对落后人口稀少地区,缺少中心城市的集聚效应;在山区建设城市,建设成本大大增加,城市建成区的扩展受到巨大的限制;对外联系主要以成昆铁路为主,交通条件恶劣,人流,物流不畅。攀枝花特殊的地理位置造成对外贸易困难,制约了城市化的发展。

3.人文因素。建市初期的计划经济意识惯性较强,在城市的管理中还残留着计划的影子,普遍对信息,对新事物不敏感,"小富即安"的思想也阻碍了城市化的进一步提高。

(二)、攀枝花城市化发展缓慢的不利影响

1.不利于经济规模的扩大

国内外城市化经验告诉我们,经济发展水平与城市化进程及其水平存在相关关系。根据附表4的资料,配合相关和回归分析,表明人均国内生产总值(Y)与城市化水平(X)之间相关系数是0.85,呈高度的正相关关系,回归模型为:$Y = 54 + 232X$。根据此模型1999年攀枝花城市化水平为53.2%,那么人均国内生产总值应达到12396元,而实际是10639元,二者差距较大。(见表4)

1999年四川省部分城市的
城市水平和人均国内生产值

城市	人均 GDP（元）	城市化水平
成都	11858	33.5
广安	2717	11.0
自贡	4540	22.4
攀枝花	10639	53.3
泸州	3511	14.9
德阳	6479	18.7
绵阳	5969	19.4
广元	2819	17.5
遂宁	2963	15.0
内江	3180	17.1
乐山	4068	23.0
宜宾	3544	15.9
南充	2233	13.2

(表 4)

据专家匡算,我国一个中等城市的城市化水平每提高 1 个百分点,将带动基础设施投入达 20 亿元,至少可以带动国内生产总值增长 1.5 个百分点。进入 90 年代,在城市化水平提高的同时我国经济快速增长。1992 年至 1999 年,全国和四川省国内生产总值年平均增长 10.5%和 10.4%,成都,绵阳,泸州年平均增长达到 13.6%,12.8%和 10.2%,攀枝花只有 9.3%,低于全国,全省的平均水平。攀枝花增速偏低,总量也偏小,1999 年攀枝花国内生产总 108.31 亿元,全省排名由 1992 年的第 13 位下降到 1999 年的第 16 位。城市化水平发展缓慢阻碍了经济的快速增长。

2. 不利于第三产业的发展

第三产业的发展,可以增强城市的聚集效应,辐射能力和服务功能,对扩大就业机会,提高城市承载能力有利还有助于开拓消费市场和促进国民经济较快的发展。第三产业的发展成为城市化发展的必然结果和重要标志,并能促进城市化的发展。1998 年攀枝花第三产业增加值占国内生产总值的比重为 22.45%,第三产业从业人员占从业人员比重为 19.4%,低于四川省的 31.1%和 19.5%。在韩国当城市化水平从 1970 年的 40.7%提高到 1996 年的 82.3%时,第三产业就业比重也提高到了 55.9%。城市化发展缓慢制约了就业结构的优化,制约了第三产业的发展。(见表 5)

攀枝花 1965－1999 年第三产业增加值比重和从业人员比重

主要年份	第三产业增加值占 GDP 比重（%）	第三产业从业人员占从业人员人员比重（%）
1965	21.92	5.5
1970	16.96	6.3
1975	19.21	7.4
1978	16.73	11.6
1980	13.34	11.0
1985	14.9	13.8
1990	20.38	15.4
1992	20.31	12.3
1998	22.45	19.4
1999	23.06	20.0

(表 5)

3. 不利于对外开放,影响投资增长

城市化水平高,城市服务功能完善,交通便捷,环境优美,能创造一个舒适的投资环境。而投资扩张又是推动经济增长的重要因素。攀枝花城市化状况制约了资金市场融资,尤其削弱了吸引外资的能力。1998 年攀枝花市区外商直接投资中实际利用外资情况远远落后于成都,绵阳,德阳,乐山。(见表 6)

近年四川部分城市外商实际投资额(万美元)

	1992	1993	1994	1996	1997	1998	1999
成都	3211	12868	23601	14500	13668	14892	19198
自贡	450	1065		7928	269	230	691
攀枝花					412		1070
泸州	1654	1830	225	84	3	12	482
德阳	3010	1299	4245	2423	696	1133	1846
绵阳	2552	10926	1190	3910	1253	733	5623
内江	613	392	5	881	103	1045	49
乐山	948		37980	10098	40545	10145	
宜宾			87	60	82		
南充	6		1800	350	527	500	950

(表6)

四、攀枝花加快推进城市化的优势及对策建议

(一)加快推进城市化的优势

攀枝花城市化发展缓慢,但也存在加快推进城市化的优势。首先国家开发西部地区政策支持,四川省也计划十年内打造九大城市,省建设厅厅长在四川省九届人大四次会议的记者招待会上表示,除成都一个特大城市外,四川还没有一个大城市,要在未来10年内发展和形成绵阳,攀枝花等9个大城市。这是一个难得的历史机遇。第二攀枝花拥有丰富的矿产资源和水能资源。钒钛磁铁矿蕴藏量位居全国前茅,钛(以二氧化钛计)的储量5.93亿吨,占全国钛资源储量的93%,钒(以五氧化二钒计)的储量1475万吨,占全国钒资源储量的58%;水电资源更是丰富,1999年攀枝花人均发电量为7906千瓦时,全国平均为989千瓦时,四川省仅为581千瓦时。另外得天独厚的光热资源为攀枝花农副业发展创造了条件。第三攀枝花雄厚的工业基础为城市化发展提供了前提。2000年攀枝花工业增加值69.7亿元,生产原煤619万吨,成品钢材275万吨,钒渣(折合量)13.91万吨,水泥73万吨。第四攀枝花蕴藏巨大的投资和消费能力,2000年攀枝花人均储蓄存款余额7392元。攀枝花应利用自身的有利条件,抓住开发大西部的历史机遇,加快推进城市化进程,缩小与东部地区城市的差距。

(二)攀枝花加快城市化进程的对策建议

1.加快城市化进程应注意处理的问题

前面提到城市化的核心是"市"。聚人为市,化市为城,城是外形,市是本质,是核心。城市化实际上还取决于城市本身的结构,要有吸收外来要素的功能,有开放式的结构,有利于集聚人气和市气。为利而市,市而生利,为利趋市,市久成城。这就是人们的趋利的机制,也就是市场的机制。要用市场的手段来经营管理城市。把城市当作资本来经营,使城市化有形象更要有内涵。加速城市化进程,要树立以人为本的发展观,建立全社会统一的社会保障制度,而不是把农民放在一边;要明租,正税,除费,理顺分配关系;产业政策地区化,促使区际和城际分工体系的合理发展。城市扩张离不开经济基础,在经济增长和城市建设中,应当处理好政府"抓"和市场"育"的关系,超越实际条件的社会规章制度过多,往往会降低政府管理效能,容易产生制度租金,因此在改革和转轨时期需要做出的政策选择是解决政府"抓"和市场"育"的关系。在城市化进程中引入市场机制,达到二者相互促进,协调发展。要以效益原则来判断城市的规模,城市规模过小或特大,都会造成城市经济规模净收益偏低,有关研究城市规模的专家认为,城市经济规模效益随城市规模的扩大而增加,当城市在100万－－－400万人口规模区间,城市规模效益最大,所以在加快城市化发展时,不能盲目,要与经济规模和城市承载力相适应,避免出现拉美国家高城市化水平下的那种环境恶化,交通混乱,居民贫困,犯罪上升的"城市病"。坚持走可持续发展的道路。

2.加快城市化进程的对策建议

攀枝花独特的地形决定了城区不能向平原地区那样十分集中,为充分利用有限的土地,市场资源,加快城市化进程应放在"大城市,小城镇",即加快小城镇建设,构建川西南大城市。

(1)加快经济结构调整,提高经济发展集约程度

在稳步发展第二产业的基础上,加快经济结构调整。完善城市服务功能,积极发展第三产业。三次产业结构到2005年调整为5.6%,68.8%,25.6%。运用新技术对传统工业进行改造,攀钢三期工程就是对现有设备改造,挖潜,提高产品的科技含量,加大钒钛资源综合利用力度。进一步壮大钢铁,能源,钒钛,化工四大支柱产业。

(2)筹资加大投入,完善城市基础设施

城市基础设施仅靠政府财政投资是远远

不够的,因此,在政府加大对城市基础设施建设投资的同时,还可采用 BOT(建设－－－经营－－－转让),TOT(转让－－－经营－－－转让)等方式,多渠道争取资金。尽早建成民用机场,打通炳仁路,攀烂路,对原有街道,路面改造完善,提高通车能力,完善市区路网建设。加快环境保护步伐,兴建生活污水处理厂,利用天然林保护工程加快荒山绿化,严格控制新的污染源产生。根据城市的功能和规模,加强供排水,交通,能源,信息,防灾减灾等基础设施建设,完善社会服务及居住服务功能。创造出一个吸引外资的城市环境。

(3)优化城市布局,留足可持续发展空间

城市规划应适当超前,为城市未来发展留足空间,以炳草岗,大渡口为中心重点发展商贸,金融,教育,卫生,房地产等第三产业。大力发展文化事业,提高城市的文化品位。按照绿化,美化,净化,亮化要求,建设山水特色突出的城市景观。加强四大支柱产业的同时在攀钢,二滩,高耗能区重点发展高耗能工业。

(4)加快小城镇建设

大力发展农村小城镇,不断提高小城镇对农村剩余劳动力的吸纳能力。按照十五届三中全会提出的,把发展小城镇作为大战略的精神,适度发展小城镇,扩大城镇自身规模,增强其服务功能和人口承载功能,将现有的城镇居民社会保障制度延伸到小城镇,最终将其建成农村经济的增长中心。充分利用攀枝花的农业资源,发展农产品加工,保鲜,储藏和运输业,推进农业产业化,促进农村人口就地转化。

城市化是人类社会发展的重要标志,是现代社会发展的必由之路。攀枝花市十五规划是和城市化进程密切联系的。攀枝花追赶式,跨越型发展的过程,也就是攀枝花城市化快速推进的过程。我们通过攀枝花城市化发展进程的探讨,来引发全市群众对攀枝花城市化的看法,为攀枝花的城市化进程提供更多,更好的思路。

课题组组长:张玉会
课题组副组长:何建跃
课题组成员:曹前进　杨　军　刘　锋
闫敏　欧阳海燕
执　　笔:曹前进

18－5　攀枝花市农民收支现状及增收措施

增加农民收入，保持社会稳定是关系全局的两件大事。党中央、国务院一再强调：努力增加农民收入是当前农业和农村工作的重中之重，是保持农村社会稳定的关键。增加农民收入是农村各项工作的出发点和落脚点，不仅直接影响着农民生活水平的提高，还直接关系到开拓农村市场，扩大国内需求，从而带动整个国民经济健康发展。"十五"计划提出了继续把农业放在发展国民经济的首位，加强农业基础地位，努力增加农民收入的方针。因此，必须要从国民经济的全局来认识和解决农民收入问题。

一、我市农民收支现状

改革开放以来，我市农村经济发生了翻天覆地的变化，农民收入显著增加，生活大大改善。"九五"期间，农村居民人均总收入年平均递增8.3%，农民人均纯收入年平均递增11%，农民人均总支出年平均递增5.8%。

（一）农民收入增长呈减缓趋势

1991年至1995年我市农民人均纯收入平均递增18.5%；1993年至1998年我市农民人均纯收入年平均递增19.7%，增幅均为两位数，但从1998以后，我市农村居民人均纯收入增加速度逐渐放慢，1998年和1999年分别比上年增长8.5%和4.9%，同一时期农民人均纯收入全国只增4%和3.8%，全省增长6.5%和3.0%。从全国、全省、全市农民收入看，农民收入增势减缓已经制约了国民经济的快速增长和城乡经济的协调发展，已成为当前农村经济发展中的突出问题，也成为影响国民经济全局的突出问题。

（二）农民收入和消费的构成状况

1.农民收入的构成和比重发生了深刻的变化。当前我市农民收入主要来自家庭经营收入，"九五"期间我市农民家庭经营收入年平均递增6.5%，农民家庭经营收入占总收入的比重为84%；工资性收入占总收入的比重为10%，转移性收入和财产性收入各占总收入的5%和1%。从第一、二、三产业结构来看，农民从第一产业得到的收入年平均递增4.9%；农民从第二、三产业得到的收入比重不断上升，增长迅速，"九五"期间农民从第二产业得到的收入年平均增37.2%，从第三产业得到的收入年平均递增13.3%。

2.农民支出的顺序是生活消费支出占第一位，其次是家庭经营费用支出，再次是转移性支出、税费支出、购置生产性固定资产支出。我市农民人均生活消费支出"九五"期间年平均递增7.6%，恩格尔系数（食品支出与生活消费支出之比）由1995年的61.2%降到2000年的53.1%，而2000年以前的恩格尔系数均为60%以上，按照联合国提出的划分贫困与富裕的标准，我市农民的生活水平2000年以前是处于贫困阶段，2000年才达到温饱阶段，要达到国际通用的真正意义上的小康水平（恩格尔系数为40%50%），还有一段距离。农民的衣着消费支出变化不大，还略有下降，"九五"期间农民衣着消费支出占生活消费支出的比重平均递减1.2%。而居住消费支出逐年增加，"九五"期间农民人均居住消费年平均递增24.5%，住房条件大幅度改变，住房的结构、档次都有较大的改观。医疗保健支出在生活消费中的支出越来越大，用于文教、娱乐的费用开支比重也逐年加大。

3.农民拥有耐用消费品数量也不断增加，据抽样调查资料，2000年我市农民每百户拥有洗衣机39台，电风扇30台，电冰箱9台，彩色视机60台，黑白电视机33台，除了传统的家用电器外，部分农民不仅购买了影碟机、组合音响、照相机等高档家电，而且交通工具也日新月异，除了自行车、还有摩托车、汽车、先进的通讯设备，如寻呼机、电话、移动电话等已走入普通农民家庭。

二、农民收入增速减缓的成因

(一)重工轻农的指导思想是农民增收减缓的主要原因

近年来农民增收趋缓,有农业、农村经济内部和农民自身的原因,诸如农业产业化程度不高,产品结构不合理、质量不高、不适销对路,导致农产品销售困难和价格偏低;农民负担过重,农民科技文化素质较低,绝大部分农民家庭收入渠道单一等等,还有许多来自农业、农村、农民以外的影响,有更深层次的原因,从国民收入分配格局看,长期以来农业都肩负着为工业化提供积累的重担,财政对农业的投入虽然逐年增加,但是占整个财政支出的比例却是下降的;工业压缩“五小”,乡镇企业首当其冲;纺织业调整结构,压缩过剩生产能力,棉花价格猛跌;城市要解决下岗职工再就业问题,一些地方就对农民进城打工设置种种限制等等。对国家宏观经济来说,这些改革、调整措施都是十分必要的,单就城市谈城市,就工业谈工业,也可以说是成效显著,但在短暂的几年,如此集中和大幅度地推进,对农业的影响,农民的承受能力,应当给与农民怎样的有效补偿,还考虑得不够。所以农业在国民经济中的地位是相当脆弱的。

经过20年的改革与发展,我国已经进入工业化中期阶段,这一时期的重要特征之一,是工农两大产业的平等发展,即国家不再索取农业剩余支援工业,而是通过“取”、“予”平衡的农业政策,实现农业与工业的互为市场、互相促进和平衡发展。我国是一个农业大国,农业人口多,经济底子薄,工业化起步晚,但发展速度快,产生工业利益偏好,城市利益偏好的诱因更多。攀枝花市三十六年多的开发建设,以钢铁为代表的工业已经在全市国民经济中占有较高的地位,但由于过去偏重矿产资源的开发利用,忽视了整个国土资源的综合开发和国民经济各产业的协调配套发展,农业未得到应有的发展,经济发展格局不协调。我市由于大工业、小农业的经济结构,加之农业滞后于工业发展等原因,每年要从外地调入大量农副产品满足城市供应。农副食品除蔬菜、食糖自给有余外,猪肉、禽蛋、水果的自给率仅为75%、20%、39%。因此,我们要切实站在现代化建设的全局,重新认识现阶段农业、农村、农民问题的重要性,认真研究一、二、三产业间的相互影响,协调好农业及其他方面的政策。以农民增收为目标,合理调整经济结构,强化农业的基础地位。

(二)农村经济结构不合理及农产品结构性过剩是农民增收减缓的重要原因

随着农村经济的不断发展和市场经济的逐步完善,我国农村在解决了温饱问题的历史性跨越之后,农产品总量的增长越来越受到需求的制约,多数农产品由长期短缺变成了区域性、结构性、季节性过剩,加之受国内外经济形势的影响,粮、棉、油、家禽、水产、蔬菜等传统产品价格不同程度地下跌,对农民收入影响很大。农村经济构成中第一产业所占比重大,二、三产业发展滞后。在农业内部,种植业比重偏大,2000年全市农、林、牧、渔业产值的比重为56.3 :6 :34.5:3.2。而从种植业内部结构看,粮经作物比为68.39:31.61,粮食作物种植面积偏大,经济作物种植面积小,靠传统作物种植增加农民收入十分困难。结构的不合理是导致农业自身抗风险能力低下,农副产品商品率不高、销售困难以及农产品供给出现结构性和区域性相对过剩的主要原因。

从全市农村住户抽样调查情况来看,我市农民收入主要来自家庭经营收入,而家庭经营收入中种植业占主要地位。2000年来自种植业的收入是1477元,占总量的48.13%,来自畜牧业、渔业的收入是1010元,占总量的32.91%,其他行业的收入是占18.96%。可以看出,农业生产性收入仍然是我市农民收入的主要来源,农民增收缺乏新的增长点。从农民消费支出情况看,用于食品、衣着和居住条件改善等占总支出的60.15%,而用于家庭经营支出的费用为987元,占总支出的31.80%,用于购置生产性固定资产的支出仅占总支出的1.

74%,农民的增收范围狭窄,而收入又绝大部分用于满足基本生活需要,"吃穿住"仍然是农民生活消费最基本、最重要的组成部分,生活消费仍未摆脱必需品为主的生存型模式,因此农业再生产缺乏后劲。

(三)农民收入水平不均衡也导致整体增收减缓

从地域差异来看,农民收入是河谷地区高于二半山区,二半山区高于高山区。从农村劳动力从业情况看,从事传统种植业的农户收入低于从事务工经商的农户,从事务工经商的农户收入不如从事专业化经营的农户。我市农业生产的布局也不尽合理,普遍存在着大而全、小而全的现象,这实际上是传统农业带来的影响,几乎每个农户家庭都有种养业,每个县、乡、村都经营着包罗万象的品种,且分散、规模小,不符合规模化、专业化、区域化、现代化生产布局的要求,不能发挥应有的效益,不能有效地增加农民收入,使得各地区间、各产业间农村从业人员的收入差异很大、特别是高收入户与低低收入户的收入差距越来越大,从而影响整体的发展,影响整体收入水平的提高。

(四)农业基础设施不够完善,农产品科技含量低,就地转化增值困难

农业"靠天吃饭"的状况没有得到根本改善,抗御自然灾害能力差。农业耕种技术仍然属粗放型。农民收入的绝大部分来自农业,而农业和农村经济的增长方式没有随着经济发展得到根本转变,大多数农民仍然没有摆脱传统的生产技术和种养方式,农业发展还在"量"的层面上徘徊,没有从根本上跨越到"质"的阶段,致使农产品科技含量低,品种老化,质量差,成本高;农业产业化水平低,农产品转化增值难;加之农村基础设施建设滞后,适销对路的品种少,消费结构不尽合理,农民预期收入下降,开支增加,即期消费不足。

三、农民增收的对策措施

时代在发展,社会在进步,农业的发展目标要有所调整,要在农业结构调整中,把农业的产量、质量与农民增收置于同等重要的地位,促进农业产业化发展,实现新世纪跨越式发展目标。

(一)从国民经济的全局出发,为国民经济和社会发展新阶段的农业、农村和农民问题重新定位

实现我国现代化建设第三步战略目标,农民、农村、农业问题是关键性的制约因素。农民不富裕,就无法实现全面的小康,工业就没有市场,经济和社会发展就上不了新台阶。各级各部门要真正突出农业的基础地位,认真落实党对农村的各项政策措施,支持农业、扶持农业、切实减轻农民负担、改造农业,让农民休养生息,让农民富起来,建设现代化新农村。

(二)调整农业内部产业结构,推进产业升级,增加农民收入

随着市场需求结构的变化,农业产业结构调整、优化及升级,在农民收入增长中的作用越来越大。提高产业和产品层次,不仅可以使附加值增多,而且能扩大市场需求。我市农村经济结构的调整,应以市场为导向,以提高农产品质量和效益为目的,坚持以"讲求效益,因地制宜,发挥优势"的原则进行;要充分依靠科技进步,加强农产品市场建设和农村基础设施建设及生态环境建设。

1.在保证粮食等主要农产品供给稳定的基础上,而向市场,坚持产量、质量、结构、效益的统一,真正做到市场引导调整,调整适应市场,以调整品种结构和调整品质结构为重点,避免农民增产不增收,甚至增产减收的局面出现,应立足本地市场,面向全国,考虑国际,既要适应农产品市场的现实需要,又要研究和预测潜在的、未来的市场需要,满足社会的多样化、多层次、优质化和动态发展的需要。

2.依靠科技,加速农业科学技术的推广。大力推广先进的实用技术,是农业结构调整的重要环节。依靠技术进步,提高产品质量,降低生产成本,是在农产品价格低迷的情况下,增加农民收入的重要途径。在当前信息、技术、资金还不充足的情况下,政府应通过发展

科技来激发农民调整产业结构的积极性，要切实抓好农业科技成果转化，健全农业科技推广机构，解决农业科技部门特别是基层农技部门的困难，加强农民的科普知识和适用技术的培训，提高农业劳动人口的整体文化素质。

3.加快农业产业化步伐，坚持从实际出发，因地制宜，促进农业多元化发展。实施农业结构战略性调整，必须首先改变传统的农业生产方式，走规模化，产业化的道路。通过产业化，加速农产品的转化增值，提高农产品的产出效益，保持农副产品价格的稳定，疏通农副产品的销售渠道，实现农业增产增收；通过规模化，可以提高农产品市场占有率和品牌效应，方便运销，提高市场竞争能力。首先要在区域间进行合理的资源配置，实行区域化经营，结合攀枝花实际，发挥区域优势，突出地方特色，避免一哄而上，我市各县区在农业发展中各有优势，仁和区的蔬菜、水果、米易的甘蔗、早市菜、枇杷；盐边的畜牧业、脐橙、中药材等，要充分发挥各区县的优势，实行区域规模化经营，从而带动相关的运输、包装、信息和旅游等第三产业的发展。

(三)加快小城镇建设，加强农产品市场建设

加快小城镇建设，是实现农村经济与市场经济接轨，创造就业机会，增加农民收入；促进农村消费，启动投资，促进农产品流通渠道的顺畅；拉动农村经济和整个国民经济稳定增长的现实选择。在加强小城镇建设的同时，应继续加强农产品市场建设。农村市场的发育对于农业自给自足的自然经济走向市场经济，扭转“生产亏本、流通赚钱”的不合理现象，切实保护农民利益，调动农民发展生产的积极性具有举足轻重的作用。目前，我市农村市场发育明显滞后于城市市场的发展水平和规模。

我们应以本市的优势产业为基础，立足本市，面向全国，建立起产地批发市场。通过产地批发市场，农民可以接受来自全国、全省的市场信息、市场行情，便于快捷地出售大宗农产品和鲜活农产品。各县区应把产地批发市场的建设纳入小城镇发展规划，增加投入，重点搞好场地、道路、通讯和农药残留检测等公用设施建设，建立农产品市场信息发布体系，制定和实施主要农产品的质量标准，完善检测手段。同时各级工商行政管理部门应进一步规范市场行为，维护市场秩序，确保市场正常发挥作用，杜绝欺行霸市、强买强卖、坑蒙拐骗等现象发生，禁止任何部门行业垄断，打破地区封锁，保证货畅其流，保护投资者、经营者的合法权益。保证农村市场的健康发展。

(四)保护生态环境，走农业可持续发展道路，增强农民收入

保护生态环境和实现农业可持续发展已被各国政府和人们所认同。改善农村生态环境，是稳定提高农业综合生产能力的根本途径，也是顺利推进农业和农村经济发展，增加农民收入的基本保证。

1.开展多形式、多渠道的宣传活动，强化公民保护生态环境和农业可持续发展的意识；加强公民的法制意识，依法保护生态环境。

2.农产品基地建设要按生态农业的要求开发、建设和发展，及时淘汰破坏环境的农业技术，鼓励运用可持续发展的农业技术，如节水、节能、节肥、无药毒等技术，合理利用土地和水资源，提高资源利用率。

3.积极发展农产品深加工项目，严禁建立资源浪费大、耗能高、污染严惩的加工企业，鼓励发展科技环保型，节约资源的、无污染的企业。

(五)加大政府对农业的保护力度，增加农业投入，降低农业风险

加大政府投入，引导农民进入市场，开成多渠道投资相结合的机制。保护农产品价格，改革农产品流通体制，畅通农产品的流通渠道。落实和完善减轻农民负担政策，注意维护农民的利益，保护农民的积极性。

各级财政应进一步调整财政支出结构，继续增加农业投入，兴修农田水利，改造中低产田，加强农业科技改造和适用技术推广等，以此来降低农业生产成本，减少农业自然风险；

同时，要将农业的基础设施建设向流通领域延伸，加强以批发市场为重点的农产品市场体系和信息网络体系建设，改善农产品保鲜、储藏等流通设施，降低农产品流通成本，减少农业的市场风险。农民有效地规避了"两个风险"，预期收入才会稳定增加，增收才会实现，我市农业和农村经济才会全面发展。

课题组组长：黄玉梅

课题组成员：张明德　孙彩凤　黄晓澜

执　　　笔：孙彩凤

18-6　攀枝花国有企业改革初探

国有企业作为推动攀枝花经济发展的主力，为攀枝花社会经济全面发展作出了贡献。但随着社会主义市场经济体制的建立，国企的一些固有矛盾已露出水面。围绕中央确定的国有企业改革和发展目标，本文将对攀枝花国有企业的改革进行初步探讨，并寻求国有企业实现第三次创业和腾飞的途径与对策。

一、攀枝花国企发展与改革的现状

（一）攀枝花国有企业历经二次创业，初步建立攀枝花经济结构和体系，展现攀枝花工业城市雏形。

第一次创业（1965－1978），以攀钢一期工程建设矿山、煤炭、电力、交通、商贸、邮电等建设相继发展。GDP 由 9438 万元增加到 66910 万元，增长 3.56 倍，人均 GDP 由 292 元增加到 851 元，增长 2.1 倍。国有企业对经济增长的贡献达 95% 以上。第二次创业（1979－2000），以攀钢二期工程建设和二滩水电站建设为标志，GDP 由 66910 万元增加到 1145225 万元，增长 3.22 倍，人均 GDP 由 851 元上升到 11184 元，增长 3.1 倍，近年来，虽然非国有经济发展势头强劲，国有经济的贡献率仍有约 60%，一座以钢铁、钒钛、能源为支柱的新兴工业城市屹立在攀西大裂谷金沙江畔，以“微雕钢城”的形象展现在世人面前。国有企业遍及工业、商业、农业、运输、邮电、交通、金融、保险等各行业；国有企业职工人数占全部职工的 80%，其中国有工业、商业、建筑业、运输业职工 15.25 万人，占国有职工总数的 62.6%，其中：工业 11.48 万人，占 47.2%，改革与发展的难点和希望集中在 4 个行业，尤以工业为重点。

（二）国有企业改革经历的三个阶段。

1.扩权让利阶段。（1984－1991），以放权让利，承包制，利改税为标志。2.转机建制阶段（1992－1996），以股份制改革为主，推进国有企业建立现代企业制度，以促进企业组织形式公司化，行为企业化，成为“产权明晰、权责清楚、政企分开、管理科学”的自主经营、自负盈亏经营实体。主要配套措施有劳动用工、劳动分配、职工医疗三大改革。宏观上相应进行了金融、税制、价格、外贸等改革。

3.以产权为核心的转机建制（1997 年以后）建立现代企业制度，推进企业的市场化进程。

（三）国有企业运营趋势。

经过 30 多年的发展，攀枝花国企经济实力明显增强，营运能力明显提高，对国家贡献继续扩大，经济发展的支柱作用和龙头地位突出，呈现出强者愈强，弱者愈弱的趋势。以攀钢、二滩为代表的强势国企与其它中小型国企形成强烈反差，国有企业固有矛盾和问题依然突出，成为改革的难点和发展阻力。

二、攀枝花国企改革的主要制约因素

（一）主要问题

1.产权界定不清，责、权、利脱节。从现代经济理论角度看，产权关系是经济发展的内在动力，尤如人的心脏。凡是产权界定明确的地方或行业，经济发展就生机勃勃。实践证明，国企的固疾在于此。

2.政企关系不顺，行政干预过多，计划经济思维浓厚。攀枝花国企的建立，是计划手段配置资源的典范，与市场经济运行管理的要求很不适应。主要表现在：政府部门行政管理越位现象严重、既当裁判员又当运动员，不符合竞赛规则；部门利益高于全局利益，推诿扯皮、办事效率低；政策制定透明度低，习惯于计划思维，计划手段，而市场竞争机制引入不够；依法行政力度不够，下放企业权力不足。对企业而言，长期养成依赖政府的习惯，缺什么要什么,有困难"不找市场找市长";国企内部转机建制慢,政企关系不顺,发展动力不足。

3.资产负债高、社会负担重、下岗分流难。国企资产负债高是长期逐渐形成的,也是国企产权不明和体制不顺的必然结果,积重难返,现已成为参与市场竞争的最大资产障碍。企业办社会,是国企的又一沉重负担。计划体制形成企业和政府的角色错位,应由政府兴办的教育、卫生等社会公共服务事业,攀钢、攀煤等大企业一应俱全。在激烈的市场竞争中国企减员增效成为必然选择,面对沉重的社会负担,自然困难重重。

(二)主要原因

1.历史原因。一是攀枝花国企建立和发展以计划管理体制为主,市场化改革和调整步伐慢,不适应市场竞争。二是投资决策失误加产权不明造成企业困境,如渡钢、同德型钢和仁和精密带钢、攀昆带钢、盐边缫丝厂、米易脱水蔬菜厂等企业。决策的最大失误是政府越位操作,长官意志,加之产权不明,本应由市场选择的项目,由投资业主决策和管理的事项,政府一应包揽,必败无疑。三是长期积累起来的沉重的冗员负担、社会福利负担、债务负担,令企业剥离办社会职能困难重重,现代企业制度建立举步维艰。这涉及到深层次的产权关系和管理体制。如攀钢、攀煤集团、十九冶等大型国企,按现行财税制度和隶属中央企业,社会职能如学校医院等移交地方,地方财政无能力负担,同时也是事权与财权不对称的改革,非财权与事权对称,或中央转移支付方能实施。

2.体制原因。改革开放以来,我市经济的市场化程度不断提高,但是国企的市场化程度却严重滞后。国有企业产权结构单一,管理机制不健全,企业约束机制、激励机制、动力机制存在严重缺陷。企业约束机制上存在三个错位:一是国家股东缺位,国有资产缺乏产权约束,造成谁都可以管或谁也可以不管,管好管坏无约束。二是政企不分,以政代企。无经济责任约束,不依法行政。政府应制定竞赛规则并当好裁判,而产供销、人财物、投资决策等应由投资业主根据市场条件,自主决策,在市场竞争中求发展。三是国企厂长经理无职业风险约束。厂长经理应由企业利润指标和企业职工代表表决、由市场决定。而现在有的国企厂长经理任免由主管部门定夺,以政府行为代替企业市场行为,自然而然假业绩虚利润应运而生,企业何求发展。同样,若企业家真抓实干,业绩突出,利润丰厚,冒较大经营风险而无相应回报,何谈激励和动力。

3.管理原因。"科学技术是第一生产力",管理也是生产力。当前国有企业突出表现:管理观念陈旧,管理方式落后,技术改造和新产品开发不够,产品开发缺乏市场调查和投资分析。

管理粗放、水平低、效果差,突出表现在以下几个方面:

1)管理观念陈旧,方法组织落后。机构多、人员多、效率低,管理机制落后。

2)管理方式粗放。成本费用居高不下,生产能力闲置浪费,质量低,损失大,资金运用效率低。

3)技术发明和新产品开发不够,造成产品落后,工艺陈旧,产品缺乏市场竞争力。

4)企业决策水平不高,不作可靠的市场调查和投资分析,不从企业自身优势特点和可能性出发,盲目决策,结果造成企业投资决策失误。

4.市场原因。

一是买方市场形成,几乎所有商品都面临激烈的市场竞争,大多数国企都面临市场竞争的困境,面临被市场淘汰的危险。

二是产业结构变动剧烈。新兴产业快速发展,传统产业地位下降甚至有衰退的趋势。若攀钢、攀煤等企业不加大科技投入,提高科技含量,加大结构调整力度,提升市场竞争力,传统资源开发企业在竞争中将缺乏后劲,处于劣势。

三是非国有经济迅猛发展对市场份额的挤占,对国企形成强劲竞争之势。僵化的国有企业面对充满活力的非国有企业的竞争，在竞争性领域被挤出市场是必然的。

四是加入 WTO 后的国际竞争。加入 WTO 后，国有企业将面临全方位的市场竞争，要充分利用国际分工，发挥比较优势，扬长避短，变压力为动力，变挑战为机遇，以改革促发展。

三、国有企业改革的对策

国有企业效率低下和很强的“退出壁垒”，这是一个世界性难题，并非我国国有企业所特有。长期以来国有企业在国民经济中所占比重偏高，又基本上采取一刀切的管理模式。要采取“有所为，有所不为”的方针，收缩国有企业的战线，以产权改革为中心，突出重点，在以下几个方面有所突破。

(一)在一般性竞争行业中，将国有企业进行公司制改造。少部分企业可以保持国有资本控股，大部分企业可以保持国有资本参股。在控股企业中也应逐步降低控股比例，由绝对控股逐步转为相对控股，进一步加快降低小型控股企业过高的控股比例，控股逐步转为参股甚至不再参股，与此同时建立市场化的国有资本产权流动市场，除了在国有企业之间进行产权交易外，更多的应在国有企业和非国有企业之间双向交易，国有企业和非国有企业之间的产权交易在法律上应是完全平等的。当前还需要在思想观念、法律和制度上解决国有产权流动的障碍。只有这样，才能使国有企业尽快退出一般竞争性行业。

截止 2000 年底，攀枝花国有及国有控股企业主要分布在工业 28 户，国有餐饮贸易业 42 户，在一般性竞争行业中，攀枝花国企国有资本占绝对优势，像攀钢、二滩、攀煤集团等大型国企，仅上市公司新钢钒资本结构有变化，但国有资本仍占 70%，其它国企国有资本均占 100%。中央企业如此，地方中小企业国有资本也占 90%以上。从国企股份制改造看，除新钢钒上市外，像金沙水泥，广厦建材等股份制企业，并未因改制而提高竞争力，仅是换块招牌，并未达到转机建制和资本结构优化的目的，可以说改制是失败的。综上所述，我们认为攀枝花一般性竞争行业中的国企，建立现代企业制度，进行产权结构调整是重中之重。大型国企应增加非公有资本进入的比例，中小型国企可有序全部改制，国有资本可有序全部退出。现在不是讨论改与不改的问题，而是研究如何改，何时改完，尽快实现产权结构的战略调整。像温州、宁波的发展即是最好例证。

(二)在部分基础性、适合规模经营的行业。引入竞争机制，国有资本起投资导向和基础作用，较大限度引进民营资本进入，以增强企业活力。国家在企业中控股，以追求利润最大化，完全按市场原则运作，如部份公路桥梁收费权转让等。

(三)在公益性、自然垄断性行业，如自来水，电力、煤气等行业，要尽可能引入竞争机制，废除行政性垄断、降低自然垄断程度，促使企业加强管理，增加效益。如电力行业实行网厂分开，发电企业竞价上网，有利于降低成本，淘汰落后。水、煤气价格调整举行听证会。

(四)国企改革重在制度建设和技术创新。改革是动力、发展是硬道理。国企改革核心是产权改革，按市场经济规则运作，目标是适应经济体制和经济增长方式两个根本性转变和对外开放的要求，基本完成战略性调整和重组，形成比较合理的国有经济布局和结构，建立比较完善的现代企业制度，经济效益明显提高，科技开发能力、市场竞争能力和抗御风险能力明显增强，使国有经济在国民经济中更好地发挥主要作用。

(五)充分运用优势资源，加大资本运作力度。城市经营是城市管理和发展高级层次。攀枝花有得天独厚的自然资源和国有大中型企业资源，加快国有企业改制和资产重组，突出优势推荐上市，参与国内资本市场运作，有良好的条件和优势。目前我市仅新钢钒一家上市公司，通过增发新股和配股，已从资本市场筹集资金 11 亿多元，这无疑增强了企业经济实力和发展后劲。而江苏省江阴市上市公司达 7 户，资产市值 200 多亿元。攀枝花无疑

只是初级阶段,大有潜力可挖。我们认为有几个项目题材可供挖掘:

1)以二滩水电发电厂发行新股,募集资金若干亿以改善资本构成,提高资本运营效能,实现雅龙江流域水电的滚动开发。

2)攀钢钛业剥离,与成长型民营企业如科力公司、立园公司、市有线电视中心等优势企业资源重组,共同组建中国钛业股份公司申请上市。

3)攀钢钒制品剥离与成长型民营企业和研究院优势资源重组,形成"中国钒业"申请上市。

4)以攀枝花路桥、城市公交、水务等基础设施优良资产项目,组建攀枝花公用建设股份有限公司申请上市。

5)以十九冶、攀冶建、市建一、二公司等建筑施工企业优良资产,组建攀枝花建设股份有限公司申请上市。

政府应集中精力,加大资本运作力度,整合国企资源,加快股份制改革,力争推荐更多企业上市。从地方招商引资角度讲,成功推荐一个上市公司,等于引进数亿元的资本投入,对加快地方经济发展意义重大。

国有企业改革是动力,发展是硬道理,改制是重中之重。紧紧围绕发展这个主题,通过兼并、联合、重组等形式,形成一批拥有自主知识产权、主业突出、核心能力强、具有竞争力的大公司和企业集团,发挥他们在资本营运,资源配置,技术创新,市场开拓等方面的优势,增强国有经济的竞争力和控制力,实现国有企业新的跨越和腾飞。

王世忠

18-7 二〇〇一年经济运行情况

2001年,市委、市政府抓住国家实施积极财政政策、稳健货币,拉动内需,进一步实施西部大开发战略政策的机遇,加快调整经济结构,号召全市各部门努力确保9%经济增长目标的实现,使我市国民经济在总量增长的同时,运行质量有所提高,经济效益好转。

一、经济运行基本情况

据初步测算,2001年全市共完成国内生产总值(GDP)124.08亿元,比去年同期增长了8.2%,其中,一产业完成增加值8.32亿元,增长4.0%;二产业完成增加值84.06亿元,增长7.8%;三产业完成增加值31.70亿元,增长10.5%。经济运行的特点表现为:工、农业稳步增长;商品贸易额明显增加,金融形势稳定,财政收入状况良好。城乡居民收入增加,消费水平有所提高;居民消费价格水平略有上升。

(一)农村经济稳步增长。

2001年,全市完成农林牧渔业总产值13.41亿元,增长6.3%,其中农、林、渔业增长。2001年我市继续加强对农村经济结构的优化调整,粮食播种面积下降4.1%,全年粮食产量22.21万吨,下降2.8%,其中大、小春粮食分别下降了1.3%和9.0%。经济类和其他类农作物播种面积相对上升,蔬菜和水果需求量增大,销售渠道畅通,经济效益相对提高,成为农民创收的有效手段。全年蔬菜产量36.6万吨,增长12.1%。水果产量3.5万吨,增长17.7%。

畜牧业主要经济指标全面增长。生猪出栏52.77万头,增长1.8%;牛出栏1.4万头,增长12.5%;羊出栏13.4万只,增长13.4%;家禽出栏191.7万只,增长9.5%。猪牛羊肉产量4.39万吨,增长3.5%。

(二)全年工业生产保持正常增长,经济效益明显回升。

1.2001年,我市工业企业根据市场情况加强了产品结构调整,使生产保持了正常增长。限额以上工业企业全年完成工业总产值(现价)168.94亿元,增长8.0%。工业生产特点如下:

(1)工业生产的增长以大中型企业增长为主。全年大中型工业企业完成产值156.74亿元,增长8.5%。攀钢、二滩和川投电冶公司三大企业是我市工业生产正常增长的重要基础和主要拉动力。攀钢在主要产品产量已达到或超过生产设计能力的情况下,生产仍然保持增长为全市奠定了基础;二滩按计划完成发电任务,川投电冶公司努力提高产品产量,都为我市的工业生产作出了有力贡献。

(2)中央企业和地方企业生产差异明显。中央企业完成产值134.31亿元,增长9.7%;地方企业完成产值34.63亿元,增长3.8%。地方企业直到下半年才扭转了连续下降的局面,与中央工业同时保持增长,但其增长速度仍与中央工业相差了5.9个百分点。

(3)重工业平稳增长,轻工业连续下降。重工业完成工业总产值165.76亿元,增长8.4%;轻工业完成工业总产值3.18亿元,下降3.2%,下降幅度逐渐减小。

(4)股份制企业增势强劲,国有和集体工业企业增速较低。股份制企业受二滩影响完成工业总产值33.71亿元,增长26.8%;国有企业完成产值112.81亿元,增长4.2%;集体企业完成产值16.93亿元,增长3.6%,国有企业和集体企业增幅都比全市低。

(5)产销率保持较高水平。限额以上工业企业实现产销率99.3%。

2.2001年,我市工业企业及时调整产品结构,加大适销对路工业品的生产力度,产销衔接得当,攀钢利润大幅度增长,使全市工业经济效益较去年同期明显回升。工业经济效益情况如下:

(1)产品销售收入有所下降,部分国有及国有控股企业盈利能力增强。限额以上工业企业实现产品销售收入158.09亿元,同比下降4.3%。实现盈亏相抵后的利润总额-0.92亿元,同比减亏48.7%,其中,国有及国有控股企业实现利润总额5.35亿元,同比增长53.3%,仅攀钢就盈利5.41亿元。限额以上工业企业亏损面16.9%,比去年同期减少2.8个百分点,亏损企业亏损额7.41亿元,增亏16.6%,其中二滩亏损6.94亿元。

(2)产成品占用资金下降,流动资金周转速度减缓。全年工业企业产成品存货31.69亿元,同比下降1.6%。流动资金周转率为1.53次,同比减少0.12次。

(3)主要经济指标继续改善。工业经济效益指数达78.6;同比提高12个百分点;总资产贡献率6.8%,同比增长1.63个百分点;资本保值增值率124.47%,同比增长24.47个百分点;全员劳动生产率25853.77元/人,增加5126.15元/人。

(4)成本、费用居高不下,成本费用利润率有所提高。产品销售成本为120.70亿元,同比增长10.9%;管理费用为15.49亿元,同比增长9.5%;财务费用为20.96亿元,同比增长22.8%,财务费用增加的主要原因是二滩利息支出大幅度增长。成本费用利润率为-0.57%,同比提高0.86个百分点。

(5)企业负担减轻。全年企业负债总计40.74亿元,同比下降9.4%。

(三)固定资产投资下降幅度大。

固定资产投资完成全年计划目标,重点工程欠进度。全市重点工程投资完成情况如下表:

2001年重点工程投资完成情况表

单位:万元

项目名称	本年计划	实际完成	完成率%
攀枝花民用机场	25000	20130	80.5
炳草岗金沙江大桥(含连接线)	8700	9229	106.1
滨江大道	7000	4419	63.1
安宁河流域农业综合开发	14000	17352	123.9
渡金线	1000	1000	100
攀枝花市供水工程			
其中:炳大水厂	2095	2000	95.5
西区格里坪水厂	1168	622	53.3
炳草岗煤气柜工程	1800	1535	85.3
城乡电网改造			
(1)城网改造	15735	11081	70.4
(2)农网改造	3500	3763	107.5
二级邮区中心	1500	600	40
天然林保护	5400	2825	52.3
垃圾处理厂	750	126	16.8
攀钢方坯和板坯连铸技术改造	43000	6442	15.0

2001年全社会固定资产投资额共完成29.20亿元,同比下降12.3%,其中基本建设完成11.21亿元,下降41.4%;更新改造投资完成10.32亿元,增长62.1%;其他投资完成1.41亿元,下降18.9%;房地产开发投资完成3.22亿元,增长0.02%。二滩等大项目建成投产依然是导致全市固定资产投资总额下降的主要原因。

(四)消费品市场渐趋活跃,商品贸易额明显增加,出口创汇大幅度下降。

在国家进一步拉动内需的政策作用下,2001年先后两次提高公务员工资,城乡居民收入增长,使我市消费品市场偏冷的格局有所改善,商品贸易额明显增加。全年实现社会消费品零售总额43.14亿元,增长11.8%。其中市的零售额37.30亿元,增长11.5%,县及县以下零售额5.84亿元,增长14.0%。个体商业经济依然是零售市场主体,零售额13.40亿元,增长10.7%;私营经济增长速度最快,零售额6.97亿元,增长76.1%;国有商业经济和集体商业经济都处在大幅度下降的境地,国有经济零售额4.05亿元,下降28.8%,集体经济零售额2.92亿元,下降42.6%。

2001年,全球经济增势趋缓,年底欧美经济陷入衰退,亚洲经济复苏缓慢,国际贸易日益紧缩,我市外贸出口急剧下降。攀钢是我市出口量较大的企业之一,由于深加工钢材成本比发达国家高,在国际市场上竞争能力较弱,外贸出口下降幅度大,从而导致了全市外贸出口出现下降的局面。2001年我市出口创汇1.24亿美元,下降35.0%。

(五)财政收入状况良好,金融形势稳定,存贷款余额增加。

全年地方财政收入完成7.52亿元,增长9.0%,状况良好。国家税务局组织收入总计16.42亿元,增长42.0%,地方税务局组织收入总计7.50亿元,增长5.8%。

2001年,全市金融机构累计现金收入244.95亿元,增长16.3%,现金支出257.17亿元,增长15.1%,现金投放12.22亿元,减少3.5%。

年末,金融机构各项存款余额130.03亿元,比年初增长4.0%,各项贷款余额112.74亿元,比年初增长4.1%。在短期贷款中,工业、农业和商业的贷款额比年初都有较大幅度增长。城乡居民储蓄存款余额83.78亿元,比年初增长10.0%。

(六)城乡居民收入增长,支出增加。

全年城市居民人均可支配收入6803.55元,增长1.1%。人均消费性支出5758.10元,增长0.4%。农民人均纯收入2524元,比去年增加85元,增长3.5%。

(七)物价水平略有上升。

2001年,全市居民消费价格总水平比去年同期上涨1.4%,其中,食品类消费品价格水平下降了2.6%;烟酒及用品、家庭设备用品价格水平分别比去年同期下降了4.0%和0.2%;娱乐教育文化和居住价格水平受政策性调价因素影响分别上涨了9.8%和5.4%。

二、经济运行当中存在的主要问题

(一)在推动国民经济增长的投资、消费和出口三大要素中,我市的投资和出口都处于下降趋势,严重影响经济增长。

我市固定资产投资下降幅度大的主要原因一是重点工程进度缓慢,二是基本建设下降幅度大。三是我市在中央争取的大型投资较少,在2001年的投资结构中,地方投资增长快,而中央投资却大幅度下降。

出口下降的主要原因是我市大多数企业是“内向型”生产企业,无名、优产品,缺乏高、新技术,很难跟上国际市场上产品快速升级换代的步伐,无法走出国门。即使是产品实现了出口的企业在开发新产品方面能力也相对较弱,出口都是一些传统产品,在世界经济增势趋缓的情况下,国际贸易额日益紧缩,也必然导致我市外贸出口的大幅度下降。我国已加入WTO组织,随着进口关税的降低,我国经济将会完全融入世界经济,如果我市没有更多的企业、更多的产品走出国门,那么将有更多的外国企业产品来挤占我们的市场,将会对我市的企业发展、经济增长带来严重冲击,这一点应引起我们的高度重视。

(二)部分工业企业盈利能力依然不强,工业生产后劲不足。

攀钢生产已达生产设计能力,增长能力已有所下降,而新的增长因素不明显,工业生产出现了后劲不足的问题。一些地方企业经济效益欠佳,也在很大程度上制约着我市工业生产总体的增长能力。

(三)农村经济结构调整力度不够,尚未形成产业化。

我市农村经济尚未形成产业化表现在没有形成上规模的名、特、优产品。我市也拥有一些名、特、优农产品,但在生产数量上却未形成规模。例如一些水果在外地已打出了一定的知名度,但生产数量较少,尚不能满足大客户的一次性批发需求,只能在零售市场上"贵买贵卖、贱买贱卖",影响产品知名度的提升。

(四)农村消费市场规模依然较小。

我市拥有约48万的农业人口,农村潜在市场很大,但尚未形成现实市场。2001年县及县以下社会消费品零售额5.84亿元,增长14.0%。与城市消费市场规模相比还具有很大差距。

三、2002年经济工作建议

(一)加强工业改革力度,积极培育新的经济增长点。

工业要加大工业结构调整力度,积极培育新的经济增长点,继续作好工业园区建设工作,大力发展非公有制经济。要加大企业改革力度,特别是加大亏损破产企业的改革力度,继续清理整顿十五小企业。要加强运输协调,顺畅流通渠道。

(二)调整农业产业结构,提高规模效益。

农业要继续加强产业结构调整力度,推动产业化进程,发展名、特、优产品,搞好农副产品基地建设,争取创品牌、上规模、上档次,努力提高规模效益。要继续加强农业基础设施建设,增强农业发展后劲。

(三)扩大内需,启动消费市场。

要认真启动消费市场,大力发展民营经济,抓住WTO机遇,积极鼓励企业开拓出口商品市场,加强出口产品的生产和开发。

(四)加大投资力度,加强基础设施建设。

要继续加大固定资产投资力度,继续加强基础设施建设,营造良好的投资环境,加快攀钢三期工程建设,开拓投资融资渠道,鼓励、吸收民间投资。

综合处:范从伦、任晓君

18－8 二00一年固定资产投资综述

攀钢二期、二滩水电站等国家重点工程的建成投产,标志着以国家投资为主体的一轮大规模基本建设已暂告一段落,从1998年起,我市固定资产投资开始步入慢车道,其主要表现是:中央投资巨幅下降,投资增长持续下滑,不同渠道资金来源日益紧张,后续建设项目明显不足。全市固定资产投资1998年下降14.7%,1999年下降37.4%,2000年下降21.7%。

2001年全市固定资产投资总量继续缩减,但下降速度已明显放缓,在地方投资大幅增长的拉动下,全社会固定资产投资共完成291966万元,比去年同期下降12.3%,为四年来降幅最小的一年。

回首过去,291966万元的投资额来之不易。2001年特殊的气候因素:全市提前一个半月进入雨季,全年降雨量超过历年平均水平,给工程施工进度带来不可忽视的影响,民用机场土石方工程滑坡,部分工程因雨停工。截止三季度,全市投资完成122223万元,仅达到年计划的44%,形势异常严峻。紧要关头,市政府及时召开全市基建工作会议,要求将影响全市经济目标任务完成的基础设施建设作为重中之重抓紧抓好。张成明市长明确指出,基本建设既要加快在建项目的建设进度,确保按计划竣工一批项目,又要积极争取一批新项目提前开工建设。会议决定采取果断措施确保全年28亿投资计划完成:1.重点工程实行目标责任制。市长与全市十家重点项目负责人签订目标责任书,立下军令状,年终完成任务予以奖励,完不成受罚。2.新开工一批项目,以弥补计划内项目的不足。3.政府要改善服务、创造条件、营造环境、加快建设。各部门认真落实基建工作会议精神,抓住雨季结束旱季到来后施工的黄金季节,倒排工期,严格监理制度,严格招投标制度、合同管理制度,实施动态管理,严格控制工期,按网络管理组织施工。同时,一大批新项目陆续开工建设,全市上下掀起基本建设新高潮。

2001年全市固定资产施工项目276个,其中,200个为本年新开工项目。项目竣工率达到73%,比上年提高3个百分点。固定资产投资不仅达到28亿计划目标,而且还超额完成11966万元。

按计划管理渠道划分,基本建设完成投资112090万元,下降41.1%;更新改造投资103186万元,增长62.1%;其他投资17415万元,下降28.8%;房地产开发投资32226万元,增长0.2%;农村固定资产投资21848万元,增长20.6%;城镇工矿区私人建房投资5201万元,下降2.6%。

按经济类型分,国有经济投资完成230678万元,集体经济投资10820万元,其他经济投资完成39823万元,个体经济投资完成10645万元。

一、地方投资一枝独秀

2001年在投资总规模缩减的形势下,全市地方投资仍然保持了快速增长。中央投资完成111727万元,下降35.1%,地方投资完成180239万元,增长10.5%,这是多年来,我市地方投资首次超过中央投资。地方投资占全社会投资比重已达61.7%,这一比重,比上年整整提高了13个百分点。地方投资力度加强,在一定程度上缓解了国家在攀枝花投资大幅下降所带来的压力,有效扩大了内需,拉动了攀枝花经济增长。

二、基础设施建设浓墨重彩

由于历史的原因,攀枝花城市基础设施建设严重滞后,欠帐太多,成为制约攀枝花经济快速增长的“瓶颈”。市委市政府抓住西部大开发、国家实施积极财政政策的重要机遇,确定以基础设施建设为突破口,力争“一年一小变，三年一中变，五年一大变，十年彻底变”，高起点大手笔快节奏推进城市现代化建设。

继新华街、人民街改造完成之后，2001年在旧城改造上又迈出了三大步，先后动工改造临江路、竹密路、竹湖园。民用机场建设顺利推进，炳草岗金沙江大桥、炳清公路连接线、安宁河大桥相继建成通车，缩短了市内各大片区之间的时空距离，市内快捷交通网初具雏形。滨江大道下段部分通车，直接带动沿江一线的房地产开发。渡口线改扩建、炳仁线、金沙江法拉大桥的开工，标志着攀枝花的主要交通瓶颈将得到改善。格里坪水厂、炳大水厂二期、炳草岗煤气柜改造、垃圾处理厂等一批供水、供电、供气和垃圾、污水处理项目正抓紧施工。

在城市基础设施建设快速推进的同时，农业基础设施建设的步伐也进一步加快。晃桥水库、胜利水库、高堰沟水库、安宁河流域堤防工程等大中型水利设施及配套建设项目按计划推进。

三、技术改造谱新篇

现阶段，我国经济运行的宏观环境发生了根本性变化，长期商品短缺的局面基本结束，大部分产品供给结构不适应需求结构的变化，许多工业产品出现阶段性、结构性的相对过剩。国有企业普遍存在设备老化，技术落后，产品科技含量低，不适应市场需要的问题。国有企业要实现改革与发展的目标，就必须借助于机制创新与技术进步，把技术改造和技术进步结合起来。

近年来，我市更新改造投资在固定资产投资中的比重逐年递增，2000年为19%，2001年上升到35%。2001年全市更新改造投资完成103186万元，比上年增长62.1%，远远高于其他各类型投资增长。

攀钢全连铸改造、国产制氧机改造、炼钢转炉自动控制系统、冷轧电火花毛化装置、攀宏三氧化二钒系统扩能、热轧技改、冷轧镀锌改造等一大批技改项目的实施，有针对性地解决大中型企业技术装备落后，产品不适应需求结构变化，高耗低效，竞争力不强的突出问题，以利于重点企业在新一轮市场竞争中取得主动地位。

四、招商引资见成效

2001年我市大力改善投资软环境，加大招商引资力度，引凤入巢，共同发展。市政府精简行政审批事项，成立“政务服务中心”，全市27个部门，317项行政审批事项入驻中心，实行“一站式”服务，建立起办事高效、运转协调、行为规范的管理体制和工作机制。

温州商城开发公司、浙江临亚集团、国际明珠集团、河南淅川玉典电冶公司等一批外地企业相继入攀投资，参与城市开发与工业项目建设。

2001年全市固定资产投资总共利用外资14863万元，占全部到位资金的5.4%。主要为利用世界银行贷款开发安宁河流域农业项目。

五、房地产开发方兴未艾

国家实物分房政策的终止，给房地产市场发展带来了良好机遇，全市房地产开发投资32222万元，同比增长0.2%。2001年的房地产市场具有两大特点：一是商品房销售创历史最高水平。全市商品房销售面积100200平方米，同比增长74%，商品房销售额19226万元，增长66%。二是个人投资购房成为房地产市场的主流。2001年个人购房占商品房销售额的80%以上，比上年陡升30多个百分点。个人商品房销售面积83600平方米，同比增长1.9倍；个人商品房销售额16207万元，增长1.2倍。

六、资金到位率保持较高水平

固定资产投资资金到位率继续高水平运行，达到95.8%，比上年提高6.4%。其中，国家预算内资金19728万元，占全部到位资金的7.2%；国内贷款38111万元，占13.8%；利用外资14863万元，占5.4%；自筹资金177204万元，占64.4%；其他资金25433万元，占9.2%。自筹资金和国内贷款已成为我市固定资产投资资金的主要来源。　**投资处：邹 洁**

18－9 二00一年我市农民收支现状及特点

据我市30个调查点300户农户的抽样调查统计显示:二00一年我市农民人均总收入为4013元,比上年增加349元,增长9.53%,人均纯收入为2524元,比上年增加85元,增长3.49%,人均可支配收入为2440元,比上年增加65元,增长2.74%;人均总支出为3576元,比上年增加451元,增长14.42%。其特点是:人均总收入大于总支出,支出增幅高于收入增幅。在收入中,财产性收入增幅最大,其次是家庭经营收入和工资性收入。支出增幅较大的首先是购置生产性固定资产支出、财产性支出和生产性固定资产折旧,其次是家庭经营费用支出、转移性支出和生活消费支出,农民的税费支出呈下降趋势。

一、农民增收渠道拓宽,收入稳步增长。

(一)财产性收入增幅较大。近年来由于农业综合开发的不断深入,农村的小城镇建设和城市的基础设施建设的力度加强,全年财产性收入人均为131元,比去年同期增加89元,增长213.56%。农民的土地征用补偿人均收入为77元,比上年增加71元,增长1145.92%,人均租金收入为18元,比上年增加11元,增长155.36%,人均股息收入为23元,比上年增加1元,增长5.01%,人均利息收入有所下降。

(二)工资性收入略有增加。全年农民工资性收入人均为391元,比去年同期增加11元,增长2.87%。其中:农民在第一产业得到的收入为24元,比上年减少2元,下降7.48%;在第二产业得到的收入为79元,比上年增加8元,增长11.18%;在第三产业得到的收入为53元,比上年减少7元,下降11.52%。我市农民在本地企业中得到的收入有所下降,而外出从业得到的收入有所增加。

(三)家庭经营收入稳定增长。全年家庭经营收入人均为3326元,比去年同期增加254元,增长8.28%。其中:从事第一产业的收入为2636元,比上年减少6元,下降0.22%;从事第二产业的收入为195元,比上年增加83元,增长74.25%;从事第三产业的收入为495元,比上年增加177元,增长55.62%。农民从事第二、三产业得到的收入分别高出第一产业得到收入的74和55个百分点。说明我市农民增收来源虽然还是第一产业,但增幅的拉动主要靠第二产业和第三产业。

二、农民支出:生产投入上升,生活消费下降

(一)用于农业生产的支出增幅占首位。农民购置生产性固定资产支出人均为188元,比上年增加135元,增长251.52%;财产性支出人均为14元,比上年增加4元,增长35.56%;生产性固定资产折旧人均为133元,比上年增加29元,增长27.55%。

(二)家庭经营费用继续增加。农民家庭经营费用支出人均为1224元,比去年同期增加237元,增长23.99%。其中:第一产业支出人均为850元,比上年增加41元,增长5.13%;第二产业支出人均为135元,比上年增加73元,增长118.97%;第三产业支出人均为239元,比上年增加122元,增长104.5%。人均支出增幅较大的主要是交通运输业、林业、工业和批发零售贸易餐饮业。

(三)农民转移性支出加大。转移性支出人均为153元,比上年同期增加19元,增长14.07%,主要是由于近年来我市农民的保险意识增强,缴纳保险费支出人均为13元,比上年增加8元,增长151.59%,。

(四)农民用于生活消费支出的增幅居第六位。生活消费支出人均为1929元,比去年同期增加61元,增长3.27%。农民用于生活消费支出占总支出的比重由去年的60%降到

今年的54%。而用于生产的支出在逐年增加。

(五)税费负担有所减轻。农民税费支出人均为67元,比上年减少4元,下降6.09%。其中缴纳生产税人均减少6元,下降12.06%;缴纳其它直接税人均减少0.45元,下降32.19%;村提留人均减少3元,下降22.29%;乡统筹及其它各项收费人均增加5元,增长43.95%。

三、影响农民收支增减变化的主要因素

(一)农业基础设施建设进一步加强。全市以攀西农业综合开发、安宁河流域世行贷款项目实施为契机,继续加强农业基础设施建设,农业生产条件进一步改善,农业综合生产能力和抗御自然灾害的能力得到提高。全市乡村办水电站123个,比上年增加15个,增长13.89%;农业综合开发总投资达4376万元,主要用于改造中低产田,修建农田排灌设施和蓄水池等;农业机械化作业水平逐年上升,农用柴油使用量为4544吨,比上年增长21.5%;农用塑料薄膜使用量比上年增长42.02%;农村用电量比上年增长18.14%;乡村劳动力资源和从业人员比上年分别增加8053人和4108人。

(二)农业结构进一步调整优化。我市加大了调整农村经济结构和农业内部结构的力度,以农民增收为中心,着力"优化农产品品质、优化农产品品种、优化农业区域布局",坚持"面向市场,依靠科技,因地制宜,发挥优势,突出特色"的原则。积极发展优质高效农业,农业综合开发已初见成效,农业结构发生良好变化。品质优良的农产品快速发展,高效经济作物和畜牧业成为农民收入新的增长点,早市蔬菜、早春枇杷、晚熟芒果、石榴、葡萄、蚕桑和烤烟等生产已初具规模,农民增收渠道进一步拓宽。各县(区)、乡(镇)在努力提高农业生产效益的同时,积极发展二、三产业,组织劳务输出,形成了多元化的农民就业增收渠道。

(三)气候适宜、市场好转。二00一年我市气候大多数时候风调雨顺,无大的自然灾害和病虫害,利于农作物的生长,加之大力推广地膜覆盖和设施栽培技术,部分乡镇和农户采取了小拱棚和简易大棚等先进栽培技术,提高了农作物特别是蔬菜的单产;而全国大部分地区气候干旱少雨,北方的大棚菜受损,使我市的蔬菜外销形势好转,提高了蔬菜的产销率;并通过利用互联网等先进的通讯方式,很多外地菜商迅速了解市场行情,直接到产地调菜,仅米易县外销蔬菜就比去年增长了43%,价格也比去年普遍提高,据调查:早春蔬菜综合平均价格为1.25元/公斤,比去年同期增长27.6%,加之早春蔬菜上市时间早,销售时间长,农民仅种植业收入就比上年同期人均增加54元,增长3.63%。

(四)农民负担监管力度加强,切实减轻了农民负担,进一步调动了农民的生产积极性。各级政府认真贯彻落实全国减轻农民负担电视电话会议精神和省委、省政府《关于切实做好减轻农民负担工作的通知》精神,严格执行提留统筹费的预决算制度;严格执行农民负担预决算审批程序;加大了农民负担监督检查力度;全面实行村务公开和财务公开,逐步完善乡村提留统筹资金管理使用制度。同时加大对农业的资金和科技投入,完善农村服务体系,进一步激发了农民的生产积极性。

(五)城市基础设施建设及农村集镇建设,农村二、三产业发展为农民增收提供了广阔的空间。由于攀枝花市道路、变电站和水利等基础设施建设投资增大,农民认为运输业有发展前途,部份农户购置汽车跑运输,运输业的收入大大增加。仅仁和区和米易县农民运输业收入人均分别就增加了347元和44元。

农经处:孙彩凤

18-10 二00一年攀枝花市科技开发实力明显增强

2001年,是十五计划实施的第一年,在这一年里,我市11家大中型工业企业科技开发能力不断提高;技术开发队伍进一步扩大;投入增幅加大;新产品开发力度增强;技术装备水平进一步提高。总的来说:我市大中型工业企业的科技实力明显增强,为十五计划的实施开了一个好年。

一、我市大中型工业企业的工程技术人员、科技项目人员和研究与实验发展(R&D)人员的队伍不断壮大,人员素质提高

1.2001年,我市11家大中型工业企业的工程技术人员为13502人,比上年增加288人,上升2.12%,占大中型工业企业从业人员的9.81%,比上年上升0.16%。

2.全部科技项目人员为2506人,比上年增加802人,增长47.07%,其中:高中级职称人员1647人,比年增加649人,增长达到65.03%,是近几年来增长较大的一年,人才素质的提高,为加速大中型工业企业进行技术创新活动奠定了有力的人才保障。

3.R&D研究活动是整个科技活动的中心,它反映了一个国家科技实力强弱的标志。2001年,我市大中型工业企业拥有R&D人员1449人,比上年增加294人,增长25.11%,这为我市大中型工业企业技术创新向高层次高科技领域的迈进奠定了坚实的基础。

二、2001年,我市科技投入快速增长,科技开发力度增强

1.我市大中型工业企业科技活动经费筹集总额增加,企业自筹资金所占比重较高。目前,企业科技活动经费主要由企业自筹资金、上级拔款和其它来源几部份组成。2001年,我市大中型工业企业科技活动筹集总额为21599.3万元,比上年增加6613万元,增长44.13%,其中:企业自筹资金所占比重为98.94%,在几项组成部分中,所占比重最高。

2.R&D经费投入有较大提高。我市2001年,R&D经费投入7055.8万元,比上年增加1263.5万元,增长21.81%,占国内生产总值(GDP)的比重0.57%,比上年增长0.06%。

3.科技开发力度增强,收到了较好的经济效益。2001年,我市大中型工业企业有科技项目570项,比上年增加105项,增长22.58%,其中:R&D项目253项,比上年增加84项,增长49.70%;10万元以上的项目有175项,比上年增加23项。在经费上的投入也是增长较大的一年,特别是用于新产品开发的经费投入达5644.6万元,比上年增长一倍有余,占全部科技经费支出的26.05%,企业开发新产品的能力增大。新产品的产出成绩可喜。新产品产值达125963.5万元,比上年增加60531.9万元,增长108.09%;新产品销售收入达125948.3万元,比上年增加59517.3万元,增长89.59%;新产品销售利润23078.5万元,比上年增加15263.1万元,增长195.30%。产品是企业生存与发展的命脉,新产品开发经费投入的增加,比重的上升,将有助于提高大中型工业企业市场的竞争能力。

三、生产设备、装备水平提高

2001年,我市大中型工业企业的技术装备水平有了可喜的进展,特别是微电子技术控制设备比重的高低,是衡量企业装备现代化水平的重要标志。我市大中型工业企业生产用机器设备原价1999768.8万元,比上年增长6.39%;微电子控制设备原价47873.5万元,比上年增长42%。

四、存在的问题

1.我市的高技术产业发展缓慢,几乎为零的状况,让人忧虑,应引起足够的重视。随着我国加入关贸总协定和全球知识经济时代的到来,只有抢占了高技术产业这一桥头堡,才能在未来的市场竞争中占居有利位置,保证经济、社会的持续发展。

2.加快建立科技人员收入分配的激励机制。2001 年,我市大中型工业企业科技活动人员中,博士生为零,硕士生仅 58 人。科技人员收入水平偏低,企业内部平均主义的分配制度以及现有分配办法不符合科技人员的特点,不能调动其积极性,这是企业留不住人才的主要原因。应怎样引进高层次,高素质的科技人才,应打破平均主义,建立科技人员岗位工资制,实行按岗定酬,按业绩分配定酬的分配制度,给科技人员发挥才能的天地,用好的政策留住科技人才。

社科处:孙春兰

18－11 2001 年攀枝花市居民消费价格变动情况综述及 2002 年走势分析

2001 年攀枝花市各行业以“三个代表”为指针，全面落实各项经济发展举措，取得了我市经济持续稳定的发展。2001 年攀枝花市有效需求有所增长，市场价格总水平结束了连续两年下跌的局面，出现小幅回升。2001 年，攀枝花市居民消费价格总水平比去年同期上涨 1.4%，其中服务项目价格同比上涨 9.3%，消费品价格同比下降 1%；商品零售价格水平同比下降 1.7%。

一、2001 年市场物价运行综述

国家连续几年实行扩大内需的方针在 2001 年逐渐发挥作用。2001 年，攀枝花市定基居民消费价格呈上行走势。5 月居民消费价格总水平借助政策性调价因素开始发力，逐月上行，12 月小有回落。

1. 食品类价格下跌趋势依旧，比去年同期下降 2.6%，部分农产品价格回升。

粮食价格趋于平稳，全年粮食价格比去年同期微跌 0.3%。其中大米价格上涨较多，比去年同期上涨 2.1%。鲜菜价格受季节性供求影响，价格起伏较大。8 月份价格最低，10 月份价格最高，全年鲜菜价格同比下降 0.2%。

肉禽及其制品价格跌势依旧，同比下降 5%。随着肉类消费结构变化，品种间价格出现分化。全年猪肉价格同比下降 4.4%，牛肉、羊肉价格分别上涨 7.1% 和 3.6%。

食糖价格呈上升趋势。由于受国家调整糖业产业政策及上榨季广西、广东主产区受灾，加之本榨季米易糖厂产量下降的影响，食糖出厂价格渐渐上涨。米易糖厂白砂糖出厂价格一度上涨到 3700 元/吨。而 2000 年仅 2500 元/吨。受此影响，市场糖价也涨声响起。全年食糖价格同比涨幅高达 9.7%。

受主产地饲料价格拉动蛋价上扬。2001 年，蛋类价格同比上涨 0.7%。

2. 日用工业品供大于求的状况没有改变，家电产品价格战依然持续。受此影响，烟酒及用品、家庭设备用品价格比去年同期分别下降 4.0% 和 0.2%。

2001 年 7 月攀枝花市正式启动城镇职工医疗保险制度，取消公费医疗，药品价格应声而落，医疗保健和个人用品价格比去年同期下降 2.8%。其中，西药和中成药价格分别比去年同期下降 6.5% 和 2.9%。畸高的药品价格得到一定程度的修正。

通信工具和交通工具的价格在日趋激烈的市场竞争中开始降低，分别比去年同期下降 5.3% 和 0.9%，其中汽车价格同比下降 5.5%，移动电话机、BP 机价格同比分别下降 8.2% 和 13.6%。受全国调整通信资费影响，通信服务价格涨势较猛，比去年同期上涨 20.0%。

娱乐教育文化和居住受政策性调价，价格分别比去年同期上涨 9.8% 和 5.4%。

3. 生产资料价格涨幅减小，汽油的价格仅比去年同期上涨 0.4%。攀枝花市工业品出厂价格 1－12 月份平均比去年同期上涨 0.3%。

二.2001 年市场物价回升的主要因素

1. 宏观经济趋好，在积极的财政政策和稳健的货币政策的作用下，全市经济快速增长。1－11 月，全市社会消费品零售总额达到 392149.9 万元，比去年同期增长 10.6%。1－11 月固定资产投资完成额完成 219450 万元。

2. 政策性调价项目的影响对 2001 年价格水平的回升有着重要的作用。全年攀枝花市陆续调整了固定电话通话费、月租费、公共汽车月票价格、管道煤气价格、自来水价格，而且价格调整的幅度不小,同比涨幅分别高达55.7%、10%、10.3%、66.7%和5.2%,使得交通和通讯、居住类价格分别拉动价格总水平上涨0.6%和0.7%。

同时,提高了非义务教育的学杂费,使娱乐教育文化用品价格比去年同期上涨9.8%,影响价格总水平上涨1.5%。

3.粮食价格,尤其是大米价格的回升减缓了食品类价格下跌的幅度。粮食类价格比去年同期下降0.3%,比上年降幅减缓17.7个百分点。

4.2001年增加了机关事业单位职工和离退休人员工资,扩大了最低生活保障的范围。全年预计城镇居民可支配收入同比增加1%。这在一定程度上刺激了居民的消费热情。长假期间居民消费热情高涨。“五一”长假我市举办的“攀枝花国际长江(金沙江)漂流节”吸引了大量市内外游客,“十一”长假我市的阳光特色之旅吸引了市内外不少的游客。两节期间攀枝花市旅游收入分别比去年同期增长79.3%和30.3%。

从2001年物价回升的主要因素看,我市价格水平回升除受宏观经济形势向好外,在很大程度上是受政策性调价的影响。

三.2002年价格走势简析

2002年是我国加入WTO的第一年,对我市经济发展既是机遇又是挑战。从2001年的市场价格走势判断2002年的价格趋势如下:

(一)促使价格总水平上升的主要因素:

1.国家将继续实行扩大内需,刺激消费的方针,继续实行积极的财政政策和稳健的货币政策。这些政策为价格水平回升创造了良好的政策环境。

2.2000年我国粮食减产约一成,2001年粮食生产情况仍不容乐观。虽然入世对我国的粮食价格会造成冲击,但考虑到粮食生产的重要性,国家对粮食进口在世贸规则范围内会有一些应对措施。因此,2002年粮食价格有望回升,粮食价格变动会影响肉禽蛋价格变动乃至以粮食为主要原料的食品类价格变动。在2001年基础上,如果食品类价格不再下跌而与2001年持平,都将会使价格总水平上涨1.0%。

3.要注意成本推动型价格上涨,在提高机关事业单位职工工资的示范作用下,生产性企业如攀钢也相应提高了职工的工资标准,劳动力价格的上涨可能会加剧成本的上涨。同时,住房制度改革、社会保障制度改革也推动劳动力价格上涨。

4.一些服务、教育、居住项目还存在着价格上调的可能。2002年1月8日,市物价局主持召开收取我市污水处理厂建设期间污水处理费的价格听证会。2002年自来水价格很有可能再次上涨。

5.2001年价格上涨的滞后影响。居住类对居民消费价格的滞后影响在2002年前4个月会达到0.01个百分点。

(二)抑制价格水平回升的主要因素:

1.2001年这种回升基础不牢,政策性因素多,内生因素少。究其原因一是商品供大于求的格局并未从根本上改变,有效需求不足;二是经济结构问题仍然比较突出,如产品结构、产业结构、所有制结构等。实现升级还有待时日;三是近几年农产品价格跌幅过大,农民收入增长缓慢,加之城镇下岗职工增加,这部分低收入城乡居民的消费需求短时间内难以扩大。即需求增长拉动价格水平回升的动力不足。

2.加入WTO后,一些商品和服务项目还有降价的空间,如家用电器、医疗用品、通信工具及服务、交通工具。

3.2001年最后两个月价格指数已出现下降的迹象(见图)

所以2002年的价格政策的取向应是:继续发挥价格杠杆调节供求关系的作用,进一步深化价格和收费体制改革,加强价格法制建设,做好价格监督检查工作,依法规范市场价格行为,维护市场价格秩序,要注意加强对价格总水平和主要商品价格走势的监控,把握好政策性调价的时机。

综上所述,2002 年推动和抑制价格水平回升的因素同时存在。预计攀枝花市 2002 年居民消费价格的涨幅将低于 2001 年,涨幅将会在 1%左右。

物价处:曹前进

18－12 二00一年攀枝花市城市居民收支特点及未来走势

2001年攀枝花市全体居民跟全国其它城市人们一样在欢欣喜悦中度过了不平凡的一年。旧城改造工程使得我们的城市越来越漂亮，交通通讯设施的更新使得我们不再遥远孤独。对于广大老百姓来说，最重要的还是收入水平能否进一步提高，生活条件不断得到改善。城市居民可支配收入和消费性支出是反映一个城市居民生活状况的晴雨表，在对这些数据进行分析对比之后，您将不难得出结论。

收入篇

2001年攀枝花人均可支配收入6803.55元，比2000年增长了1.07%，扣除物价指数与2000年基本持平。虽然总体收入水平没什么变化，但收入结构还是有了较大改变，其反映的问题主要存在以下几个方面：

一、国有职工收入占居民收入来源的绝对主导地位有所减弱

多少年来，国有经济单位职工收入一直是攀枝花市居民家庭收入的主要来源，但近年来正日渐萎缩，1995年人均国有职工收入占人均实际收入的77.90%，2000年下降到66.08%，2001年变成61.71%。同时国有职工人数也在不断减少，1995－2001年间，攀枝花国有单位职工人数减少近2万人。这种现象在全国非常普遍，而且越是经济发达的地区，非国有经济的地位越是举足轻重。因此从这个意义上说，这是攀枝花进步的表现。另一方面，目前攀枝花民营经济还很薄弱，大部分都集中在商品流通领域、餐饮娱乐业及新兴的房地产业。随着他们原始资本的不断积累，企业规模和进军领域也将不断扩大；同时攀枝花对外开放进一步扩大也将招来更多的中外客商来攀兴办实业，这都将给攀枝花人提供更多的就业机会，非国有经济单位从业人员队伍也将不断扩大。

二、"白发浪潮"滚滚来，迎接人口老龄化的挑战

2001年，攀枝花市人均离退休金1542.32元，比2000年增长了23.38%，同时据社保局提供的数字，目前攀枝花退休人员已达到73709名，占到职工总数的38%。攀枝花的白发浪潮比其它地区来的更为迅猛，步入老年不仅是个人问题，更是个社会问题。只有提前做好准备，才不致引起混乱。我们认为应当从以下几个方面着手：(1)加大养老保险费征收的力度和范围。目前征缴对象的大都是国有单位职工，困难企业职工的保费还常常不能及时足额上缴。个体户、个体被雇者、无业人员目前还没有被纳入养老保险之列。(2)建立完善的社会救助制度和医疗保障制度，对于那些因特殊原因而没有参加基本养老保险，但生活又确实困难的老年人口，政府应通过社会救助来解决其老年生活问题，以保证他们维持最低生活水平。(3)建立以社会为主的社会养老体系。传统的家庭养老方式意味着双方都是独生子女的夫妇要赡养4位老人，这使双职工家庭难以应付，因此要加强社区建设，使养老从家庭化走向社区化。

三、贫富两极分化：一个沉重的话题

改革开放给中国经济注入了活力，同时收入分配差距也逐步拉开。1995我市城市基尼系数为0.204，(基尼系数在0.2－0.4之间，系数越高表示贫富差距越大)，2001年变为0.

320。1995年贫富还处于较合理状态，现在已接近贫富警戒线，另外10%的最高收入户与10%的最低收入户作比较，1995年高低收入户人均可支配收入为4.19:1，2001年变成6.09:1，表明这几年中我市贫富差距正在不断扩大，如不妥善解决贫困户的生活问题，容易引起人们对社会主义产生悲观情绪。2001年我市低保扩面工作著有成效，已有44,908人被纳入保障之列，但据基层的同志介绍，由于资金，政策等方面原因，还是存在一些问题尚需解决。消除绝对贫困，遏制贫富差距，需个人和社会的共同努力。

消 费 篇

2001年攀枝花人均消费性支出5757.71元，与2000年相比上升了0.35%，扣除物价指数实际略有下降。

一、消费亮点：通讯和旅游

已步入小康行列的攀枝花市民，在满足自己衣食之需后，开始更多的去追求力所能及的体面和享受。电信部门为了刺激消费者的购买欲，推出了面向不同消费者的套餐，移动电话通话费的下降和固定电话初装费的取消使得移动电话和固定电话用户都有不同程度的增加，2001年100户手机拥有量从2000年的19部增加到41.5部，固定电话100户拥有量达到80.5部。同时人均电话费也比2000年上升了29.81%。另外，攀枝花是个移民城市，市民们对外出旅游一直情有独衷，2001年人均旅游支出比2000年增长了86.13%。

二、不断攀升的医疗保健支出：一把双刃刀

2001年攀枝花人均医疗保健支出410.19元，比2000年增长了28.00%，其中人均药费支出上升19.09%，人均保健服务费上升了86.10%。老百姓的医药投入增多，则意味着国家和企业减少了医药负担，同时又减少了医药资源的浪费，此也正是医疗改革的目的，同时我们也应看到那些无医疗保障的低收入群体的苦衷。医药支出是被动消费，在收入有限的情况下看病花的钱增多，其将不得不节衣缩食甚至因病致贫。

三、住房和汽车：拉动消费的双驾马车

尽管人均交通通讯、医疗保健支出比2000年有较大增长，但总体上还是疲软，主要是耐用消费品等大件支出比往年有所减少。旧三大件在城市趋于饱和，购买也只是更新原有的家电。电脑、高档乐器等大件由于中国人的消费习惯、住房条件等难以在短时间内普及，可是老百姓再穷，只要搬新房即使借钱也要将屋内屋外翻个新，各种消费都大幅上升。2001年6月份攀枝花市全面停止了福利分房，从此要想拥有一个属于自己的家，只能以市场价去购买了。住房贷款和消费贷款能帮助人们提前实现购房买车梦，可是由于贷款门槛高，手续繁难，加上大部分中国人没有超前消费习惯，只有极少数人行动起来，但这还是有力的推动了消费市场。随着经济的发展，一方面，各种条件的成熟将会使老百姓有更多的选择机会，另一方面，收入的增长将使老百姓有足够的支付能力，这都将极大的刺激住房和汽车消费市场，使之成为一般强大的经济推动力。

近年来，尽管国际经济形势险象环生，但中国经济一直在健康发展，攀枝花国民经济也保持着良好的增长势头，人们收入比较稳定，2002年机关事业单位将继续涨工资，这对于部分居民来说是振奋人心的，而对于大部分工作在企业的人来说，还有着很多不确定因素，但有一点我们肯定，那就是只要中国政局稳定，周边国家和睦相处，我们的生活水平将不断地提高，越来越接近发达国家。

住户处：欧阳海燕

18－13 对我市贫困户的调查分析报告

2000年，随着我国第二步战略目标的顺利实现，我市和全国一样，城乡居民的生活整体达到了小康水平，一部分开始向宽裕型小康甚至富裕阶段迈进。但是不可否认，随着改革的深入，下岗人员增多，城市居民中还有极少部分人在贫困线上挣扎，他们的生活值得全社会广泛关注和重视。

一、基本情况

根据城市住户2001年调查资料显示，在200户调查户中，我们对攀枝花市人均可支配收入在最低生活保障线(170元)以下的7户最困难的家庭进行了调查。这7户困难户所在单位分别是十九冶、市水产公司、市木材加工厂、市带钢厂、市塑料厂、矿务局太平矿。经过调查和走访，这7户家庭总的情况是：

1.收入低，生活来源没有保障。7户家庭有的在吃救济，有的单位效益差不能按时领取工资，有的买断工龄没有拿到钱，有的单位破产后双双失去工作，他们的人月均可支配收入仅为142元，比全市平均水平567元差425元，都在最低生活保障线以下。

2.家庭设备陈旧，没有能力更新。在我们调查的7户家庭中，几乎都是80年代的家具，显得破烂而陈旧；电视、洗衣机、冰箱等早已超过了使用年限，90年代流行的略为高档的家庭设备及家用电器更是与他们无缘。

3.住房拥挤。1998年过后，不少单位都新建了住房，城市居民的住房整体上上升了一个档次，全市人均住房使用面积已达18平方米，100平方米以上的房子已占有相当比重，不少新搬的房子都进行了装修。但这7户家庭大部分还住的是七、八十年代建的房子，人均住房使用面积低于全市水平，显得拥挤、简陋。

二、对贫困原因的调查分析

我们调查的7户家庭都是全民职工，在80年代，他们的生活在当时的条件下应该说算富有的。90年代中期以后，随着计划经济向市场经济的过渡，他们的生活才逐步走向了困境。虽然不同的家庭有不同的原因，但从宏观层面上来讲，我们认为，以下四个方面的原因是共同的。

1.企业效益滑坡，甚至破产、倒闭。60年代，十九冶作为攀枝花建设的先头部队开进了这片不毛之地，掀开了建设钢城的序幕。但到了今天，十九冶却辉煌不再，效益出现大幅下滑。太平矿受整个大环境的影响，年年亏损，一线工人(需井下作业)能拿到500－600元/月，辅助工种的工人则仅能领取200多元的月工资。带钢厂因经营不善已面临倒闭。市塑料厂在开始出现亏损后被矿务局兼并，生产了四年后于1999年宣布破产。市木材加工厂利用地处五十四繁华商业区的地理优势，大力开发房地产，在一定程度上解决了职工的困难，但毕竟僧多粥少，仍然举步维艰。市水产品公司更因领导渎职，已沦落到了上无片瓦、下无寸土、无产可破的尴尬境地。

2.社会保障制度不完善。这些企业在出现倒闭、破产的情况下，向职工买断工龄，这看似给了职工一条出路，却使职工陷入了困境；而能继续生产的企业，也因效益不稳定而使职工如陷泥淖。如：太平矿一调查户，家有四口人，母亲是家属，父亲因公死亡，母亲每月可以领取216元的生活补助，他本人是干保卫工作的，属于辅助工种，每月工资仅有200元左右，妻子无工作，全家人均生活费不足170元(我市规定的最低生活费)，但却因为最低生活保障金的核发是根据他工资表上的金额而不是根据他每月实际领到的工资来审定，他无法领取最低生活保障金。他告诉我们，如果按实际领取工资的数额来发放最低生活保障金的话，太平矿有半数以上的职工都可以领取。塑料厂一调查户，家有三口人，每月只能靠领取70

元的最低生活保障金维持生活。面对大家的疑惑,居委会的解释是:当初核发最低生活保障金时,因他是国企职工,按每月有270元收入计算,其妻未满45岁,按每月有170元收入计算,他们的月收入有440元,全家没有达到最低生活标准(510元),发给最低生活保障金70元。该调查户欲哭无泪:塑料厂从1999年10月起就没有发过一分钱了,说是要买断工龄也没有动静,其妻患有甲亢病无法正常工作,几年下来医药费已上万元,全家就靠这70元的固定收入生活,去年全年已向亲戚朋友借款达9000多元,还要抚养一个正在读初三的女儿,继续供她上学还知道学费去哪儿找呢。市木材加工厂一调查户更是担心成绩优异的女儿在考起大学后自己无钱供其读书而逼她放弃了高考,因为木材加工厂用商品房代替现金支付他买断工龄的费用,至今无法拿到现钱,全家三口仅靠他妻子内退的200多元钱勉强度日。十九冶一调查户,妻子因为工伤,至今已花去数万元的医疗费,单位因效益不好只报销了一小部分。此外,这些调查户中买断工龄的人员都得自己到社保局交纳养老保险和医疗保险,以前单位从他们工资里扣除了这部分保险费却没有缴到社保局去,社保局还要求他们自己补交。

3.再就业困难重重。说起再就业这个话题,调查户们更显一脸无奈。他们现在的状况是年龄偏大(都在四、五十岁左右)、文化程度较低(最高仅为高中)、技术单一(他们年轻的时候,根据工作需要,苦练某一单项技术,如带钢厂的一位调查户是一级车工),这些缺陷导致他们无法适应现在社会的需求,而他们所处的环境和当地居民的经济状况、消费能力和再就业市场的狭窄又在很大程度上制约了他们的再就业。例如:炳草岗片区的家政、托管学生等服务的生意红火,但是你要在矿务局或是仁和开展这项服务却不行,因为这一片区居民的收入偏低,消费观念较为落后,而有这种消费能力和消费观念的居民又已经把子女送到了炳草岗就学,这就形成了有服务人员而无服务对象的尴尬情形。

4.没有形成一个良好的社会风尚,政策覆盖面不够。目前,我市各级单位和个人对扶贫帮困、帮助弱势群体的认识不够,“送温暖、献爱心”等社会救助活动开展较少,没有在全市形成一个“一方有难,八方相帮”的良好的社会风尚。针对下岗失业人员和困难户大龄失业再就业和大病慢病困难救助的政策不够。例如,一调查户的女儿正在读高中,学校在收取学杂费时,不管学生是否读特长班都要收取特长班费,而且要求每个人都必须订豆奶,对于一个维持正常生活都有困难的家庭来说,哪儿有钱来订呢?最后还是找居委会出了一个困难证明才没有订豆奶。还有一户,全家三口人仅靠她从社保局领取的每月560元的退休金维持生活,儿子常年患病没有工作能力,丈夫买断工龄的钱全部用于偿还给儿子治病欠下的巨额债务了,连养老保险、医疗保险都没有钱交,又没有资格申请最低生活保障金(因为她每月有560元的退休金,已超过低保线了),当她想在农贸市场摆个小摊时,有关部门没有减免一分钱的税费,周围的商贩还要欺负她,没做几天她就做不下去了,还亏了几百元,使原本就困难的生活更加雪上加霜。

三、几点建议

1.扩大就业渠道,解决下岗职工再就业。大力发展第三产业,特别是加快城市社区服务的建设步伐,为下岗职工创造更多的就业机会。

2.建立统一的再就业和失业社会保障体系。建立“失业保险、再就业培训和职业介绍”统一的再就业及失业社会保障体系。

3.建立社会救助体系。救助的对象一是因各种原因而陷入贫困的家庭,二是针对已经完全丧失就业能力、并且没有家庭支持和其它收入来源的人。社会救助的经费由政府财政统一开支,以保证经费来源的稳定性。

4.减免子女学杂费。在义务教育阶段要控制教育费用的不合理增加,并对特殊困难户子女提供特殊帮助,在非义务教育阶段建立稳定的奖学金、教育贷款和勤工俭学制度，以保证所有合格的学生都不会因家庭经济困难而难以入学或中途辍学。

5.完善医疗保障制度。建立专门针对困难户的医疗补助制度，保证困难的家庭能够获得最基本的医疗服务。

住户处：杨军 胡海

三、附　录

ADDENDUM

附－1 攀枝花市主要总量指标在全省的位次

单位:亿元

	国内生产总值(现价)				全部工业总产值(现价)				全社会固定资产投资			
	实绩		位次		实绩		位次		实绩		位次	
	2001	2000	2001	2000	2001	2000	2001	2000	2001	2000	2001	2000
成都市	1490.86	1313.0	1	1	1570.6	1408.26	1	1	582.20	475.90	1	1
自贡市	164.27	152.96	8	8	184.17	151.98	8	8	32.14	28.20	15	16
攀枝花市	124.16	114.52	16	16	201.07	182.13	7	7	29.20	33.51	16	13
泸州市	177.89	165.50	7	7	136.29	128.25	11	11	59.54	53.96	4	3
德阳市	286.01	260.07	3	3	353.86	320.28	3	3	55.81	49.83	6	5
绵阳市	329.86	317.88	2	2	368.95	346.34	2	2	83.10	87.20	2	2
广元市	87.89	86.29	17	17	42.77	51.70	18	18	27.76	29.02	17	15
遂宁市	128.23	118.02	15	15	110.91	103.52	15	14	38.75	35.09	11	11
内江市	160.45	144.80	10	10	157.79	133.46	10	10	36.90	32.36	13	14
乐山市	161.08	146.02	9	9	209.93	184.40	6	6	50.51	48.07	7	7
南充市	200.05	176.78	6	6	169.69	141.81	9	9	58.69	48.47	5	6
宜宾市	229.39	200.65	4	4	247.31	215.29	5	5	62.11	52.67	3	4
达州市	205.40	187.84	5	5	261.78	228.71	4	4	49.29	39.52	8	8
雅安市	81.04	73.93	19	19	111.03	96.38	14	15	34.47	27.22	14	17
阿坝州	40.09	35.28	20	20	18.26	16.89	20	20	25.85	17.68	18	20
甘孜州	27.57	24.69	21	21	6.41	5.48	21	21	18.80	14.01	21	21
凉山州	160.40	144.55	11	11	103.17	87.95	17	17	40.11	34.78	9	12
广安市	138.52	126.47	13	13	108.50	92.10	16	16	38.36	35.80	12	10
巴中市	86.48	84.01	18	18	26.77	27.48	19	19	22.15	19.38	20	19
眉山市	134.90	124.80	14	14	127.14	111.63	13	13	39.55	37.22	10	9
资阳市		142.86	12	12	128.73	115.73	12	12	24.98	21.28	19	18

附－1续表1　　　　单位:亿元

	社会消费品零售总额				财政收入(一般预算)				城乡居民储蓄存款余额			
	实绩		位次		实绩		位次		实绩		位次	
	2001	2000	2001	2000	2001	2000	2001	2000	2001	2000	2001	2000
成都市	627.52	554.21	1	1	77.30	54.73	1	1	995.45	831.00	1	1
自贡市	44.65	41.27	13	13	6.03	5.47	10	11	100.74	88.32	12	12
攀枝花市	43.14	38.57	16	17	7.20	6.65	7	8	83.78	76.14	15	15
泸州市	59.03	53.76	8	8	8.26	8.01	6	5	134.67	119.46	6	6
德阳市	86.16	77.60	4	4	11.80	10.79	4	4	159.34	139.27	5	5
绵阳市	111.22	101.57	2	2	13.59	13.28	3	3	203.49	179.46	2	2
广元市	43.06	41.36	17	12	3.57	2.78	17	17	66.78	58.08	17	17
遂宁市	51.47	45.96	10	10	4.30	4.39	13	13	95.28	85.66	14	13
内江市	47.23	43.32	11	11	5.05	4.56	12	12	116.57	106.16	10	9
乐山市	67.74	61.19	7	7	6.96	6.34	9	9	131.80	112.19	7	7
南充市	90.67	79.41	3	3	7.15	6.73	8	7	187.53	154.76	3	4
宜宾市	75.89	68.24	5	5	14.30	138.86	2	2	113.36	97.89	11	11
达州市	71.96	63.61	6	6	5.87	5.56	11	10	175.95	155.17	4	3
雅安市	27.27	24.58	18	18	2.45	2.33	18	19	58.73	51.08	18	18
阿坝州	10.21	8.91	20	20	2.30	1.87	20	20	21.11	16.77	20	20
甘孜州	8.81	7.83	21	21	1.04	0.81	21	21	15.57	12.84	21	21
凉山州	45.94	40.31	12	14	8.41	7.90	5	6	82.06	70.35	16	16
广安市	55.64	50.62	9	9	4.19	3.89	15	16	124.54	108.50	8	8
巴中市	25.92	23.59	19	17	2.32	2.65	19	18	39.76	34.54	19	19
眉山市	43.64	40.06	14	15	4.28	4.19	14	15	98.16	85.18	13	14
资阳市	43.23	38.70	15	16	4.06	4.24	16	14	118.76	104.72	9	10

附－2　攀枝花市主要人均指标在全省的位次

(2001年)　　单位:亿元

指标	四川省		攀枝花市			
	总计	人平(元)	总计	位次 2001	位次 2000	人平(元)
国内生产总值(现价)	4421.76	5129	124.16	16	16	12001
工业总产值(现价)	2296.79	2664	168.94	4	7	16329
工业销售收入	2273.95	2638	160.00	4	4	15465
工业利税总额	251	291	15.55	4	5	1503
社会固定资产资额	1573.80	1826	29.20	16	13	2822
社会消费品零售总额	1680.40	1949	43.14	16	17	4170
地方财政一般预算收入	271.16	315	7.20	7	8	696

附－3　长江沿岸城市一览

（2000年）

	年末总人口（万人）		年平均人口（万人）		人口自然增长率（‰）	
	2000年	增长%	2000年	增长%	1995年	2000年
攀枝花	103.01	1.2	102.40	1.23	8.80	8.77
宜　宾	508.50		506.29		9.45	4.60
泸　州	463.70	0.3	463.70	0.20	7.44	2.90
重　庆						
涪　陵	110.75	0.6	110.44	0.7		2.80
万　州	167.28	0.6	166.75	0.6	6.87	3.69
宜　昌	397.49	－0.2	398.40	0.3	2.35	0.32
枝　城						
荆　州						
石　首						
岳　阳	523.00	4.3	521.11	4.5	4.73	4.71
武　汉	749.19	1.2	744.70	1.2	3.08	2.88
鄂　州	102.39		103.13		9.20	
黄　石	247.82	－0.6	248.59		6.90	4.50
九　江	446.83	－0.3	447.59	0.4		
安　庆	601.32	0.6	599.67	0.4	8.50	4.87
铜　陵	69.00	0.7	68.75	1.0	7.15	5.66
芜　湖	218.47	1.0	217.44	0.8	6.50	3.33
马鞍山	119.01	0.7	118.58	1.0		5.54
南　京						
镇　江	266.67	0.2	266.42		3.08	0.81
扬　州	450.62	0.7	449.01	0.5		2.07
南　通	784.53	0.2	785.26	0.2	3.20	1.68
上　海						

附－3续表1 (2000年)

	国内生产总值(现价)(亿元)		农林牧渔业总产值(亿元)		年末实有耕地面积(千公顷)	
	2000年	比上年增长 %	2000年	比上年增长%	2000年	比上年增长%
攀枝花	114.52	7.0	12.6	3.8	31.8	0.7
宜宾	200.66	12.5	42.80	5.3	252.3	－2.2
泸州	173.50	7.8	70.50	45.5	228.0	－0.4
重庆						
涪陵	69.32	12.0	15.75	3.5	66.1	－0.7
万州	64.92	9.5	11.55	1.9	66.2	－0.8
宜昌	380.00	9.8	95.79	27.8	257.7	－2.8
枝城						
荆州						
石首						
岳阳	364.04	10.3	138.22	8.1	282.9	
武汉	1206.84	12.0	126.94	5.3	218.0	－0.9
鄂州	59.88	9.8	13.92	6.7	40.3	－1.3
黄石	200.75	11.5	27.16	2.7	79.3	－2.4
九江	213.07	10.0	61.99	3.4	226.4	－2.4
安庆	252.44	7.1	58.50	10.5	269.4	－0.2
铜陵	73.11	9.0	7.93	10.1	24.3	
芜湖	200.51	8.8	20.06	7.4	91.4	1.4
马鞍山	126.17	8.0	18.76	1.2	48.2	－0.2
南京						
镇江	452.03	10.3	61.8	1.7	161.3	－10.2
扬州	472.10	11.0	126.82	7.0	317.0	－0.5
南通	736.44	10.9	246.88	5.1	482.8	4.1
上海						

附－3续表2　　(2000年)

	工业总产值(现价)(亿元)		固定资产投资额(亿元)		社会消费品零售额(亿元)	
	2000年	比上年增长%	2000年	比上年增长%	2000年	比上年增长%
攀枝花	182.13	17.5	33.51	－21.7	38.57	8.0
宜　宾	166.53	15.6	52.67	40.2	68.24	10.7
泸　州	129.00	8.5	54.00	14.0	53.70	9.2
重　庆						
涪　陵	69.00	15.6	28.16	16.8	19.71	9.9
万　州	41.87	7.7	41.36	13.9	25.49	8.2
宜　昌	414.44	86.4	229.40	7.2	128.54	11.1
枝　城						
荆　州						
石　首						
岳　阳	524.50	10.5	58.50	15.4	128.54	11.1
武　汉	1422.38	13.6	461.93	7.1	606.10	12.3
鄂　州	99.76	12.2	26.10	－4.2	38.80	9.9
黄　石	297.06	17.5	40.86	14.0	75.43	10.9
九　江	155.55		42.49	55.4	63.18	7.2
安　庆	292.30	8.2	64.40	11.9	88.60	7.9
铜　陵	112.21	10.8	25.14	10.3	23.44	7.6
芜　湖			73.83	10.1	70.59	7.0
马鞍山	173.15	0.8	30.59	2.1	35.54	6.6
南　京						
镇　江			140.95	－0.6	124.46	8.6
扬　州	888.39	12.3	128.25	11.7	152.04	8.5
南　通	1259.50	10.1	239.50	12.8	250.11	8.8
上　海						

附－3续表3 (2000年)

	版图面积（平方公里）		粮食总产量（万吨）		肉类总产量（万吨）	
	1995	2000	2000	比上年增长%	2000	比上年增长%
攀枝花	7434.4	7434.4	22.85	0.7	4.52	4.0
宜　宾	13283	13283	206.81	1.6	35.38	7.2
泸　州	12247	12247	204.00		26.80	4.3
重　庆						
涪　陵	2946	2946	45.64	0.3	6.79	15.6
万　州	3457	3457	55.40		7.42	4.1
宜　昌	21084	21084	167.12		27.47	18.6
枝　城						
荆　州						
石　首						
岳　阳	15019	15019	250.72	2.6	46.58	3.1
武　汉	8467	8467	130.55	－15.5	18.41	14.7
鄂　州	1504	1504	30.79	－11.9	4.28	22.5
黄　石	4583	4583	59.94	－4.3	6.56	18.6
九　江	18823	18823	107.96	－0.2	13.06	1.2
安　庆	15398	15398	184.89	13.5	19.00	4.1
铜　陵	1113	1113	14.00	9.9	0.98	5.7
芜　湖	3317	3317	67.67	7.8	6.55	9.0
马鞍山	1686	1686	35.08	－7.3	2.55	－8.0
南　京						
镇　江	3843	3843	118.03	－6.1	6.21	3.3
扬　州	6638	6638	225.16	－10.9		
南　通	8001	8001	340.60	－5.3		
上　海						

附－3续表4　　　　　　　　　　（2000年）

	财政总收入（万元）		财政支出（万元）		地方财政预算收入（万元）	
	2000年	比上年增长%	2000年	比上年增长%	2000年	比上年增长%
攀枝花	197633	39.3	120998	3.4	69033	－20.3
宜　宾	146687	71.4	223930	45.9	138855	71.2
泸　州	164000	7.5	147000	16.1	82000	5.8
重　庆						
涪　陵	112600	19.6			48500	11.4
万　州	56160	10.0	84470	16.7	43795	8.8
宜　昌	264000	9.1	256600	115.6		
枝　城						
荆　州						
石　首						
岳　阳	187160	13.6	193871	10.6	125867	12.0
武　汉	1261481	12.4	890360	20.9	697711	15.4
鄂　州	61369	11.1	57306	17.3		
黄　石	121700	10.6	107800	11.6		
九　江	199447	6.6	207506	－9.3	105040	7.1
安　庆	255020	12.4	212230	14.4	144935	6.9
铜　陵	81810	8.2	61093	11.3	52022	11.7
芜　湖	262893	6.7	150306	19.8	105213	25.2
马鞍山	181000	0.9	90300	23.2	94300	－12.1
南　京						
镇　江	324072	28.3	208125	24.1	179390	35.7
扬　州	340000	23.6	237100	17.9	171300	24.5
南　通	534000	28.3	347900	14.3	293100	25.6
上　海						

附－3续表5　　（2000年）

	年末金融机构存款余额（亿元）		年末金融机构各项贷款余额（亿元）		职工年平均工资（元）	
	2000年	比上年增长%	2000年	比上年增长%	2000年	比上年增长%
攀枝花	124.96	12.0	107.01	-12.5	8991	13.5
宜　宾	172.67	19.3	130.23	11.8	7389	
泸　州	168.40	16.4	120.40	15.7	7001	13.9
重　庆						
涪　陵						
万　州	98.32	16.4	76.03	-3.7	6498	12.6
宜　昌	299.70	115.3	307.60	82.6	7438	3.9
枝　城						
荆　州						
石　首						
岳　阳	189.41	11.3	188.64	-3.9	7329	9.7
武　汉	1694.32	15.8	1342.94	6.9	7628	7.6
鄂　州	53.42		58.10		6836	6.1
黄　石	117.01	9.5	102.82	-4.8	6875	4.6
九　江	163.06	1.5	163.06	-5.6	6236	3.8
安　庆	180.55	13.3	171.10	-4.2	6458	9.8
铜　陵	56.95	15.4	85.41	1.5	6832	6.6
芜　湖	153.31	11.9	128.04	7.0	7154	4.2
马鞍山	112.25	11.6	81.68	-6.9	9487	11.0
南　京						
镇　江	337.22	13.7	252.13	6.0	10276	10.6
扬　州	444.47	12.7	276.05	1.2	9732	12.7
南　通	773.42	10.8	394.34	4.5	9247	11.3
上　海						

附－3续表6

	城镇居民人均可支配收入(元)		农村居民人均纯收入(元)		居民消费价格指数(以上年为100)	
	2000年	比上年增长%	2000年	比上年增长%	2000年	比上年增长%
攀枝花	6732	0.8	2439	2.4	99.6	－0.4
宜宾	5372	8.7	2084	5.2	98.1	－1.9
泸州	6207	5.3	2173	4.5	100.6	0.6
重庆						
涪陵						
万州	5208	11.3	1574	2.5	100.1	0.1
宜昌	5829	34.7	2363	2.1	99.1	－0.9
枝城						
荆州						
石首						
岳阳	7286	10.0	2330	6.8	101.1	1.1
武汉	6761	8.0	2953	3.8	100.6	0.6
鄂州	5542	4.0	2863	2.2	99.9	－0.1
黄石	5364	5.32	2065	5.3	98	－2
九江	5081	10.9	1851	1.7	104.1	4.1
安庆	5604	5.4	1804	5.7	101.1	1.1
铜陵	5592	6.4	2436	5.5	99.8	－0.2
芜湖	5719	2.3	2658	5.0	100.8	0.8
马鞍山	6904	4.5	2683	0.3	102.9	2.9
南京						
镇江	7071	9.1	4042	2.1	99.9	－0.1
扬州	6734	5.4	3464	3.0	100.4	0.4
南通	7911	6.7	3710	3.5	99.3	－0.7
上海						

主要统计指标解释

综合

国民生产总值:是按市场价格计算的国民生产总值总称。它是我国所有常住单位一定时期内生产活动的最终成果。它等于国内生产总值加上来自国外的劳动者报酬和财产收入减去付给国外的劳动者报酬和财产收入。与国内生产总值不同,国内生产总值是一个生产概念,而国民生产总值是一个收入概念。

国内生产总值:是指一个国家或一个地区在一定时期内(通常为 1 年)所生产和提供的最终产品(包括服务)价值之和,反映一定时期内生产活动的最终成果(简称 GDP)。它是各部门总产出减去中间消耗后的增加值之和。它包括固定资产折旧、劳动者报酬、生产税净额(即生产税减去生产补贴)和营业盈余之和。它的使用表现为投资、消费和净出口。

三次产业:第一、第二、第三次产业,是根据社会生产活动历史发展的顺序对产业结构的划分。它大体反映了人类生活需要、社会分工和经济活动发展的不同阶段,基本反映了有史以来人类生产活动的历史顺序,以及社会生产结构与需求结构之间相互关系,是研究国民经济的一种重要方法。

产品直接取自自然界的部门称为第一产业,即农业,包括种植业、林业、牧业、渔业;对初级产品进行再加工的部门称为第二产业,即工业(包括采掘工业、制造业、自来水、电力、蒸气、热水、煤气)和建筑业;为生产和消费提供各种服务的部门称为第三产业,即除第一、第二产业以外的其他各业。根据我国的实际情况,第三产业可以分为两大部门:一是流通部门,二是服务部门。

当年价格、可比价格、不变价格:当年价格指报告期的实际价格,如工厂出厂价格、农产品的收购价格、商业的零售价格等。使用当年价格计算的数字,是为了使国民经济各项指标互相衔接,便于考察当年社会经济效益,便于对生产和流通、生产和分配、生产和消费进行经济核算和综合平衡。可比价格指在不同时期的价值指标对比时,扣除了价格变动的因素,以确切反映物量变化。按可比价格计算有两种方法:一种是直接用产品产量乘某一年的不变价格计算;另一种是用价格指数换算。不变价格指用同类产品的某一时期的平均价格作为固定价格,来计算各个时期的产品价值,消除了价格变动因素,不同时期对比可以反映生产的发展速度。

国有经济单位:指生产资料归国家所有的各种企业、事业单位,以及各级国家机关、人民团体等单位。

集体经济单位:指生产资料归公民集体所有的各种企业、事业单位。包括农村各种经济组织经营的农、林、牧、副、渔业,乡、村经营的企业、事业单位;城市、县、镇以及街道举办的集体经济性质的企业、事业单位。

私营经济单位:指生产资料归公民私人所有的单位。包括私营独资企业、私营合伙企业和私营有限责任公司。

联营经济单位:指不同所有制性质的企业之间或者企业、事业单位之间共同投资组成新的经济实体。包括紧密型联营企业、半紧密型联营企业和松散型联营企业。

股份制经济单位:指全部注册资本由全体股东共同出资,并以股份形式投资举办企业。主要包括股份有限公司和有限责任公司。

外商投资经济单位:指外国投资者根据中华人民共和国有关涉外经济的法律、法规,以合资、合作或独资的形式在中国大陆境内开办企业。包括中外合资经营企业、中外合作经营企业和外资企业。

港、澳、台投资经济单位:指港、澳、台地区投资者参照中华人民共和国有关涉外经济的法律、法规,以合资、合作或独资的形式在大陆举办企业。包括合资经营企业、合作经营企业和独资企业。

平均每年增长速度:在我国计算平均增长

速度有两种方法，一种是习惯上经常使用的“水平法”，又称几何平均法，是以间隔期最后一年的水平同基期水平对比来计算平均每年增长(或下降)速度。另一种是“累计法”，又称代数平均法或方程法是以间隔期内各年水平的总和同基期水平对比来计算平均每年增长(或下降)速度。

在一般正常情况下，两种方法计算的平均每年增长速度比较接近，但在经济发展不平衡，出现大起大落时，两种计算的结果差别较大。

本《年鉴》内所列的平均增长速度，除固定资产投资是用“累计法”计算外，其余均用“水平法”计算。从某年到某年平均增长的速度的年份，均不包括基期年在内。如“八五”期间的平均发展速度是以 1990 年为基期计算的，则写为 1991－1995 年平均增长速度，其余类推。

货(客)运量：指运输业实际运送的货物(旅客)数量。货运按吨计算，旅客按人计算。货物不论运输距离长短，货物类别均按实际重量统计；旅客不论行程远近或票价多少，均按一人一次作为客运量统计。半价票、小孩票也按一人统计。货(客)运量是反映运输业为国民经济和人民生活服务的数量指标，也是制定和检查运输生产计划、研究运输发展规模和速度的重要指标。

货物(旅客)周转量：指运输业运送的货物(旅客)数量与其相应的运输距离的乘积之总和，通常以吨公里和人公里为计算单位。计算货物(旅客)周转量通常按发出站与到达站之间的最短距离，也就是计费距离计算。它是反映运输业生产或成果的重要指标，也是编制和检查运输生产计划、计算运输效率、劳动生产率以及核算运输单位成本的主要基础资料。

邮电业务总量：指以货币表现的邮电部门为用户传递信息和提供其它邮电服务的总量。它用各种邮电分类业务量，如函件件数、电报份数、长话张数、市内电话和农村电话的年均户数、订销报刊累计份数等，分别乘以相应的平均单价(不变价格)加总后再加上出租电路和设备的收入、代用户维护电话交换机和线路等设备的收入、其他业务收入求得。邮电业务总量综合反映了一定时期邮电工作的总成果，是研究邮电业务量构成和发展趋势的重要指标。

人口数：指一定时点、一定地区范围内的有生命的个人的总和。

年度统计的年末人口数是指每年 12 月 31 日 24 时的人口数。年度统计的全国人口总数内未包括台湾省和港澳同胞以及海外华侨人数。

非农业人口：是相对农业人口而言。指从事农业以外的职业维持生活的人口以及归他们抚养的人口。

出生率(又称粗出生率)：指在一定时期内(通常为一年)平均每千人所出生人数的比率，一般用千分率表示。计算公式：

出生率＝年出生人数/年平均人数×1000‰

出生人数是指活产婴儿，即胎儿脱离母体时(不管怀孕月数)，有过呼吸或其它生命现象。

平均人数是年初、年底人口数的平均数，也可以用年中人口数代替。

死亡率(又称粗死亡率)：指在一定时期内(通常为一年)一定地区的死亡人数与同期平均人数(或期中人数)之比，一般用千分率表示。计算公式：

死亡率＝年死亡人数/年平均人数×1000‰

人口自然增长率：指在一定时期内(通常为一年)人口自然增加数(出生人数减死亡人数)与该时期内平均人数(或期中人数)之比，一般用千分率表示。计算公式：

人口自然增长率＝(本年出生人数－本年死亡人数)/年平均人数×1000‰

人口自然增长率＝人口出生率－人口死亡率

医院：指名称为医院，设有固定床位‘能收容病人住院并能为病人提供医疗、护理服务的医疗机构。包括县及县以上医院、农村乡卫生院、其它医院三部份。按所属性质分为卫生部门、工业及其它部门,集体经济单位三类。其中县及县以上医院按业务性质分为综合医院和专科医院。

卫生技术人员:指卫生事业机构支付工资的全部固定职工和合同制职工中现任职务为卫生技术工作的专业人员。包括中医师、西医师、中西医结合高级医师、护师、中药师、西药师、检验师、其它技师、中医士、西医士、护士、助产士、中药剂士、西药剂士、检验士、其它技士、其它中医、护理员、中药剂员、西药剂员、检验员、其它初级卫生技术人员。

医生:指经卫生部门审查合格,从事医疗工作的专业人员。分为中医医生和西医医生。包括卫生技术人员中的中医师、西医师、中西结合高级医师、中医士、西医士和其它中医。

从业人员和职工工资

从业人员:各单位的从业人员是指在各级国家、政党机关,社会团体及企业、事业单位中工作,并取得劳动报酬的全部人员。包括:在岗职工、再就业的离退休人员、民办教师以及在各单位中工作的外方人员和港澳台人员、兼职人员、借用的外单位人员和第二职业者。不包括离开本单位仍保留劳动关系的职工。

在岗职工:指在本单位工作并由单位支付劳动报酬的职工。包括由单位派出学习、劳务及病伤产假且仍由单位支付劳动报酬的人员。

离开本单位仍保留劳动关系的职工:指由于各种原因,已经离开本人的生产或工作岗位,并且不在本单位从事其他工作,但仍与用人单位保留劳动关系的职工。

内部退养职工:指接近正常退休年龄但因各种原因退出工作岗位,并办理了内退手续,在正式办理退休手续前,由单位按月发给一定生活费的职工。

从业人员劳动报酬:指各单位在一定时期内直接支付给本单位全部从业人员的劳动报酬总额,包括职工工资总额和本单位其它从业人员劳动报酬部份。

职工工资总额:指各单位在一定时期内直接支付给本单位全部职工劳动报酬总额。目前工资总额只对在岗职工进行统计,不在岗职工生活费另作统计。

工资总额计算原则应以直接支付给职工的全部劳动报酬为根据。各单位支付给职工的劳动报酬以及其它根据有关规定支付的工资,不论是计入成本还是不计入成本的,不论是按国家规定列入计征奖金税项目的,还是未列入计征奖金税项目的,不论是以货币形式支付的还是以实物形式支付的,均包括在工资总额内。

其它从业人员劳动报酬:指各单位在一定时期内直接支付给本单位其它从业人员的全部劳动报酬。

职工平均工资:指企业、事业、机关单位的职工在一定时期内平均每人所得的货币工资额。它表明一定时期职工工资收入的高低程度,是反映职工工资水平的主要指标。计算公式为:

职工平均工资=报告期实际支付的全部职工工资总额/报告期全部职工平均人数

农业

农林牧渔业增加值:指各种经济类型的农业生产单位和农户在一定时期内(通常为一年),从事农业生产经营活动所提供的社会最终产品的货币表现。增加值的计算方法有两种,一是生产法:农林牧渔业增加值=农林牧渔业总产出-农林牧渔业中间消耗;二是分配法:农林牧渔业增加值=固定资产折旧+劳动者报酬+生产税净额(生产税-生产补贴)+营业盈余。

农林牧渔业总产值:以货币表现的农林牧渔业全部产品的总量,它反映一定时期内农业生产的总规模和总成果。农、林、牧、渔业的计算范围是:

(1)农业,包括粮、棉、油料、糖料、麻类、烟叶、蔬菜、瓜类、药材、饲料、绿肥和其他农作物,以及桑园、果园等的生产经营和其他农业。

(2)林业,包括林木的栽培(不包括茶园、果园和桑园的栽培、管理和收获等活动)、林产品的采集和村及村以下合作组织和农户的竹木采伐。

(3)牧业,包括除渔业养殖以外的一切动物饲养和放牧以及捕猎野兽、野禽。

(4)渔业,水生动物的养殖和捕捞。

工业

工业总产值:是以货币表现的工业企业在一定时期内生产的已出售可供出售工业产品总量,它反映一定时间内工业生产的总规模和总水平。它包括:在本企业内不再进行加工,经检验、包装入库(规定不需包装的产品除外)的成品价值,工业性作业价值,自制半成品、在产品期末期初差额价值。工业总产值采用"工厂法"计算,即以工业企业作为一个整体,按企业工业生产活动的最终成果来计算,企业内部不允许重复计算,不能把企业内部各个车间(分厂)生产的成果相加。但在企业之间、行业之间、地区之间存在着重复计算。

轻重工业总产值的划分也是按"工厂法"计算的,即一个工业企业在正常情况下生产的主要产品的性质属于轻工业,则该企业的全部总产值作为轻工业总产值;一个工业企业生产的主要产品的性质属于重工业,则该企业的全部总产值作为重工业总产值。

工业增加值:是指工业行业在报告期内以货币表现的工业生产活动的最终成果。

固定资产原价:固定资产原价指企业建造、购置、安装、改建、扩建、技术改造某项固资产时所支出的全部货币总额。它一般包括买价、包装费、运杂费和安装费等。

固定资产净值:是指固定资原价减去历年已提折旧额后的净额。

利税总额:指企业利润总额、产品销售税金及附加和应交增值税之和。

产品销售收入:指企业销售产品的销售收入和提供劳务等主要经营业务取得的业务总额。

利润总额:指企业实现的利润。

应交增值税:指企业在报告期内应交纳的增值税额。

总资产:指企业拥有或控制的全部资产。包括流动资产、长期投资、固定资产、无形及递延资产、其他长期资产、递延税项等,即为企业资产负债表的资产总计项。

(1) 流动资产:指企业可以在一年内或者超过一年的一个生产周期内变现或耗用的资产合计。包括现金及各种存款、短期投资、应收及预付货款、存货等。

(2) 固定资产:指企业固定资产净值、固定资产清理在建工程、待处理固定资产损失所占用的资金合计。

(3) 无形资产:指企业长期使用而没有实物形态的资产。包括专利权、非专利技术、商标权、著作权、土地使用权、商誉等。

总负债:指企业承担并需要偿还的全部债务。包括流动负债和长期负债、递延税项等,即为企业资产负债表的负债合计项。

(1) 流动负债:指企业在一年内或者超过一年的一个营业周内需要偿还的债务合计,其中包括短期借款、应付及预收款项、应付工资、应交税金和应交利润等。

(2) 长期负债:指企业在一年以上或者超过一年的一个生产周期以上需要偿还的债务合计,其中包括长期借款、应付债务、长期应付款项等。

所有者权益:指企业投资人对企业净资产的所有权。企业净资产等于企业全部资产减去全部负债后的余额,其中包括投资者对企业的最初投入,以及资本公积金、盈余公积金和未分配利润,对股份制企业即为股东权益。

固定资产投资

全社会固定资产投资:固定资产投资是社会固定资产再生产的主要手段。通过建造和购置固定资产的活动,国民经济不断采用先进技术装备,建立新兴部门,进一步调整经济结构和生产力的地区分布,增强经济实力,为改善人民物质文化生活创造物质条件。这对我国社会主义现代化建设具有重要意义。

固定资产投资额是以货币表现的建造和购置固定资产活动的工作量,它是反映固定资产投资规模、速度、比例关系和使用方向的综合性指标。全社会固定资产投资包括国有经济单位投资、城乡集体经济单位投资、其它各种经济类型的单位投资和城乡居民个人投资。按照我国现行计划管理体制,全社会固定资产投资总额分为基本建设、更新改造、房地产开发投资和其它固定资产投资四个部份;城乡集体经济单位投资包括城镇集体所有制单位投资和农村集体所有制单位投资;其他各种经济类型单位投资包括联营经济、股份制经济、中外合资经营、中外合作经营、外资、与大陆合资经营、与大陆合作经营、港澳台独资及其他经济单位投资。城乡居民个人投资包括城市、县城、镇、工矿区所辖范围内的个人建房和农村个人建房及购买生产性固定资产的投资。

投资率:通常是指一定时期(年度)内,总投资额占国内生产总值(GDP)的比率,其计算公式为:

投资率=总投资额/GDP×100%

基本建设投资:基本建设是企业、事业、行政单位以扩大生产能力或工程效益为主要目的的新建、扩建工程及有关工作。包括(1)列入中央和各级地方本年基本建设计划的建设项目,以及虽未列入本年基本建设计划,但使用以前年度基建计划内结转投资(包括利用基建设备材料)在本年继续施工的建设项目;(2)本年基本建设计划内投资与更新改造计划内投资结合安排的新建项目和新增生产能力(或工程效益)达到大中型项目标准的扩建项目,以及为改变生产力布局而进行的全厂性迁建项目;(3)国有单位既未列入基建计划,也未列入更新改造计划的总投资在5万元以上的新建、扩建、恢复项目和为改变生产力布局而进行的全厂性迁建项目,以及行政事业单位增建业务用房和行政单位增建生活福利设施的项目。

更新改造投资:新改造是指企业、事业、单位对原有设施进行固定资产更新和技术改造,以及相应配套的工程和有关工作(不包括大修理和维护工程)。包括:(1)列入中央和各级地方的本年更新改造计划的项目,和虽未列入本年更新改造计划,但使用上年更新改造计划内结转的投资在本年继续施工的项目;(2)本年更新计划内投资与基本建设计划内投资结合安排的对企、事业单位原有设施进行技术改造或更新的项目,和增建主要生产车间、分厂等其新增生产能力(或工程效益)未达到大中型项目的标准的项目,以及由于城市环保和安全生产的需要而进行的迁建工作;(3)国有企、事业单位既未列入基建计划也未列入更新改造计划、总投资在5万元以上的属于改建或更新改造的性质的项目,以及由于城市环境保护和安全生产的需要而进行的迁建工程。

房地产开发投资:包括各种经济类型的房地产开发公司、商品房建设公司及其它房地产开发单位统一开发的包括统代建、拆迁还建的住宅、厂房、仓库、饭店、宾馆、度假村、写字楼、办公楼等房屋建筑物和配套的服务设施、土地开发工程,如道路、给水、排水、供电、供热、通讯、平整场地等基础设施工程的投资。包括非房地产企业实际从事房地产开发和经营活动,不包括单纯的土地交易活动。

其它固定资产投资:全社会固定资产投资中未列入基本建设、更新改造和房地产开发投资的建造和购置固定资产的活动。包括:

(1)国有单位按规定不纳入基本建设计划和更新改造计划管理,总投资在五万元以上的以下工程:①用油田维护费和石油开发基金进行的油田维护和开发工程;②煤炭、铁矿、森工等采掘采伐业用维简费进行的开拓延伸工程;③交通部门用公路养路费对原有公路、桥梁进行改建的工程;④商业部门用简易建筑费建造的仓库工程。

(2)集体经济单位固定资产投资:包括城镇集体经济单位和农村集体经济单位建造和购置固定资产计划总投资在五万元以上的项目。农村集体经济单位固定资产投资为农村抽样调查总队根据抽样调查资料推算。

(3)联营经济、股份制经济、外商投资经济、港澳台投资经济及其它经济类型的企、事业单位建造和购置固定资产其计划总投资在5万元以上的、未列入基本建设计划和更新改造计划的项目。

(4)城镇和工矿区私人建房投资和农村个人投资。城镇和工矿区私人建房包括市、县城、镇、工矿区所辖范围内的全部私人建房,不论其房主是否系本地的常住户口均应包括;农村个人投资包括农村个人建房及购置生产性固定资产的投资。农村个人固定资产投资为农村抽样调查总队根据抽样调查资料推算。

新增固定资产:指通过投资活动所形成的新的固定资产价值。包括已经建成投入生产或交付使用的工程价值和达到固定资产标准的设备、工具、器具的价值及有关应摊入的费用。它是以价值形式表示的固定资产投资成果的综合性指标,可以综合反映不同时期、不同部门、不同地区的固定资产投资成果。

固定资产的交付使用率:指一定时期新增固定资产与同期完成投资额的比率。它是反映各个时期固定资产动用速度,衡量建设过程中投资效果的一个综合性指标。

未完工程占用率:指年末未完工程累计完成投资额占全年实际完成投资额的比率。它反映未完工程的相对规模,并可从资金占用的角度反映固定产投资效果。由于未完工程是指已经开工,但尚未建成交付使用的工程,有个跨年度问题,因此未完工程占用率会出现大于1的情况。

建筑业

建筑业总产值(即自行完成施工产值):指建筑业企业或附营建筑施工单位自行完成的按工程进度计算的建筑安装生产总值。建筑业产值包括:

1.建筑工程产值:指列入建筑工程预算内的各种工程价值。

2.设备安装工程产值:指设备安装工程价值。

3.房屋、构筑物修理产值:指房屋、构筑物修理所完成的价值,但不包括被修理房屋、构筑物本身的价值和生产设备的修理价值。

4.非标准设备制造产值:指加工制造没有定型的、非标准的生产设备的加工费和原材料价值,不论是现场还是附属加工厂为本单位承建工程制造的非标准设备的价值,都应计算产值。

自有机械设备年末总台数:指归本企业(或单位)所有,属于本企业固定资产的生产性机械设备年末总台数。包括施工机械、生产设备、运输设备以及其它设备。

自有机械设备年末总功率:指本年企业(或单位)自有施工机械、生产设备、运输设备以及其它设备等列为在册固定资产的生产性机械设备年末总功率,按设定能力或查定能力计算。包括机械本身的动力和为该机械服务的单独动力设备,如电动机等。计算单位用千瓦,动力换算可按1马力=0.735千瓦折合成千瓦数。电焊机、变压器、锅炉不计算动力。

工程结算收入:指企业(或单位)按工程的分部分项自行完成的建筑产品价值并已与甲方在报告期内办理结算手续的工程价款收入,以及向甲方收取的除工程价款以外的按规定列作营业收入的各种款项,如临时设施费、劳动保险费、施工机械调迁费等以及向甲方收取的各种索赔款。

工程结算利润:指已结算工程实现的利润。如为亏损以“-”号表示。其计算公式为:

工程结算利润=工程结算收入-工程结算成本-工程结算税金及附加

企业总收入:指与企业生产经营直接有关的各项收入,包括工程结算收入和其它业务收

入,即:

企业总收入=工程结算收入+其它业务收入

商业

社会消费品零售额:指各种经济类型的批发零售贸易业、餐饮业、制造业和其它行业对城乡居民和社会集团的消费品零售额。这个指标反映通过各种商品流通渠道向居民和社会集团供应的生活消费品,是研究人民生活,社会消费品购买力货币流通等问题的重要指标。社会消费品零售额包括:(1)售给城乡居民作为生活用的商品和修建房屋用的建筑材料;(2)售给机关、团体、学校、部队、企业、事业单位的职工食堂和旅店(招待所)附设专门供本店旅客食用,不对外营业的食堂的各种食品、燃料;企业、单位和国营农场直接售给本单位职工和职工食堂的自已生产的产品;(3)售给部队干部、战士生活用的粮食、副食品、衣着品、日用品、燃料;(4)售给来华的外国人、华侨、巷奥台同胞的消费品;(5)居民自费购买的中、西药品、中药材及医疗用品;(6)报社、出版社直接售给居民和社会集团的报纸、图书、杂志、集邮公司出售的新、旧纪念邮票、特种邮票、首日封、集邮册、集邮工具等;(7)旧货寄售商店自购、自销部份的商品;(8)煤气公司、液化石油气站售给居民和社会集团的煤气灶具和罐装液化石油气;(9)农民售给非农业居民和社会集团的商品。不包括售给国民经济各部门企业、事业单位(包括国有经济的农场)生产经营用的各种原材料、燃料、设备、工具等和售给批发零售贸易业、餐饮业作为转买用的商品、旧货寄售商店受托寄售卖出的商品、服务业的营业收入、邮局出售邮票的收入、自来水、电力、煤气生产(供应)单位的产品供应收入,也不包括农民之间的商品销售。

批发零售贸易业商品购、销、存总额:指以各种经济类型的批发、零售贸易业为总体的商品购、销、存。

商品购进总额:指从本企业(单位)以外的单位和个人购进(包括从国外直接进口)作为转卖或加工后转卖的商品。这个指标反映批发零售贸易业从国内、国外市场上购进商品的总量。商品购进总额包括:(1)从工农业生产者购进的商品;(2)从出版社、报社的出版发行部门购进的图书、杂志和报纸;(3)从各种经济类型的批发零售贸易企业(单位)购进的商品;(4)从其它单位购进的商品,如从机关、团体、企业、单位购进的剩余物资,从餐饮业、服务业购进的商品,从海关、市场管理部门购进的缉私和没收的商品,从居民收购的废旧商品等;(5)从国(境)外直接进口的商品。不包括企业(单位)为自身经营用和未通过买卖行为而收入的商品以及销售退回、商品损益等。

商品销售总额:指对本企业(单位)以外的单位和个人出售(包括对国(境)外直接出口)的商品。这个指标反映批发零售贸易业在国内市场上销售商品及出口商品的总量。商品销售总额包括:(1)售给城乡居民和社会集团消费用的商品;(2)售给工业、农业、建筑业、运输邮电业、批发零售贸易业、餐饮业、服务业等作为生产、经营使用的商品;(3)售给批发零售贸易业作为转买或加工后转卖的商品;(4)对国(境)外直接出口的商品。不包括:出售本企业(单位)自用的废旧包装用品,未能过买卖行为付出的商品,经本单位介绍,由买卖双方直接结算,本单位只收取手续费的业务,购货退出的商品以及商品损耗和损失等。

批发零售贸易业年末库存:指年末各种经济类型的批发零售贸易企业(单位)已取得所有权的商品。它反映各地区、各批发零售贸易企业(单位)的商品库存情况,和对市场商品供应的保证程度。期末库存包括:(1)存放在批发零售贸易业经营单位(如门市部、批发站、经营处)仓库、货场、货柜和货架中的商品;(2)挑选、整理、包装中的商品;(3)已记入购进而尚未运到的本单位的商品,即发货单或银行承兑凭证已到而货未到部份;(4)寄放他处的商品,如因购货方拒绝承付而暂时存放在购货方的商品和已办完加工成品收回手续而未提回的商品；(5)委托其它单位代销(未作销售和调出)尚未售出的商品；(6)代其它单位购进尚未交付的商品。不包括所有权不属于本单位的商品、拨付除批发零售贸易业以外的其它行业所属独立核算加工厂等加工生产尚未收回成品的商品、代国家物资储备部门保管的商品等。期末库存总额计算方法是：农副产品采购单位按购进价计算，批发单位按进货价计算，零售单位按什么价格核算就按什么价格计算。

城乡集市贸易成交额：指在农村集市和城市集市上买卖双方(包括农民、非农业居民、机关、团体、工商企业、个体商贩)成交的全部商品金额、是反映集市贸易规模的综性指标。

人民生活和物价

城市住户家庭可支配收入：指被调查的城市住户家庭在支付个人所得税之后，所余下的实际收入，计算公式为：

可支配收入＝实际收入－个人所得税－家庭副业生产支出－记帐补贴。

农村居民可支配收入：是指农村居民获得的收入经过初次分配与再次分配后形成的收入。可支配收入可用于农民最终消费、非义务性支出以及储蓄。其计算公式为：

可支配收入＝总收入－家庭经营费用支出－税费支出－生产用固定资产折旧

－财产性支出－转移性支出－调查补助。

农民纯收入：是农民总收入扣除相应的各项费用性支出后，归农民的所有收入。它可以用于生产、非生产投资，改善物质和文化生活，以及用于再分配的支出和结余的收入。

这个指标用来观察农民实际收入水平，以及农民扩大再生产和改善生活的能力，通常准确计算农民平均每人年纯收入，为党和政府部门提供决策咨询数据。计算公式为：

纯收入＝总收入－家庭经营费用支出－生产用固定资产折旧

－税收－上交集体承包任务－调查补助－集体提留及摊派。

城市居民消费价格指数：是反映一定时期内城市居民家庭所购买的生活消费品和服务项目价格变动趋势和程度的相对数。编制城市居民消费价格指数，可以观察分析消费品的零售价格和服务价格变动对城市居民实际生活费用(消费)支出的影响程度，作为研究职工生活、确定工资政策的依据。

住房居住面积：通常住房有四种面积(即住房建筑面积、住房售房面积、住房使用面积和住房居住面积)各有各的用途。住房居住面积是指住房使用面积中专供居住用的房屋面积，不包括客厅、厨房、浴室、卫生间、储藏室、阳台以及各室之间走道等辅助设施面积，它是按居住用房的内墙线计算。通常用人均居住面积：平均每一家庭每个常住人口实际拥有房屋居住面积。其计算公式为：

人均居住面积＝家庭居住面积/家庭常住人口

注：人均居住面积指标的统计目前有建设部门的城市建设统计和国家统计局的城市社会抽样调查统计两种渠道。

中国统计出版社最新资料书简目

中国统计年鉴－2002
中国统计摘要－2002
2002 中国发展报告
中国城市统计年鉴－2001
中国农村统计年鉴－2002
中国劳动统计年鉴－2002
中国人口统计年鉴－2002
中国社会统计年鉴－2001
中国工业经济统计年鉴－2001
中国市场统计年鉴－2002
2001 中国城市发展报告
中国建筑业统计年鉴－2001
中国固定资产投资统计年鉴－2002
中国价格及城镇居民家庭收支调查统计年鉴－2002
国际统计年鉴－2002
中国西部统计年鉴－2001
中国对外经济贸易统计年鉴－2001
中国商品交易市场统计年鉴－2001
中国基本单位统计年鉴－2001
中国食品工业统计年鉴－2001
中国民政统计年鉴－2002
如何使用统计年鉴
中国市民的经济观
北京统计年鉴－2002
天津统计年鉴－2002
河北经济年鉴－2002
山西统计年鉴－2002
内蒙古统计年鉴－2002
辽宁统计年鉴－2002
吉林统计年鉴－2002
黑龙江统计年鉴－2002
上海统计年鉴－2002
江苏统计年鉴－2002
浙江统计年鉴－2002
安徽统计年鉴－2002
福建统计年鉴－2002
江西统计年鉴－2002
山东统计年鉴－2002
河南统计年鉴－2002
湖北统计年鉴－2002
湖南统计年鉴－2002
广东统计年鉴－2002
广西统计年鉴－2002
贵州统计年鉴－2002
云南统计年鉴－2002
海南统计年鉴－2002
四川统计年鉴－2002
重庆统计年鉴－2002
西藏统计年鉴－2002
陕西统计年鉴－2002
甘肃统计年鉴－2002
青海统计年鉴－2002
宁夏统计年鉴－2002
新疆统计年鉴－2002
新疆生产建设兵团廊坊统计年鉴－2002
石家庄统计年鉴－2002
唐山统计年鉴－2002
保定统计年鉴－2002
邯郸统计年鉴－2002
张家口统计年鉴－2002
伊克昭盟统计年鉴－2002
太原统计年鉴－2002
临汾衡水统计年鉴－2002
呼和浩特经济统计年鉴－2002
沈阳年鉴－2002
大连统计年鉴－2002
吉林市社会经济统计年鉴－2002
四平统计年鉴－2002
延吉统计年鉴－2002
哈尔滨统计年鉴－2002
齐齐哈尔经济统计－2002
黑龙江垦区统计年鉴－2002
牡丹江统计年鉴－2002
上海浦东新区统计年鉴－2002
连云港统计年鉴－2002
南京统计年鉴－2002
苏州统计年鉴－2002
无锡统计年鉴－2002
常州统计年鉴－2002
徐州统计年鉴－2002
南通统计年鉴－2002
盐城统计年鉴－2002
杭州统计年鉴－2002
宁波统计年鉴－2002
绍兴统计年鉴－2002
台州统计年鉴－2002
舟山统计年鉴－2002
温州统计年鉴－2002
福州年鉴－2002
厦门经济特区年鉴－2002
福州经济开发区年鉴－2002
南昌统计年鉴－2002
九江统计年鉴－2002
河池地区年鉴－2002
青岛统计年鉴－2002
天水统计年鉴－2002
泰安统计年鉴－2002
昆明统计年鉴－2002
济南统计年鉴－2002
郑州潍坊统计年鉴－2002
洛阳统计年鉴－2002
十堰统计年鉴－2002
三门峡日照统计年鉴－2002
平顶山统计年鉴－2002
南阳经济统计年鉴－2002
武汉统计年鉴－2002
宜昌统计年鉴－2002
广州统计年鉴－2002
深圳统计信息年鉴－2002
惠州统计年鉴－2002
珠海统计年鉴－2002
东莞统计年鉴－2002
南宁统计年鉴－2002
南宁地区统计年鉴－2002
桂林经济社会统计年鉴－2002
柳州经济统计年鉴－2002
柳州地区统计年鉴－2002
贵阳统计年鉴－2002
海口统计年鉴－2002
成都统计年鉴－2002
广安统计年鉴－2002
攀枝花统计年鉴－2002
西安统计年鉴－2002
兰州年鉴－2001
西宁统计年鉴－2002
乌鲁木齐统计年鉴－2002
巴音郭楞统计年鉴－2002
吐鲁番统计年鉴－2002
石河子统计年鉴－2002
庆阳年鉴－2002
银川统计年鉴－2002